芦田均日記

第一巻

岩波書店刊行

編纂
進藤榮一
下河辺元春

著　者（昭和 30 年頃）

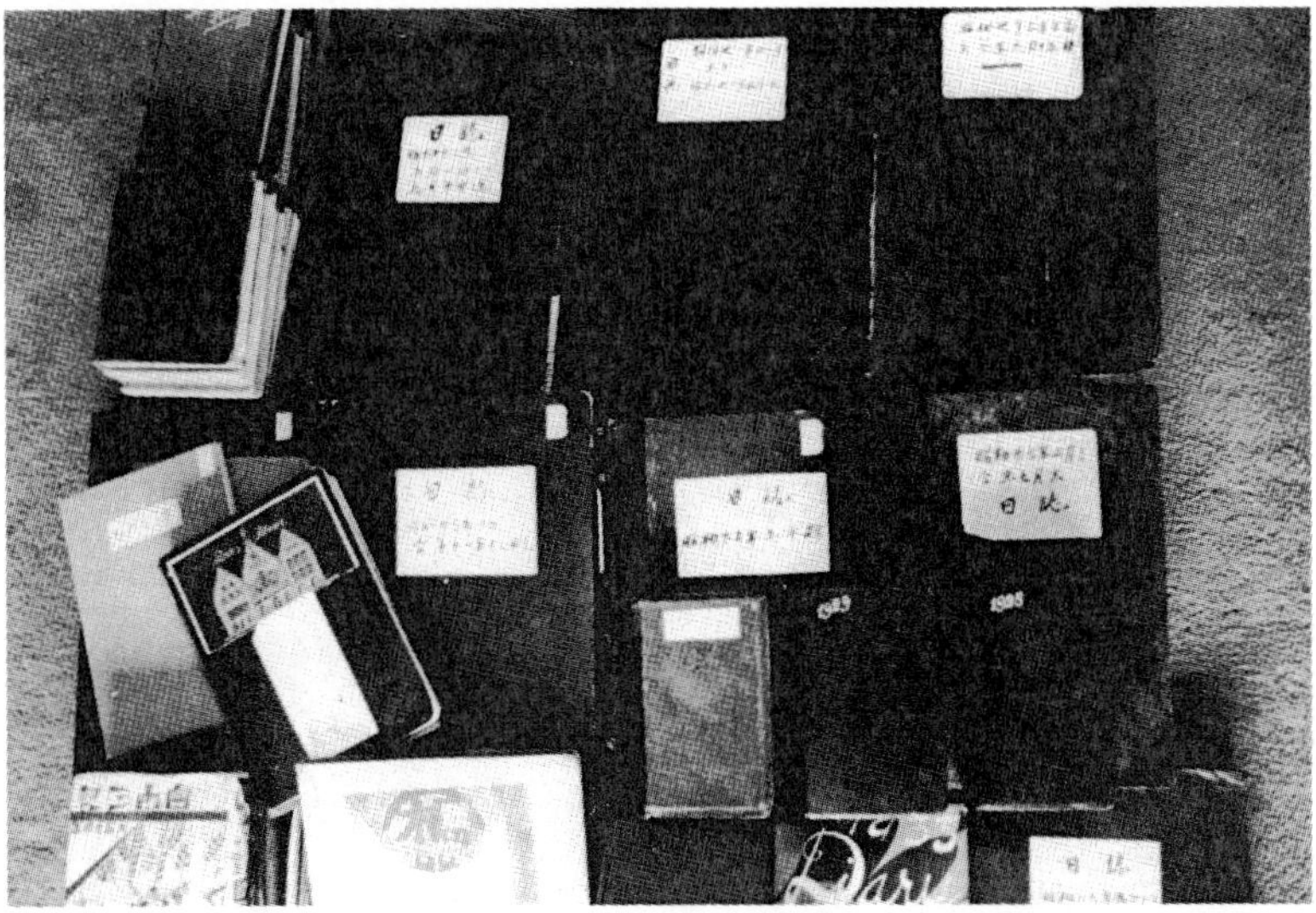

原　本（日記，手帳日記）

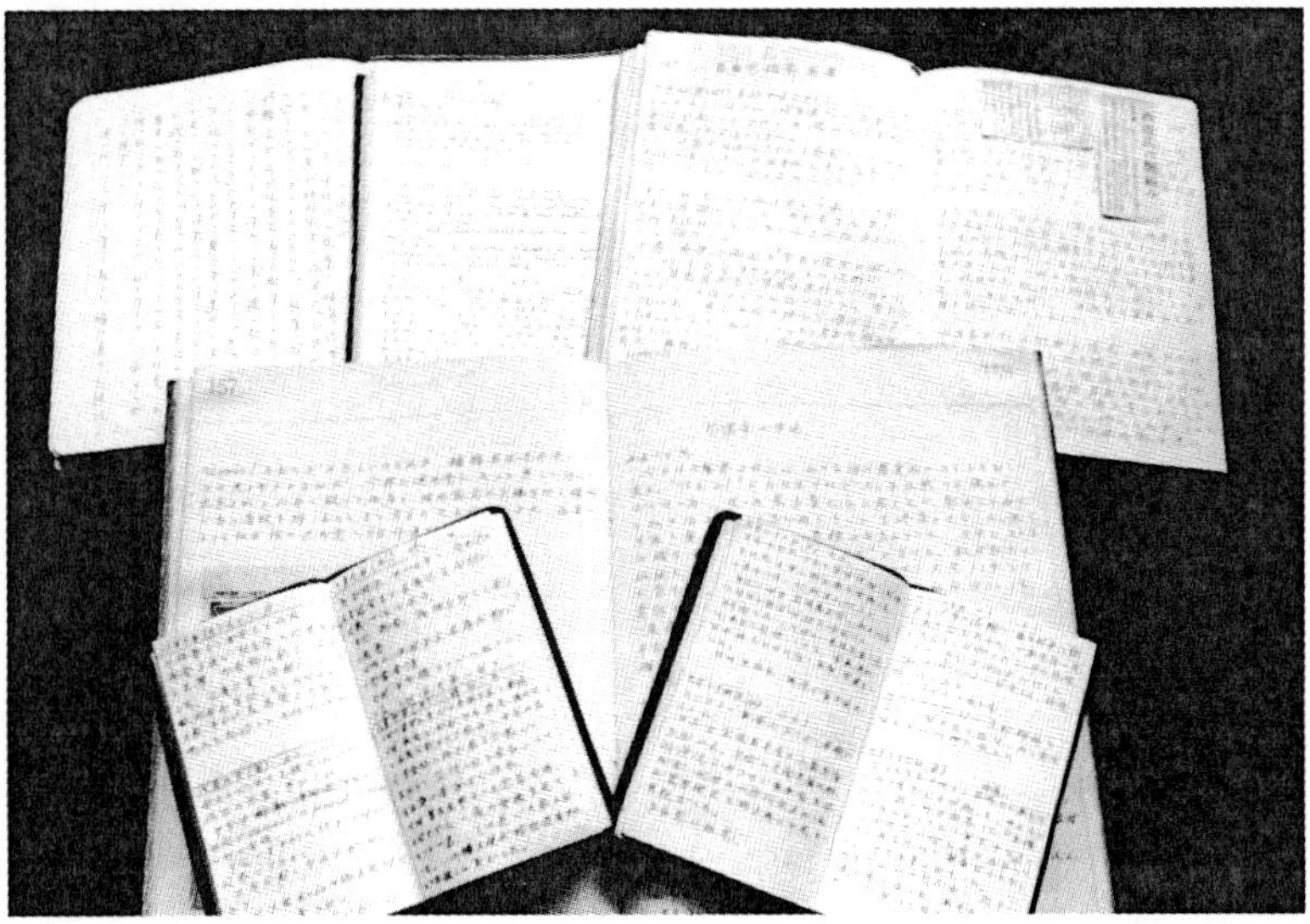

原　本（日記，手帳日記）

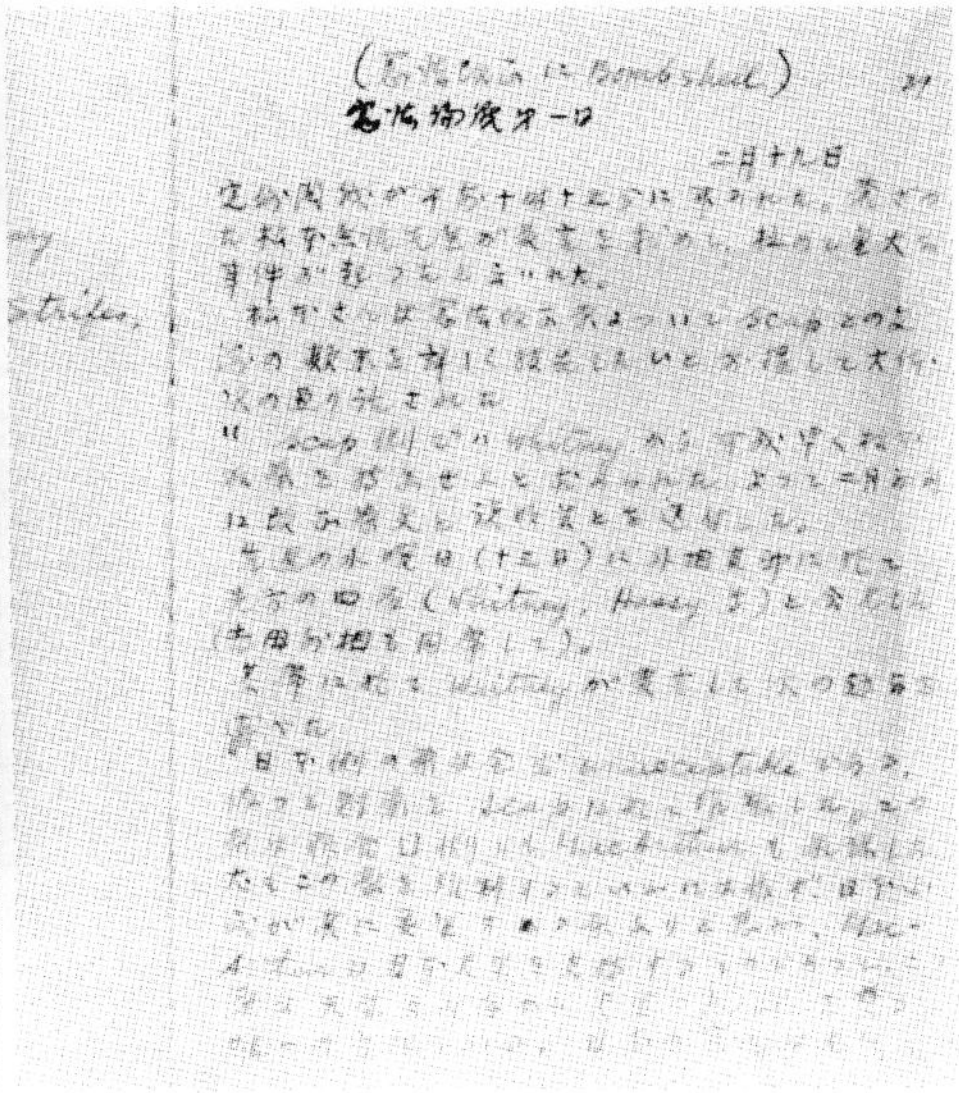

昭和 21 年 2 月 19 日の日記（本文 75 頁参照）

大正 7 年，外交官時代の著者と寿美夫人

昭和 20 年 10 月 9 日，幣原喜重郎内閣閣僚

昭和 21 年 8 月，帝国憲法改正案委員会委員

昭和 22 年 5 月，民主党役員会

解題
――日記と人と生涯――

進藤榮一

一 『芦田均日記』とその時代

芦田均はまれに見る文章家であった。その著作は、遺作となった『第二次世界大戦外交史』をはじめ十数冊を数え、論文、パンフレットの類を入れるならおそらく優に百篇を越えるだろう。そして同時に彼は、膨大な量の日記を書き遺していた。その数は七三冊にのぼる。

明治二十(一八八七)年十一月十五日、芦田は、京都府下、丹波篠山《ささやま》の近く、天田郡中六人部村の山村に生まれた。日記は、満十八歳の年に当る明治三十八(一九〇五)年、彼が第一高等学校に入学した翌年からつけ始められている。そして、大正元年から約二〇年間の外務省勤務時代をへて、衆議院議員に当選した昭和七(一九三二)年二月二十日以後、戦争と敗戦と占領をへて、日米安保改定の前年、昭和三十四年六月二十日の死の床に至る約一ヶ月前まで――華麗さと苦汁の入り混った激しい政治家時代の全期間にわたり、日々の記録が克明に記し続けられていた。明治、大正、昭和の三代に及んでいる。

芦田が、とりわけ戦後期、厚相、外相、首相をはじめ、党最高顧問や党外交調査会委員長のような政治上の最重要職につきながら、なおこれほど詳細な記録を欠かすことなくつけ続けたという事実は、それだけでも驚嘆に値するだろう。わが国の政治家として、これだけの記録を日記として遺した政治家は、おそらくは原敬を唯一の例外としてかつてなかったろうし、これからもないだろう。公開されることのけっしてなかった*『芦田均日記』の公刊が、垂涎のまなざしをもって現代史家たちに期待され続けてきたのも、十分な理由がある。

* のちにも触れるように、かつて『東京新聞』昭和五十四年三月十二日、二十六日の両日、「芦田均日記」と称されるものが憲法制定期と保守合同過程と再軍備構想とに各々焦点を当てた形で「公開」された。確かにそれは、部分的に原日記の「再現」ではあったけれども、正確な再現でなく、後二者の部分については原日記にほぼ従っているものの、憲法制定期についてはいわば作られた再現でしかなかった。
ちなみに、『東京新聞』で公開された部分は、原本に即して言えば憲法制定期の部分が原本第Ⅱ巻(後述)、保守合同過程と再軍備構想の部分が原本第XX巻、あわせて原本二冊のうちの数十日分の記述に照応する。

芦田均日記、――全七三冊の仕様は、次のように概略され分類される。
まず明治三十八年から明治四十五年――東京帝国大学卒業の年――までの明治期のものが八冊。次いで、外交官補に任ぜられてからペテルブルグに駐劄した在露時代を経て四年間のパリ時代を終え、外務省情報部第二課長に転じた本省勤務時代までの大正期のものが九冊。さらに、トルコ(イスタンブール)、ベルギー(ブラッセル)での代理大使を含めた再度の欧州勤務の七年間に当る昭和初頭期と、昭和七年政界入りしてから敗戦に至る、政治家としての戦前・戦時期のものが二三冊。ここまでが総計四〇冊。そしてそれ以後、敗戦前夜から死の直前までの戦後期のものが三三冊。本『芦田均日記』が公開と公刊の対象としたのは、この最後の戦後期の部分に当る。

ここで芦田均日記の仕様の特質として三つの点に触れておこう。
ひとつは、外国語――フランス語と英語そしてごく稀だがロシア語――が多用されていることである。とりわけそれは、前後一七年近くに及ぶ在外勤務時代と戦時下の日記について言える。なぜ外国語で記録されていたのか。フランス語であれ、英語であれ、外国語に習熟するという実践上の理由から来ていたと推察される。実際、在外勤務期にあっては、外交用語としてのフランス語が多用され、政治家になってからの昭和前期のものは英語が多用されている。芦田は、衆議院議員になった翌年の昭和八年から十五年まで、英文ジャパン・タイムズ社社長に就任し、その後も引き続き同社の顧問役になっていた。

そして、戦時下の日記については、遺族の証言によればそれは、官憲の眼から逃がれて記録を保存するための方便であったし、同時に、国粋主義的な当時の風潮への反時代的精神の反映であったという。のちにも触れるように芦田は、昭和八年一月、本会議での処女演説で事実上の軍部外交批判を行なって以来、〝危険人物〟として軍の黒表《ブラックリスト》に載せられていた。英文で綴られた日記を、半長靴のなかに隠して携行していたという証言は、当時の日記の堅いレザー様の表紙に遺された独特の損傷と汚れからも十分にうかがえる。もっとも、本『芦田均日記』にかんして言えば、英文日記の名残りは、『日記』第一巻の「手帳日記」の最初の部分に止まっている。

二つ目の特質は、新聞切抜が随所に貼られ、それが日記の記述の背景をなす政治史上の動向の貴重な記録説明となっていることだ。とりわけそれは、戦後期のものに著しい。その点で、芦田の知友であり、芦田が一時期客員となった『報知新聞』の論説委員、清沢洌の『暗黒日記』につくりが類似している。それは、政治家であると同時に、ジャーナリストでもあった芦田の側面をよく伝え、新聞切抜を補助として、日記本文がいっそう生きてくる仕掛けになっている。もっとも芦田が貼付した切抜の総量は、清沢の場合よりはるかに多く、それ故、便宜上本『日記』への収録は、本文の理解に不可欠のものに限定し、註にその要点を触れるに止めざるをえなかった。

仕様上の第三の特質は、芦田がある時期二種類の日記をつけていたことである。戦前の一時期と、敗戦前夜から戦後初期にかけての『芦田均日記』に即して言えば、第一巻と第二巻の時期とに当る。

二種類の日記――。ひとつは日記本体とも言うべきもので、日記の中心をなし、第一巻から第二巻にかけて、原本の*第Ⅰ巻から第Ⅲ巻までがこれに相当する。二つは「手帳日記」と呼ぶことのできるもので、原本の第Ⅳ巻、第Ⅴ巻、第Ⅵ巻の三冊がこれに相当する。

敗戦前夜から戦後初期にかけて芦田は、その多忙な公務の合い間を縫ってほぼ毎日、昭和二十年十二月三十一日までは中型の「三年連用日記」(博文社刊。G判)に、昭和二十一年一月以降は小型の黒革表紙の「手帳」(相原洋紙店刊。F判)に、日々の出来事をメモ風に書き記していた。記載内容の多くは、彼が会った人と時間と場所にかんする内容であり、彼がかかわった要件と会合の事項風のものである。個人的感想の類や、会晤の意味や背景については、ほとんど記されることがない。一日の記載スペースが、前者、「三年連用日記」の場合は一一行、後者、「手帳」の場合も一〇行内外しかないことから当然のことではあったろう。

そして他方で彼は、それらメモ風の「手帳日記」を基礎に、短い時では三、四日に一度、長い時では一ヶ月に一度くらいの割で、本日記をまとめて書き記している。「手帳日記」は、本日記を記す際の記憶の呼び水としての性格も併せ持っていたらしい。(ちなみに芦田は、この時期以降、本日記をすべて「日誌」と呼び、そう原本表紙に自ら表記している)。

芦田が、生涯においておそらくもっとも多忙であったろうこの時期、「手帳日記」を記し続けていたことは、公人の日記がしばしば陥りがちな史料上の陥穽から本『日記』を免れさせる機能を果たしている。

公人はしばしば、あいまいな記憶と、ときに外向けの思惑によって日誌を記す。その政治日誌に伴いがちな陥穽の大きさを、事実のみを坦懐に記したメモ風「手帳日記」は、最小限のものに止め、あとで触れる本『日記』の史料価値をいっそう高める機能を果たしている。

時期的に見て、二種類の日記を重複してつけ続けるのは、昭和二十三年九月九日までであり、それも、二十三年三月首相に就任してまもなく、事実上「手帳日記」の記録はやめ、間歇的な形でしか記し続けていない。

その代わり逆に、この前後から彼は、従来までの数日おきに一度記載する方式を改め、ほぼ毎日、日を新たに起して本日記を書き綴るという様式に変えている。もっとも、その様式を建前として執りながら、なお彼は、日記それ自体を、事実上一週に一度ぐらいの頻度で、綴り続けてはいた。芦田が、毎日のように、就寝前に書斎や寝室で日記をつけ続けるようになるのは、昭電事件で、公務から解放され有閑をかこつ昭和二十四年以降のことであったようだ。

すでに触れたように、本『芦田均日記』全七巻は、原本三三冊からつくられているのだが、ここで原本三三冊が、主題と時代を軸に、七巻に分類された大要を、日記仕様と共に明らかにしておこう。

＊ 本『日記』では、『日記』の巻号を漢数字で表記し、それと区別するため、原本三三冊の各冊の巻号を便宜上ローマ数字で表記し分類した。

また原本の仕様を示すため、次のようにA判からH判に至るローマ字で判型を表示した。A判（横一九〇ミリ×縦二六五ミリ。一四冊）。B判（二二〇×三〇〇。一二冊）。C判（一六五×二一〇。クロス張り厚手、一冊）。D判（一四七×二〇八。クロス張りやや薄手、一冊）。E判（二〇七×三〇〇。薄手ノート、一冊）。F判（九〇×一五〇。革表紙、二冊）。G判（一三五×一八五。一冊）。H判（二〇五×一六〇。一冊）。

敗戦前夜から憲法制定まで――新国家の建設へ――

まず第一巻は、昭和十九年九月二十九日から二十二年五月三十一日までの期間を扱う。それは、敗戦前夜の反軍派としての芦田の逼塞した動向から、敗戦を契機に新党――日本自由党――結成に参画し、幣原内閣の厚相に就任し、帝国憲法改正案委員会委員長として制憲過程に関与した期間であり、その後二十二年三月、自由党をただひとり脱党し、もうひとつの保守新党――民主党――をつくり、時の吉田内閣を退陣に追い込むまでの期間である。大戦に敗れた日本が、新憲法と戦後改革とを通じて新国家への出発に踏み切った戦後初期に当る。

日本国憲法はこの間、敗戦の翌年十一月三日に公布され、吉田内閣総辞職の十七日前、二十二年五月三日に施行されている。本巻の主題が「敗戦前夜から憲法制定まで」と名付けられるゆえんだ。

日記原本で言えば、原本第Ⅰ巻(C判。昭和十九年九月二十九日から二十年十二月三十一日まで)、第Ⅱ巻(D判。二十一年一月九日から同年八月十日まで)、及び第Ⅲ巻(A判)の最初から約三分の二(昭和二十一年八月十七日から二十二年五月三十一日までの分)が、これに相当する。

時期的にはこれに重複しながら「手帳日記」が第一巻に収録され、組み合わされている。

「手帳日記」は、原本第Ⅳ巻(既述の「三年連用日記」がこれに当る)と、原本第Ⅴ巻(既述の「手帳」)と、原本第Ⅵ巻(同じく既述の「手帳」)の前半約三分の二、とがこれに当る。年月日で言えば、第Ⅳ巻は、昭和二十年七月二十一日から同年十二月三十一日まで。第Ⅴ巻は、昭和二十一年一月一日から二十二年一月十九日まで。第Ⅵ巻の前半三分の二は、昭和二十二年一月二十日以降同年五月三十一日までの期間に相当する。

ただここで、「手帳日記」の始点について付言するなら、本来私たちは、日記本体に合わせて、その「手帳日記」の始点を、「三年連用日記」中の、昭和十九年九月二十九日に求めることもできた。しかし、敗戦直前までの戦時下の「三年連用日記」の記述が、ほとんど英文で綴られ、しかも記述内容が相対に希薄であることから、あえてその部分を省き、「手帳日記」の始点を、敗戦前夜の昭和二十年七月二十一日に求めることにした。原本で言えばその部分が、第Ⅳ巻に相当し、「手帳日記」の最初の部分を構成する。

外相から首相へ――連合の模索と挫折――

次いで第二巻は、昭和二十二年六月一日、社会党主導下で片山哲首相のもとに社会、民主、国民協同三党の連立内閣ができ、芦田自身が外相として入閣してから以後のいわゆる連合政権期に相当する。連合政権期は、芦田自らが首相兼外相として政権を掌握した昭和二十三年三月十日へとつなげられ、昭電事件によって崩壊する昭和二十三年十月まで続く。その間の記録は、戦後政治史上初めての連合の時代の記録として、あるいは中道政権による戦後改革の基調が形成された時代の記録として、重い意味を今日に伝えている。

日記原本によれば、第Ⅲ巻(既出)の後半約三分の一(昭和二十二年六月一日から同年十一月二十三日まで)、第Ⅶ巻(A判。昭和二十三年一月一日から同年六月九日まで)、第Ⅷ巻(B判。昭和二十三年六月十日から同年十一月十四日まで)、第Ⅸ巻(B判。昭和二十三年十一月十五日から同年十二月六日まで)と、それに「手帳日記」としての第Ⅵ巻(既出)の残り三分の一(昭和二十三年六月一日から同年九月九日まで)が含まれる。

昭電事件と講和問題――空隙の日々――

第三巻は、昭和二十三年十二月七日、野に下って歴代宰相のなかで唯ひとり獄中にある稀有な体験の日々を綴った「幽閉雑記」(H判。ノート風綴じ冊子。原本として巻号を付さず)に始まる。そして芦田内閣倒壊のあとを受けた第二次吉田内閣の成立、獄中から立候補を準備して戦った第二四回総選挙とその後の第三次吉田内閣の成立、そしてアジアの冷戦と熱戦のはざまで単独講和が推進される二十六年八月三十一日までの期間をもって終る。

「幽閉雑記」をはじめとする昭電事件にかんする記述の片々の累積は、事件それ自体が、総司令部内GⅡからばかりでなく、むしろ保守政界内、とりわけ野党民主自由党側からの〝仕掛けられた〟事件であった事実を、私たちに類推させるかもしれない。芦田は事件がもたらす「空隙の日々」のなかで、かつてのロシア革命の体験の執筆に取りかかり、革命論を、米ソ冷戦の文脈のなかで捉え直し始めた。そしてその延長上に、日本外交のありようを位置づけ、保守野党の立場から、講和・軍備政策に批判の声をあげ、あわせて自らの政治的立場に、微妙な、しかし確実な変容を加えていった。

しかも変容は、保守再編の胎動した時期と重なり合っている。すなわちそれより先、二十五年二月、民自党からの策動と民主党内連立派の蠢動とによって、芦田の創設した民主党は分裂し、四月、(芦田を含む)民主党野党派は、国協党と共に国民民主党(略称民主党、いわば第二期民主党)を結成していた。

日記原本で言えばこの期は次の巻に相当する。まず先にあげた「幽閉雑記」と、第Ⅹ巻(E判。昭和二十三年十二月二十八日から二十四年三月三十一日まで)、第Ⅺ巻(A判。昭和二十四年四月一日から同年十月二日まで)、第Ⅻ巻(A判。昭和二十四年十月三日から二十五年六月三日まで)、第XIII巻(A判。昭和二十五年六月四日から同年十一月十五日まで)、第XIV巻(A判。昭和二十五年十一月十六日から二十六年四月三日まで)、第XV巻(A判。昭和二十六年四月四日から同年八月三十一日まで)。

民主党から改進党へ——再軍備運動と保守再編——

第四巻は、昭和二十六年九月一日——吉田ら講和全権団が講和条約調印のために羽田を発った翌日——から、昭和二十八年七月二十一日までの一年一一ヶ月の記録である。

保守再編の胎動は、分裂後の民主党が、追放から解除された旧民政系の大麻、松村らの新政クラブと農民協同党を加えて合体し、二十七年二月、改進党結成にこぎつけることによって一段落する。分裂以後の民主党から改進党に至るまでの、芦田の生み落した保守野党・民主党の変身の過程と、変身以後の党内抗争とが、本巻の焦点となる。

党内抗争は、人脈をめぐる争いであると同時に、政策をめぐる争いであり、三木武夫ら国協の流れを汲む党内左派と、重光、大麻らの党内右派との抗争でもあった。その抗争過程で芦田は、党顧問の地位にあって、外交と防衛を軸に、先に見た中道から右派への変身を確認し、再軍備推進の立場から、吉田の対外政策への批判を強めていた。

講和と安保をめぐる国論はしかも、野党第二党たる社会党の分裂をもたらしていたし、それら分裂した野党勢力を尻目に、吉田は、二十七年十月第四次内閣を、二十八年五月には第五次内閣を成立させ、鳩山、河野らを中心とするいわゆる分党派自由党(二十八年三月結成、のち同年十一月復党)の動きをなお圧倒し続けていた。芦田は、そうした動きの渦中に立って、再軍備運動の推進役となりながら、再度の保守再編への隠された主役を演じ始めていた。

日記原本にかんして言えば、第XVI巻(A判。昭和二十六年九月一日から二十七年二月二十一日まで)、第XVII巻(A判。昭和二十七年二月二十二日から同年八月四日まで)、第XVIII巻(A判。昭和二十七年八月十一日から二十八年一月三十一日まで)、それに第XIX巻(A判。昭和二十八年二月二日から同年七月二十一日まで)の四冊が、この巻に相当する。

保守合同への道——吉田政権の崩壊——

第五巻は、昭和二十八年七月二十二日から三十年九月十五日までの三年余りの記録であり、いわゆる保守合同に主題の焦点が当てられる。

吉田政権は、おそらくはその政治課題を終え、国民の信を失いつつあったにもかかわらず、なお権力の座にいすわり続け、長期政権に伴う政治的腐敗を噴出させ、政権批判の声が党内外から高まっていた。

実際、二十八年十一月の分党派自由党の復党と日本自由党(いわゆる日自党)の成立とを契機に、保守陣営は、反吉田勢力の結集に向かい始め、二十九年七月、芦田をひとつの結節点として、自由党内の鳩山、石橋湛山、岸信介らによって新党結成準備会がつくられる。そして同年十一月、自由党新党結成準備会と改進党、日自党とが合同し、日本民主党(いわば第三期民主党)の結成をへて、十二月、吉田政権の崩壊と鳩山政権の誕生とを見ていた。『日記』のなかから私たちは、保守長期政権打倒に向け、(すでに第四巻で見る)左派社会党からの提携の働きかけを含めた、芦田らの権力奪還に向けた凄絶な離合集散の動きを中心に、戦後政党史の知られざる側面に光を当てることができるだろう。

第五巻はこのあと、三十年三月の第二次鳩山内閣成立から、民主・自由両党間の大合同前夜までの時期が扱われる。

原本で言えば、第XX巻(B判。昭和二十八年七月二十二日から二十九年二月二十八日まで)、第XXI巻(B判。昭和二十九年三月一日から同年六月三十日まで)、第XXII巻(B判。昭和二十九年七月一日から同年十月三十一日まで)、第XXIII巻(B判。昭和二十九年十一月一日から三十年三月二十三日まで)、第XXIV巻(B判。昭和三十年三月二十四日から同年九月十五日まで)の五冊に相当する。

合同以後の政局(一)——日ソ交渉前後——

保守大合同前夜の昭和三十年九月十六日から合同以後の三十二年十一月十六日までの時期が、第六巻に収録される。合同以後の鳩山首班下の政局で、最大の外交問題として浮上した日ソ交渉の展開が、本巻の主題となる。鳩山は、政権に着く早々、日ソ国交回復を独立日本にとっての最大の外交課題として取り上げ、三十年六月からロンドンで交渉開始に踏み切っていた。『日記』では、ロンドンで始まり、三十一年十月モスクワで終結する交渉の顚末が跡づけられる。

いったい共産国との国交回復の動きが、保守合同前夜から以後にかけての政局のなかでいかに展開したのか。とりわけそれが、二つの〝二重外交〟——首相鳩山と外相重光との、政府当局と自民党とのあつれきのなかでいかにきしみ続け、そのきしみを打開する動きがアメリカからどう掣肘され、どう苦境を脱しえていたのか。その歴史の実相が、党内外交の側から芦田の行動と記録を基に詳細に明らかにされていく。

芦田はこの時期、自民党外交調査会長の重職にあった。『日記』では、芦田らの党内外交の動きが、閉ざされた国交回復の動きを、失われた領土回復の動きと組み合わせることによって、保守合同以後、前者、すなわち国交回復それ自体を苦境下に追い上げていく過程が明らかにされていく。

そのあと、狭められた外交の選択肢は、合同以後の保守政治家たちを、ふたたび日米安保と、その改訂の動きへと向かわせる。そしてその動きのなかで日ソ以後、石橋政権の短命な幕間劇をはさんで、岸の登場までの過程が、ふたたび党内野党の立場から跡づけられていく。原本で言えば、第XXV巻(A判。昭和三十年九月十六日から三十一年一月二十六日まで)、第XXVI巻(B判。昭和三十一年一月二十七日から同年六月一日まで)、第XXVII巻(B判。昭和三十一年六月十六日から同年十月三十一日まで)、第XXVIII巻(B判。昭和三十一年十一月一日から三十二年四月三十日まで)、第XXIX巻(B判。昭和三十二年五月一日から同年十一月十六日まで)の五冊に相当する。

合同以後の政局(二)――日米安保へ――　付・芦田均日記関連文書

最終巻に当る第七巻は、昭和三十二年十一月十七日から三十四年五月二十四日、死の一ヶ月前までの最晩年の日々が扱われ、それに「関連文書」が付せられる。

三十三年二月十一日、昭電事件の第二審芦田無罪判決が下り、十年裁判の幕が下ろされる。雪冤会の続く晴やかな日々と裏腹に、しかしこのころから芦田に死の影がただよい始めていた。芦田は、第二次岸内閣成立後、二度にわたる議長問題に翻弄されながら、なおも外交の専門家、党の長老として、岸の安保改定交渉における不徹底さを批判し、西側の一員としての外交を強化すべきことを主張する。また改憲のため用意された憲法調査会では、かつてその制定に情熱を傾けた戦後憲法の欠陥を指摘し、改憲への動きに最晩年の情念を注いでいた。そしてあたかも死の影を追い払うかのように、第二次大戦外交史の執筆に専念し、その最後の頁を書き終えつつ、自らもまた七十一歳の生涯とその記録を終えたのである。

原本では、第XXX巻(A判。昭和三十二年十一月十七日から三十三年四月十二日まで)、第XXXI巻(A判。昭和三十三年五月一日から同年九月十九日まで)、第XXXII巻(B判。昭和三十三年九月二十日から三十四年五月二十四日まで)の最後の三冊が、この巻に当る。

これに、数十篇の関連文書が付せられ、ほぼ次のように分類される。(一)戦前期の重要論文・演説。(二)敗戦直前の記録草稿。(三)憲法制定関係関連文書。(四)民主党〈第一期〉結成関係文書。(五)対日講和関係文書。(六)総司令部要人との交渉記録。(七)改進党以後の重要演説・論文。いくつかの極秘文書を含み、その多くは本巻で初めて公開されるものである。戦前期と改進党期以後とについて、各々数篇の論文や文書を収録したのは、今日それらが、いずれも入手がほぼ不可能で、しかも芦田の生涯と時代を知る上で不可欠のものだからである。

なお、日記原本三三冊を七巻に分けるに当って、原本を分割しないことを原則とした。しかし主題と時期区分上の都合とによって、第一巻と第二巻に限り、原本第Ⅲ巻と原本第Ⅵ巻の二冊を分割せざるをえなかったことをお断わりしておきたい。

それにしても、いったいなぜいま『芦田均日記』であるのか。そしてその公刊は今日いかなる意味を持ちうるのか。

二　史料としての『日記』

すぐれた歴史史料の持つ価値は、右であれ左であれ、狭隘なイデオロギーを越え、歴史の女神〝クリオ〟の隠された相貌をあらわにさせることにある。その相貌を通じて、歴史の捉え直しを可能にさせ、現代への問い返しを幾重にも求め続けることができることにある。

この場合クリオの相貌は、まず憲法制定と戦後改革を軸にした占領史の局面にかかわっている。

これまで私たちは、占領戦後史を、多くの場合〝外からの入力〟の帰結として捉えてきた。ポツダム宣言に始まる一連の戦後史の始点を〝外からの革命〟と捉え、憲法制定過程を外からの〝押しつけられた〟憲法とみなし、それに続く一連の戦後改革の動きを外からの改革と理解する歴史像がそれだ。占領期の歴史を、敗戦前と講和後の二つの時代に挟まれた(主権を喪失した)暗い谷間の時代の歴史として描く現代史像が、そこから引きだされてくる。

しかし、いかなる革命であれ改革であれ、それは、内側からの入力なくして、――もしくは外からの入力への内からの十二分な対応なくして――、けっして成就されることはないだろう。ましてそれを押し戻す力がいかように働こうと、四十有余年もの星霜をくぐり抜けることはありえないだろう。

確かに、敗戦から制憲、そして戦後改革に至る一連の歴史は、連合国の戦勝と占領軍の介入という、〝外からの入力〟なくしてありえなかった。しかしその〝外からの入力〟を支え、それに応える十二分な力が、内からと下からと、二つの交錯するベクトルのなかで用意されていたことがまず確認されなくてはなるまい。

たとえば第一巻で、その顚末がはじめて明らかにされる制憲過程にかんする幣原内閣の、内側からする動向がそれである。その動向が、近衛・吉田らの旧体制の延長上にあった幣原内閣下での異質分子、芦田均の微妙な動きとその記録を通じて明らかにされている。

実際芦田は、勃興期資本主義の地方名望家の子弟であり、明治人として天皇制を、戦後体制の機軸にすえ続けることをゆめ疑うことがなかったにもかかわらず、なお、明治憲法体制の欠陥を早くから認識し、より民主化された憲法制定の必要を、かなり早くから考えていたようである。民主化された憲法制定を必要と見る芦田の眼は、総司令部からの制憲の動きに抵抗する松本烝治国務大臣らの動向への、冷やかな芦田の描写にあらわれている。明治体制の延長にすぎない松本憲法草案にかならずしも同意しない芦田の眼は、安倍能成らいく人かの閣僚によっても共有されていた。

旧憲法体制からの離脱の必要――それは、敗戦前、反軍派として逼塞する日々のなかで芦田が、ひそかに読み続けていたいくつもの書物や、連合国の対日占領政策への読み取りのなかにあらわれていた。その芦田の隠された動きが、制憲過程において、守旧派と距離をおかせ、逆に新憲法制定にかかわる議会委員会の委員長としての積極的な関与への道を開いていった。

その記録のなかから私たちは、たとえば憲法第九条のいわゆる芦田修正が、独立後の再軍備を引き出すために、憲法改正委員会で入念に用意された修正であったという歴史解釈が、少なくとも『日記』によるかぎり十分な根拠を持ちえないものであることを知ることができる。逆に、議会委員会で、最も争われた問題が、宮廷改革につながる憲法(草案)第八四条の皇室財産にかんする規定であり、その規定をいかに守旧派の反攻から守り抜くかにあった歴史を知るはずである。

〃内からの民主化〃の動き――、それは芦田をして、のちに触れるように、守旧派に主導権を握られた自由党からの〃脱党〃を促し、一方で、保守陣営における〃改革派〃を横断することによって、民主党結成へと向かわせた。他方でそれは、保守中道としての国協党の働きかけに敏感に対応させ、社会党内穏健派との提携を軸にした、二度にわたる連合政権樹立の道を開いていった。

〃内からの入力〃の主題に立ちかえるなら、芦田は、戦後改革の歩みをまず、幣原内閣下の厚相として労働組合法の制定によって始める。次いで、二度の連合政権下で外相と首相として、外務省と宮廷の〃改革〃とに意が注がれる。とりわけ、知られざる宮廷改革をめぐる、守旧派と改革派との息づまる〃攻防〃が、日記の行間から明らかにされていく。もっとも〃内からの民主化〃にかけた連合政権の動きは、冷戦の進展するなか、二十三年七月の政令二〇一号の布令によって、自らを〃逆転〃の契機に関与させる歴史の皮肉に芦田を向かわせることになる。そこに、保守リベラリズムのかかえる矛盾の軌跡を、『日記』によってあとづけていくこともできる。

史料として『日記』があらわにするクリオの相貌は第二に、戦後政党史の局面にかかわっている。

これまで私たちは、戦後政党史にかんして、特に複雑な離合集散を繰り返した保守分裂と再編とにかんして、石橋湛山の日記を除いて、ひとつとして第一次史料を持つことがなかった。鳩山、吉田、河野、松村、保利、楢橋、岸、石田

（博英）、菅原（通済）らにかんして、それぞれ回顧録は手にできる。しかし、石橋湛山日記は、石橋が昭和二十二年五月から二十六年六月までの占領下の最重要期間追放にあったため、その間の保守党史の動向に触れることがないし、何よりも日記の体裁が、メモ風のものであるため、それが伝える情報量はあまりに少ない。

他方、鳩山、吉田らの一連の回顧録は、現代史史料として限られた価値しかない。公刊を前提とし、あいまいな記憶に依存し、ときに自己の政治的立場の正当化を目的とした回顧録自体の持つ陥穽が、戦後保守党の歴史を、逆に不透明で、いっそう歪んだものにしてしまう。政党史それ自体が、政治家たちの野心と政争の集積であるため、回顧録に依拠した歴史の免れがたい落し穴である。

戦後政党史にかんする『芦田均日記』の意義は、この点にもかかわっている。敗戦直前から動き始めた保守新党――自由党――創立の過程に始まり、〃たった一人の反乱〃――自由党脱党――をきっかけに自由・進歩二大保守党の対立を切り崩し、自らを政治舞台の主役に押し上げた民主党結成への過程。それを根拠点に社会、国協両党と提携し、戦後史上初の、社会党を含めた唯一の連合政権を、二度にわたり実現させた〃強引〃ともときに評される政治過程――。

芦田内閣が、戦後史のなかで石橋に継ぐ短命内閣であったにもかかわらず、閣僚として彼は、幣原内閣に列ること六ヶ月半、片山内閣の副総理格として八ヶ月余、両者を含めるなら、戦後日本政党政治の礎石がつくられた約二十三ヶ月の長きにわたって政局の中枢にあった。しかも芦田が、当時の保守政界のなかで、吉田、幣原ら守旧派と違って、社会党と対話し提携できる、数少ない〃中道〃政治家であったために、芦田の動向と記録を通じて、中間政党としての国協党はもとより、社会党やときに共産党の動向をも私たちは、十分に垣間見ることができる。

確かに昭電事件は、芦田を政権の直接的掌握から遠ざける機能を、死の直前に至るまで果たし続けた。しかし逆に私たちは、その昭電事件の直接の当事者の生ま生ましい同時代の記録を通じて、事件それ自体が、政争の産物であった隠されたクリオの顔を知ることができるし、それ故にこそ、連合政権以後の吉田派対反吉田派との抗争を、権力の高みからでなく、逆に抗争の内側から知る好機が与えられたのである。

吉田派対反吉田派との抗争――、それはまた、昭電事件以後吉田が政権を掌握した二十三年秋から、政権を奪還される二十九年冬までの六年間の戦後政党史の機軸にあった。そしてそれが、(第三巻で扱われる)二十五年春の民主党分裂と国民民主党結成から、(第四巻で扱われる)改進党結成と分党派自由党の結成と復党との、(第五巻で扱われる)日自党の結成と日本民主党(第三期民主党)結成をへて、(第六巻で扱われる)保守大合同、つまり自民党結成に至る、保守再編の離合集散劇の機軸にあった。

芦田は、その離合集散劇の核にあって、つねに、保守再編の動きを推し進める反吉田陣営の結節点として行動を展開していた。しかも、その行動の幅は広く、石橋らを介在しながらも左派社会党にまで及んでいる。それ故、巧まずして芦田の行動の記録は、保守合同に至る戦後政党史の大要を明らかにする機能を果たしている。

もちろん政党史は、単に政治家の野心の織りなす政争の歴史としてのみ描かれるべきでない。政争が、変貌する政治理念と政策とどうからみ合い、後者の変貌が政争とどう連動していたのか。とりわけ保守党の背後にあってそれを支えていた広汎な国民の保守支持基盤の、いかなる要請が離合集散と結び合い、逆に保守支持層が、政党によって操作されていたのか。

保守合同に至る歴史は、合同が、政権掌握のもたらす利権と政権掌握が依拠したナショナリズムとをそのしっくいとしたために、民主主義における政権交代それ自体を困難ならしめ、保守外交の選択肢を狭隘なものにさせざるをえない要因を内包していた。その見えざる歴史の実相が、第四巻以後の『日記』によって明らかにされていくのではなかろうか。

その点にかんして付言するなら、芦田は官僚出身であったにもかかわらず、幣原や吉田、重光、池田らと違って、むしろ党人政治家としての経歴を軸とし、一方で、紡績、映画など勃興期新興資本家層と、他方で丹波・丹後の農漁村とを支持基盤としていた。その支持基盤と支持層の世代交代との波のなかで、芦田が後年、ナショナリズムを軸に、開明的な保守中道から反共的な閉ざされた〝保守反動〟へと暗転する歴史のひだが、全巻を通じて明らかにされていく。

『日記』が照射するクリオの女神の相貌は第三に、戦後外交史の顔に及んでいる。

現代史研究家たちが部分的に明らかにしてきたように、対日サンフランシスコ講和の原型は、すでに芦田内閣によって用意されていた。その芦田らの動きが、第二巻の記録と、特に第七巻に収録された「関連文書」のなかでかなり鮮明な形で照射されている。それは、『外務省記録』や米国務省外交文書によって十分明らかにされることのなかった初期講和の実態を示し、それが、三年後の講和条約につながるいくつもの共通点と、逆に異質性とを明らかにし、日本の安全保障(と憲法第九条)のジレンマを国連の集団安全保障か有事駐留かのいずれかによって解く構想が示されていくだろう。

しかし、外交史の領域について言えば、芦田自身が二十三年十一月以降外交担当者の地位から離れるために、本『日記』の特質はむしろ、改進党顧問の動きを通して見た講和交渉に対する保守野党の錯綜した動きと、とりわけ、鳩山による日ソ交渉に対する党内野党の側からする交渉途絶への複雑な動きとの、二つの争点に集約されている。

すでに見たように芦田は、昭電事件以後、自らの政治的立場に微妙な変容を加え、とりわけ反共ナショナリズムとの親和性を強めていた。『日記』は、かつての〝親ソ派〟芦田が、冷戦の展開するなかで、アジアの民族主義を十分に理解できず、自らの持つ閉ざされたナショナリズムを跳躍点として〝反ソ派〟に転じ、吉田らと共に、日ソ国交回復に反対してそれを阻もうとする党内野党外交の立役者へと変貌する過程を、つぶさに明らかにしていく。それは従来、日ソ交渉にかんする史料として遺された日本側交渉者松本俊一大使や河野らの交渉回顧録の欠陥を補って余りある豊かな情報を提供するはずだ。

もちろん私たちは、『日記』があらわにするクリオの女神の隠された三つの顔の相貌を通じて、たとえば、昨今華やかに宣伝されている〝吉田茂フィーバー〟に対して、その虚実を問い質す歴史の立脚点を、手に入れることもできる。同時代人の眼を通して見た宰相吉田茂像は、けっして今日の〝日本大国〟論のなかでほめ賛えられているような宰相ではなかった。戦後民主主義と戦後改革とのかかわりで言えば吉田はむしろ、『日記』のなかで、改革を阻む近衛らに近い守旧派として立ちあらわれている。戦後議会政治とのかかわりで見てもまた吉田は、近代的な議会主義者としてよりむしろ、国権主義的で老獪な権力主義者として立ちあらわれている。

皮肉なことに芦田が、昭和二十三年夏片山らと共に国公法改定の起草者へと変貌し、二十五年一月以降片山らと離れて軍備増強論者へと転換したために、——いやそれ自体のちに触れるように芦田の〝近代主義的〟で西欧中心的な政治外交観の延長でしかそれはなかったのだが——、その変貌と過激とも言うべき転換の故に私たちは、保革中道連合政権下の戦後改革の意味を捨象し、外交から内政を切り離し、〝ジャパン・アズ・ナンバーワン〟的な〝日本大国〟論を軸に、あまりに安易な吉田〝保守本流〟外交礼讃論へと傾きすぎてきたのではなかったろうか。

少なくとも『日記』は、特定の政治家に対するそうした安易な礼讃論を排し、戦後政治と保守外交とが、ナショナリズムと国際主義と、外交と内政との、もっと複雑で錯綜したせめぎ合いのなかで展開していた歴史の現実を明らかにしていくはずである。そこに史料としての『日記』公刊の今日的意義が集約されていると言ってよい。

『日記』への接近をいっそう容易にするため、最後に『日記』以前の、すなわち敗戦前夜までの、芦田均の人と生涯とをあとづけておきたいと思う。そのとき『日記』は、単に、戦後期の政治外交史料としてばかりでなく、明治以後の日本近代を読み解く鍵としての機能をもまた果たしていることが明らかにされるはずだ。

三人と生涯

——敗戦前夜まで——

時代が人をつくり、歴史への登場を要請する。明治、大正、昭和——、維新後日本の近代から現代までの激動の三代を生き抜いた、芦田均の生涯は、この言葉の重みを私たちにほうふつさせる。

生い立ちと青年時代

芦田均の父鹿之助は、自由民権運動家として板垣退助を助け、明治二十三年七月、国会開設時の最初の衆議院選挙に、府議から転じて立候補し、そして敗退していた。均、満二歳の春である。

鹿之助は、妻しげとのあいだに次男均のほか、二男三女をもうけていたが、均が五歳になる一週間前、明治二十五年十一月九日にしげが三十一歳で病没し、後添いに寿美をもらった。均の弟、三男正は幼少時に、兄、長男治一は二十八歳で早世している。後年芦田が、あれほど多忙な公務の渦中にありながら、(『日記』で繰り返し見せていた)家族と知友とに対する、細やかな感情と愛惜の情とは、そうした幼少時の生い立ちからくるものであったという。

芦田家は元々、信州佐久郡芦田村から出た佐久の豪族であった。その後、武田氏に追われて江州安土に移り、さらに織田氏滅びたあと丹波に逃がれ六人部荘に土着し、のち六十部落を束ねる大庄屋として明治維新に及んでいた。鹿之助の実弟は遠藤家の養子となり、郡是産業の経営に携わっていた。郡是は、先代遠藤三郎兵衛が、波多野鶴吉と共に興した、府下で最大最良の地場産業のひとつで、勃興期資本主義の日本の繊維産業の一角を担っていた。芦田家はその意味でも、民権運動を支えたひとつの潮流としての、地方名望家の典型にほかならない。

均は、郷里の大内小学校(のちの六人部村小学校)を卒業後、隣村の兵庫県氷上郡柏原《かいばら》町にある崇広高等小学校に進学。

柏原町小谷方に下宿しながら柏原中学を卒業する。同じ柏原町の小学校には、均に先立つこと二十五年前、松元剛吉(のちの松本剛吉)が通学していた。

明治三十七年、日露戦争が始まった年の春、中学を卒業し第一高等学校に入学する。

父鹿之助は、第一回総選挙のあと再び府議に転じ、前後四回府議を務めたあと、その年——明治三十七年三月一日の第九回総選挙に甲辰倶楽部から立候補し雪辱戦を戦い、のち立憲政友会に転じ明治四十一年五月まで衆議院議員を一期務めていた。

一高で均は、仏法科コースを選択し、明治四十年東京帝国大学法学部仏法科に進学、四十四年九月高等文官試験外交科に合格、明治が終焉する年、翌四十五年七月に卒業する。当時の同期生に片山哲、津島寿一、石坂泰三らがいた。

少年時代以来芦田は、外交官を自己の天職と考え、その夢を追い続けていた。それは〃昇る太陽〃と称せられた大日本帝国の〃若いナショナリズム〃の生み落したものであった。そのことを彼は、草稿「私の学生時代」のなかで自らこう書きしるしている。

「外交官になりたいとの希望は丹波の中学にいた頃から一貫した念願であったから、その頃余り志願者の多くないフランス法科に入学する決心をした。……日露戦争に勝った日本は満潮の帆をあげた船のように、年と〔共?〕年に世界の一等国を目指して進航しているかに見えた。この船の舵手として、新日本の外交のために大に働いて見せる。そういった驕慢な心が私の脳裏に秘していたことは疑うべくもなかった」(草稿、二—三頁)。(彼はそれを次のようにも書き直している。「中学時代に三国干渉、旅順大連奪回の教訓に頬を紅潮させた青年は、戦捷の余威を駆って『東亜の覇業』——それは一高寮歌の大多数が謳歌した思想——のために大に働いて見せるといった意気込で外交界に身を投じる気持を強くしたのであった」(草稿、六頁))。

一高時代の芦田にかんして言うなら、彼は、当時の校長新渡戸稲造の少なからぬ影響を受けていたようだ。新渡戸は、講道館館長に転出した嘉納治五郎のあと三人おいて校長に就任していたのだが、彼が広めた自由主義的教育は、当時の一高生たちにリベラリズムの気風を吹き込んでいたようだ。それは、〝若いナショナリズム〟とせめぎ合うかのようにうつぼつとして芦田の体内に流れ始めた〝人生への懐疑〟と、ユマニスムへの血と結び合うものであった。

芦田がこのころ、大乗起信論等を説く禅学の老士たちの教説を聞くため湯島の聖堂に通いながら、海老名弾正や綱島梁川ら、キリスト教神学のなかでも自由主義的な無教会派の流れに立つ教義に惹かれ、その教会に日曜ごとに通いつめていたのも、そうした気風のなせるわざだったのだろう。

同時にそれは、芦田の持つ生来の文学好き——人間と人間性への限りない憧憬——と重なり合って、芦田をして硬派のナショナリストとしてでなく、〝文学青年〟的なユマニストとしての気質をつくり上げていたようだ。

一高から東大にかけて芦田は、第一次「新思潮」同人となって、漱石門下生たち——安倍能成や小宮豊隆、谷崎潤一郎ら——と共に新しい文学運動に参加していた。当時の雰囲気を後年芦田は次のように伝えている。

「一高に入ると、安倍能成、阿部次郎、茅野蕭々などの先輩が夏目先生を囲んで文学論を闘わしていた。……私は大抵この会合に出席した。……この頃によんだ外国文学の書物は、ヂューマとかモーパッサンとかの読み易いフランスの小説であった。……一高も法科大学も官吏の養成所のような形で教育されたが、その一面には、思想的な動揺が青年の心を醒〔ママ〕めていた」。

安倍は、のち芦田が幣原内閣の厚相として初入閣したあと、文相の椅子に坐ることになる。

ユマニスムと自由主義の気風——、それは日露戦争後の〝若いナショナリズム〟を、排外的で国粋主義的なナショナリズムの方向にでなく、「開かれたナショナリズム」へと向かわせ、たとえ欧化主義的なものであれ国際主義的な契機を孕むに十分なものとなっていたはずだ。しかも、第一次「新思潮」同人としての芦田の経験は、芦田に、日本の政治家として類まれな文筆の才にみがきをかけた。他方、一高時代以来の弁論部での弁論の訓練は、これまた日本の政治家に数少ない雄弁家としての資質を研ぎ澄ますかっこうの機会となっていた。

文筆と口舌と新しい知識とによって、人々に自らの理念——と政策と——を訴え、支持をかちえ、政治と外交の流れを変えていく。後年芦田が政界入りしたあとの政治手腕とその最大の武器とは、こうしてこのころ着実につちかわれていたことになる。その若き日の文芸活動によってみがきかけられた文筆の才の故に『日記』は、単に政治史上の記録としてばかりでなく、巧みな心象風景をも混えたある種の〝日記文学〟として、私たちの興趣をかきたてる。

若き外交官

大正元(一九一二)年八月二日、外交官補に任ぜられる。一年八ヶ月余の本省勤務をへたあとロシア帝国の首都ペテルブルグ在勤を命ぜられ、大正三年四月二十四日、ペテルブルグに赴任。時の駐露大使は、戦争後の悪化した日露関係を見事に修復させ日露条約締結にまで持ち込んだ本野一郎であり、その下に、のちソ連通として外相をも勤める佐藤尚武が、二等書記官として勤務していた。芦田は、そのすぐ上の上司に当る佐藤の影響を、とりわけ強く受けていた。

大正三年七月、芦田の赴任三ヶ月後、欧州戦争——のちの第一次世界大戦——が勃発し、さらに大正六(一九一七)年三月に二月革命が、十一月に十月革命が勃発し、ロマノフ朝下のロシア帝国が音をたてて崩れ、ボリシェヴィキ下の社会主義ソ連が歴史に登場している。その戦争と革命の騒乱の過程を芦田は、大使館の内と外とでつぶさに見聞していた。革命時に大使は、本野から内田康哉へと変わっていた。その体験は、外交官として実に稀有で得がたい体験であった。

大正六年十二月二十四日、芦田は三等書記官に任ぜられ、翌大正七年一月七日ペテルブルグを出てシベリア経由で同月二十六日横浜に着く。そして三月二十八日、学生時代に見初めていた、織物輸入商長谷見次の長女寿美と華燭の典をあげ、あわただしい新婚旅行のあと、四月十二日横浜を出帆。合衆国と英国を経由し、六月二日、第二の任地パリに着任した。

大正八(一九一九)年一月、パリ郊外ヴェルサイユの講和会議に西園寺公望、牧野伸顕両全権委員の随員として参加。日本側随員六十余名のなかには、牧野の女婿で芦田より九歳年長の吉田茂や、芦田と外務省同期の重光葵がいた。

芦田はこのあと、パリの日本大使館に松井慶四郎大使と、大正九年九月からは石井菊次郎大使のもとで勤務した。そして、ヴェルサイユ後の国際協調主義の産物である、国際会議のいくつかに、随員として参加していた。大正九年十一月、ジュネーヴで開かれた国際連盟第一回総会、翌大正十年八月の第二回総会、大正十一年四月のジェノア経済財政会議にそれぞれ随員として、同年六月のヘーグ会議に専門委員としてである。彼にとってそれは、第一次大戦とロシア革命とにつぐ、第二の国際体験だったと言ってよい。芦田はそれより先、大正九年七月一日大使館二等書記官に任ぜられている。

このあと大正十二(一九二三)年二月十五日、本省情報部第二課勤務を命ぜられ帰国、六月十一日、第二課長に就任。芦田の上司情報部次長は小村欣一がその席を占めていた。

翌十三年六月十八日、芦田は情報部第三課長を兼務、七月七日参事官に昇格する。当時の新聞は、明治四十四年外交官試験合格の〝花の四十四年組〟のすべてが、課長として勢揃いした様を報道し紹介している。重光葵はこの二年前、外務省のエリート・コース、条約局第一課長に就任していた。

芦田の本省勤務は、大正十四年九月十五日、一等書記官としてトルコ大使館勤務に転ずるまでの、わずか二年半余りの年月でしかなかったが、その間彼は、実に精力的に活動している。文筆の才にたけ、ヨーロッパの国際情勢の最新情報を手にしていた彼にとって、情報部はもっともふさわしい部署であったようだ。実際そのころ彼は、省内で月刊広報誌『海外事情』を発刊し国際知識の普及につとめながら、自らも幾冊かの著書を精力的に世に出していた。外交官として異例のことであったと言わねばなるまい。

大正十三年二月、白雲楼学人のペンネームで、検閲で伏字が随所に見られる、知られざる処女作『怪傑レーニン』(大日本雄弁会)を出版。次いで十一月には『巴里会議後の欧州外交』(小西書店)を、翌十三年九月には『欧州の列強』(大阪毎日新聞社)、同年十月には『ロシア印象記』(報知新聞社)を出版する。このうち『巴里会議後の欧州外交』は、一年半余りの間に十版を重ね、外交問題専門家としての芦田の名を、広く世に知らせ始めていた。

大正十四(一九二五)年一月から二月にかけてはまた、東京帝大法学部で、前後八回にわたり、国際政治にかんする特別講義を行なっている。さらに、同年三月二日、十六日、二十三日の三日間、赤坂東宮御所で、(それから九ヶ月後に今上天皇となる)東宮及び同妃両殿下を前に、進講している。進講は「世界戦争勃発前の一〇日間」「革命ロシアの国民生活」「世界戦後における英米独仏の関係」の三つの主題にわたっている。

進講後芦田は、その内容を再録して前篇とし、それに当時彼が雑誌『現代』と『丹波青年』に寄稿した三篇の論文や中六人部村での講演「農村の将来」などを後篇として加え、『御進講紀念小篇集』(非売品、一七九頁)として発刊していた。中扉には、一頁大の自らの半身像の写真を載せ、写真の上に「御進講紀念として拙き小篇を郷里の青年諸兄に贈る」という文字を記載している。

父鹿之助は、府議時代の明治三十四年七月、丹波銀行を興していたが、明治四十一年その経営に失敗したのちすべての公職を整理し、郷里に引退し、七十二歳の生涯を閉じた。当時その父の地盤をつがせて均を代議士へ出馬させようとする動きが郷里に出ていた。* そのことを併せ考えるなら、芦田は少なくともこのころから、政治家への転身をかなり真剣に考え始めていたのかもしれない。

* たとえば『雄弁』大正十三年六月号所載の「外務省の俊鋭蘆田均氏」(白馬非馬生)が、そうした動きに触れている。

だが私たちがここで興味を惹かれるのはむしろ、このころ熟成し始めていた芦田の政治外交観である。ここでもまた彼の柔かい鋭敏な心は、時代のなかで激しく息づいていた。戦前期芦田の政治外交観それ自体を詳細に跡づけることは「解題」の域を越えるので避け、ここでは戦後期の『日記』の理解を助けるため、そのいくつかの特質を摘出するに止めよう。

ロシア革命論

第一に眼を向けるべきは、芦田の政治外交観の原点としてしばしば指摘される、彼のロシア革命観である。それは、後年の反共主義者——とりわけ対日講和前後から急速に右旋回し始めた——芦田のイメージからほど遠く、むしろその革命観は、何より冷静で緻密な社会科学的分析の上に構築されていたことに私たちは気づく。

ロシア社会に対する芦田の緻密な分析は、すでにロシア着任三年半後の大正六(一九一七)年十一月、省内用資料として提出された、ロシアの社会経済構造の統計学的分析「露国戦時産業概況」(外事秘報第四号)のなかにいかんなく発揮されている。当時大蔵省に勤めていたのちの経済学者大内兵衛は、その調査資料に逸早く注目し、驚嘆の讃を送っていた。(『日記』第三巻、昭和二十六年七月二十二日参照)。

ロシア社会の社会科学的分析と、革命への自らの原体験とを基礎とし、自己の持つリベラリズムの思想に依拠しながら、芦田は革命の原因を、およそ次のような形で捉え直していた。

——その遠因の第一は「時勢に適しない政治」であり、そのもとで進行していた巨大な「社会的不平等」の現実だ。社会的不平等はとりわけ人口の八割を占める農民層に対して深刻であった。それが、戦争の進展と、官僚・大地主ら特権階層の「腐敗」とによって加速され、革命を醸成させ引き出していたのである、と。

革命はそこでは、フランス革命に象徴される近代市民革命と共通の根を持っていたのだが、第一次革命の失敗のためにそれから逸脱したものとして捉えられていた。だから、本来革命の理念は、第一次革命によって成就さるべきであったのに、ケレンスキー政権が、有効な土地改革をなしえず、民衆の不満と飢えに応えることができなかったために、十月革命に至らざるをえなかったのだと、捉えられた。

芦田のこのロシア革命観は、彼が一高時代以来親交を重ねていた〝最初の〟日本学者であり、のちハーバードでライシャワーらの師となるセルゲイ・エリセイエフと共に、ネヴァ川のほとりで、革命のなるさまをまのあたりに見ながら交わしていた次のような会話と情景とにうかがうことができる。

「〔十一月〕十四日の朝ハバロウスク聯隊や芬蘭《フィンランド》隊が軍旗を擁し軍楽を先立てゝ、赤い革命の旗を翻し乍ら議会へ行つた。……革命軍が『自由の歌』を高唱してゐる。白く張りつめて〔た〕ネバ河一帯の氷を背景として、巍然たる冬宮の屋根の上には大きな赤い旗が、蘇つたロシアの象徴の様に風に靡いてゐる。『どうです、うまく遣りましたろ』同行のエリセエフ君が満面の笑顔で僕の肩をポンと叩いた。『さう、然し貴方等の仕事はこれから始まるのです』と自分は真面目に答へた。*」

* 『怪傑レーニン』二一〇頁。

革命の原因を、ロシアの腐敗した専制政治と巨大な社会的不平等の現実とに求め、近代市民革命からの逸脱と捉えたロシア革命観はだから、一方でロシア社会が、資本主義経済へとふたたび回帰し、西欧型の議会制民主主義の政治体制へといずれ変容せざるをえないはずであり、革命とボリシェヴィキ政権は、それに到る〝過渡的〟な階梯にすぎないという、ロシア観へとつながっていた。

〝ヨーロッパ〟と〝近代〟の高みからするロシア革命像と言ってよい。ヨーロッパ事情に精通し、〝ヨーロッパ近代〟に追いつくべく懸命に学んだ芦田にとってそれは、引き出さるべくして出された当然の論理であったのかもしれない。

実際そのため彼は、たとえば、一九二一年三月――彼がロシアをあとにしロシア社会の生まの現実から遠ざかってから三年後――に始まる新経済政策(ネップ)を知ったとき、それをもって、ソ連社会が「共産主義から資本主義へと」回帰し、議会主義へ転換する現われ〔資本主義的な〕と捉え、次のように記していた。

「……暫く共産主義を棄てて新経済政策に立戻つたもので、これは明らかに共産主義より資本主義に降伏したものと云ふことができる。*」「本年の初以来ソウエート政府も農民の希望を満足せしめ、個人資本と妥協する方針に出た形跡が見えてゐるから今日のソウエート政府は、形が変らないまでも其内容実質は次第に変化して、実際農民多数の意見が政治の上に現れ、所謂多数政治が行はれる傾向を生じて来るものと思はれる。**」

* 『御進講紀念小篇集』七三頁。

** 同右、八五頁。

あるいはまた、後年、一九三六年のソ連新憲法の制定をもってして、専制政治体制の変種たる「プロレタリア独裁」から、西欧型民主主義体制への転換の契機とみなし、次のように記していた。

「かやうに考へて見れば、新憲法によつてソ聯邦の政治が一躍して民主化したとするのは早計である。しかし従来にくらべていちじるしい変化は聯邦会議と同権限ある民族会議を起したり、労働者と農民とがいづれも三十万人について一人の代表者を選ぶことを規定して、農民の地位を平等にしたり、また従来の複式選挙制を廃止して直接選挙に改める等の修正を加へた点である。ソ聯邦もまた年を経ると共に、他の諸民族と同じ過程と経験を積んで、次第に国家生活を常軌の方式に引上げることに推移するのであらう。……今回のソ聯邦の憲法改正も、かやうな観点から我々は興味を以てこれを観察すべきであらうと思ふ。*」

* 『報知新聞』昭和十一年六月二十日付論説「ソヴィエットの新憲法草案」。なお『新興日本の将来』(日本青年館)では、いっそう直截に、次のように表現されている。「ロシアの労農政府はプロレタリア独裁を主張してゐるが、それとても独裁は一時の過渡的の階段《(ママ)》に過ぎないものであつて、今年発布せられた新憲法では逸早く民衆政《(デモクラシー)》に乗り換へてゐる。」(同、四一頁)。

〃ヨーロッパ近代〃の高みから見る芦田のこのロシア革命観は、一方でボリシェヴィキ革命に対するイデオロギー的で心情的な反発を回避させていたと同時に、他方で、革命後のソ連外交に対する、言葉の正確な意味での、現実的な把握を行なうことを可能にさせていた。

ロシア通として、この時期以降彼が書き発言した数多くの〝ソ連外交論〟にかんする論述のなかから、私たちが、後年あらわれる〝ソ連膨張主義〟論の片鱗を見いだすことは、あまりにむずかしい。

逆にこの時期彼は、ツァーリズム・ロシアとボリシェヴィキ・ソ連との違いを腑分けし、「世界革命論」を標榜した革命直後のソ連と「一国社会主義論」に転換した一九二〇年代以後のソ連との違いとを指摘した。そしてソ連外交の機軸が〝現状破壊〟でなく〝現状維持〟に、攻撃性でなく防御性にあることを強調した。その観点から、当時の政府と軍部の対ソ外交を批判し、その批判が、後年政治家に転身したあとの〝反軍主義者〟としての芦田の根拠点と化すことになったのである。(そのソ連外交論の一端は『日記』第七巻「関連文書」に収録した「ロシア外交論」『文芸春秋』昭和十四年七月号所載に凝集されている)。

芦田のロシア革命観はしかし、皮肉なことに、まさにその〝近代主義性〟の故に、次のような展開を予想させるものを内包していたことが確認されなくてはならない。

すなわち、現実の政治過程のなかでロシア社会の〝転換〟にかけた彼の期待が裏切られ、ロシア社会が〝資本主義〟に回帰することもなく〝議会制民主主義〟に変容することもない現実に立ち至ったとき、次のようなソ連像の転換を見ざるをえなかった。ソ連体制はつまるところ、ツァーリズム・ロシア以来の専制政治の別の種類の形態にすぎず、プロレタリア独裁として、ヒトラー・ドイツやムッソリーニ・イタリアと同じようにもうひとつの独裁体制にほかならないのだと、――換言するなら、労農階級による「国家社会主義」であり、ファシズムと同じ全体主義体制にほかならないのである、と。(後年政治学者たちの言う)全体主義パラダイムによるソ連像である。

言うまでもなくこのソ連像が、ふたたび現実の国際関係の展開のなかで位置づけ直され、外交を欧米列強の〝力の均衡〟ゲームのなかで見すえる(芦田の持つ)リアリズム外交論を介在させたとき、それは、ソ連外交像自体の大幅な変換をも促さざるをえなくなる。すなわちソ連外交の機軸は、けっして〝現状維持〟的で〝防御的〟な外交政策にあるのでなく、〝膨張主義〟的で〝攻撃的〟な外交政策にあるのだと。

第二次大戦後の冷戦の展開と、朝鮮戦争を機にしたその熱戦への転化のなかで、芦田のソ連外交像が急速に変容していく論理は、こうした形で読み取ることができるのではなかろうか。そしてそれがふたたび、外交官として手にしていた西欧流リアリズム外交論と、彼の体内にひそむナショナリズムの熱い血と結び合ったとき、あの激しい再軍備論への展開を引き出してくるのではなかろうか。

「民衆政治」論

この時期——大正期から昭和初期にかけて——の芦田の政治外交観について、なお付言されるべきは、彼の「民衆政治」論である。

芦田にとって、わけても大正十年代、九年の欧州勤務のあと本省に戻った三年弱の年月のあいだ、最大の関心となっていたのは、外交問題であると同時に、いやそれ以上に、自国の国内政治のありようであった。

学生時代に芦田が手にしたリベラリズムは、民主主義の先進国、ヨーロッパでの明け暮れのなかで、確実に熟成していた。その熟成したリベラリズムによって彼は、自らが生まれ育った丹波の農村の苦境を見た。その苦境は、小作争議や水平社運動、労資の衝突、小作農の貧窮、といった大正十年代の国内矛盾の噴出と重なり合って、帰国後の彼の関心を惹き始めた。しかも、大正十三年の普選運動の高まりが、その関心に拍車をかけた。

芦田は、近代化を急ぐ日本のその国内矛盾は、何よりも民衆の政治参加を徹底させ、政治を民衆のものとし、真の議会政治を実現することによってはじめて解決できるのだと、捉え直していた。そのため彼は、形骸化し腐敗した政党政治の虚をつき、貴族院制度に見られる民主主義の「政治的制度の立遅れ」を指摘し、貴族院制度の改革とその事実上の廃止を主張し、民衆が政治意識を高め、女子にも参政権を与える必要を説き、思想を抑圧することの愚を説いた。

「日本には危険思想と称する特殊の熟字がある。外国には……思想其のものを罰しようといふ法律はない。……惟ふに立憲政治は常に反対派のあることを予想する政治である。従って立憲政治の向上は反対派に対する寛恕の精神から始まる」。*

疑いもなく芦田の政治像のなかでは、資本主義と〝民衆政治〟とを共通の基盤とする二つの政党が政権を交代し合う、たとえばイギリスの政治制度が、あるべき制度として描かれていた。だからこそ彼は、たとえばこの時、マクドナルド労働党政権の登場を、イギリス政治の好ましい変化として歓迎できた。そして戦後、共産党を左の急進主義、吉田ら守旧的な保守主義者たちを右の反動主義として退け、片山や西尾らと連立政権を組むことができたのである。連合の論理を引きだした「民衆政治」論と言ってよい。

そしてこの内政観はさらに、次のような、当時にあっては反時代的な国防観を引きだすものでもあった。すなわち、国民と政府が意を注ぐべきは、軍部の高唱するような「国防」の充実でなく、むしろ国内矛盾の解決であり、国内改革であり、民衆政治の実現なのであると。その戦前期芦田の政治観は、次のように語られている。

「日本が財政経済の方面に今日の如く行詰りつゝある際に、国民の精力を生産の振興と生活の安定とに集中せずして今尚国庫予算の四割を軍備の為に費し、好んで孤立無援の対外政策に奔らむとするが如きは大に考慮を要すべき点である。……日本に迫つてゐる危険は外敵の侮よりも内部からの崩壊である。世間には今にも外敵が日本に攻寄せて日本を占領するが如き説をなすものがあるが、これは自分自らの影に驚く腰抜け武士である。日本程に資源のない、人間許り多い、治め難い国を、多大の危険を冒して攻め取ろう等といふ物好は世界に滅多とない。病根は寧ろ日本の内部にある。**」

* 『御進講紀念小篇集』一一一―一一二頁。

** 同右、一五七―一五八頁。『丹波青年』昭和十四年一月、二月号所載「第二維新の意義」。

芦田もまた時代の子であった。その柔かい鋭敏な心が、時代のなかで激しく息づいていた。若き日に育くまれたリベラリズムの思想が、〝ヨーロッパ近代〟の体験のなかで熟成し、国際主義の高揚と大正デモクラシーの高まりのなかで開花していた。

「大衆が政治に参加することを極端に嫌った」*吉田茂や、その友近衛文麿らとの懸隔を、私たちはそこに見いだし、土着のナショナリズムと接点を持ち続けていた芦田と、接点を持ちえなかった吉田らとの違いに眼を向けることができるだろう。また逆にそこから私たちは〝民衆政治〟の開かれた理念が、独立以後の明け暮れのなかで土着のナショナリズムを介在して、国防主義的な閉ざされた外交政策へと暗転する契機を見出すこともできる。

だが、よしんば芦田の政治観にひそむ〝近代主義〟の限界や、〝ナショナリズム〟との隠されたせめぎ合いを認めるにしても、なおこの時期の〝民衆政治〟への理念が、政治家に転身したあと〝反軍主義者〟としての芦田の姿勢を支え、それが、敗戦後の制憲過程と戦後改革に対する彼の果敢な関与を可能にさせることになる現実を、見失うべきではない。

＊後藤基夫・内田健三・石川真澄『戦後保守政治の軌跡』(岩波書店)、四五頁。

芦田はこのあと、大正十四(一九二五)年九月十五日、一等書記官に任ぜられ、トルコのイスタンブールに赴任し、昭和四年四月、大使館参事官に任ぜられる。トルコ在勤中、昭和三年十月十一日から四年十一月二十四日まで小幡酉吉大使のあとを受け臨時代理大使を務めた。そして大使館勤務のかたわら、ダーダネルス、ボスポラス両海峡に関する浩瀚な研究をまとめ上げ、東京帝大に提出し、昭和四年、法学博士の学位を受け、翌五年五月三十日『君府海峡通航制度史論』(巌松堂)として出版された。五三四頁大の今日なお価値を失うことのないすぐれた学術研究書である。

昭和四年十一月二十八日、一時帰国のためビョルグを出発し、翌五年一月十六日東京に着く。そのあと三月六日から四月三日まで、支那に出張視察し、六月七日、ふたたび東京を出発し、ベルギー大使館勤務のために七月三日、ブラッセルに着任している。芦田のブラッセル在勤は、昭和七(一九三二)年一月十八日まで一年半でしかなかったが、その間三度、昭和五年十一月十七日から六年三月十六日まで永井松三大使に代わり、次いで、同六年四月十六日から九月一日まで、同六年十一月三日から翌七年一月十四日まで、佐藤尚武大使に代わって臨時代理大使を務めた。

昭和七年二月四日、政治家に転身するため東京に帰着し、二月十日、退官する。そして十日後の二月二十日、第一八回総選挙で初陣を飾り、三月十八日、衆議院議員となる。四十四歳の春だ。後年彼は、政治家に転身した動機を、年来の親友石山賢吉をして次のように語らしめている。

「芦田氏は外交官をやめようと決心した。外交官の手では、到底、難波船を救ふ事が出来ない。といつて坐視することは、なほ更、出来ない。議会の壇上から国民に警告する事が、最後に残された唯一の途である。かう思ひ詰めると、芦田氏は、矢も楯もたまらずその年の暮に、電報を以て辞職を本国の外務省に届出て、シベリア鉄道に乗つて、急ぎ帰国の途に着いた」*。

* 石山賢吉『芦田首相を描く』(ダイヤモンド社、昭和二十三年)、一二頁。『日記』にあるように芦田は、首相になってから石山に資料を提供し、その半生を描いてもらっていた。その意味で自伝に近い。

反軍主義者的な政治家

政治家になってから敗戦までの芦田の十三年半余りは、軍国主義の台頭に抗する反軍主義者としての日々として描くことができる。その嚆矢は、芦田が議員になってまもない昭和七年八月三十日の第六三帝国議会での初めての質問演説にあらわれていた。芦田はこのとき、日本の満州国政策が、国際連盟で十分な支持を得ることができず、国際社会で孤立する危険を説き、外相内田康哉に対し、外交批判の演説を行なった。内田は、芦田のロシア在勤中の大使であった。

そして翌昭和八年一月二十三日、第六四帝国議会衆議院本会議での芦田の演説は、前年の予算総会のそれより激しく、霞ヶ関外交の無能を糾弾し、間接的であれ軍部外交を批判した。芦田の満州問題に対する外務省批判演説は、ロイター電にのせられてジュネーヴに伝えられた。芦田が与党政友会に属していたため、与党内部からさえ日本の武断主義的な対満政策に対し批判が出ているという形でそれは、国際的反響を呼び、ジュネーヴの松岡国際連盟日本代表を当惑させ、議会で芦田は釈明を求められた。このとき以来芦田は、反軍主義者として、軍部にとって〝危険人物〟とみなされ始めていた。

芦田の外交批判はこのあと、昭和十年一月二十五日の第六七帝国議会衆議院本会議でも繰り返されている。このとき芦田は、特に対ソ〝協和外交〟の推進を訴え、それを行なうなら国境の大軍備は「無用の長物」となるだろうと説き、さらにソ連とのあいだに、中立地帯の設置や不可侵条約の締結といった外交手段をとることの必要性を主張し、国防計画における政府の方針の一貫性の欠如を指弾した。

さらに昭和十二年三月十二日、第七〇帝国議会で芦田は、「外交方針に関する緊急質問」に立ち、重なる日本外交批判を行なっていたのである。二・二六事件から一年後の、軍部ファッショの台頭するなかで行なわれた批判の果敢さは、十分に評価さるべきだろう。

芦田の批判は、ここでも国防中心主義的な武断外交批判から始まっていたのだが、ここではそこからさらに進め、対ソ外交を反共主義的なイデオロギーによって閉塞させることの愚をついていた。

「……日ソ関係ノ重点ヲ共産主義ノ宣伝ニ置クト云フコトデハ、当分両国ノ関係ハ改善ノ見込ガナイト吾々ハ考ヘル。見込ガナイノミナラズ、此方針ヲ極端ニ押進メテ行クナラバ、我国モ遂ニ『イデオロギー』ニ依ル国際的対立ノ渦中ニ捲込マレル危険ガアルト思ヒマス。」*

そして芦田は、「漁業問題、北樺太ノ油田問題」といった「国民生活ニ極メテ密接ナ関係ヲ持ツ問題」の解決をはかるべく「冷静ニ大局ノ上カラ両国ノ関係ヲ整調スルコト」の重要性を主張した。さらに「日支平等ノ立場ニ立ツテ」支那への経済援助と支那との経済提携を進め、併せて英米と友好協力関係を維持することの緊要性を説いた。

* 『官報号外』昭和十二年三月二十日、衆議院議事速記録第二〇号、五〇九頁。芦田のこの時の演説要旨は、その批判の過激性の故に、翌日の新聞にいっさい掲載されなかった。

これより先、昭和七年九月、芦田は『報知新聞』の客員論説委員を委嘱され、翌昭和八年一月には、伊達源一郎のあとを継ぎ、ジャパン・タイムズ社社長に就任した。そして芦田の日本外交批判は、議会においてばかりでなく、これらマス・メディアを通じてもまた、行なわれ続けることになる。

芦田は、前者の職を昭和十三年十一月まで、後者の職を昭和十五年十二月まで勤めたあと、丹波綾部に本拠を持つ郡是製糸株式会社取締役に就任したが、昭和十六年以後芦田は再びジャパン・タイムズ社の取締役として健筆をふるい続けていた。

もっとも、芦田の日本外交批判は、軍部にひきずられた武断主義的外交の跋扈と、霞ヶ関外交の不在とに向けられていたものであって、けっして当時の日本の大陸進出それ自体への批判を伴うものではなかったことに、応分の注意が向けられなくてはなるまい。

たとえば満州問題に対して芦田は、昭和七年三月の満州国の独立を容認し、むしろそれを諸列強に認めさせるよう外交努力をなすべきことを説いていた。あるいは軍拡問題に対して芦田は、政府の軍備拡張政策を批判しながら、軍備の「質的増強」を主張し、むしろ、「大陸軍国」ソ連と「大海軍国」英米との双方に向けたいわば〝全方位的〟な軍拡政策、つまりは国防第一主義の愚を批判の俎上にのせ、英米との協調の必要を説き続けていた。

しかも芦田の場合、満州事変前後から勢いをふるい始めていた中国共産党の力もアジアの民族主義の意味も、十分に評価することがなかった。

芦田は、この時期二度にわたって中国と東南アジアを各〻訪問している。一度は、昭和五年三月から四月にかけて外交官として支那を訪問し、一度は、昭和十五年四月二十七日から五月下旬にかけて、今度は政治家として日支事変下の南中国、香港、マカオ、フィリッピン、台湾を視察している。そしてこの二つの旅行のあと、『高速度、支那の旅』(昭和五年五月、代謄写版、七七頁)と『南支南洋の旅』(昭和十五年七月、代謄写版、五〇頁)という小冊子を各〻著わしていたのだが、そのいずれからも、アジアの民衆に勃興していた民族主義への十分な理解をうかがうことはできない。

その意味で芦田の国際政治観は、すでに触れた〝ヨーロッパ近代〟の延長上にあり、外交を欧米列強の〝力の均衡〟ゲームを軸に見すえ、西欧との協調を説くリアリズム外交論であり、ヨーロッパ近代の植民主義者の外交論に近似していると言ってもよい。その点で芦田の国際政治観は、同じ『報知新聞』の論説委員をしていた清沢洌のそれと近似しながらも微妙に異なっていた。また『東洋経済新報』に依拠しながら〝小日本国主義〟を主張し続けてやまなかった、反時代的なもうひとりのジャーナリスト湛山石橋のそれに類似しながらも明確な違いを示していたし、満蒙の国際管理構想を提唱していた、もうひとりの外交官出身政治家幣原喜重郎とも、明らかな違いを示していた。

だが、そうした違いと、芦田の外交観にひそむ〝近代主義〟の限界とにもかかわらず、国際協調外交を説き続けた、反軍主義者としての議会政治家、芦田の歴史的位置は変わるところがないだろう。

反軍主義者として軍国主義に抗して孤塁を守り続けた議会主義者芦田の真骨頂は、昭和十五年二月に起った民政党代議士斎藤隆夫の除名事件に対してとった芦田の態度のなかに凝集していた。

斎藤はそのとき、日中戦争に対する軍部・政府外交批判を大胆にも行なったのだが、それに対し軍部から、斎藤除名の要求が出され、議会内部でこれに応える動きが出てきた。そのとき除名反対の態度を貫き、青票を投じた議員は、議員総数四六六名のうち、民政党から岡崎久次郎、中立から北浦圭太郎、政友会からは名川侃市、宮脇長吉、牧野良三、丸山弁三郎と芦田の、総数七名でしかなかった。そして政友会幹部は、芦田ら青票組五名を除名処分し軍に迎合する動きに出たが、しかし党内鳩山らの反対のため一時離党の妥協策にとどまらざるをえなかった。

政局の右傾化はのちさらに進展し、第二次近衛内閣の昭和十五年十月十二日、大政翼賛会が組織され、政党政治の事実上の終焉を見た。翼賛政治体制に批判的な鳩山一郎らと共に芦田は、翌十六年十一月十日、院内交渉団体として同交会を結成。鳩山一郎、安藤正純、板東幸太郎、植原悦二郎、尾崎行雄、川崎克、星島二郎、北昤吉や、(解党された)社会大衆党から片山哲、鈴木文治も加わり、総勢三十七名を数えた。芦田を含め、鳩山、安藤、板東、植原ら、敗戦後自由党結成に逸早く参集した政党政治家たちの核がここにあった。

昭和十七年四月、東条内閣下での第二一回総選挙で、軍部を中心とした未曾有の選挙干渉が行なわれ、同交会三十六名中(選挙直前の三月二十八日一松定吉が脱会していた)当選したのは、鳩山、尾崎、北昤吉、川崎、板東、安藤、田中亮一、星島二郎、それに芦田の九名にすぎなかった。同交会は、五月十四日解散に追い込まれていた。

年表風に、敗戦までの芦田の経歴の欠陥を補うなら次のようになる。

昭和七年六月七日、衆議院選挙法改正法律委員。同年六月十五日、『近代世界外交問題解説』(タイムス出版)刊行。同年十二月二十七日、予算委員。

昭和八年四月、慶応義塾大学法学部非常勤講師を委嘱され、十八年三月までその職にある。

昭和九年三月十五日『最近世界外交史』(前篇)、六月五日『同』(中篇)、六月二十日『同』(後篇)を明治図書より出版。

同年十一月二十九日、決算委員。

昭和十年九月二十五日、岡田内閣内閣情報部参与。同年九月二十七日、貿易審議会委員。

昭和十一年五月十四日、商工組合中央金庫法案委員。

昭和十二年二月二十八日、予算委員。同年七月二十九日、製鉄事業法案委員。同年十月十四日より翌十三年二月十三日まで、欧米十六ヶ国を歴訪。

昭和十三年六月十五日、『欧米見たまゝ』(明治図書)出版。

昭和十四年五月四日、立憲政友会(久原派)政務調査会長就任。十五年三月三十一日まで。

昭和十四年九月二十五日、阿部内閣内閣情報部参与。同年十二月二十二日、『バルカン』(岩波書店)出版。

昭和十五年三月十六日、国際観光委員。

昭和十六年十二月十三日、蚕糸業統制法案委員。

昭和十七年四月十日、『第二次世界大戦前史』(中央公論社)出版。同年六月十日、厚生省委員。

昭和十八年二月二日、戦時行政特例法案外二件委員。

昭和二十年一月二十七日、恩給法中改正法律案外一件委員。

昭和十八年秋、芦田は、戦火が激しくなるなか住み慣れた牛込中町を引き払い、鎌倉常盤山の友人菅原通済の別荘に疎開した。彼が敗戦を迎えるのは、それから一年数ヶ月後のことである。

敗戦前夜から憲法制定まで

――新国家の建設へ――

第一巻解説

——敗戦と制憲と——

昭和十九年九月二十九日——本『日記』の第一頁が記された日なのだが——、このころから芦田は運命へのある種の予感にとらわれ始めたようだ。敗戦へ向けた時代の暗転が、自らの歴史への登場を促すにちがいないという予感だ。芦田は久しく邦文日記の筆を絶ち、「三年連用日記」に英文でメモ風の日誌を記し続けていただけであったのに、このときから再び本格的な日記をつけ始める。それは、自らの歴史への登場を予感し始め、来るべき新しい時代の記録を、歴史の創造に立ち会う生き証人として書き記しておかなくてはならないという抑えがたい心の誘いから出た行為であったかのように見える。その日彼は、廿六日会の会合で旧知の小林一三翁に、外務大臣に自分を推す動きが出ている旨を告げられていた。外相に芦田をという話は、敗色濃い翌年二月二十三日にも、鳩山からもたらされている(十九年九月二十九日と二十年二月二十三日の各条)。

『日記』によれば、芦田が外相となるとしたら、それは、日本を戦争終結と和平に導くための戦争処理内閣のそれであると想定されていた。だからこそ彼はそのとき、ムッソリーニのあとを受けたバドリオを想起し、バドリオに自らを擬していたのだろう。しかし芦田が、現実に閣僚として閣台につらなるのは、なお一年近くの月日を待たなくてはならなかったし、しかもそれは、小林が想定したような、バドリオとしての外相でなく、敗戦後の混乱と焦土のなかで再建に取り組む、もっと苛酷な敗戦処理内閣の厚相としてであった。それが、戦後の芦田の政治家としての運命の帰趨を規定していくのだが、いったい、その一年近い月日のあいだ、芦田は何を考え、何を用意していたのか。その芦田の心の準備の軌跡が、本巻の冒頭からその前半約四分の一の記録のなかに再現され、『芦田均日記』の導入部にふさわしい構成をたくまずしてつくっている。第一巻第一の焦点と言ってよい。

もちろん、反軍主義者として終始した芦田にとって、敗戦は既定の事実であり、時間の問題であった。それ故、この時期の彼の思考の焦点は、和平すべきか否かといった目前の問題より、むしろ、無謀な戦争を惹き起したものとその意味の捉え直しに向けられ、焦土のあと立ちあらわれるべき再建への青写真のありようへと、凝集されていた。

だからこそ彼は一方で、ナチスの最後を間近に見ながら、ファシズムを生んだ日本民衆の精神風土と、それを作り支えた政治体制のいびつさを指摘し、「重臣政治」と化した旧体制の陥穽を指弾していたし(十九年十月六日の条、二十年四月二十五日の条)、他方で、戦争を、作戦・戦略の失敗といった狭い〝内閣戦争〟の論理のなかでなく、戦争それ自体の本質と意味の変化を、〝全体戦争〟化の歴史の流れのなかで捉え直そうとしていた。

そうした彼にとって、対独膺懲的なモーゲンソー・プランは、戦争の〝全体戦争〟化の帰結であり、敗戦が〝体制の変革〟と結びつかざるをえないという考えに、容易になじむことができた(十九年十月五日の条)。そこからさらに、戦争が革命であり、体制の内的矛盾の爆発であって、資本主義それ自体に旧体制を崩壊させる芽があるというレンシュの戦争論の深みに下り立つこともできたのではないのか(十九年十月一日の条)。そうした歴史観は、当然のことながら、戦争を惹き起した旧体制の陥穽への認識を研ぎ澄ますと共に、敗戦後の日本社会のありようを、旧体制の存続の上にでなく、むしろ断絶の上に描くという心性を強めていく。芦田が、天皇制の廃棄や日本非武装化・民主化構想を前面に打ち出したIPR(太平洋問題調査会)第九回大会の報道(本巻二八頁)を、ヤルタやポツダムなどの動向と共にいち早く触知しえたのも、芦田の持つ外交情報網のためもさることながら、その心性のなせるわざでもあったろう。

こうして彼は、『廃帝前後』を読みながら、それを敗戦前夜の日本と重ね合わせ、ワイマール憲法とその制憲過程に強い関心を払い(十九年十月十七日の条)、併せて来るべき戦後の再建のありようを、〝ニューディール〟的な修正資本主義的改革と、政治的自由主義との機微の上に位置づけつつあったようだ(十九年十月二十四日、二十九日、二十年一月十三日の各条)。敗戦後、東久邇宮内閣退陣のあとを受け登場した幣原内閣の閣僚のうちで、芦田が最も早く改憲の必要を——それも明治憲法の延長としてでなく新しい形での改憲の必要を——説くことができた(二十年十月十六日の条)のも、こうした文脈のなかで理解できる。

本巻第二の焦点は、日記が、新日本の建設に向けた敗戦後の芦田の行動を、制憲過程への関与を通じて明らかにし、制憲過程の知られざる側面に光を当てていることにある。

この時期、制憲をめぐって国内には三つの異なる動きがあった。ひとつは、近衛文麿公が内大臣府御用掛を命ぜられ、佐々木惣一博士を中心に、内閣と独自に旧憲法の書き換えを行なおうとする動き。二つは、この動きと拮抗するかのように、幣原内閣下で松本烝治国務大臣が主任となって政府の側から憲法改正に乗り出そうとする動き(二十年十月十六日の条)。いずれも、欽定憲法護持の立場からする上からの制憲の動きである。これに対し、民間からするいわば下からの制憲の動きが第三の動きとしてあった。なかでも、社会党系の知識人や自由主義者たち——高野岩三郎、森戸辰男、鈴木安蔵、馬場恒吾、室伏高信、岩淵辰雄らからなる憲法研究会の動きが際立っていた。芦田がこのころ会晤していた稲田正次の動きもこの流れに含まれるのかもしれない(「手帳日記」二十年十一月一日の条)。

制憲史上の潮流に即して言えば、芦田の場合、のちの憲法研究会創設と重なり合う日本文化人連盟や自由人懇話会の創設に、敗戦直後の段階から参画し(「手帳日記」二十年八月二十五日、九月二十七日)、戦前以来片山や西尾末広ら社会党要人との人脈上の接触が強く、社会党の党首に擬せられかけさえしていた(二十年十月二十日の条)。そのことから明らかなように、彼自身それら自由主義的な(もしくは社会党系の)知識人の制憲への動きに十分な感受性を持っていた(二十年十月十六日の条)。

日本国憲法制定の動きは、二十年十一月以降、近衛らの動きが頓挫し、松本らの動きが始動することによって新たな曲折を見せる。他方それとは別に民間からの動きが、総司令部との水面下の接触を保ちながら展開し、憲法研究会案に意を払った形で、総司令部は、二十一年二月十二日、いわゆる総司令部案を確定する。一月下旬の極東委員会代表たちの訪日と、浮上した松本らの改憲構想における守旧性とが、二月初旬の総司令部側の急速な行動を促していた。

内閣での憲法審議は、一月二十九日から二月四日まで、まず松本案の討議を進めていたのだが(「手帳日記」の該当各条)、その後総司令部の意向を受け、二月十九日から三月六日まで、のべ五日間にわたる「憲法論議」*が閣議で繰り広げられた。芦田はその論議への参画を通じて制憲過程に関与する。

制憲への芦田の関与は次いで、改憲案が議会にかけられ、芦田がその制憲議会の帝国憲法改正案委員会の委員長に任命され(二十一年六月二十五日の条)、同委員会と、同委員会下に設置された小委員会での、二ヶ月にわたる酷暑の下での熱い草案修正審議過程への参画に及んでいる。審議は、委員会でまず七月十日から二十二日まで行なわれ、次いでそれを受けた小委員会での非公開審議が、七月二十五日から八月二十日まで行なわれた。それと前後しながら、改正憲法案が衆貴両院の審議にかけられ、両院三分の二以上の賛成を得たあと、十月十一日、閣議決定を見、昭和二十一年十一月三日の憲法公布へと至っていた。そのときの芦田の感涙は十分に記憶されてしかるべきだろう(十一月三日の条)。そして今日、制憲過程にかんする芦田の記録のなかから、制憲にかんする既存の解釈の持つ神話性が、次のような形で明らかにされるにちがいない。

第一。総司令部に提出された日本側のいわゆる松本案は、当時政府部内にあって、けっして政府の改憲構想を代表した「政府案」でなく、むしろひとつの閣僚の「私案」とみなされ、そうみなす見解が閣内に厳然と存在していたことだ。松本案は政府案でないし、そうみなすべきでない。そうした見解の存在は、この時期、総司令部案と松本案とをどう取扱うべきかをめぐる二つの異なる見解の対立が、閣内にあったことを示している。

ひとつは、改憲を、欽定憲法と、したがって松本案との延長上に捉えようとする三土忠造、岩田宙造ら、松本、吉田を含めたいわば守旧派の考え。二つは、逆に総司令部案に凝集された民主主義的構想に沿って、欽定憲法と断絶したところで改憲を進めるべきだとする、松本案に批判的な安倍能成、芦田、それに幣原ら、いわば改革派とも呼ぶべき人々の考えである。芦田が後者の考えに立ちえたのは、自由党から入閣した彼が、閣内でも安倍と共に異分子的存在であったことからも、首肯できよう。

だからこそ芦田は、憲法論議の第一日目(二月十九日の条)に、十三日の総司令部要人との交渉過程で自己の改憲案が拒否された報告を松本から聞いたあと、改憲にかんし「政府は……〔松本案に批判的な社会党を含めた他の〕政党領袖の意見をも徴して〔米側に〕回答」すべきだと主張しえた。またそれ故にこそ、憲法論議の二日目(二月二十二日の条)に、幣原が、マッカーサーとの三時間に及ぶ会談内容を報告しながら、政府は松本案でなく総司令部案に即して改憲すべきとの意向を明らかにしたのに対し、松本がその幣原報告に反発し反対したのを聞いて芦田は、次のようにそれを反批判し、逆に総司令部案の受容を促すことができたのである。「欽定憲法なるが故に守られると考へることは誤りである。松本先生は修正案を再修正するが時間的に不可能なりと申さるるが、Prof. Preuss は Weimar 憲法の起草を委嘱されて三週日の間に書き上げた」ではないか、と。

もちろん、だからと言って私たちは、芦田が、たとえばその後、三月五日から六日の段階で、翻訳草案修正過程に、嬉々として参与していたと見るのは当らない。たとえ芦田が、〝民主化〟憲法を支持し続けていたにしろ、敗戦国の閣僚のひとりとして、かつてワイマール憲法制定に当ったドイツの閣僚がかみしめていたと同じ種の民族的屈辱感を、ぬぐい去ることはできなかった。芦田が、政府草案大要の成った日、暗涙を流し翌六日鳩山の留守宅を往訪していたのも、そうした心情の反映にほかならなかったろう(三月五日の条)。

ともあれ、日本国憲法制定の過程を、米占領軍と日本政府との、二つの〝国家意思〟の衝突として単純化するのでなく、むしろ、敗戦後の日本社会のありようをめぐる、守旧派と改革派との、国境の壁を越えた対立抗争と捉え直したとき、改めて政府憲法草案が、帝国憲法の改正手続に従って、衆貴両院からなる制憲議会にかけられたことの意味の重さが浮上してくる。併せて、その制憲議会――とりわけ集中的審議が繰り返された改正案委員会――での守旧派と改革派との対立抗争に、私たちの関心が向けられていくはずである。

守旧派と改革派の対立、それは同じように天皇制を温存させながら、天皇制のありようを、あくまで明治憲法の延長上に置き続けるか、新憲法の枠内に改変すべきかの争いにつながり、それが、皇室財産にかんする第八十四条の規定をめぐる、自・進両党を中心とした守旧派と、野党社会党を中心とする改革派との、激しい抗争にあらわれていた(二十一年八月十日、十七日、十九日、二十五日、二十七日、及び「手帳日記」の該当各条)。そのとき芦田は、守旧派と対立し、自由党内で孤立しながら、むしろ野党勢力と共同歩調をとり、のちの宮廷改革につなげる動きを展開していた。「芦田委員長はG・H・Qと通じて陛下に不利益を図つてゐる」。その自由党内守旧派からする芦田非難の声が、逆に芦田の当時の動きを際立たせている(八月十七日の条)。

制憲過程の神話は、第九条のいわゆる芦田修正条項にも及んでいる。

「前項の目的を達するため」という第九条第二項の冒頭に付せられた修正文言をめぐる芦田の意図について、『日記』の記録から手にできることはあまりに少ない。しかしここでは最小限、次のような結論だけは引き出すことができる。

第一に、少なくとも小委員会で芦田修正が加えられたとされてきた二十一年七月二十九日前後の段階で、いわゆる芦田解釈――すなわち修正は後年日本が軍事力を持つことができるようにするため将来を予測して付け加えられたとする解釈――を正当化できる記録は、いっさいない。そのことを『日記』は何も語っていないし、改正案小委員会の秘密議事録**からもいっさい見出すことはできない。

いやむしろ、委員会や小委員会、それに衆議院での芦田の発言は、第九条第一項の戦争放棄条項を二重保障するため、第二項冒頭の修正を施したという修正意図を逆に明らかにしている。芦田もまた、時代の子として、非武装日本の可能性に賭けていたのかもしれない。

もっとも、それにもかかわらず、そうした芦田修正の意図とは別に、芦田は、そう考えながらも、日本が第九条のもとでもなお〃自衛権〃を保持し、一定の〃武力〃の保持も許容されうると心のどこかで考えていたと見ることもできる。そのことは、芦田が、二月の閣議での「憲法論議」の過程で、戦争放棄条項を、ケロッグ・ブリアン協定の系譜のなかで位置づけていた発言(二月二十二日の条)に象徴的にあらわれていたし、国際法と外交史に造詣の深い芦田にとって、それはごく当然の論理であったろう。

そうした芦田にとり、とりわけ興味がかきたてられたのは、おそらく八月末から十月初めにかけて貴族院で断続的に交わされた、〃第九条〃論議であったろう(「手帳日記」二十一年九月六日の条)。たとえば、九月六日には沢田牛麿が、九月十三日には佐々木惣一、牧野英一、高柳賢三が、日本の軍備の可能性を、第九条の解釈の枠内でなお残すべきことを示唆し主張していた。そうした議論を耳にしながら芦田は、第九条第二項の冒頭の修正の当初の意味を捉え直し、ケロッグ・ブリアン協定の系譜のなかで位置づけ直していったとしてもおかしくはない。そしてそれが、たとえばその直後に彼が執筆し始め(十一月三日の公刊になる)『新憲法解釈』(ダイヤモンド社刊)ではじめてあらわれた第九条第二項にかんするいわゆる芦田解釈の原形として表出していたのではなかったろうか。

第九条にかんしさらに付言されるべきは、しかし、芦田はその時点で、牧野や沢田らと共に、将来の日本の軍備の可能性を残そうとしていたにもかかわらず、芦田における日本の軍備の規模は、あくまでも第九条の〃戦争放棄〃条項全体のなかで位置づけられなくてはならず、後年彼が構想した種のものでは、けっしてなかったことだ。その上彼の場合、日本の〃安全保障〃構想を、単独の軍備構想としてより、国際連合の加盟による集団安全保障体制下の軍事力として位置づける方向に、その重心をかけ始めていたと見てよい。***

* 五日間にわたる「憲法論議」の過程は、すでに憲法調査会第七回総会(昭和三十二年十二月五日)で、日記を基に陳述され、その全容が「憲法草案の出来るまで」(『東京だより』別冊、昭和三十三年一月)に再録されている。

** 森清監訳『憲法改正小委員会秘密議事録——米国公文書公開資料』(第一法規、昭和五十九年)。第九条について七月二十七、二十九、三十、八月一日ののべ四日間に断続的に審議している。

*** たとえば第七巻「関連文書」所載の初期講和関連文書を参照されたい。

制憲過程にあらわれていた守旧派と改革派との対立抗争は、戦後保守党史の序章をなすこの時期の、自由党結成から民主党結成に至る、草創期の戦後保守党にかんする既存の理解の陥穽を明らかにする。本巻第三の焦点である。すでに「解題」で述べたように、私たちはこれまで、権力の高みから政党史を捉え、単に政権の授受と簒奪の過程としてそれを捉え続けがちであった。そうした政党史像のなかに芦田が位置づけられたとき、芦田は、自由党創設に参画していながら自由党を脱党して民主党の結成に向かった〝強引すぎる政治家〟の野望の過程として位置づけられてしまう。

しかし政治家は、たとえ保守政治家であっても、政治理念——したがって政策——と離れて行動することはなかったし、とりわけ価値観の激しく衝突し合った戦後の混乱期にあってそうであった。まして、政党の結成と改編の過程を、政治理念と政策と切り離して捉えることはできない。政争はつねに政策の相克と結び合っている。

昭和二十年八月十八日、——芦田が、旧同交会を軸に、鳩山を首領に擬し、自由党創設に動き出してから、二十二年三月二十三日〝たった一人の叛乱〟を敢行して脱党し、自由党内の数人の同志の脱党を誘発し、さらに進歩党内の若手・新進会系を軸とする叛乱を引き出し、三月三十一日、新党——民主党——結成に至る過程は、むしろ、自由党の変質と、その変質と重なり合った形で展開された守旧派と改革派の対立抗争とのなかで、もっともよく理解できる。

自らが創立に参画した保守新党としての自由党が、近代的な政党像を構想した芦田の期待と裏腹に、鳩山一郎の〝家の子〟郎党を中心とした前近代的な政党へと後退していく過程は、単に、党の主導権を松野鶴平や三木武吉、河野一郎らに奪われた芦田の側からする主観色の強い見方として退けるのは当っていない。そうした見方の持つ応分の普遍性は、たとえば昭和二十一年五月六日付、「丸に鳩の字の自由党」と題する(同日の『日記』に貼付された)新聞論評に象徴される。そしてその自由党の変質が、守旧派と改革派との対立抗争と結び合っていたのである。

しかも自由党の変質は、二十一年五月の鳩山追放後の吉田の登場と、吉田・自由党政権の誕生とによって、弱まることなく続いていたと捉えられていた。この場合変質はむしろ、吉田政権による「官僚内閣」の出現として捉えられ、民意に根を下ろした「民主主義的」政権とは異質なものと把握されていた(二十一年九月三日、二十二年一月二十九日、同年一月三十一日の各条)。

そうした芦田にとって、自由党はもはや居続けることのできる場ではなかった。逆に自由党と進歩党との双方の内部にあって、同じように新しい世代を軸にした改革派からする懸命の働きかけや、修正資本主義を掲げた三木武夫らの国民協同党からする執拗な働きかけこそ、芦田の応えるべき対応として、自らの政党像のなかでふくらみ始めていたのである。自由党を脱党して民主党結成に立ち向かった芦田の軌跡は、こうした政党像の延長上に描かれることになる。そしてそれが、二十二年五月の、社会、民主、国協三党からなる、戦後史上最初にして最後の社会党政権樹立への道を切り開くことになった。

こうした三つの焦点と重なり合うように、本巻について言えば、次の諸点が、読む者の興趣をかきたてるだろう。

第一に、政治家芦田を支えた政治的経済的支持基盤だ。

昭和七年の代議士当選以来、芦田の政治活動の基盤はつねに、丹波篠山とその周辺にあった。年に数回――〝金帰月来〟の今日的感覚からは実に少ないのだが――、とくに自分も出馬した衆議院選挙のときには通常帰郷し、丹念な選挙区まわりをしている(『日記』で言えば、昭和二十一年四月選挙のときが、本巻九三頁から九七頁までと、「手帳日記」の該当部分。二十二年四月選挙のときには帰郷せず、民主党領袖として他の候補者の選挙区まわりをしている)。そうした選挙区での活動と、地元との重なる往復の記録のなかから、芦田が、京都府下の政友たちばかりでなく、地元丹波を中心とした選挙民とのあいだに濃密な人的関係を築き上げていた人間模様が明らかにされていく。外交官出身としてよりむしろ、政党政治家もしくは民衆政治家としての芦田像と言いかえてもよい。

その人脈はおおむね、芦田と同世代、かつて芦田が初出馬したとき四十歳代、戦後期にあっては六十歳前後の、地方の中小企業経営者や名士たちを軸とし、父鹿之助以来の地縁と血縁につながれている。芦田会の幹事長をしていた斎藤定蔵や、塩見藤治郎、奥田佐治兵衛といった人々がそれだ(二十年一月十二日の条)。芦田の遠縁にも当る終生の政友、但馬出身の小島徹三もその延長上にあると言ってもよいだろう。その点で、芦田の政治活動は、これら地方草の根の自営業者や農民たちの持つ、いわゆる土着ナショナリズムとの接点を、色濃く持っていたと言える。

芦田の政治基盤はその意味で、日本の保守政界のひとつの原型をつくっている。そしてすでに「解題」でも示唆したように、その土くさいナショナリズムが、良かれ悪しかれ、芦田の政治生涯を規定することになる。

第二に、そうした土着の政治的支持層は、同時に関西在住の実業家たちを中心とした経済的な支持基盤と重なり合っている。

保守政治家としての芦田の政治資金源――、それは〝金権政治〟化した今日の政界と比べものにならないほどつつましやかな資金源であったし、『日記』からうかがえるように、芦田の場合とりわけ、自ら政治資金を作るというより、政策を絆として政治資金を供与されるという、古典的でむしろ〝清廉〟な政治家の典型であったと見るべきだろうが(二十二年二月十三日の条)、その資金源は、芦田自らが語るように、次の五つのルートに頼っていた。まず菅原通済・中野友礼の線、次いで永田雅一・大沢善夫の線、第三に大阪正午会の線、第四にシルク関係、そして最後に「京都の雑線」(二十二年二月二十六日の条)。

この資金源の流れを見たとき、それは、戦後日本経済の中枢から見て、けっして財界主流に位置していた資金の流れでなかったと言えるかもしれない。だがそれにもかかわらず、芦田の政治活動を支える経済基盤が、血縁と地縁とからなる郡是製糸を中心とする繊維産業をひとつの軸とし、しかも繊維産業の中心が関西にあり、少なくとも戦後かなりな期間まで、その産業が、日本資本主義発達の中軸のひとつをなお占め続けていた現実を、見失うべきではない。

芦田の場合それに、小林一三、菅原通済、永田雅一、堀久作などに象徴される、観光、電鉄、映画産業にもその経済支援の人脈がおろされていた。ふたたび日本資本主義の相関図のなかで見るなら、それら映画、観光、電鉄産業は、ここでも単純に二次的位置を占めていたものと軽視さるべきでない。むしろ大正デモクラシー以来の、大衆消費時代へ突入する前夜の日本の産業構造のもっとも先端的な部分であった事実に眼が向けらるべきではなかろうか。

最後に、芦田と時代とのかかわりだ。

芦田がなぜ、同世代の政治家たちの群を抜いて戦後いち早く頭角をあらわすことになったのか。しばしば指摘されるように、〝占領政治〟それ自体が、語学に練達し〝外交〟を職業とした(親欧米派の)外交官出身政治家の登場を促していた。幣原、吉田、芦田と、占領期の宰相五人のうち三人までが外交官出身であった事実が、そのことを雄弁に語っている。

だが芦田の場合、彼の持つ動物的とも言える政治的勘の鋭さが、政治的資質としてあったこと、そしてその勘によって彼がかぎ取った〝改革の時代〟の到来が、彼のリベラリズムの政治経済理念と巧まずしてかみ合うものであったことが強調されなくてはなるまい。

政治的勘の鋭さは、たとえば〝たった一人〟の脱党を敢行して自・進両党の分裂と、自らの政権掌握の契機とをつくりだす過程に表出している(たとえば二十二年二月九日の条)。それについてはすでに触れたところであるので敷衍しない。

むしろここで眼を向けたいのは、〝改革の時代〟の要請として芦田が果たした役割だ。そのとき、制憲過程への参画とともに、社会改革としての労働立法への関与の意味が浮上してくるはずである。実際、労働組合法(いわゆる一九四五年労組法)に始まり、労働関係調整法、労働基準法に至る、労働三法の制定に、厚相として芦田は、相応な積極的役割を果たしている(二十年十二月十六日の条および「手帳日記」該当各条)。そして芦田は一方で学生時代以来の友人末弘厳太郎に労働立法の制定をゆだね、篠原三千郎や鮎沢巌のような相対的にせよリベラルな知己を送り込み、そしてそれと前後して行なわれた徳田、椎野ら共産党幹部との交渉で、実に柔軟な対応を示していた(二十一年三月一日の条)。それが、芦田の依拠した政治経済基盤とどうからみ合い、芦田の思想とどう結び合うのか。

修正資本主義を標榜した中道政治家の本領とその限界は、〝時代〟との対応のなかでどう捉え直されなくてはならないのか。第一巻はいずれにしろ、そうした戦後史の問われることさえなかった錯雑な問いに答えるいくつもの鍵を与えてくれるのではなかろうか。そしてそれらが、とりわけ第二巻以後につながる『日記』第一巻の今日的意味と結び合うのかもしれない。

(進藤榮一)

凡例

一、公刊に当っては、原本に忠実に従い原本通りに復元させることを本旨とした。ただし原本に記載された欧文に限り、欧語文献等からの引用や、欧語による演説原稿等の場合、ごく例外的に註にまわしたところがある。その場合その旨註記されている。また原本に貼付された新聞切抜と、全巻の構成とについては、解題(第一巻所収)を参照されたい。

二、明白な誤字・誤記は、欧語の場合も含めて、これを訂正した。ただしその場合でも、著者の慣用的表現には、原則として初出に限ってその右側に〔ママ〕を付記し、また疑わしい文字についてはその右側に正しい文字と思われるものを記しそれに疑問符を付して角括弧〔　〕でくくり、原本尊重の主旨を徹底させた。

三、字体は、人名等のごく一部を除き、新字体を用いたが、かなづかいについては、原本通りを原則とした。片仮名、欧語も、原本通り表記した。

四、句読点は、読み易さの便宜を考え補ったが、その補充は最小限度に止めた。

五、会話の引用表記は、原本の不統一を正し、一重括弧「　」で統一したが、書名・論文等の引用表記、及び強調表記に附せられた括弧は、あえて統一せずすべて原本通りに従った。

六、原本「目次」は各年毎にまとめて中扉裏に掲げた。表記は原本通りである。小見出しが「目次」にあって本文中に付されていない場合は、本文に補ってその旨を註記し、本文に小見出しがあって「目次」にない場合は、これを「目次」に補った。ただし、原本「目次」は原本第I―III巻(それぞれその第一頁)にしか付けられていず、本書では第一巻と第二巻前半部とに限定されている。

七、註は、原則としてその初出に限り、対象となる語句や固有名詞の右肩上に星印＊を付し、文章等にかかる場合は、文末に星印＊を付け、各〻註記の箇所を明示した。

八、音読困難な文字等につき、著者が振仮名をふっている場合は振仮名をそのまま表記し、校訂者によってふられた振仮名は丸括弧（　）で表記し区別した。

九、校訂者が記入した文字は、振仮名の場合を除き、欧語の訳語を含め、すべて角括弧〔　〕を付けて明示した。

十、解題、解説、註はもっぱら編纂代表進藤がこれに当り、下河辺がその資料を提供し、編纂業務を協力分担した。

目次

題字＝著　者

昭和十九(一九四四)年

焦[*]燥の気分なしに

九月二十九日　夜誌す

九月六日の夕、木挽町の或寮で昨年迄[*]廿六日会で集った人達が臨時議会の機会に、小林[*]一三氏を迎えて夕食をすることになつた。幹事役の三宅[*]晴輝君や馬場[*]恒吾君等と対座してゐる処へ小林翁がつか〱と這入つて来て僕の顔を見るなり「〃グード・ニュース〃があるよ……いづれゆつくり」と言つた。話は外へそれて、それから翼[*]政会の連中の品定め等が出て、小林さんが消息らしい話を二つ三つ。その中に僕の顔を見て、「君のはいゝんだよ、君はちやんと其中外務大臣になる筈になつてるんだ」と口走つた。僕の頭にはこの話がどこから出てゐるといふ筋はちやんと推定した。

僕は他の人より早く席を起つて、暗い道を新橋駅へ歩いた。途々色々考へた。僕に何をやらせようと言ふのか。使ふ人の目的は大体明瞭である。若し犠牲を少くする方法があれば……仮に、三十万の若者を救ふことが出来るなら、二人や三人が命を捨てゝも値打は充分である。万一一代の汚名を受けても確かに試みる価値はあるとも考へた。バ[*]ドリオは不信行為を行つたと罵られる。ルーマニアもブルガリアも昨日迄の盟邦に鉄砲を打つ苦しい破目になつた。然しあれ等の行動がより不利益な打撃を救ふ為めの決定であるならば、一概に之を罵倒する訳にも行くまい。一世の毀誉褒貶の如きは畢竟泡の如きものだ。時には命を捨てる以上に苦しい仕事もある。問題はそれが真実愛国の至情より発する行動でなければならぬ。立派に責任をとる決心の下に行はれねばならぬ。

その後私は具体的に色々の事を考へて見た。例へば戦争終結の場合に敵はどう言ふ言葉を以て応酬するであらうか、之に対してこちらは何と答へるべきであらうか、又国内的に如何なる措置を実行すべきであらうか、其場合の反動がどうか、国民大衆に如何に呼びかけるべきであらうか、等々の問題である。

霞関《〔ママ〕》も一大粛正を必要とするが、それには如何なる陣容が最善であらうか。そういふ考慮から頭に浮ぶ人名や古参順等も調べて見た。私は何となく静かな気持で世の中を眺めることが出来るように思ふ。少くとも焦燥の気分は無い。

3 Years of the World Revol.

十月一日　夜

昨日書棚から不図Paul Lensch(member of the Reichstag)の書いたThree Years of the World Revolution をとり出して読んだ。六十頁位よんで飽きたから中止したが中に面白い処もあつた。戦争は革命であるといふ論に、結局資本主義が旧社会を崩壊させるのだと述べてゐる。

Capitalism is itself a form of production of tremendous revolutionary power ; that is sweats revolution from every pore, and only appears to be a safeguard against revolution because it is itself by nature so deeply revolutionary. Unceasingly, it spreads change and confusion among classes, circumstances, men, and states ; it ransacks the world to discover and spot where primitive household furniture and primitive methods of work are still preserved ; it does not rest until it has dissolved the most rigid social systems, broken up primitive social organizations which had defied all change for centuries, and forced them into the whirlpool of Capitalism.

Finally the War, that great touchstone for revealing the true nature of all things, exhibits most strikingly the revolutionary character of Capitalism, so that we perceive the World War to be not only a manifestation of World Capitalism, but at the same time a revolution, the revolution, the greatest revolution that has happened since the migration of nations of the onslaughts of the Huns.

彼は世界戦争の後に来るべき変動として次の如くに述べてゐる。

And of these none are more certain than an economic annihilation of the independent middle class and a permanent and considerable increase in the market value of labour, owing to the general and lasting revolution in prices.

These two facts entail as their necessary consequences the subsidence of the middle class into the mass of the proletariat, and at the same time an ascent of the proletariat itself.

Morgenthau Plan

十月五日

Morgenthau, Secretary of Treasury, のドイツ処分案として伝へられるものは相当なものだ。

一、ドイツより重工業を奪ひ純農国とする。工場機械は被害を受けたる国に分配し、その残余は破毀す。

二、鉱山は閉鎖す。

三、人口五千万人以下の国とする。ザールとルールをフランスへ、東プロシアとシレジアを波蘭《ポーランド》へ。

四、ドイツ労働者をソ聯邦に送り労働に服せしむ。

五、物資並に財政的援助を聯合国よりドイツに与へざること。

聯合国の欧州委員会が起案したドイツ占領案なるものがぼつ〳〵新聞紙に現れる。占領後にハイ・コンミッショナーが与へられる権限の内には賠償金の取立とか、教育管理等の事項がある。

以上の条件は和平条項として頗る苛酷なものであることは言ふ迄もない。何故かような傾向が強くなつたかといふ原因を考へると、其重要な理由は近時の戦争が総力戦と称して、敵の軍力と同時に民力を破壊することが行はれるに至つたことを数へうるであらう。

占領軍は労働者を自国へ連行き、工場を移転し、根こそぎ徴発を行ひ、戦場に於ては爆撃砲撃によつて生命財産を破壊する。一旦戦争が終結する場合に、これを埋合せる敗戦国の義務が加重されることは見方によつては必至であるとも言はなければならぬ。

古代の戦争では戦勝民族が戦敗国人を皆殺しとなし、奴隷とすることも屡〻であつた。十九世紀は国際法が比較的に遵守せられた時代であり、戦争は専ら軍隊対軍隊の闘争であつたから、平和条件も領土の移転と償金の支払等を以て主たる項目とした。然し第一次大戦以降の総力戦に於て様相が著しく変化したのは吾等の眼前に見るところである。

Wooden Titan

十月六日

先達て鳩山一郎氏から「ヒンデンブルグの悲劇」(John Wheeler Bennet's Wooden Titan の邦訳)を借りて来た。この本は老人連が中々よんでゐる。*宇垣大将、*近衛公、*竹越三叉先生、*三土《みつち》先生等からもその話を聞いたので私も読む気になつた。今日迄にまだ半分しか読まないが、大戦の経過に就いては多くは知つてゐる事実であつたから左程興味も感じなかつたが、一九一八年の春以降のドイツ大本営の動向、ベルリン政府との関係殊にドイツが休戦を求め、カイザーが遁亡する辺の詳細の記述は実に興味津々たるものがある。

この本は実によく出来てゐる。達意でもあり、冷静に公平に書いてある。ヒンデンブルグには終始好意がもてる。著者は*ストレーゼマンと*ブリューニングに同情を以て記述してゐる如く見える。あの情勢に於てストレーゼマンが六年外相の地位に据わりブリューニングが四十幾歳にしてア丿難局に際し宰相となつたことは、何としてもドイツではまだ／＼人材の用ゐられる政治的慣習の存在することを示すものである。我国に於ては宰相の選任が専ら重臣と称する無責任な集団に委託されて居る。勿論我国には所謂立憲政治は行はれてゐないが、さりとて天皇の親政でもない。凡てが Favoritism で人が動く、いはゞ私党政治に堕してゐるのである。

さるにても、ヤング案採用当時のヒンデンブルグとストレーゼマンは讒誣誹謗の嵐の裡に在つた。ストレーゼマンが「汝はその欲する限りの瀆言を積め。然し、それは余を傷けるには足りぬ」(ギゾーの冷罵の言)と言つたのは彼のファイチング・スピリットの表現であるが、凡ての政治はこの類のものと昔から相場が極つてゐるのであらう。

十月十六日の夜、ヒンデンブルグの悲劇を読了した。印象を書けば永いから省略する外はない。その内に参考になる事柄は多々あつた。今日はその四六三頁に在る*パーペンのマルブルグ大学に於ける演説の一句を書き抜くだけに止めよう。

「今やドイツ革命がその決定的な時期に在る時、言ふべきことを言はないのは政治家たる余には致命的な罪悪である……。薄暗い片隅に種々の噂と私語の交されてゐることを吾々はよく知つてゐる。けれども、そうしたものは、一度日の光に曝される時蒸気となつて上昇する。何処に腐敗の巣窟があり、何時大なる誤謬が犯されたか、何処に悪人がゐるか、ドイツ革命の真精神が何処で誤つたかを堂々と政府に報ずべき自由な新聞がドイツに存在すべきである……。

だが、若しも輿論の政府機関が現在のドイツ国民の精神を閉籠めてゐるアノ神秘な暗黒に充分な光明を点じないとするならば、政治家が踏入つて明らさまに言はなければならない。かくしてこそ、古諺に言ふ如く正当な批判には弱きもの愚かなものこそ堪え得ないが、政府はよくこれに堪えうることを証明するであらう……。

ギロチンをもつて威嚇したものはやがて其刃の下に来る。いかなる民族も低き階級による暴動が絶えず繰返されてゐては、到底歴史に其位置を占めることはできない。結局如何なる宣伝も、如何なる組織でも、よしそれが如何に完備せるものであらうとも、それ自らに依つて信頼を維持することは出来ない。信頼と奉仕の念こそは人々を信頼に連れ来ることによつて培はれるものである。それは決して特に青年の感情を煽つたり頼る辺なき人々を威嚇することによつて培はれるものではない。人々は重き犠牲の要求されてゐることを知つてゐる。彼等は会議や行動に対して発言することを許されるならば、又若し凡ゆる批評が直ちに悪意のものと解釈されないならば、そして若し絶望に陥つてゐる愛国者が非国民の烙印を押されないならば、その犠牲をも厭はず、明かな信仰をもつてその指導者に従ふであらう」。

〝廃帝前後〟

十月十七日

黒田礼二[*]君の廃帝前後と題する書物を鳩山一郎氏から借りて読んだ。これは明かに翻訳であるが、一冊だけを訳したのでなくて翻訳の合製であらう。然し参考になる点が多い。

八月八日以降のルーデンドルフ[*]の仕事を次の如く誌してゐる(三九五丁)。

「ドイツ大本営では八月八日に至つて全然攻勢の不可能を覚り、絶対の守備戦に移ることゝした。ドイツは攻撃によつて敵を剿滅する目的の戦争をしてゐる際だから、攻撃が不可能になつたといふ事は戦争全体を放棄したと同様である。換言すれば其瞬間から剛腹なる将軍が『確かにこれは負けた』と自覚したことを意味する。

されば軍事技術家としてのルーデンドルフの残務は、防禦戦がいつ迄続きうるかとの測定であるし、政治家としてのルーデンドルフはそれ迄の時間を利用してどれだけ〝敗戦ドイツ〟が聯合国側の苛酷な要求を緩和しうるかとの経倫〔ママ〕にある。然し元来戦勝のために担ぎ上げられて独裁政治をなしうる資格を得たルーデンドルフである以上、最早軍事技術家としても政治家としても、全然その委託によれる自然の権威から失格した形でなければならぬ。……」。

僅か許りの事実を知らうとして随分苦労することがあるものだが、「廃帝前後」を読んでゐて、久しく捜してゐた事実を発見した。それは一九一八年にドイツが米国の回答を得てから急に行つた憲法改正の条文である。

ビスマルク憲法第十五条に新しく附加した条項は次の如くなつてゐる。

「帝国宰相はその事務の遂行に関し帝国議会の信任あることを要す。帝国宰相はカイゼルが其帝国憲法の規定によりて与へられたる権限の行使に当りては、その一切の政治行為の責任を負ふ。帝国宰相及其常任代表者は其事務の遂行に関しブンデスラートと帝国議会とに責任を負ふ」。

〝米国の政治と経済政策〟

十月二十四日

東京、横浜で綜合防空訓練を行ふ日であるといふから混雑をさけて鎌倉に居た。珍らしい好晴の彼岸日和である。数日前に東大の高木*教授から「都留*重人著　米国の政治と経済政策」を贈られた。早速それを読んだところ示咀〔ママ〕されるところ甚だ多かつた。その中にあつた語句の記憶すべきものを書き留める。無論この書物の眼目はニューデールの与へた——そして間接に又一九二九年以降の景気没落がアメリカ人に与へた影響を摘記することにあるのだが……。

戦争は或意味でニューデールを救つた。何となれば戦争によつてのみ「国民的利益」概念の二つの具体的内容を為してゐる「国防」と「全的就業」とが同時に満足される機会が与へられたのであるから、大東亜戦争開始に至る迄の好戦的態度には充分の根拠があつたと言はなければならぬ。ニューヂール政策は、このやうな形で戦争に連がつてゐたのである。

*チャールス〔・ビアード〕 Charles Beard は其著 The Idea of National Interest の冒頭に於て *Charles E. Hughs の次の言葉、

「外交政策は抽象論の上に樹立されるものではない。外交政策といふものは眼前の急務に関聯して起る国民的利益、乃至は歴史的背景の上に截然と浮び上れる国民的利益の極く実践的な概念の結果として生ずるものである」

を引用して、これ「簡潔な言葉を以て現代外交の中心概念を言ひ現した」ものだと述べてゐる。即ち団体又は階級の利益を超越して、国民全体の利益を代表した政策であることが実際上社会的に認識されてはじめて其政策は強力となる。

一九四〇年一月の大統領予算メッセージの中に於てルーズヴェルトは次のように言つてゐる。

「国債の増加を論ずるに当つて其背後には何が成就されたか、いかに有用なる物的資産が殖え、いかに現実の国民所得が増加し、又如何に信用制度を強化したか、といふこと等を考慮に入れるならば、国債の問題に関しては米国の将来に就て何等経済的に憂ふることはないのである」。

米国当路者の新しい経済思想は、

(一)自由に放任された私経済は最早それに課せられた任務を果し得ないようになつたこと

(二)政府の経済生活参与の拡大は必至であること

(三)意識された個人の悪といふものから区別して、制度そのものに内在する悪弊を認めるに至つたこと

の認識である。

就中第三のものは*リンカーン・ステフェンズが一生の体験を通じてやつと修得し「必要なのは正直さ honesty ではなくて洞察力 intelligence である」と結論した事柄に直接通ふものをもつてゐるのである。

*シュムペーターがニューヂールを評して自動的な均衡恢復策に代ふるに恒久的な不均衡保持 permanent preservation of disequilibrium を以てするものと言つた。

「事件を処理した人を見ることは出来ない。事件に処理された人を見るのみである」(これはリンカーン大

統領が曾て自分自身に関して言つた言葉)。

十八世紀末以来の経済変動史を辿つて見ると小変動は別とし、三つの大きな波を見ることが出来る。第一のは一七八七年頃から出発して一八一五年に頂点に達し、それから下降して一八四三年に至り、第二のは一八四三年頃から始まつて一八七三年に頂点に達し、それ以後下降を示して一八九七年に至り、最後のそれは一八九七年から発足して一九二〇年頃まで上昇を続け、それ以後下降の傾向を見せてゐる。これ等の波には夫々大規模な技術革新が背景となつてゐる。第一のは所謂産業革命を背景としてゐたし、第二のは鉄道の時代であつたし、第三のは電気と化学と自動車の時代であると言はれる。

Report from Tokyo

十月二十四日　夜

外務省の友人から Report from Tokyo: A Warning to the United Nations by *Joseph C. Grew を借りて今日夕方に読了した。通読しての印象は日本近代文明の批判として最も辛辣なものたるを失はない。日本の識者には是非一読を奨めたい冊子であるといふ事だ。

外交家として彼は確かに近代の異才であるが、彼の耳の悪かつたことは疑もなく一の欠陥を為してゐた。それが為めに彼は頗る正確な観察者であつたけれども、話相手として、その欠陥の為めに日本人を説得する力を欠いてゐたことも争へない事実である。persuasion の力がほしかつたと思ふ。

彼の冊子には到る処に情熱が溢れてゐる。清教徒的な正義観を以て読者を動かす力は決して軽視出来ない。殊にアメリカ政界の輿論は彼の主張の如くに動いてゐるかに見える。Introductory Note と President's Message to Congress とに亜《つ》いで第一章の Return from Japan も彼のセンチメンタリズムにふさはしい文字である。

Henderson's Failure of a Mission よりも簡潔ではあるが人を動かす力は強いかに思はれる。第一章の結末に

That Japanese military machine and military cast and military system must be utterly crushed, their credit and predominance must be utterly broken, for the future safety and welfare of the U. S. and of the United Nations, and for the future safety and welfare of civilisation and humanity. Surely ours is a cause worth sacrificing and living for and dying for, if necessary.

Though love repine and reason chafe, there came a voice without reply; " 'Tis man's perdition to be safe, When for the truth he ought to die."

と結んだところは彼の眉宇に興奮の血脈が震えてゐるように感ぜられる。彼を知る者が誰も一致する印象だらうと思ふ。

日本人は一応この本を読むべきだが、さような機会が果して来るだらうか。

……slow to smile and swift to spare, Gentle and merciful and just!

(Bryant's characterization of Lincoln)

関*君の話

十月二十九日

二、三日間ニッポン・タイムスにタイム誌の記事「民主党コンヴェンション」の再録が出た。今日来訪の関君に渡して読みなさいと言つた。その中にワレース*の演説の一句として次の如き言葉があつた。

"The future belongs to those who go down the〔ママ〕 unswervingly for the liberal principles of both political democracy and economic democracy regardless of race, color or religion."

関君は流石に長い海外生活をして、而も読書人であるだけに、色々のものを読んでゐて、話題の多い人である。今日私の書斎から二、三冊持つて行つた。アノ人が蔵書を日本へ持帰らなかつたことは惜しいことだつた。その時にFrederic More の著書の話をして、来栖*君の立場に同情を表してゐた。

米国ニテ発行ノ左ノ書物ハ当時ベスト・セラーなりしといふ。

"Bushido" by Alexandre Pernikoff, (Olegg〔ママ〕……)

Gunther* の放送

十一月二日

昨日から汽車の中での読物として"The High Cost of Hitler" by John Gunther をよみ出した。

放送の原稿を集めた書物だが、実に平易に出来てゐる。アレでなければ放送にならない。

What Germany looked like,

……The first impression I had in Germany was of strain—physical strain, economic strain, moral and emotional strain. I don't need to labour the point that there is no liberty in Germany any more. Nor is there any privacy. Even within families, people are afraid to talk. They crowd the churches—an interesting point—as consolation. The church is the last refuge of privacy; people come in droves, and many of them hope that the pastor will dare say a word as to what is going on. Very few pastors, however, do so, the shadow of the Gestapo is everywhere, even in the churches. People have no free will any more; they have no control of their private lives.

A boy growing up, is a prisoner of the system—he must join the Hitler Youth, then the Labour Front, then the army. A woman—for instance, the wife of a high official—may have to continue to bear children whether she wants them or not, because her husband will be in disfavour unless she produces a large family.

Nothing produces strain so cosily as lack of information, lacks of knowledge. And German people are intellectually throttled, blindfolded, news-hungry. The newspapers are practically blank. The Germans are starved, not so much for butter, as for news.

The Risen Soldier

十一月三十日

数日前からアメリカの二、三の雑誌を読んだ。読んで見れば大体のアメリカの空気が察知できる。

"Collier's" 15/April に Archbishop Francis T. Spellman の The Risen Soldier といふ論文がある。坊さんらしい論文で敢て奇とする処はないが、第一線に在るアメリカ兵の——(航空隊)出撃前の模様が極めて自然に描いてあるのが興味を惹く。*

昭和二十(一九四五)年

の講演を聞いた時の一句が、今以て頭に残つてゐます。先生は此戦争が結局皆の台所の鉄瓶迄出す処まで行くと言はれました」。

すると塩見藤治郎君*が、「由良川改修の陳情に東京へ行つて、内務省の控室で雑談をしてゐた時、先生が、『何とかして、東京の空へ爆撃が来ないようにと心配して見たが、もうだめだ』と言はれました。それを覚えてゐます」と附加へた。

奥田佐治兵衛君*が、「どうか一つ智恵を出して、君一つ纏めて呉れと言つて来やしませんか」と私の顔を見入つた。私は「どうしてまだ〳〵」と何の思慮もなしに答へた。

宮村の宅へ藤田定一君が尋ねて来て、四方山の話の序に言ふ。

「先達て福知山で吏員の会合があつた。『ゴムも少し、砂糖もガソリンも不足だが、戦争直前の頃、石原(広一郎)*さんが講演して南方を押へたらあり余る程あると言はれたのに』と一人の男が言ひました。その時に私達は、『南方にあるといふことゝ、すぐ内地で充分に使へるといふこととは別だ』と、芦田先生が言はれたじやないかと申してやり

田舎の空気

一月十二日 夕

田舎の人は新聞とラヂオの外にニュースをもたない。然しこの二つのニュース源が統制をうけて両面の説を聞く機会がなくなり、そして毎日毎夜同じ色のニュースと御談議しかきけなくなると田舎人は皆懐疑派になる(もと〳〵田舎人の心理が極めて懐疑的なことは封建の遺風でもあらうが、役人は「素朴な田舎」といふ文字に誤魔化されて田舎人の気持を知らない)。この傾向は昨年の夏以来次第に濃厚になつて来たが、昨年の暮から今年の初頭にかけて、私は到処に其発露を見た。

田舎人も不安を抱いてゐる。迷つてゐる。一月の会合で――数人の集であつたけれど――一人の中年の男が「心の中を割つて言へば、何人も戦局の前途に不安をもつてゐる。それが正直な告白であらう」と言つたら、一同そうだ〳〵と答へた。

福知山で数人会食をした機会に、吉田勝四郎君*が、述懐談らしく、「日支事変の始まつて間もなく、公会堂で先生

ました。その通りになりました」。

選挙区では私の意見がウソではなかつたと今頃感じてゐるらしい。そして誰もが私の話を聞きたいと言つてゐる。

比島戦局

一月十三日

アメリカの機動部隊が、台湾の東方海上、フィリッピンの東にそれ〴〵一隊宛、レイテ島周辺に一隊、そしてスール海方面に一隊来てゐるとの話を一月の四日に耳にした。

ついで一月三日、四日の両日に亘つて敵の空軍は琉球、台湾に毎日、四、五百機で襲つて来た。やがて敵が大規模の新しい上陸を行ふであらうことは其頃から新聞も書いたし、自分もそうだらうと思つたが、ルソンに上陸するとせば彼等の払ふ犠牲は必然驚くべき莫大なものであらうと想像されたのである。その間に次々と大本営発表があつた。

此等の発表と新聞記事とから受けた印象は

一、アメリカ上陸軍が海上に於て殆んど言ふに足りない反撃をうけた後、予定の如くリンガエン湾に到達しつゝあること

二、敵上陸軍は尠くとも五個師以上の数に上ること

三、今後も後続部隊を送り込むであらうこと

である。

誰の頭にも浮ぶことは聯合艦隊の出動しないのは何故であるかとの疑問と、我方の空軍が頗る劣勢である事実である。

実情を知らぬ私は今日も亦深い失望感に打たれた。これではどうにもならぬ、やがて敵はマニラに侵入するのではないかと思つた。

一体この責任は誰がとるか、政府は戦争指導について責任をとらぬのか。何人かゞ起上つて国力を集結し、士気を振起させねばならぬ。

前線に於ける飛行機の不足、補給の主力をなす船舶の欠乏、比島沖海戦に際して受けた海軍力の損耗が主たる原因となつてアメリカの進攻軍を跳梁せしめてゐる。その外に震災による日本工業界の蒙つた打撃、帝都並に中京の航空工業に対するB29の攻撃は著しく我軍需生産に痛撃を与へた。それは不測の打撃と言ふ者もあらう。だが掘下げて考へれば、凡ては計算の相違、対戦準備の不完全に帰着する

のである。開戦以来今日まで戦局の変化に対処して施すべき時々刻々の手段はあつたに相違ない。それが果して遺憾なく実行されたであらうか。ダンケルク敗戦後のイギリス、真珠湾惨敗後のアメリカは決して無為にして拱手してはゐなかつた。然るに日本では各方面とも国民が力を出さないで慢〔ママ〕然と漫歩してゐる。

　考へて見ればミッドウェー海戦以来今日迄日本国民は一度も急迫した事態の真相を知らされてゐない。開戦以来発表された大本営発表を一綴の巻物として繰展げて見て、どこから今日の危急な戦局の構図が組立てられるか。「戦局真に重大」とか「戦局急迫」とかの文字は畏多い事に、御詔勅によつてのみ国民に示されたのである。軍若くは政府は未だ曾てかゝる言葉を国民に向つて告げてはゐない。それ許りではない。国民に対して理由なき楽観論を放送する者のみが賞讃せられ、事実の真相の片鱗を語らんとする者は所謂取締官憲の厳重な拘束をうけ時には造言蜚語の罪名に問はれて牢獄に繋がれた。

　其結果はどうであるか。

其結果は国民の上下をおしなべて、他人の前で虚言を並べることが国民儀礼の一部分と考へられ、上は宰相大臣より下は地方事務所の小吏に至るまで、腹に考へることゝ、口に言ふところとは全く表裏相反して恬《てん》然として恥るところを知らない。

　政府役人の言ふところ、帝国議会の多くの名演説は観念論的な形式に堕して誰一人腹心を吐露しないから、千万言を列ねても国民の感激をそゝらないのみならず、却つて敏感な民衆の反感をさへそゝるのである。

　大東亜戦争勃発以来、帝国議会の討議に於て、真に国民をして感憤興起させる如き言論が只の一回でも聞かれたか、事態が重大なれば重大なだけ、涙しつゝ戦局を語り合ふ場面が一度位は帝国議会に在つてほしいと幾度か願つたことであつた。小磯*内閣は国民の明朗化を強調した。言や甚だよし。然し国民の明朗化を妨げてゐるのは何であるかを検討して、之に即応する対策を執らなければ、その実現は困難である。

　何が国民から明朗性を奪つたか。

　その第一は政治が公明でないからである。

政治が公明である為めには、国民が国の運命について自己の意見を率直に表明しうることが根本の条件である。国民が自由に政治を批判し得るに非ずんば、国政に対して責任を感じないのは当然である。ローマに於ても、ギリシアに於ても、奴隷は国家の運命について無関心であつた。それが人類共通の心理であると思ふ。

然し乍ら政治批判の自由、広く言へば言論の自由は法治国家が生存する重要な要素であるとは言へ、言論の自由のみを認めても、政治の公明は庶幾せられるとは言へない。言論の自由が、集会結社の自由によつて裏付けられない限り、其言論は空疎な音響たるに止る。恰も蟬の鳴く如く烏の囀る如く、後に何物も残らないであらう。

自由なる批判は結社の自由によつて同志的結合が認められて始めて政治上の力となるのである。言論機関と同志的結合が相呼応して政策を検討する場合にのみ国民の輿論が形成されるのである。国民服を纏ひ、戦闘帽を冠ることによつて国民の結束が出来上るのではない。国民の多数が主義政策に共鳴し、感激を以てこの政策の遂行に当らむと決意する場合に於て始めて輿論は実行力となつて光彩を放つのである。

かゝる方法によつて国政が運用せられる場合にのみ国民は真に国家の運命に対して責任を痛感するであらう。かゝる時に於てこそ銃後国民も亦身命を捧げて国に報ずる熱意に燃え上るのだと思ふ。

国家危急の場合には国民の協力によつて国を救ふのが当然である。我国には愛国の士の乏しきことを憂へない。不幸なことは此等の愛国者を取締法規でがんじり巻きにして各その分に応ずる仕事をさせないことにある。

門戸を開いて愛国者よ起てと叫ぶなら、彼等は爆撃の廃墟の中から或は田園の小屋の裡から群がつて集ることは疑を容れない。その力を集めることが国力の集結であり、一億鉄丸の結束となるのである。

国民戦意の昂揚、生産力の増強、凡て根本に於て政治の問題である。政治によつて強く之を推進するのが強力政治といふことである。道は近きにある。最早や行懸りや感情や理念に囚はれてゐる時機ではない。軒に火がついてゐる今日である。

こゝ迄書いたら、夜寒の底冷えを覚えてきたから一応この辺で筆を擱く。

附　記

言論の自由、集会結社の自由を要求するといふ如きは甚しき時代錯誤といふべきであらう。然し或程度の文化に達した人類にとつて、これが個性本来の要求であることは厳然たる事実である。苟くも合理性を尊重し、物の本質に往く個性が麻痺されない限り、これは当然の希求であると思ふのである。

*On Character

How the Jap. Army Fights: A Fighting Forces——Penguin Special, 1942. この書物は日本陸軍の発達、日本の平時編成、日本の武器、日本陸軍の教育等について一応の説明を加へたものであるが、特に注目すべき程のものは見当らない。下らない書物であると思ふが、其中に Colonel Paul W. Thompson の Behind the Fog of War の中程に一寸面白い観察がある(第一三三頁)。それに次の如く誌してゐる。*

*Monty

暁の夢

一月二十日

昨夜は珍らしい夢を見た。

大本営連絡会議の席。*米内海相が帝国海軍の現状を平静な然し悲調を帯びた声で報告する。

「転戦三ヶ年——最近の比島沖戦役に至る十数回の海空戦によつて我方に残る処主力艦三隻——最優秀のものも既に沈没しました——重巡三隻、駆逐艦十二隻、外に空母三隻を残すのみとなりました。かくては奇襲以外に堂々と正面から敵艦隊を攻戦することは考へられませぬ。然し海軍としては二月末頃修理の終るをまつて、戦場に出陣致し、〝比島を死守する〟決心であります」。

私は大将の片言隻語をも聞き洩すまいと耳を傾けたが、大将の面上には稍紅の染めるのを認めた。大将は其策成らざる場合に切腹する覚悟を極めてゐるなと思つた。

やがて*杉山大将が例の鈍重な口調で比島方面の戦況を報告した。

「レイテ島に対し我方は比島各方面より増援を送り更に

他方面よりも鈴木中将の一兵団を派遣して総数五ヶ師団に余る兵力を使用したのであります。然るに航空勢力はレイテ島戦争の開始前後より、我方に於て約二、五〇〇機を失ひ、陸兵の装備は敵の機甲兵並に空軍、艦砲射撃に対し遺憾乍ら対抗し得ざる程の懸隔を生じたのであります。米兵が一月六日リンガエン湾に上陸した当時我兵力は此方面に手薄でありました。ルソン島守備の我陸兵は七ヶ師団を数へますが装備及充員の不充分なものがあります。航空勢力も五十機を超へない状態であります。

敵の機動部隊がルソン島の周辺に遊弋して居る関係上、台湾及其以北との連絡は不確実でありまして補給も従つて困難を極める状態にありますが、我方としてはアグノ河以南に敵の進出するを待つて決戦を行ふ決心であります」。

誰かゞ、「比島は最後迄守れるか」と大声で叫んだ。そして夢はさめた。警戒警報らしいサイレンが遠くに聞へる。「不思議な夢だ。然し誰にも話せない夢だ」と心の中で繰返した。

或日の空襲

一月二十八日　(一月二十七日の事)

二十六日の夜東京からの電報で土曜日午前九時より予算委員会秘密会、午後一時代議士会、参集ありたしといふ呼出があつた。

二十七日は珍らしく朝五時半に起きて朝食もそこそこにして雪の中を東京に出た。

九時半からの予算委員会は八百五十億円の臨時軍事費が上程された。八百五十億円に通常予算を加へて、通り抜け経費を差引けば、一千〇十八億円かに上る。日本の台所で一千億を超える予算を計上するといふことだけで凡てが説明される事態である。秘密会に入つて石渡*蔵相、杉山陸相、米内海相が相ついで簡単な説明を加へ、引つゞいて吉田*軍需大臣の物動計画の概要報告があつた。それは昨年の秋頃迄の数字を並べた楽観的な話の総和に過ぎないもので、やがて直面すべき孤立経済の事態とは凡そ縁のない話のみであつた。最後に軍務局長から比島戦況の報告が行はれた。之も亦新聞報道の綴合せであつたから傍聴の議員から相当に野次が出た。

私は昼食の約束で大東亜会館に行つた。比島帰りの山田*

潤二君を迎えての*月々会の集で、*篠原君の幹事で*金子、*関屋、*五島、*渡辺(銕)君等々であった。

食事が終って話してゐると一時〇五分に警戒警報が出た。一同それ／＼散会するので私は山田君と話し乍ら毎日新聞社に行った。山田君は「今日の事態を前にして如何に措置すべきや、それを考へたい」と繰返してゐた。

毎日新聞社の重役室に坐って話してゐる中に空襲警報が出た。例によって武蔵野工場へ来たのだらう位の気持であった。

山田君と二人でルーフへ上って様子をみた。高射砲がどん／＼鳴ってゐる。小石川、浅草、本所方面へかけて八つ位の黒煙の柱が立昇ってゐる。麻布方面と、両国方面に、火達磨になって墜る飛行機を見た。雲のために敵機は見えぬ。後続の敵機が在るらしいので再び山田君の部屋で話してゐた。二人はソファーに腰かけてフィリッピン戦のこと等談じてゐる中に突如としてヅシーンと地響きがしてビル全体が地震の如く揺れた。窓ガラスも入口のガラスも一時に砕けて部屋一面に散った。窓の外は砂塵が濛々と立昇って遠くは見えない。落ちたのだ。確かに近い処へ落ちた。やがて尾張町の方角にも日本橋の方向にも煙が上った。眼前の有楽町駅の入口附近に爆弾が落ちたとのニュースが来る。救急車のけたゝましい音がする。ガソリンポンプが走る。街上に肉片も飛散ってゐる。真銘の空襲風景である。

二時四十分頃に警報解除となった。私は汽車で帰らうと思って東京駅に行ったが、電車も汽車も当分出ないといふ。京浜電車で帰らうか、それにしても品川へ出なければならぬ。私は駅から京橋へ出たが、路面には砂礫が飛散り電線の途切れたのが下って、路面電車は到る処に立往生してゐる。それ許りではない。銀座方面には二、三ヶ所炎が立昇ってゐるし、あちこちの家の硝子も破壊されてゐる。

「待て／＼何を差措いても腹をこしらへなければ」と考へて、*交詢社を思浮べたが、その近所が燃えてゐるのに気がついて、結局議会へ帰ることに決心した。濠端を北へ議事堂に帰ると*勝、*川崎(克)両君に出くわしたので一処に食堂に飛込んだ。四時過のことである。

牛どんを二つ平げて、*平野力三、*西尾末広君と話してゐる処へ*渡辺泰邦君が来て「君の奥さんが面会所へ見えてゐます」と知らせて呉れた。

スミ子と二人で裏門から外へ出た。山王ホテルに泊るか*吉川さんに厄介をかけるか、或は何としても帰る〔か〕と協議し乍ら乃木坂を上つて桜田町の吉川さんに行つた（六時）。電話で尋ねると横須賀線は不通だといふ。そこで小田急によることに一決して、七時過に吉川邸を出た。下北沢から小田急に乗かへたのが月の明るい宵の八時。それでも十時半には長谷駅についた。寿美子はよく歩いた。満月に近い月光が流れて寒気は強い。帰宅して間もなく又警戒警報が出た。思出の多い一日であつた。

*敵機動部隊近づく

二月十七日　午前十時

晴明雲なき初春の空に紅梅は既に綻び初めてゐる。

空襲警報は今朝の七時から出てゐる。ラヂオは間断なく「東部軍情報」を以て敵の艦載機侵入を報じてくる。

昨日の早朝私は東京へ行く心積りで用意を始めようとしてゐたら、七時十分に警戒警報が鳴つた。

ラヂオは「敵の小型機編隊十数機は房総南部に侵入せり」と報じた。いよ〳〵来た。敵の機動部隊だ。既に南支那海から姿を消してから三週日以上になる。其中に本州を襲ふだらうとは数日前から話してゐたところだつた。

東京行は到底出来ない。スポーツの洋服を着て、防空頭巾を身近に置いたまゝ、火鈴〔鉢〕の傍で仕事を始めた。然し五分間毎に少くもラヂオ・ニュースが鳴るから一心を打込んでの仕事は出来ない状態である。

来二十七日経済懇話会で約束のある「*三国会談前後」の講演のためにメモを作る。ソレは相当に材料を必要とする仕事である。

昼食近い時間に高射砲が激しく鳴つた。宅の庭を越して松林の頂上に打上げる高射砲の炸裂が花火の如くひかる。砲煙が羊の群のように風に漂ふてプク〳〵動いてゐる。其間を敵機が南へ〳〵と疾走するのである。宅の南方にも西方にも、更に感じから言へば後頭部のあたりにも砲声は轟く。飛行機の音は間断なく聞えてゐるのである。

ラヂオが「敵の編隊は関東東部より侵入せり」とか、「関東、西北部に在り」とか報じる毎にスミコは霞ケ浦でしようかとキッとなつて尋ねる。富の身上を案じるのである。凡ては運命だと観ずる私はそれ程に彼の身上を心配しないが、一方には練習生たる彼の身は恐らく大丈夫だらうとの甘い希望的観測に捉はれてゐるのかも知れぬ。

敵機は根気よく来る。そして追浜の上空とか葉山上空あたりを通過する時に、下から打上げる高射砲の音は凄じい。村の人々は待避と称して丘の横穴に入り込み、火鉢に炭を入れて漫談をしてゐるといふ。村人等は砲声を怖れ爆音におぢけて仕事は勿論手につかない。道を歩く人も稀である。

寒さが烈しいので私達は寝室へ火鉢を持込み机を出して仕事をした。夕食を終ると又暫く Thomas Baty さんの The War Kaleidoscope (Contemporary Japan, 10–12, 1944) をよんだが、終始英、ソに対して皮肉を飛ばしてゐる。ベチーさんの顔を思浮べ乍ら読むと中々興味が多い。八時頃にコーヒーを飲んでラヂオ・ニュースを聞いた。明日も又敵機が来るとの予感で、早く寝ることにした。B29が今夜も来るかしら等と考へ乍ら九時過に床に入った。

「朝飯は早く炊くがよい」と言ひつけて置いたから十七日は七時以前に起きたが、警報は既に鳴ってゐた。七時頃から「敵機侵入」のニュースがなる。今日は昨日より天気が良い。敵機は専ら房総半島と帝都西北に這入るようだ。十一時頃から敵機の侵入は減少したし、近所の高射砲も数へる程しかならない。

四時五十分に All clear が鳴り渡った。

同日午後十時

五時のニュースに昨日の戦果が発表された。

九時のニュースには硫黄島に対する攻撃の情況が発表された。

戦果は立派なものである。然しそれにも拘らず敵が侵略を続けるとあれば容易ならぬ事態である。今日、下六人部村の井上九市老からの手紙に易が記してあった。従来の楽観的な易に比べて今度は始めて「事態重大」といふ意味が出てゐる。私には易の事は解らない。私は時々神社詣をして「おみくぢ」を引くことがある。選挙の時には毎回これを試みる例である。昭和十七年の四月には八坂神社でおみくぢを引き更に天ノ橋立の文珠で引いたが、双方共に半吉で、「困難あれども争ひ事勝なり」といふ意味が誌してあった。おみくぢは易よりも更に偶然性の多いものであらうが。

或雪の日

二月二十三日　誌す

昨日木曜日鳩山一郎先生*より、日本タイヤー社長石橋氏*と三人で午餐をするからとの招待によつて東京へ出た。

小石川への途中、丸ノ内仲八号館のクルップ会社事務所に立寄つた。それは会社の某ドイツ人が女の靴とコスチュームを譲るとのタイムスの広告を見てルリ子の為めに見に行つたのである。品物は飛付く程のものでなかつたけれど、有るうちに買はなければどうにもならぬと考へて、見た訳であつた。靴一足とコスチュームとを一千《マこ》円に値付けして返事を待つことにした。

和田倉門で警報が鳴つた。急いで大塚行に乗つて音羽の鳩山邸へ向つた。

石橋氏は今後の情勢について種々質問されて、会社も将来いろ〳〵私の意見を聴いて方針を定めたい事があるから宜しくとの事であつた。話は種々の問題に及んだが、たつた一つ誌して置くべき点は下のことである。

鳩山先生の曰く、

君はどう考へてゐるか知らないけれど、近衛公は頻りに君を推奨して、若し鳩山内閣が出来る時が来たら、君を外務大臣にして使ひ給へと、二度も僕に話したよ。

私はそれを不思議な事に思つた。近衛公は多分私の終始一貫渝《かわ》らない主張をアプレシエートしたのであらうか。

今後の外務大臣といふ役割が如何に苦しい且つ酬ゐられない仕事であるか、誰が考へても明白である。但し満州事変以来の歴代の外相の如く、自己の意に反して軍部と調子を合せ、腹にもない強がりを言つて、それが国家百年の計でないことを知りつゝ、ちやほやされるのを慰めとしてゐた連中に比べて、尠くとも堂々と自己の信念に邁進しうるならば、男子としては仕事のしがひがあるだらう。

其代りに頸はいつでも差出す決心がなくてはならぬ。命のほしい男、衆俗の喝采を博したい人間は当分政局の表面に立たないことだ。

雪は朝からこん〳〵として降りつゞく。四時に音羽を辞して、石橋さんの自動車に便乗したが、自動車も電車も難行だ。今夜から東京の交通は一時杜絶だらう。新橋駅に来てみたが横須賀線はいつ出るか解らぬといふ。やつと小田原行汽車で横浜迄来て降りた。人間がホームに溢れてゐる。そこで二時間立往生をしてやつと八時に横須賀行の電車に乗つた。鎌倉に着くと江ノ島電車も休止して居る。歩くことは左程苦しくもないが、長谷迄くると腹がすいて少々疲れた。殊に車庫前から宅の門口迄は雪が深い。三十年ぶりの大雪だそうだ。膝を没する雪を排して帰宅すると、暖かいうどんが用意してあり、湯もたいてあつた。矢張り横浜、東京で冷たいホテルの部屋に泊るよりは帰つて来てよかつたと思つた。

或雪の日　続篇

二月二十五日

二十五日、朝五時頃警戒警報が鳴つた。或は機動部隊から放した飛行機かと思つたが、スミ子は「これで三回目の警報ですよ」と言ふ。余り頻々に来るのが怪しいと考へた。やがてラヂオが告げて言ふには「敵の機動部隊が接近しつゝあるから厳に警戒を要す」。七時半頃いよ〳〵敵の小型編隊十数機房総南部に侵入せりとの関東軍管区情報を伝へた。それから次々に凡そ十時半過迄艦載機が鹿島灘から房総東部から侵入した。その頃から細かい雪がちら〳〵と降り始めた。私は先づ数日来溜めてあつた手紙書きを始めた。食堂の隣の十畳へ火鉢を入れて暖をとる事にして随分と書いた。その外に雑誌や速記録の整理すべきものもある。新聞も読むとなると一時間以上はかゝる。

そうして昼食にビフテキを食ひ終ると、ラヂオが言ふにはB29編隊が南方海上に北進しつゝあると。一時四十五分、この第一編隊が伊豆半島に上陸して関東地区に向つてゐる。雪は激しくなつて、見る〳〵うちに積んで来た。それにもめげずB29は次々に帝都上空に襲来して午後三時過までつゞいた。尤も鎌倉の周辺には極めて少数しか飛行機の姿は見えなかつたから高射砲の音も時々にしか響かなかつた。

その騒々しい音の裡で私は Talleyrand par Comte de Saint Aulaire をよみ、明後日の講演の為めに材料を整理した。

夕食は卵をかけた雑炊と鰤のやいたのを食べた。かういふ日こそ食ひたいものを腹一杯に食ふ気になる。後のことは深く考へないで。

*タレイラン伝記の一節(一一八頁)に次の如き句がある。

La corruption des moeurs publiques reflétait la corruption des Moeurs privées. La Révolution n'ayant pas changé la nature humaine, l'orgie de sang était, comme toujours, suivie par une frénésie de plaisir. La fin de la terreur avait donné le signal de la sarabande. Après la peur de mourir, c'est la joie de vivre. En outre, le passé étant détruit, l'avenir incertain, on est tout au présent.

何となく現下の情勢に似たテルミドールの風景であると思つた。

夜、九時のラヂオ・ニュースで午前午後の爆撃状況が大本営発表として伝へられた。B29は専ら東京を盲爆したもの丶如く見える。そのニュースの終らない間に軍情報としてB29が静岡地区に侵入したと報じ、風の荒い屋外には警戒警報が鳴り初めた。いよ〳〵帝都も戦場風景になつて来た。

Là où il n'y a ni finances, ni moyen d'en faire, un ministre est inutile.——Gaudin (Talleyrand, p. 125.)

“Là où il n'y a ni diplomatie, ni moyen d'en faire, un ministre est inutile.” ——L'Auteur.

内務省の調査に依れば二十五日の爆撃による東京都の火災は十九区に亘り焼失家屋合計二万四千三百〇八戸（内神田区一万四千）、罹災民八万九千余名である。

三月六日

幕末期東亜外交史（大熊真著）

今夜この書物を読了した。有益でもあり興味を以て読了した。その時に感じたことは幕末に我国の百官有司が如何に対外的に無為無能であつたか、一人として識見あり確信ある政治家が無かつたといふ点である。嘉永五年より明治維新に至る十五ケ年（一八五八年より一八六九年に亘る十ケ年）間の我外交は恰も満州事変より今日までの十数年間の外交と匹儔《ひつちゆう》すべき外交無為の時代である。

当時の幕府は開国進取の政策を是認しつゝも表面には鎖国攘夷を標榜し、而も諸外国には鎖国攘夷を直言し得なかつた。昭和の十年間、東京政府は万邦協和を口にしつゝ、国内の攘夷派に屈して、鎖国政策を余儀なくされた。異る処は幕府の政策が遂に開国進取の一大転換を行ひ、国力伸長の端緒となつたのに反し、昭和政府は尊王攘夷論に押詰められて遂に今日の情勢を生むに至つたことである。

幕府の末期には武人の間にも世界の大勢に一隻眼を備へた先覚者があつた。西郷も、容堂も伊藤も皆この先覚者の群に数へられる。然し現代の日本には西郷なく伊藤なく二条関白もない。頽勢を挽回する政治力の中心は何処にもない。勇なく、智なく、仁なくして回天の事業が成就しないのは当然過る程当然である。

大熊真君は其著書の二一〇頁に誌して言ふ。

「一八六三年六月二十五日を期した攘夷は、翌年九月十四日乃至十月二十二日を以て終を告げたものと言はねばならない。攘夷の志は、外船打ち払ひや、鎖港談判やによつて行はれるのでなく、日本の政治、経済、文化を日本にふさはしい姿に生れかはらせることにより、はじめて外夷の暴圧を排除し得るといふことが明らかにせられた。

これからのちの攘夷は、主として二つの方向にその手段を求めて行つた。第一は封建的、地方分権的、国内分裂を、どうして一つの綜合国力に統合するか。第二は如何にして欧米の駆使する物質力を摑み取るかにある」。

大熊氏は其二一四頁に於て更に次の如く書いてゐる。それは幕府が鎖港政策を棄てた後に……

「いはゆる攘夷は其幕府的鎖港談判たると、その長州的外船打払ひたるとを問はず、いづれも、かくして、あへなき最後を遂げた。

これからの攘夷は開国の姿をとるのである。これは言葉としては矛盾であるが、開国の為めの開国に非ずして、攘夷のための開国であることを思へば、必ずしも矛盾とは言へない。しかもかゝる意味での攘夷は、外国との正しい交はり、外国の無理、非道の排斥除去といふ意味になる。外国との正しい交はり、外国の無理、非道の排除といふことは、内に於て国体の姿を正し、外国との交際の条理を是正しなければならぬと共に、外に対して、国力の培養を計らねばならぬ。かくて攘夷運動はその姿を一変する」。

富生徒との一日

三月十八日　*治《じ》太郎の命日

昨朝丹波から帰る時には四個の小カバンに相当の食糧を

下げて帰つた。貰ひ物ではあるにしても雞肉あり卵あり、食用油ありで、孫達を喜ばせるに足るものであつた。

そこへ思ひがけず霞ヶ浦から電報で「明朝十時頃かへる見込」と言つて来た。

十八日は近頃に珍らしい快晴で、警報も出なかつた。十時頃に山を下りて大仏前まで出迎へようとスミ子を促して仕度をしてゐる処へ*富がひよつこり帰つて来た。やがて*ルリ子が来る。*ミヨ子は*元春をつれて参加した。海軍少尉*中村健三君は予ての約束で訪ねて来た。そこで昼食の食卓には吾等夫妻の外にミヨ子、ルリ子、中村君、元春を加へて七名、スープの後で雞肉のスキ焼と赤飯とを食つた。コーヒーも出たし、二時にお汁粉ものんだ。「もう腹一杯だ」と流石に富も腹を撫でゝゐる。親と子供三人、孫一人と一緒に写真をとつた。

母親は細かい注意をもつて、霞ヶ浦に残つた富の友人への志として餅を十二、カラメル三箱、オレンヂ若干、かき餅一鑵、寿司若干を持ち帰らせた。私は予て用意した皮革の手提カバンを富に与へた。

富は行々艦爆に乗ると言つた。そして近く特殊飛行を初めるのだそうだが、言葉の様子では成績も飛行に関する限り悪くはないらしい。

午後三時半、スミコ、ミヨコ、ルリ子と共に富を見送る為めに家を出た。トンネルの手前迄行つた時、正面から*三史君が威勢よくやつて来た。「午前中は竹槍の演習に出てゐましてね」と汗をふいてゐた。

四時半の汽車で富は鎌倉を出発した。彼が前線に出るのがいつになるか無論わからない。その時迄私がどうなるかこれもわからない。私は少しも感傷的な気分なくして富を見送つた。然し若しかすると、今度限り逢へないかと考へてゐた。汽車は忙しく出る。富は車の中に突立つたまゝ挙手の礼をして出て行つた。

*I・P・R会合

「前大戦とドイツの赤化」

昭和十八年六月外務省調査局印刷

その中で参考となる部分を摘記する。

クラウゼヴィッツは戦争に於ける政治の優位性について

論じて言ふ。「先に述べた如く戦争といふものは、単なる敵愾心の発露ではなく、政治それ自体の表現に過ぎないのである。果して然らば、政治的着眼点を軍事的着眼点の下位に置くのは不条理である。蓋し政治が戦争を生んだのであるからだ。政治が主宰者で戦争は手段に過ぎない。だから軍事的着眼点を政治的観点の下位に置くことのみが、可能なる唯一の方法である。

　政治にして軍事的諸事件の経過を正しく評価し得るものとすれば、戦争の目標に達する為めに最も適応した戦争の方針や事件を規定することは全く政治の仕事である。此見解よりすれば、特に大軍事的事件又はそれに対する作戦は純粋に軍事的なる着眼点からのみ評価さるべきだと考へるのは不必要なるのみならず有害でさへある。

　……眼界広く、頭脳俊敏にして、性格の鞏固なること、それが宰相たる者に必要な特質である」。

　一九一七年半ばにドイツ都市住民の一日の食料配給は、麦粉一六〇瓦、骨付肉一三五瓦、バタ七瓦、ドイツ衛生局の調査によればドイツ人のカロリイは脂肪不足のため戦前の三分の一に減少してゐた。一九一八年の肉の消費量は戦前の十分の一、魚肉二十分の一、獣脂十五分の一、バタ四分の一であつた。

南風＝曇

三月二十二日

北風が急に止んで南風が黒雲を運んで来た。嵐である。一寸外出してもリヤー・カーだの、牛車だのに引越疎開荷物を積んで行く人に引きりなしにめぐり逢ふ。鎌倉でも人心は相当に動揺して山奥の方面へ再疎開する人が殖えて来た。東京は尚更のことだ。

　ざつと計算しても最近迄に東京、名古屋、大阪、神戸で家を失つた人が三百万に上るのではなからうか。東京では三月十日の爆撃で罹災者百十五万余と内務省は発表した。大阪は十三日から十四日への爆撃で七十万名、神戸は十七日の一日に二十五万人と註せられる。それに従前の分を加算したら凡そ三百万人に達するであらう。

　東京だけでも罹戦者《〔ママ〕》を外へ運ぶことは容易でない。今日の議会*で運通大臣が言つたことは、隣県への疎開は子供、妊婦等を除く外の人々に、徒歩で行くことを求めることにならうと。内務大臣は東京都の人口は四百万を切つたとも答弁した。それで大概見当はつく。昨晩小磯総理はラヂオ演説で吾等硫黄島につゞかむといふ意味の話をしたが、政治性の全くない談話であつた。敗戦の英国がチャーチルをして述べしめたような類のものとは全く異つたカテゴリーに属するものであつた。

其間にも闇相場のみは日に〳〵飛上る。地下足袋一足五十円、砂糖一貫目七百円、白米一升二十五円、雞卵一個最高二円(鎌倉)、落花生むきみ一升三十円、小麦粉一貫目三十円。

夜端座して読書してゐると、嵐が戸を揺ぶる音が騒々しい。恰も自然がついて来るべき試練を前触して歩いてゐるかに聞へる。"Blood, toil and tears"*と繰返してゐるかの如く……。

此時機になつても政治家は唯事件の後にくつついて跡始末だけに忙殺されてゐる。前途を見透してゐる者でさへ稀だと思ふ。

翼賛政治会を解散して、「一切の行懸を捨て、国民の盛上る力によつて」新党を造ると声明したが、其後小林大将*が総裁は御免蒙ると言ひ出したので、昨今党首の捜索に奔走してゐるとか、今迄に宇垣、平沼*、小磯等と持ち廻つたが、孰れも難色があると伝へられる。

現在の翼政幹部に国民を率ゐる力があるのか、それからして既に落第だと言はれる。自分一個としては、翼政に愛想をつかしてゐるから、新党が出来ても参加しない決心である。この事は同交会*の仲間では大体一致してゐる。先頃翼政を出た護国同志会*といふのは岸前商相*の手先であって松岡洋右*を昇《かつ》ぐ目算であるといふが、大体主戦論者、枢軸論者の集合である。彼等と一緒になることは不可能であるが、新党が出来たら不参加者は相当に出るから、吾等と一緒に三十人位の中立クラブは出来そうに思へる。

自分は権勢に焦慮してはゐない。焦慮すれば屹度しくじると信じてゐる。どうしても出なければならぬ時の外は断じて出ない。それは保身術や卑怯な精神から来るのではなくて、それでなければ自分の欲する仕事が出来ないからである。

三月二十九日　夜

ドイツ戦線は愈危殆に瀕して来た。昨日午後クラブでの話にアイゼンハワーはドイツ軍の組織的抵抗は全面的に弱体化したと述べたと聞いた。今朝の新聞でそれが明瞭になつて来た。リスボン二十七日発「同盟」ニュースによればマイン河の南方を突破したパットンの第三軍は其先鋒の戦車隊を以てニューレンベルグに迫つたとある。今夕七時のラヂオは伯林からの同盟電を伝へたが、それも事態急迫せりと言つてゐる。ドイツが崩壊したら日本はどうする。其上に米国機動部隊は沖縄本島上陸の前宵にある。二十三日以来の空襲と艦砲射撃がまごふ方なき前徴と見られる。

我等は愈覚悟を極めなければならぬ。だがかような破局の迫る前に吾等の為すべき仕事＝準備は沢山ある。それが素描のまゝで少しも骨格が出来上つてゐない。焦慮は其点に在る。

沖縄の一戦

四月二十三日

米軍が四月一日沖縄に上陸してから三週日になる。* この間我方が海上に於て敵に与へた損害は最近までの大本営発表によると艦船の撃沈撃破四百隻に上り、明かに敵に焦慮疲労の色ありと新聞もラヂオも報じてゐる。勝利の天機到来……といふ論説も記事も出現したし、街のデマとしては「沖縄本島に於てアメリカ兵二十二万投降」といふ噂で株が上騰し、市民の一部は万歳を叫んだ(二十日)といふ話である。

そうであつて呉れたら一安心(安心と言つてもこの失敗だけで英米が引込んで了ふとは思はれない。精々攻勢を一時中止して包囲封鎖政略に出るまでと思はれるが)である。だが二十二日頃のラヂオ・ニュースに依れば敵は六ヶ師を揚陸し、本島南部に攻勢をとり南端湊川附近に新上陸を企て、九州の飛行場へは二十一日、二十二日の連日の爆撃(二十一日にはB29一八〇機、二十二日にはB29一三〇機、その上に艦載機によるもの三〇機)を加へてゐる。だから所詮沖縄攻略を断念するとは考へられぬ。

一方ドイツ方面の戦況は、二十二日のニュースで、赤軍既に伯林の郊外に殺到し、東北、東、東南より半月形にベルリンを包囲したと言つてゐる。ドイツも愈組織的抵抗を断念せざるを得まい。

そこで日本をどうするといふ問題になる。無論英米は簡単に本土上陸は出来まい。陸上兵力は我方に充分ある。今後は海岸で敵を擁〔要〕撃する一手であらう。その方法で如何にして英米を屈服させるかの問題である。差当りソ聯〔の〕今後の出方が問題となり、又支那若くは仏印への敵の上陸も考慮に入れなくてはならぬ。本土へ上陸しないまゝ敵が爆撃と封鎖戦術とで持久戦を決意すれば、将来三年五年で彼等が屈服するとも思へない。その三年、五年は我銃後にとつて相当につらい年月である。第一に食糧、第二に国民の志気、三、社会問題に伴ふ思想的変化等々を考量すれば外戦以上に厄介な問題が山積してゐる。国民が食へなくなるといふ問題をどう解決するか。衣、食、住に窮しての三年といふ歳月は政治的に考へて危険な歳月である。

尤もソ聯が中立の態度を放棄すれば情勢は更に緊迫すると見なければならぬ。ドイツ崩壊の暁にモスクワの態度が変化すると判断することは常識である。その場合に支那本土の戦勢も著しく変動するであらうから事態は三年、五年といふ如き長期戦を許すものとも思へない。

然し乍ら日本人の性質は庇〔尻〕に火が燃え付かなければ決心がつかないのである。Visionのない、行懸りに執着する日本人に臨機の転換を求めることは六ヶ敷い。

この解決を求めて玉砕派と隠忍派とが血を以て争ひ、暴民は掠奪を擅〔ほしい〕まゝにする如き事態を生じないとは限らぬ。戦争の結末よりもその方が先に来ると観測する人もある。

鎌倉の山居では桜が散つて、かいどうやぼけが咲き、チューリップ、つゝぢも花盛りである。前面の林に新緑が目覚めるように広大なカーペットを展開した。それにも拘らず、私の朝夕は暗い気持に掩はれてゐることを奈何とも為し難い。

*鈴木内閣が*迫水書記官長の号令で鈍行し、地方官大更迭の如き新官僚らしい無用の行事に日を送つてゐるのを見て、私の心は傷まざるを得ない。蒲田、川崎の焼け跡を眺めたゞけでも計画性なき日本の政治は全面的に露出してゐるではないか。憫れむべきは日本の国民大衆である。

一九一九年のドイツ

一九一九年のドイツの情勢を知り度いと考へて相当に漁つた。Temperley 氏の History of the Peace Conf. of Paris,

Vol. I を始め、Maurice Baumont—L'Allemagne, lendemains de guerre et de révolution も再読した。近頃 George Young—The New Germany, John Coar—The Old and the New Germany をよんだが、両方ともに面白い。然し前者の方が活々してゐて有益である。以下処々抄録する。[*]

ナチスの最後

四月二十五日

ベルリンは二十一日以来赤軍の包囲を受けて電話による外部との通信も今日では杜絶したらしい。二十四日発の朝日の特電はベルリンの断末魔を次のように報じてゐる。

(伯林攻防戦の詳細は次第に談り伝へ書き残されるであらうけれども、差当りはこの報道の程度で後報を待つ外はない)。

ドイツ、イタリーの問題はさて措き、それが我国に与へる影響は大きい。だが、戦争の当初からドイツが勝つと思つた人が間違つてゐたのだ。私自身どうかしてかゝる妄想と迷夢を打破したいと思つて、身の危険迄犯して、筆に口に天下に警告を与へたものである。一九三九年以後今日迄既に六年にも及ぶ。"German War Machine"[*] の翻訳を出版した時の如きはもう少しで引張られる処だつた。

不幸にして身の微力は天下の迷夢を醒ますに至らなかつた。其結果が枢軸の同盟となり大東亜戦争に及び、今日の事態を惹起して了つた。何としても心外千万である。

思へば私が官界を退いて今日迄十三年間微力を捧げた問題は全く現在の如き事態を避けむとするに在つた。然し私が打勝たんとした相手は比較にならぬ強い力であり、私の周囲に在つて私を支持して呉れた人々は孰れもヒソ〱と陰からさゝやく程度の激励であつた。それにしてもよくも今日迄活き永らへてゐることだと思はぬでもないが、命を失ふ迄に今一息といふところで手を引いたせいであらう。従つて又、勇気に欠ける処ありと評せられても致方は無い。全く勇気が足りなかつた。然し勇を鼓して大声を挙げても、結果は暴風に抗して傘を拡げる程度の他愛も無いものであつたかも知れぬ。日本の民衆は決して行動しない。黙々として見衛つてゐるに過ぎないから一人や二人の力ではどうにもならない。

過去は悔いても及ばない。将来をどうするかゞ問題になる。

ナチスは降伏を拒否して討死すれば、それで名目は立つ。後は新政権がドイツの将来を担任するであらう。

然し我国ではそうはなるまい。朝廷はヒットラーの真似をなさる訳に行かぬ。そんな事を臣下から御奨めすることは飛んでもない事だ。朝廷の地位を危からしめることさへもが極力さけられねばならぬ。

四月三十日　記

昨日の早朝、京都ホテルの食堂に入つて朝食の卓子に腰を下したら、向ふ側に座を占めた武富*君が行きなり、Hitler surrendered！と叫んだ。同盟のニュースだそうだ。

ドイツ人らしい解決だと私は答へたが不思議な動悸がして不安とも幽鬱ともつかない気持になつた。一縷の慰安は彼が自殺もせず、戦死もしなかつたと言ふことだ。ドイツ模倣者の多い我国に於てはヒットラーの一挙手、一投足が重大な影響を及ぼすのであるから……。

やがてフューラーの最後が来ることは随分久しい間世界が関心をもつて居た。然し時代の一異彩がベルリンの地下室で降伏したことは、ミュンヘンの地下室からナチが生れたことを思ひ合せて不思議な縁である。

ヒットラー投降のニュースが世界の人心に与へた衝動は想像するだけでも素晴らしい。モスクワで、ロンドンで、パリで、そして北米で、いや全世界の隅々で聞く人々はワーッと叫んだに違ひない。この刹那から世界は一の新しい方向に行進し始めた。この時が新しい機運の動く出発点となつたのである。今迄ヒソ〳〵と声を潜めて語つた者にも公然と所信を述べ哲学を論ずる刺激を与へた。就中、最も興味を覚えることはドイツ国内の人心に及ぼした波紋であつて、ナチスと反ナチスとの交流が如何に行はれるかは歴史的な事件であると思ふ。

それにも増して吾等の関心はナチ崩壊が我国に与へる影響に注がれる。それは予てから識者の間に思索の対象となつたものであるから、周章狼狽するに当らないけれども、日本が全世界の四十余ケ国を相手として戦ふといふ事実は感情的には明暗の二面をもつ。

凡そ歴史始まつて以来一手に四十数ケ国を相手に戦つたといふ国は聞いた例がない。痛快と云へば痛快だが、然しこの痛快は我国が勝利を得た場合に始めて痛快であるべきで、負けて了へば痛のみが残つて快ではない。それ故にこそ日本孤立は暗翳を伴ふことを免れない。どうして勝つかの案を考へねばならぬ。具体的に英米支を屈服させる案をもつ人は、これを或程度国民に周知させねばならぬ。政府も統率府もその片鱗をも示さないから国民の心は暗いのである。暗い気持がいけないと言ふなら、先以て明るい気持の出る案を示すべきが本当ではないか。国民はその時に始めて明るいすが〳〵しい気持になりうるであらう。

五月四日　朝記

昨朝関西旅行から帰つて東京に着いた。其朝の新聞はドイツ、イタリーの出来ごとについて、又ビルマ、ボルネオの戦況について重要なニュースを掲載した。ビルマ政府は既にモールメンへ撤退したと伝へられる。

鈴木総理は三日夕七時にラヂオ放送を以て、ドイツ、イタリーの崩壊により帝国の責任の重大化したこと並びに不動の必勝信念を披瀝した。聞いて居て、私は悲壮な感――同情の念を深くした。然し鈴木大将が人格的に非難の打ち処のない立派な老将であつても、それだけでは此超非常時にどうにもならぬ。況んや番頭役は一向に冴えない人間許りで代燃車の如く徐行しつゝある。私の六感ではこの内閣も六月末迄の運命であるように思はれる。

僕の硯滴

「南面*して北斗星を看る」とY提督が言つたと伝へられる。果してその心境であるかどうかは六、七月迄に明白になるだらう。ドイツは頑張つても頑張つても遂に頑張り切れなかつたのだ。ヒットラーを討死させねばならない程にせつぱ詰つたのである。

ドイツの将軍巨頭連は一人としてヒットラーに殉じなかつた。日本人から言へば一人や二人は自殺でもしそうに思へたのである。然しそれはドイツの内政的事情を無視した考であつて軍部巨頭から言へば敗戦は俺達のせいではないから腹を切るべきはナチの頭目だと考へたのであらう。この事を考へないで論議しても問題の核心にはふれない。

責任感を国民の一人々々にもたせる外に国家の行動水準を高める途はない。

那覇の一戦

五月二十六日　夕誌

昨日今日の戦報によるとアメリカ軍は東は上与那原から西は那覇の線に進出した。これで防禦線の雞冠山が落ちた訳だ。こゝに希望を繋いだ者は痛く失望する外はないし、内閣も晏如としては居られまい。それかあらぬか敵は空中よりの本土攻撃を激化して来た。二十四日のB29二百四十機につゞいて二十五日はP51六十機が関東へ侵入した。

　政治的には地方官の大更迭だの大蔵省の改組だのと相不変の官僚病症が露出してゐる。それよりか*吉田茂君の軍法会議廻付を中心として*岩淵君と*殖田俊吉君も今以て拘束されてゐる。参考人として*樺山伯、*原田男、*馬場恒吾君等が呼ばれた。思想方面で*三木清君だの*羽仁五郎、*小林某(岩波君女婿)等が拘留されてゐる。それが相当に人心不安の因を為して食糧問題以外にも社会不安の波は打寄せてゐるのではないか。考へれば考へる程行手は暗い。

　ドイツの現状は戦敗国の運命として典型的であると言へるだらう。一切の行政は窮極に於て占領軍の指令を受ける。占領軍と言つても英米ソ仏の外に白蘭丁の三国も参加すると伝へられる。俘虜の一部は労力奉仕に使役せられることになつてゐる。食糧も無論充分である筈がない。それ等の状況を照し合せて気分のすが〳〵しい材料は一つもない。

　隠居して仏道に入るとの気持はつく〴〵僕の年になつて味がわかる。孤独して瞑想することの静けさである。一切空の境地だ。

　それにしても二十四日と二十六日の空襲は帝都の大半を灰燼に帰して終つた。官公署も交通機関も半身不随である。無論僕の事務所も焼けたであらう(それを確かめる方法さへ無い)。罹災者の数は数百万に上ることゝ思ふが、その処分はどうなることか。戦争は狂暴そのものと覚悟はしてゐてもさて現実にこの荒廃を目撃しては心傷まざるを得ない。

六月の音づれ

六月一日　誌

　窓前の山の嫩葉《わかば》は既に濃き緑を呈した。庭には鬼薊《あざみ》が一面に咲いてやがて続くべき山百合の成熟を待つ風情である。

衣更へに浴衣を引出しても雨戸を閉めた宵には尚ほ蒸暑さを感ずるようになつた。

昨日は久しぶりに横須賀線が復旧したので朝の汽車で東京に出た。途上に見た横浜の変貌は心を痛ましめる。一面の焼野原が曾ての関東震災の日——私は箱根から疲れた脚を引摺つて九月三日の早朝この地を歩いたのであつたが——を偲ばせた。

東京は、人の話に依ると戸数の七分の四しか残つてゐないといふ。外務省も大臣官邸も焼けた。私には矢張り名残りの建物であつた。震災後本館に用ゐられた建物は元大臣官邸として陸奥、小村外相の住んだ場所であり、私が始めて任官した官補時代に天長節の夜会の催された所であつた。*ダイヤモンド社の私の事務所は跡方もなく焼けて了つた。馴染の東京クラブ、その酒場、図書室(これ等は塵臭き東京の街の中ではオーアシスとも思はれた。そして集る人々の中に忘れ難い名もあつたが)、いづれも芥塵《〔マヽ〕》に帰して影も止めない。

交詢社だけが僅かに形を存してゐる。昨日は弁当を食べる為めに立寄つたけれど、集る人は十人許りに過ぎなかつた。漸くにして冷凍の蜜柑、塩漬の鰊を会員に頒つといふことが交詢社らしい余裕を示してゐた。

東京に対する私の思出は三期に分れる。日露戦争の頃一高に学んで、大学生活を終り外務省に入つた大正元年から間もなく海外に赴任する迄約十年の青春時代(その後の十五年間は欧州に暮し、三年間は本省勤務として東京に生活した。然しその三年間は特に日本に根を下した生活ではなかつた)。昭和七年の二月に帰朝して議員生活を始め、牛込中町に新居を構えて公私共に忙しく立働いた時代(それは家庭的にも子女の勤学時代であつた)。更に大東亜戦争の後半期に入つて子女は二人とも家庭を去り世相は急激に戦時色を帯びて空襲の危険も思はれた結果、昭和十八年の秋中町の家を売却して*鎌倉常盤山に疎開して後の時代(この時は鎌倉から汽車を利用して東京に出た為め月々に変りゆく東京の姿を顕著に眺めることが出来た)。

牛込の旧宅も二十六日に烏有に帰したと聞く。かようにして昔の東京は殆んど影を潜めた。顔を合せて談りたい友はあつても、逢ふべき場所も焼け落ちてゐる。偶ゝ逢ふ事はあつても恐らくは煎茶の一杯さへ飲むつてもあるまい。

落莫たる街のたゝ住居である。

鎌倉に帰りついて先づ手にするのは一両日前から読み始めた鷗外訳の〃即興詩人〃である。この小説は一高時代に耽読したことを覚えてゐるが、今では筋も文章も悉く記憶からかき消えてゐる。ふと手にとつて再読して見る気になつてからは時間さへあればそれを読みつゞけて終に一日の正午に最終の頁を読了した。私の頭には小説の内のアマルフィーが最も強く印刻される。それはあの町のルナ・ホテルで昼食をした時にアンデルセンが即興詩人を書き綴つたといふ部屋を見たからであらう。然しそれにしてもサレルノから海岸伝ひにアマルフィー、ソレントーをドライヴして紺碧の色の地中海、これに浮んだカプリの島の風光を嘆美したその激動《マこ》を忘れ得ない。旅に出る機会あらば今一度アマルフィーを訪づれようと私は心に堅く契つてゐる。(六月一日)。

ナポリの港は戦禍に焼かれ毀されて跡方もなくなつてゐよう。それでもヴェズヴィオの山は尚ほ煙を吹きカプリの島に碧い波がよせてゐるだらう。水際の魚料理 casa は吹き飛ばされて了つたらうが、いつもサンタルチアを歌つたテノールはどうしてゐるだらうか。そんな事を胸に描いて私は即興詩人の影響から二日も三日もイタリア病に犯された。六月三日、初夏の日が新緑の山に照り返つてゐる午後、三時のお茶を飲み乍らカルーソーのサンタルチアを蓄音機にかけてせめての心遣りとした。(六月三日)。

本土決戦

六月二十七日 朝

二十五日の午後、沖縄戦終熄の大本営発表をラヂオで聴いた。現地指揮官牛島満中将の最後のメッセーヂは涙なくして聞き得ない切々たる辞句であつた。誰が吾前戦の将兵をしてかゝる苦闘に曝露《さら》して顧みないのであるか。

二十六日、鈴木総理はラヂオ放送を以て沖縄戦の終止と本土決戦の心構へを説いたが、同時に内閣告諭と称するものが出た。率直に言へば一国の首相として何の識見も抱負もない演説であり、告諭と称するものは一属僚の作文に過ぎない。聴いてゐる国民は泣くにも泣けない心持である。

本土で必ず勝つと総理は言ふけれど、国民としては何故必ず勝つのか其根拠が聞きたいのである。

六月に入つて国民の多数は必勝の信念を失つたかに見える。戦争は悲惨なものと覚悟は極めて居るものゝ、試に東海道線によつて東京から神戸へ向ふ者には、既に廃墟に均しい東京、横浜、静岡、浜松、豊橋、名古屋、そして大阪と神戸とを目撃する。此等の駅々に荷物を背負つて左往右《ママ》往する群集、そのボロを纏つた姿、血色のない顔貌、これは一体何だ。これが戦勝国民の姿か。泣くに泣けないとは此場合の印象だ。

七月から食糧の配給も減縮される。従つて食用品の闇はポン〳〵はね上つて、麦一斗が二百五十円だと言はれる。疎開して来た都会人は身の廻りの衣料を売尽して裸になる者さへある。人々は漸次自暴自棄に陥つてゐるように見へるではないか。

誰がこの国を救ふのだらう。識者といふ者が手を拱いて崩壊して行く国の姿を眺めてゐるのだらうか。

本土に敵が上陸すれば日本も亦ドイツと同じ過程を歩むのではないか。ドイツならばヒットラーと其一党が死ねばそれで舞台は一転するが、日本はそうは行かない。

私は身を殺しても何とかしなければならぬと思ふ。然し何が出来るのだ？ そう考へると身の微力を痛感する。

将来の日本——と言つても二年三年後の日本を誰が背負つて行くのかと考へて見ると、一向に見当がつかない。潔く東京に見切をつけて丹波へ帰らうかと考へて見る。自分独りはどうでも良いとしてスミ子とミヨ子は田舎へ帰へした方が良いのかも知れぬ。

だが凡てかような物の考へ方は自己中心の思想ではないか。日本人がかように考え始めたら日本といふ国はどうなるのか？

伯林から提げて帰つた話

△五月二日に赤軍はベルリンに入つて、三日間は掠奪暴行の限りを尽した。三日間の後にスターリンは強姦禁止令を出してやつと止まつたが然し掠奪は必ずしも制止せられなかつたので、ロシア兵は万年筆や時計を欲しがる、家具等もどし〳〵持つて行く。五月二日に共産党ベルリン支部といふ看板が出た。ベルリン一帯には早くから共産党の地下運動が存在してゐたが、案外早く表面に出て来た。

△一九四四年の七月二十日事件以後ヒットラーは病気に

か〻つた。それ以後完全に恢復しなかつたように見える。*大島大使も終に会見しないまゝで大詰に来た。*リッペントロップも宰相気取りで外交団とも容易に接近しない状態だつた。リッペントロップの米国顧問はRossであり英国顧問はHesseであつたが、この二人はいつも両国の情勢を外相に誤り伝へた。Rossはアメリカに国内分裂が起ると結論したり、Hesseも亦チャーチルの地位が危殆だなどと論じてゐた。

△フランスの海岸防備も決して宣伝程に堅固でなかつたし、参謀総長カイテルはヒットラーに盲従するだけの軍人だつた。それに地下工場等も表面では月産千五百台の飛行機(やがて三千台)が出来ると称してゐたが、実際には部分品だけしか製造してゐなかつた。

△形勢が悪化しても青年層はヒットラーを崇拝してゐたから実際ヒットラーの為めに死ぬと言ふ人間は相当にあつた。然しヒットラーも終の頃には少々アブノーマルな頭になつてゐたと思はれる。ナチの頭目は戦争犯罪人として引張られることを最も惧れてゐたのである。

△だがナチの遣口は全く行過ぎであつた。今日のドイツに果して幾千の猶太人が残つてゐるだらうか。ベルリンには少くも六、七万のユダヤ人が居住してゐたと言はれ乍らいつの程にか消えて失せた。ポーランド人にしてドイツ人の凶手に殪《たお》れた者は二百万人に上ると伝へられる。チェッコ領内のやり口も可なりに激しいものだつた。その点は日本とはまるで数が違う。

△大島大使は最後にベルリンを引揚げる時でもドイツは勝つと言つてゐた。又かく信じてゐたのであらう。

フランスで感じた話

E. C. K. Fish, General Manager of the "Time".

"Most Frenchmen are occupied with their own personal interests which have little to do with the wellbeing of their country."

"This attitude is partly the result of living under the Germans for so long; a passive resistance to occupation, when it was not patriotic for Frenchmen to remain idle. They were trying to get and hold on to as much as they could for their own benefit. But this habit exists……No matter how hard or how long he (workman) works, a French working man can not get his hands on anything worth while. So the general way of thinking is why work."

"Each has a racket."

"The situation was made even more difficult because of restricted regulations and heavy taxes."

"I am sure that France will come back. But first, there will have to be a rebirth of the French people's spirit. Until then France will remain an apathetic country no longer eager to carry on a democratic tradition."

爆撃激化

七月十日　硫黄、沖縄より本州と九州
十一日　小型機、九州来襲
十二日　B29五百機、本州
十三日　艦上機約千機、北部本州、北海道、釜石砲撃
十四日　室蘭砲撃、艦上機北海道
十五日　艦上機、北海道方面来襲
十六日　東京附近艦上機来襲。B29爆撃
十七日　日立市ニ対スル艦砲射撃
十八日　艦上機、横須賀攻撃。東京附近ヘモ。関門ニ対スルB29爆撃
欧州方面ヨリ沖縄に来着セル空軍、沖縄及硫黄島ヨリ出現
十九日　B29爆撃(日立、福井、尼ヶ崎)
二十日
二十一日
二十二日　B29六十機、下松、宇部
P51二百機、近畿、岡山県下、房総南端小海戦
二十三日　舟山列島へB24、25二百機
二十四日　西日本へ約二千機(中国、四国、東海へ)、父島艦砲射撃
二十五日　艦上機五百(関西、中国、四国)、東海へ二百機
川崎へB29五十
二十六日
二十七日

二十八日　B29、青森、宇和島、一宮、大垣、宇治山田へ来襲

艦上機九百八十、東海、四国、近畿、中国

P51二百四十、関東へ

二十九日

三十日

三十一日

八月一日

二日　立川、八王子、長岡、川崎

機銃掃射をうけた記

七月二十日東京を出発。丹後で友人等に面会して七月二十五日東海道の汽車の中で艦上機に機銃掃射をやられた。尤も出発の二十日には東京駅で列車から百メートル位の距離に爆弾を見舞はれた。両度とも微傷さへ負はなかつたのは仕合せであつた。

弁天島の黎明

七月二十四日は昨日迄の梅雨が晴間を見せて夏雲のすき間から初夏と思はれる程の陽光がさしてゐた。朝七時頃に丹波の田舎でも空襲警報が出て敵編隊が近畿へ侵入中と報ぜられた。時々遠雷の如き響が戸障子を揺ぶるので村人の顔にも何となく不安の色が漂つてゐた。

予ての約束通り私は九時二十分頃に宮村*を出て竹田に向つた。西山君*がカタビラに白足袋といふ姿で中途迄出迎へてゐた。

西山君の庭と茶室とは丹波に珍らしい京都風のものである。その茶室で雞肉のスキ焼を食ひ乍ら主人一代の閲歴を諄々ときかされた。其間にも爆弾の落下らしい遠音が響く。だが予定の通り出発することに決心して午後二時十七分の上り列車で大阪に向つた。荷物の中には清酒二升、食用脂一升、白米五升といふような品物が入つてゐる。

途すがらの噂ではB29と小型機とが入り乱れて大阪、西ノ宮を攻撃中とのことであつた。然し往くところ迄行からと考へて汽車に落着いてゐた。夕陽が美しく宝塚以南の平野に照りはへて、遥かに火災の煙らしいものが浪花の空に立昇つてゐる。「アレは桜島です……仁川の航空機工場も叩かれました」と隣の客が言ふ。神崎についてやれ〳〵と

思ふ間もなく「この列車は神崎止りであります」と女駅夫がいふ。東海道線は京都始発らしいと客の一人が教へてくれた。その時、私は二つの案を考へた。一つは池田に行って小林一三氏の宅に宿をかる案であり、今一つは阪急電車で京都へ出る(阪急のみが唯一の運転中の線だといふ)案であった。そして池田駅迄引返して、そこで決定することにして行動をつゞけた。

池田に下車すると此処も雑然たる空爆気分に侵されてゐた。教へられるまゝに阪急線の花屋敷駅へ、重い三個の荷を提げて、汗をふき乍ら急坂を昇って行った。昇る途中に「手荷物預り所」があれば、一も二もなく小林氏の宅を訪れたであらう。然しそれが見当らないので、足の向く儘に花屋敷のホームに荷を下した。やがて到着した上り電車に乗って十三駅と淡路駅と富田と三ケ所で乗りかへて京都駅に向った。灯光の暗い電車の中で、ホッと一息ついて夕食の弁当を披いた。時間は午後の八時過であった。

京都駅について東海道の汽車を待ってゐると、拡声器は「発車時間は不明であります」と響いてゐる。「いや来るまで待たう。其外に手はない」。

すると案外にも九時半過ぎに東行の列車が来た。而も二、三等とも客は少い。座を占めて荷物の整理を終る。志気自得といふ気分である。それ迄は至極無事であった。此先に何が待ってゐるかを知る由も無いのだから……。

七月二十五日の早朝、列車が豊橋に着いた頃、東が明けそめて、汽車の速力が急に緩くなった。どうも汽車が途を塞いでゐるから仕方もない。やがて八時頃に弁天島の近傍へくると空襲警報が鳴って、敵機の姿が海上に見えた。近くの陣地から機銃が鳴る。飛行場方面には高射砲が轟いてゐる。其中に爆弾の音も聞えて来た。車中の客は思ひ〳〵に待避の姿勢をとり始めた。私も車を出たり入ったりした。

然るに敵機は絶えず近傍で旋回するので客は一喜一憂する。

八時半、敵機(一機だと後から聞いた)が頭上に舞ひ下って大きな音を立てた。バリ〳〵〳〵ドーンといふ音がして窓硝子が破れて飛んだ。車中では僅か三人が床の上に伏せた。素晴らしい土煙である。

三人は待避のために車を下りて列車から遠ざかるために

松林の方向に歩いた。その時には老婆一人、陸軍将校二名、職工さん一人が即死したと聞かされたが、重傷らしい人も二、三人は眼についた。

私は案外朗らかに「何事も人生の経験ですよ」と笑った。次の駅舞坂では二つの列車が襲撃され、列車が火を出して燃えてゐる。いつ開通するか判らない。私達の列車は下り列車に早変りして引返し始めた。

二川といふ駅で上り列車に移乗して、そこで午後二時半迄待つた。やつと動き初めたが、車は次々の乗客で満員鮨詰になつて了つた。夕闇が迫つても夕食の用意は無論ない。午後九時小田原を過ぐる頃に警報が出て、二宮駅で空襲待避となつた。頭の上でB29の爆音がどう〳〵なつてゐる。

「帝都か、浜か」等と推測する人の声のみが耳につく。十一時半、列車はやつと東行を始めた。大船へついて一時。それから鎌倉行の車が遅着したのを見つけてとにかく鎌倉駅迄辿りついた。荷物を駅長室に預けて月光をたよりに常盤山の宅迄歩いた。帰りついたのは午前二時であつた。

* Potsdam Conference Backgrounder

蘇聯参戦より大詰まで

八月十日　朝記

昨日富山市で罹災した義弟*を見舞ふための旅装を整へて、今二時間したら家を出ようとしてゐる時、三時のラヂオが、満州国境に対しソ聯兵が不法越境し、吾軍は自衛の為め之と抗戦中なりと発表した。
愈来るべき大詰が来たのだ。私にとつては決して意外ではない。それは「ニュースであつて出来事 event ではない」といふべきだ。
ソ聯がドイツと同時に日本を小国に蹴落したいと願ふのは国防の立場から見て当然であり、而も情勢は彼にとつて千載一遇の好機である。
アメリカがソ聯に対して武器貸与法を七月以後に延長したこと
ソ聯が四月以降続々極東に兵力を増遣しつゝあつたこと
モスクワでの Best sellers が「旅順口」であり「赤旗東に飛ぶ」であつたこと
英・米・蘇の同盟関係が尠くとも弛緩の色を見せないこ

と

等々の現象から見て、結局ソ聯の参戦は時間の問題と考へられた。殊にポッツダム会談に於て二十五日の三国宣言が行はれ、宋子文のモスクワ会談が行れてゐる以上ソ聯が実質上英米と緊密に謀議しつゝあつたことは明白である。これに対して我政府は何をしたか。拱手して死刑執行人の宣告を待つのみであつた。それも事件の推移を悟らないで断末魔の準備は何一つ行はれてゐなかつた。

　八月九日早朝のソ聯の通告を見て、内大臣は鈴木総理と東郷外相とに対し、聖上は戦争の終結に当ることを□〔軫?〕念せられると述べた。両者は直ちにその案を議題として、ポッツダム宣言の線に沿ふて取纏める決定をしたが九日午前の大本営会議はその通り進行しなかつた。其席上での案は

　占領地よりの撤兵は自主的に行はるべきこと

　日本本土に占領軍を上陸せしめないこと

を条件として交渉に入るべしと決し、総理も外相も之を承引した。九日午後閣議を開いて政府は対策を議したらしいが、夕闇が迫つても散会しなかつた。

　噂によればアメリカ大統領は八月十日に再び日本に呼びかけて四十八時間のタイム・リミットを以て東京に原子爆弾の爆撃を行ふ旨を声明するだらうと言ふ。

　ソ聯は既にポグラニーチュナヤと図満江とマンチュリア方面から攻撃を開始し、北鮮北満の各地を爆撃し始めた。（七時の放送は、大本営発表以後のニュースを報道しない）。何といふ孤疑逡巡、消極的な政府の遣口であらう。呆れて言ふべき言葉もない。

　政府は何故世界に向つて政策の転換――武力征服より和平協力に――を声明しないのか。国民に向つて前途の希望を与へ、世界に新日本を待望させるにはこの外に途はあり得ない。然るに当路者は今に至つて左往右往遅疑して決せず。千載一遇の機会を捉へて民族再生の途を国民に示すことを知らず。痴漢遂に最後迄国を誤る。

最後の段階

八月十日　夜

　昨夜の閣議はポッツダム宣言の線に沿ふて無条件降伏と決定し、皇室の存在を前提として之を受諾することに通告を行ひ、この前提については敵側の回答を要求するに落着

した。

ついで再び大本営会議を開き大元帥親臨の下に討議を行つた。外相の報告に対して米内海相賛意を表したが陸軍側より反対の意見を表示した。之に対し大元帥陛下は原案を採用すべき旨を宣せられ終に決定を見た。この通告はソ聯に対しては午前十時マリック*大使に手交したところ、彼は国交断絶の今日公式に取次ぐべき訳に行かないと述べたが、結局非公式に之を取次ぐことを引受け尚ほ英国に対しても通告方を承諾した。

ついで瑞西公使及瑞典公使に対して同文をアメリカと重慶に送達することを依頼し、それ〴〵発電した。海外諸国へは十日中に短波を以て放送し、国内に向っては御詔勅発布と同時に降伏の事実を公表する予定である。

これ丈けが午後九時迄に知り得たところであるが、ラヂオ・ニュースは下村*情報局総裁談として極めて曖昧な「国体護持」云々の文句を放送し、陸相は断乎戦ひあるのみと将兵に告ぐる言葉を放送した。

十日、皇族会議が開かれ、重臣会議も開催された。かくして戦争の幕は下されたのである。

私は明朝早く義弟を見舞ふ為め富山に向ふ。

△△△

ソヴェート政府は八日深更佐藤大使に交付した宣戦布告文の中に……「従って極東戦争に対する調停に関するソヴェート聯邦に当てられた日本政府の提案は一切の基礎を失つた」云々とある。その意味は左の如き事を指すものである。

七月十二日に開かれた重臣会議の最中に、聖上は近衛公に参殿を命ぜられたので、近衛公は会議を中座して参内した。(これより曩き近衛公は敵側が日本に要求すべき和平条件を記して御手許に差出したが、その条件は七月二十五日のポッツダム宣言の箇条よりも峻酷なものであった)。罹災後の聖上の御居所、御調度等は実に畏多い程簡素なもので、それが先づ近衛公の胸を打った。

聖上よりの御言葉として「戦争調停をソ聯政府に求めるためモスクワへ出張せよ」との御意であった。陛下御軫念の御面持を拝して近衛公はこれを拝辞する心持を失って了つた。そして之を御受けして公は直ちに総理、外相と協議し、モスクワに対する打合せのため、外務省は十四日に佐藤大使宛訓令を発電した。然るに先方よりの回答は一向来ない。近衛公は七月三十日迄軽井沢に待機したけれども東京からの音沙汰がないので、堪り兼ねて東上の上、総理並に外相と会見して事件の推移を質問したが、其際に公の受けた印象は、東京よりの訓電が依然率直を欠いたものであるといふ点に在つた。かくして事件の進捗を待つ迄もなく八月八日の断交通告となつたものである。

△△△

私は十一日に東京を出て、其夕方軽井沢に下車し、鳩山氏と石橋邸で夕食をした。食後に坂本*君も来訪していろ〳〵の話を交換した。そして翌十二日に富山に向つた。

十四日の午前九時半上野着、途で一、二の友人に逢つたら、先方の回答は十一日に着いたが、先方の文句について反対意見があり(殊に安倍源基*が強く反対だと)、今尚ほ閣議で紛糾中だと話してゐた。

夕方八時、万事進行を開始したといふ話を聞いた。

大詔渙発

十五日正午に重大な発表があると前触が出たので国民はいよ〳〵来るべき事件が到来したと直感したらしい。殊に十五日朝には陛下御自ら大詔を放送遊ばすと報じたので、私は交詢社で正午のラヂオを聴くことにした。この日十一時半には既に数十人の社員が緊張した顔付をして集つて来てゐる。

正午いよ〳〵陛下の御詔が録音で送られた。起立して聞くもの皆暗然として涙をのむ。荘厳な、真摯な光景であつた。私は危く泣出さむとして声を飲んだ。

帰り途朝日新聞社へ立寄つて原田*君と□□〔欠〕君とに逢つた。その話によつて陸相阿南*自殺の報を耳にし、昨夜来陸軍将校の一部が首相官邸と平沼邸とを襲つたとのニュースを聞いた。

宮城前には多くの群集が押よせて男女老若が声を放つて泣いたといふ。其間に壮漢達が演説を始めて「この和平は聖上の御心ではない。政府の専擅によるものである」と述べると、憲兵、警官は涙を揮ひ乍ら逮捕して連行したと或人は話した。今日こそ全国的に涙の日であつた。

十六日朝のラヂオは鈴木内閣の辞職を伝へて来た。鈴木首相には尚ほ残された仕事がある筈だ。阿南陸相の自刃と共に多少無責任の感を免れないと思つた。
　鈴木、米内両大将には衷心から敬意を表す。

動揺不安の雰囲気

八月二十日　誌

十六日は家に居て、十七、十八日の両日は東京に行つた。十六日の夕方下河辺が夕食に来て言ふには、東京では兵隊がビラを散布して居ます、昨日、日比谷公園前を陸軍大佐が騎馬でビラを渡してゐました、「吾等十五日払暁を以て蹶起せり」等と書いてあるのを。

　十五日には軍務局の佐官等が六名とか中心になつて近衛師団長を脅迫して出兵命令を出せと言つたが聴かないので之を殺した上、一ケ聯隊を宮城へ差向けた。

　横浜から入京した叛軍は一つは首相官邸を襲ひ、他は平沼男邸と鈴木首相邸を焼いた。然しいづれも大事に至らずして終つた。

　停戦協定の全権は十八日に伊江島に向つて出発すると伝へられたが、十三、四日以来陸軍は只管《ひたすら》手続の遷延を図つてゐる。

　毎日飛行機が飛び廻る。中には海軍航空司令といふ名のビラを撒いて徹底抗戦を使嗾してゐる。町の四つ角、電車の中にもビラを貼つて、バドリオを殺せと書いてある。五人バドリオといふのは鈴木大将、米内大将、近衛公、木戸侯、平沼男を指すのだそうだ。

　横浜では占領軍が上陸したら婦女子に暴行するのだとのデマが行はれて数万の人間が遁げ出しつゝある。横浜市、神奈川県庁、東京鉄道局、東京市〔ママ〕等が女の傭人を解雇して早く遁げろと申し渡したから、動揺は益ゝ激しい。こゝ深沢の農村に於てさへ、区長が緊急常会を開いて婦女子は遁げろと言ひきかせる始末である。

　十八日に鳩山氏を迎へて相談する筈で、午後一時石橋邸に行つたが、鳩山氏は帰つて来ない。安藤*、植原*、矢野*、平野*四氏と談してゐるところへ岸井*君も鳩山氏の伝言を携へて参加した。私は予て書いて置いた新党樹立の趣意書を出して見せた。平野君と矢野君とはよく出来てゐると言つたが安藤、植原両氏は黙して答へず。

　焦燥の気分にならざるを得ない。といふのは僕以外の人々は「今少し様子を見て」といふのだ。だが国家累卵の危き時機に狐疑逡巡して何とする。勇往邁進の外ないではないか。

十九日の日曜日は鎌倉の宅に来客がたへない。朝から*北岡君、*田中都吉氏、逗子の*野口君、川崎克君、*田口八郎君、*田辺加多丸君等が来た。昨日からの風邪と打撲で少し熱があつたが、焦燥の気分と共に疲労が加はつた。残暑は今酷熱を加へた。やがて占領軍が上陸してくるだらう。兵隊さんも次第に除隊されて荷物を背負つて郷里へ帰つて行く。当分は動揺と不安の日が続くことであらう。

紐育サンの八月十六日の社説に下の如き文句があると教へてくれた人がある。

The Japanese must be made to realize that this is no time for handshaking between the winner and looser after a tennis match. To the American minds, Tokyo is not making a good start of it. The Emperor's rescript announcing the end of the war made the unpleasant impression on this side of the Pacific.

The reasonable allowance could be made for this, however, it was natural for the Emperor to try to save the face by saying in effect that Japan could not hold out against the world.

But this assertion that the Imperial State had been preserved and his plea that the people remain mindful of their countries divine mission makes us wonder whether H.[irohito] really understands what has happened to him and his country

But if the Japanese do not yet know, General MacArthur is just the instructor who can teach them.

内閣に入る

十月九日　誌

京都と丹後とに旅行して、打つて変つた人気に気をよくして鎌倉に帰つたのが、土曜の夕八時であつた。政変のニュースは今朝見たばかり。

七日には*自由党の懇談会が開かれるので其朝鳩山邸に行つた。安藤君と落合つて三人で新内閣が党の協力を求めたら不即不離で行かう。但し個人としての入閣は認める外ないといふ結論に達した。

午後一時から*常盤屋に開かれた懇談会は二百人近い参集者があつて盛会だつた。これも気をよくする理由の一つで四時十六分の汽車に乗つて鎌倉に帰つた。

夕食後手紙書きをして、折柄の激しい雨の中へ電報が来て明八日午前十時組閣本部へ来て貰ひたいとあつた。それから急に明日の準備を始めて十一時に床に入つた。

八日は雨も少しは弱くなつた。特許〔標準〕局長官*佐藤君の好意で、自動車で十時少し前に外相官邸へ着いた。*吉田君と*次田君とが待つてゐて、やがて客間の*幣原男の前へ案内された。幣原男は組閣命令を受けた当時陛下から特別の御優遇をうけた顛末を談られ、この難局だからこそ私もお受けした、君も是非厚相を受けてくれと鄭重に談られた。

私は極めて落着いた気持で答えた。

「男爵の御指図とあらば如何なる賤職と雖辞せない気持でありますが実は目下自由党創立に熱意をもち、同志と共に日夜奔走中であります。私が居なくなると鳩山氏も困られはしないかと思ひますから一応同志と相談して午前中に帰つて参ります」。

それから麻布の鳩山邸に行くと安藤、*松野両氏も来てゐて、鳩山氏と四人で相談した。三人共僕に入閣をすゝめて、しつかりやれと激励された。それにしても落胆したらしい安藤君の顔は淋しかつた。

十一時半に組閣事務所に引返して、幣原男に経過を話し、更に二個の条件を述べた。

一、戦災者住宅の建築と失業救済とは焦眉の急と考へられる。内閣が之に御同見ならば必要の資材供給等につき財務当局に威力を用ゐられたし。

二、厚生省の人事は内務省に依存す。然し人事につき自由手腕を認められたし。

幣原男は右二条件とも承認されたので私は入閣を受諾した。

それから新総理のステートメントを起草し始めて、夕方迄に一応書き上げたが、食後幣原男と対座して訂正をつゞけ九時に完了した。

私は松濤二八の田辺加多丸君宅で一泊することにした。田辺は赤飯をたいて待つてゐてくれた。彼は心から祝福して、「おやぢが居たらね」と言つた。十時半に床に入つた。

九日の朝は早く眼がさめた。首相のラヂオ放送の原稿が気になる。七時半自動車で出る。鳩山氏宅を訪問して直ぐに外相官邸に入りラヂォ原稿を書き初めたが、九時から閣僚の懇談会。

十一時出発、宮城へ。十一時十五分親任式。十二時半写真撮影。一時昼食。二時から初閣議。大宮御所記帳。厚生省にて就任の挨拶。引返して首相官邸でラヂォ原稿を書き六時に終了。下河辺秘書官初登場。

八時過に帰宅。少々疲れた。選挙区から一束の祝電が着いた。

厚生大臣十日間

十月二十日

麻布広尾町の大臣仮官邸でこの日誌を綴る。読売新聞に書いた私に対する批評。* フライシャー(Wilfred Fleisher)も亦紐育ヘラルド・トリビューンに於て私の名をあげ、軍国主義に闘つたリベラリストとして引用してゐる。

日本社会党の一部は私を首領に引張り出そうとして論議してゐると聞いた。私は自重して進まねばならぬ。

私は戦災者の援護に何よりの責任を感じてゐる。殊に住宅だ。一軒でも多くの仮小舎を建てねばならぬ。就任の際、厚生省の職員にそのことを話した。「私が社会国家に捧げるものは血と涙と汗の外に何物もない」とも言つた。

バラック建造について、現在の住宅営団はこの儘では行けないから思切つて陣容を一新しようと決心した。加藤恭平君* に一切を委ねてやつて貰はふ。そういふ決心の下に十六日にやつと加藤君を口説き落して、十九日午後添田敬一郎氏* を招いて、退陣を求めた。添田氏が承諾されたのでホッと一息ついた。

十七日にI・N・S* の通信員と、私のタイムス時代の記者とに会談したが、「この状態でよく一揆が起らないものだ」と言はれて心中誠にジクジたるものがあつた。

厚生省の人事は一切元の儘にした。更迭する必要もなし、又即座に名案もない。次官としての亀山君* は良さそうな人物だからウンと働いて貰はふ。外務大臣よりも他省の大臣になつたことが仕合せだ。殊に厚生は意味のある地位だと思ふ。就任早々の新聞記者会見をさけて、私はやつと十六日に初会見を行つた。この会見談を私は満足なものと信じてゐる。

住宅問題について医療団の改組をやらう。次に労働組合法を造らう。問題の労組法を仕上げて世に出せば三、四ヶ月間の厚生大臣として世間に申訳が立つ。

自由党の創立事務の進捗が気にかゝる。京都で*田中和一郎、*池本甚四郎の両代議士が参加するし、*高山義三君が熱心に奔走してくれる。私の手で各方面の候補者を物色してゐるが、新人の集るもの、多くは私を頼としてゐる。責任の重きを感ぜざるを得ない。*

十月十六日、新内閣の閣僚が宮中での賜餐に列した。陛下は十年前よりも遥かに御肥りになつて、御話の御様子も*Bonhomie の溢れたなごやかさであつた。無論私は陛下と首相との談話に耳を傾けて沈黙してゐた。話が陛下の御外遊の件に及ぶと、突如「フランスでは芦田に世話になつたよ。厚生大臣の芦田に……」と仰せられた。私は陛下がパリで*竹下大将と地下鉄に御乗りになりお買物をなすつたこと、ヴェルダンで*ペタン将軍が御案内申上げたことを披露した。人々はこの時の陛下の御言葉が私に及んだことを驚いた如くであつた。

憲法改正問題は十月十日午前の閣議に於て*松本国務大臣から発言があつたが、幣原総理は憲法を改正しなくとも、解釈に依つて如何ようにも運用が出来るとの主張である。然し自分の考は現行憲法が*ポツダム宣言の第十条と相容れない点をもつて居ると思ふ。欽定憲法といふ思想そのものがアメリカ人の言ふデモクラシーと相容れないと思ふのである。其処へ新聞紙は近衛公が内大臣府御用掛を命ぜられて、*憲法改正案を調査するとの記事を掲げたから内閣として此問題に対する態度を決定しなければならぬ破目になつた。政府は心ならずも之に引摺られたのであるが、然し*松村農相の如きは内閣が憲法修正を考慮してゐる等といふ事が外間に洩れることさへ困るとの意見であつた。私は率直に今日の事態に於てはインテリ層は明かに憲法改正を必至と考へて居るし、*六三条の修正案の発議権を議会に与へないことはポツダム宣言と相容れないとも述べた。閣議は相当興奮したことを記憶する。かかる段階を経て漸く内閣でも松本国務相を主任として憲法修正の研究を進めることに決定したのである。

近頃山城の*岡井利一といふ人が祝詞をよせて其中に次頁に貼付けた田舎新聞を封入してよこした。成程昔の思出に違いない。岡井君の好意を謝する。

多忙なりし一週間

十月二十六日　朝

雨の日曜は外来の訪問客も三、四人に止ったので日曜らしい一日を送った。然し二十二日の月曜日から又しても怱《そう》忙《ぼう》たる数日が続いた。仕事は出来るだけ役所でする方針だがそれでも二十四日と二十五日には官邸へ来る客と要務を弁じた。

月曜(二十二日)朝、東京で田辺君と逢って小林一三氏の秘書官に漆野寿一*君を推薦した。小林氏は復興局〔院〕長官に就任する筈になつてゐる。朝から面会人が多い。

午後四時から官邸で経済閣僚懇談会、引つゞき六時から内閣記者招待会。スミコは官邸の用事に忙しい。権田と女中三人とを指揮して食事も案外にまづくなし。

十月二十三日。朝八時半高松宮御殿にて殿下に拝謁し、ラヂオ放送(戦災援護会総裁として)を御願した。殿下は直ちに御嘉納あらせられた。閣議は午後一時から開かれたが、厚生省に設置する労務法制*審議会〔委員〕の件並に人名の承認を得た。この顔触は省内でも、又記者仲間でも好評を得た如く見える。

五時頃下町の事務所に永田雅一*君を訪ね、松竹の大谷*社長も来合せて話した。両氏に対してこれ迄の顧問役を辞する旨申出た。五時半丸ノ内トキワヤに次官と局長連を招待して夕食をした(一人当り五十円の支那料理)。

二十四日。二十三日に首相官邸でＡＰのブラインズ*に会見した。逢った矢先に昔逢った男なることに気附いた。彼は旧知のバッブを伴って来たので、何となく明朗な気分で話が出来た。その記事が二十五日の読売に出た。

朝八時武井君が官邸に来たので家屋の国家管理問題を考へてくれるよう頼んだ。

加藤恭平君に対し住宅営団理事長の辞令を渡して稍ホッとした。昼常盤屋で食事をして午後一時から経済閣僚懇談会に出席。主として食糧問題を討議した。帰り途、鳩山一郎君を訪ねて北岡君よりの寄附金を手渡した。

その晩*大屋敦君が来てヂェラルミンの小舎の設計を持参した。これも吉報であった。*長崎英造君も来合はせたので、労務協会長へ就任を依頼した。

二十五日。八時に*関屋貞三郎氏官邸へ来談。十時から*医療団々長〔総裁〕と理事長雪沢君が説明に来られたので、自分の意見を述べた。

常盤屋で昼食。賑ひ初めた事務所の光景を眺め、自分の責任を痛感した。*深井英五氏の告別式。厚生科学研究所長から牛乳欠乏の事情を聞く。局長会議。

六時半*高松宮賜宴。スイス赤十字班の一行六名、赤十字総裁副総裁等と話して九時半御殿を辞して帰った。ミヨ子が元春をつれて官邸に泊った。これも心をなごやかにした。

就任一ヶ月

十一月九日

一ヶ月は蒼茫《ソー》〔ママ〕として暮れた。役所の職員にも馴染がついて来たし、生活も広尾町の官邸が稍住居らしい落着が出来たので、朝夕は静かな時間を見出すようになった。

復興院に小林さんが総裁として入って来られて、仮住宅の建築をその方に引きついだので肩が軽くなった。差当りの問題は労働組合法の制定と、失業対策と、医療問題を解決することにある。

自由党はどうにか結成の方向に進んで居るけれども、新旧思想の衝突は早くも二つの激流として、表面に現れた。松野、*河野両氏に対しての反対は可なり強い。*宮脇君の如き植原君の如き、そして多くの新人が不満の意を表してゐる。京都では鳩山氏の人気が面白くない。交詢社も同様の空気に満ちて居る。何とかしてこれを一掃しなければならぬ。

京都府では自由党の人気は百パーセントと報告される。府会も市会も絶対多数を占めて、支部結成大会も来る十八日と定まった。これは大勢である。決して自分の力とは思はない。

八日夕、戦災援護の夕を催して高松宮殿下に御放送を願った。そして其後に自分も十五分間の放送を試みたが、殿下の御放送は極めて好評であった。序に自分の放送も概して良好だったと下村陸相と前田文相が褒めてくれた。

十一月十二日午後の視察。*

十一月十七日夕、京都につく。友人知己群を為して迎へてくれた。*

十二月十六日

労働組合法案に関する貴族院の委員会は午後三時半に原案を可決した。法案が十〔二〕月十日に衆議院へ上程されてから一週間目である。その七日間は議会に於ける大臣の試験であつたが、自分としてはミスもあり、又危い橋を渡った。然し厚生記者も厚生省の属僚も名答弁振りを褒めてくれた。

衆議院へ上程された日の私は全く狼狽振を示した。自分の不注意から起つた事であつたが、全く思出してもヒヤヒヤする。新聞記者の言ふところに依ると「厚生省就任当時の芦田は大した印象も受けなかつたが、議会に於て見直した。政治家だと思つた」といふのである。厚生省に来たことが自分の幸運であつたとも思はれる。

労働法案は私に愛着あるものとなつた。これを縁として労働行政に興味をもつようにもなつた。これを基盤として将来の政治的地歩を築かねばならぬ。外務省の方は現在の如く聯合軍司令部へのメッセンヂャーと化した以上大した興味もない。

自由党の京都支部結成式は予想外の盛会であつた。府会も市会も忽ち自由党が過半数を占めた。*

十月二十七日開院式を行った議会は新大臣の答弁を注目してゐた。二十九日の私の答弁は味方からやんやとほめられたが、敵は大に嫉妬したといふ話。*

労組法の要綱を閣議で論じた時、相当に奮闘した。*委員の選定には相当苦心した。委員長を田中氏に決したことは昔の知遇に酬ゐる気であつた。*

来るべき年の計画

十二月二十五日

政治の安定勢力を造らなければ新日本は再建出来ない。安定勢力は新鮮溌剌たる分子を聚めねばならぬ。今朝世田ヶ谷の邸に長尾欽弥*氏を訪ねて色々話したところ、「今度の選挙といふような事でなく永く御援けしたい」との返事で、「今後は全国で一千名の同志を募り一年に一万円宛出す人が集れば、政党運動として相当の事が出来る」といふ案も話が出た。そこで私は来年選挙後に早速話を進めようと思ひついた。東京、大阪、京都、神戸に亘って百五十人は出来る。これが実際的方法だと考へたのである。

昼食に*胖君と富とが官邸に来た。午後一時近衛公の十日祭に列したが集る人の僅少なのに驚いた*。人情とはこんなものだらう。

二時頃に*徳川家正公が来られた。そこへ*小山完吾氏と長尾欽弥氏とが来合はせて、シルコを食ひ乍らいろ〳〵の話をした。

篠原三千郎氏が二十八日に来訪した時にも「君も人を集めて後援団体を造り給へ」と言ってくれた。それやこれやの動機で、来年は全国的に知人を集めて後援団体を作りたい。作れると考へてゐる。

六十年の一生を顧みて種々の曲折はあつた。一通りの苦労もした。然し幸運であつたことは否めない。外交官生活も修業であつたし、これを思切って満州事変の時にやめたことも今日の運を開く原因であった。多くの先輩友人が「君は何故外交官を止めたのか、惜しい事をした」と言つたものだ。その人は親切に言つた言葉ではあつたが、矢張り僕の考方は正しかつた。止めた事が志を為す所以であり、官僚を続けてゐたら、今頃は立枯れてゐたであらう。

十月九日に厚生大臣に就任して、多少方角が違ったとも思つた。然し労働組合法の制定は自分としての一の事績であつたし、戦災援護も救貧援護も劃期的の大事業として着手を待つてゐる。就任三ケ月未満にして、私は厚生行政に愛着をもち始めた。尠くとも外務大臣になるよりは厚生大臣がよかつたかと思ふ。

大臣就任以来諸方から一万、二万円の見舞金を受け、その内には全く思ひがけ無い人の名もあつた。歳末の日迄に約二十四万円を貰つた。その内から自分の選挙費を控除し、友人達に見舞金を送り、新聞、学界の人々にも寸志を呈した。大臣官邸の生活は相当に金がかゝるから、これも賄ふ必要がある。

十二月三十一日　記

聯合軍司令部の日本政府に対する指令は日を追ふて細目に亘る。そして時にはつく〴〵いやになる。敗惨国のみじめさが身にしみる。

然し、結局はアメリカの好意を繋いで一日も早く講和条約を結んで、早く駐屯軍を引揚げて貰ふことが吾々の独立完成に先決条件たるべき問題である。凡ての政策はこれを根本として出発しなければならぬ。日本を理解せしめ、日本をすきな国にさせる為めに有謂〔ママ〕努力を尽さなければならぬ。それだのに些々たる問題で争つて彼等の心持をいらだゝしめて何の役に立つか。大局に於て損失となることは明白である。大義名分は主張しなければならぬけれども、末梢的問題に面目論を担ぎ出すことは下らぬ根性である。

それであるのに、頑陋な閣僚は、又しても区々たる感情に捉はれて根本の着眼点を見失ふ傾がある。

内政問題に於ても亦同様である。眼前に奔騰する急湍を乗切るには、政府も思切つた民主々義的政策をとる外に安全な途はない。一歩〱消極的抵抗の策に出て、保守派の銘を打たれることは益ゝ内政の混乱を助長するのみであると思ふ。それにしては閣僚諸公の態度は甚だ物足りない点が多い。

発足した許りの自由党に対する世評は決して芳ばしくない。第一は鳩山君の政友会領袖時代に於ける行績〔ママ〕が禍してゐる。第二に松野総務、河野幹事長に対するボス気質を非難するのである。それ故に「君は鳩山氏と行を共にすることに依つて損をする。何故一人で旗を掲げないのか」といふ友人は頗る多い。それは東京でも京都でも同様である。

自分はまだ党首たるべき素質に欠けてゐると考へて居り、又鳩山氏に対する友情に於て、反旗を翻へす如き行動に出ることを好まない。更に鳩山氏の美点をもよく承知してゐるから出来るだけ之を支持して行く考である。

だが、総選挙以後の情勢が果して現状のまゝ自由党の統一を破らないと誰が保証しうるであらうか。その時になつて、自分が苦境に立つことも今から覚悟して置かねばならぬ。そうなれば或は社会党の一部と握手する外ないかも知れぬ。凡ては来年に持ち越される問題である。

最後に十二月三十一日の日誌を誌して置く。

朝七時起床。新聞をよみ終つた頃から来客の先鋒として池田秀雄君来訪。戦災援護会の話をした。

十時半に官邸を出て厚生省に行つて、次官と事務の打合せをした。それから歯医者に廻つて官邸に帰ると鈴木文四郎君と吉川兵次郎君とが待つてゐた。三人で雑誌出版の相談をした。昼食が終つて、世界経済調査会の*松村達雄とBeverage report の話をした。

二時過*芳沢謙吉氏来訪(陣中見舞持参)。毎日の記者が来て社会保障制度の話を求めた。

三時、*朝香宮殿下に拝謁。軍人後援会と戦災援護会との合併について殿下の御意嚮を伺つた。殿下は「合併は結構、然し何とかして軍人遺族と傷痍軍人とを路頭に迷はしめないことを図つて貰ひたい」と仰せられた。

官邸には保険局の課長と事務官とが待つて居た。暫時話をして社会保障制度の研究を依頼して帰した。長尾氏から陣中見舞をもつて来たので有難く受取つた。

客の杜絶えた間に手紙書きをした。

五時半に約束通り関五郎君が来た。同君は近頃駐屯軍司令部の Scientific Section に働いてゐるので、先方の事情をいろ〳〵話してくれた。夕食を共にして、アメリカの社会保障制度等の実際を聴いた。

スミ子は一昨日から顔面の皮膚病で意気銷沈してゐる。然し結婚以来最も幸福な(個人的に)年末を迎へると言つて居る。

八時過、内閣書記官が明日付の御詔書の副署をとりに来た。それを送り出してから二階の八畳座敷で電気ストーヴに暖をとりつゝ此日誌を書いた。床には探幽の富士(吉川君の借物)が新年を迎へて掛つてゐる。静かな夜である。久しぶりの上野の除夜の鐘も聞かずに眠ることゝしよう。

自分にとつて恐らく最も記憶すべき歳がやがて其幕を閉ぢようとしてゐるのである。私を支持し、友情を示してくれた多くの人々に感謝の念を抱いてこの年を送る。

昭和二十一（一九四六）年

年始十日間

一月九日

元旦の年賀は型の通り。自分の感じは宮内省の旧態制を今少し民衆化すべきであると言ふ点にあつた。君臣の間に温かい一脈を通はせる必要がある。この儘であつては天皇は今尚ほ現御神《あきつみかみ》であるに過ぎずして、君も人なりとの hu-man な感覚が湧き出さない。

午後早くスミ子と二人で鎌倉についた。

二日の午後再びスミ子と東京に出た。明日の出発が早いから官邸で泊る為めであつた。

三日は五時に起きて旅立の用意をした。六時に自動車で三史君と二人立川に向ふ。白い霜が如何にも身にしみる。そして焼き払はれた郊外の姿が一層寒気をそゝる種であつた。

立川飛行場から American pilot により米国機に乗つて九時に起ち〔ママ〕上つた。伊豆山脈を越へてから一帯の密雲の上を飛んだが、近江の国に入つて雲は晴れた。十一時豊中飛行場につく。此間五島慶太君と同行した。大映の自動車で午後一時京都に到着、柊屋に入る。

永田雅一、*岩本義徳、高山義三君等と政談を一しきり。其中*菅井龍馬君も来た。

永田君の一行と祇園の魚半で夕食。其間に山科の*大野木君を尋ねた。政友の交際とは一種の情味をもの〔もつ〕である。

四日は舞鶴行が止めになつたので半日を京都に送つた。朝から来客。木村知事を府庁に訪問した。

午後一時前の汽車で丹波へ。

午後四時、綾部駅で*波多野君、*猪岡君等が迎へてくれて郡是へ行つた。

重役連でスキヤキの御馳走があつて七時過に三史君と共に自動車で宮村に向つた。

宮村では部落の十人程が待構へて居て、家で九時半頃迄話した。全くの水入らずである。

五日、九時半に*墓参。

その足で岩崎の*大槻高蔵君を訪ね、*上六の役場へ同行した。東部四ヶ村の有志の集りで一同昼食。短かい挨拶の外は食糧問題や供出米、闇取引等の話が出た。

　午後三時、一宮神社の籠り堂で、宮部落の人が集まつて囲炉裏を囲んで雑談会をした。五時、中六の学校で村の歓迎会があつた。これも型の如き挨拶が交換された。

　六日、下六の役場で八時から朝食会の歓迎だつた。区長、村長、役場連の総出で御馳走が出た。

　九時半、方面委員の会合が久昌寺で開かれた。三十分余り講演をしたが、余りよき出来栄えではなかつた。

　十一時市役所。天田郡町村長会。昼食を終つて階下に行くと京都から高山君と田中和一郎君が到着してゐて、「面白くないね」といふ。

　何かと思つたが京都新聞と読売とに僕も MacArthur の四日付の *Directive にふれるとあるので両君とも心配してゐた。僕も其瞬間はハッと思つたが、そんな馬鹿な事があるかと考へ直した。三史君の方が大に excite してゐた。

　午後一時、公会堂で「厚生大臣芦田均閣下歓迎演説会」が開かれた。聴衆は満員で知人が多い。ビラには次の如くある。

開会の辞　*斎藤定蔵君
祝詞　*福知山田中市長
同　*塩見一男(町村長会長)
同　*須藤府会議員
同　田中和一郎君
同　高山義三君
同　*三宅貫一君
謝辞　芦田厚生大臣閣下

出る人も出る人も中々上出来な話をした。自分も頗る感激した。四時終了。三十分余り座談会を開いた。

選挙事務所(予定)で十五、六人〔と？〕の夕食を共にして、五時半(遅れて六時過)の上り列車で京都に向つた。

　東京から四日の夜、帰京せよとの電話があり、五日更に督促があつたけれど、横着をきめて六日夕出発と決定したものだつた。去り乍ら正午に耳にした News は矢張り気になつた。何となく暗い気持がつゞいた。

　汽車は九時過に京都駅についた。永田、岩本両君が駅に来て迎へてくれた。

木屋町で夕食をした。*猿之助君の縁のある家だといふ。此処では四日の Directive の話に花が咲いたが、永田君は「デマだ、デマだ」と強く主張した。

夜十二時頃上り急行にのる。助役の世話で給仕室の真闇の席にかけて余り眠られぬ一夜を車に揺られ乍ら東上した。

七日、朝から快晴で天気に申分はないが、昨日からの気持は晴れ晴れしない。一体政府はどうしてゐるか、閣議は開かれて居るか等と考へると汽車の遅着さへも不平の因である。

十一時半首相官邸についたが閑静なものだ。*楢橋君に逢ふと君は問題がないよ、新聞を見給へといふ。成程松本、*前田、*堀切、次田、*田中、松村等といふ名と写真とが出てゐる。

大に気をよくして官邸に帰る。帰るとスミ子が来て「どうなんですか、富が心配してゐました」といふ。

午後厚生省に出て次官に逢つたが、亀山次官の外に高橋、栗原、沢三局長も引懸るらしい。気の毒な話である。

読売や東京新聞が真先に自分の名を出したのは、国民使節の時の broadcast を指したものと解つた。それはI・N・Sの記者が示したものだそうだ。

五日以後の新聞には自分の名が出なくなつて松本国務相、堀切、次田、松村、田中、前田の名が出始めた。そしてそれが通相場の如く新聞に出る。

Directive に該当する者が皆やめたとすれば数千名に上ると言はれる。業界人は別として他の政治家には致命的であるから其人達の中には気の毒な人もある。

成程無血革命である。その波紋がどこ迄拡大するかは予測し得られない。然しどの途極左派に有利であることだけは疑ないと思ふ。今にして又日本よ何処に行くと叫ばざるを得ないではないか。

内閣改造の記

五日の読売、東京新聞等には *Scap の Directive に該当する閣僚として僕の名が出た。然し六日以後の新聞は僕の名を消して堀切、次田、田中、松村、前田、時として松本の六名を列記するようになつた。十日頃からそれが益〻明白になつて今日では決定的である如く見える。

幣原総理も多数閣僚も改造内閣で行く決心であつたが、私の立場としては一応総辞職することが立憲的だと考へた。十日の夜、吉田外相が Scap を訪問して其の意嚮を叩いた。

先方の言ふことは今回の Directive は日本の民主化の為めにする purge であり、其行動は凡て Scap の責任である。従つて幣原内閣が辞職することはない、改造してやつて行けるではないか、どうしてそれ程困難であるのか、Scap としては現内閣の困難な立場は充分承知してゐるし、現内閣の後に極左が間隙を狙つてゐる事情も知つてゐると言ふのである。

十日の午後の閣議劈頭、次田書記官長は幣原総理が辞職の決心である旨を告げ内閣として如何に処すべきやを図つた。一同は辞職に決したかに見えた。その時松村謙三君が書記官長に向つて何故総理は辞職の決心をされたのかと質ねた。

「総理は今日迄一蓮托生でやつて来た閣僚に向つて、誰は止める、誰は残るといふ如き決定を為すことは良心が許さぬ、と言はれた」と次田君が説明して、更に私共は改造の意見を進言して来たが総理の決意を翻し得なかつたと附加した。

松村君は更に、首相の情誼は充分に了解する、然し今日の時局を思へば情誼等を考慮して軽々に進退すべきでない、後々の事を思へば是非共幣原男は残つて貰はねばならぬと言つた。

堀切君と前田君とが松村君を支持して同意見を述べた為め、一同は更に総理の反省を求める事に一決して書記官長と松村君とを総理邸へ送ることにした。時に午後二時。

松村君と書記官長とは四時二十分に官邸に帰つて来て閣議〔は〕三度開かれた。次田君から幣原男が改造に賛成された旨を披露した。よつて指令にふれると思はれる人のみ辞表を出すことにしようとの話であつた。

私は一寸待つてくれ、一部の人が辞表を出されるなら私にも辞表を出すことを許して貰ひたい、そして首相をして思ふ存分の内閣を造らしめることにしたいからと申立てた。

すると松村君は、「ソレは困る。それでは幣原男が折角改造説に賛成せられた精神に沿はないことになる」と言つた。二、三の人が矢張り同じような事を発言して、それは総理一任としようではないかと提案したので、私もそれに押へられた形であつた。実際問題として私が此際辞職すれば、他の人々同様に Directive にふれるものと世間では思ふに違ひない。辞職の不利なることは明白であつたけれども情誼として独り残るに忍びない。私の心持は此際辞表を出そうとの気分にさせたのであつた。

閣議終了後、私は吉田外相を訪ねて、「改造するにしても新しい閣僚に相当の人間を入れなければ到底もたない。少くも農相と内相は重大だ」と言つた。

吉田氏は「君外相をやらんか」と尋ねた。「外相は、君は残るべき義務がある。僕は厚相に愛着をもつてゐる」と答へた。

大蔵大臣には三土氏がよからふといふ話もした。

夕食後三土氏を訪問して、「改造内閣に是非入つて貰ひ度いと思ふが、どうですか。大蔵大臣になつて貰へませんか」と談判した。辞して帰らうとすると「君だけに言ふが、さつき松村君が使者として僕に内相の椅子を受けてくれと伝へて来た。考へさせてくれと答へた」。「早く決心して下さい、明日中にも改造が出来ないと困る」と迫つたが、「まあ考へさせてくれ」と答へられた。

十二日朝十時、世田ヶ谷、上野毛の別邸に静養中の幣原首相を訪ねた。快く病室へ通された。首相に対して去り行く閣僚の態度の如何にも立派であつたことを話すと、話す者も聞く者も涙を眼ににじませた。

幣原男は改造の構想を諄々と談られ三土氏内相の承諾を待つてゐる旨を述べられた。そこで私は「実は……」と前置して昨夜の経過を詳細に談つたところ、頗る喜ばれて「三土君は引受けてくれそうか」と勢を得た如く言はれた。農相には河合*君をすゝめる人もあるが、私は石黒*君になつて貰ひたいつもりだ、とも言はれた。私から副島*氏が三土氏意中の候補者である旨を答へたら「私は副島君を知らないが……」と言つて直ぐに飛付きそうな風でもなかつた。

鉄道へ西尾君を据えたい意嚮だと言はれたが、「党の事情で困難でしよう」と答へた。「そうかも知れぬ。然したとへ就任出来なくても、その申入が彼等に希望を与へることになり、又其態度を穏健にすることにもならう」と言はれた。

やがて医者が来て待つてゐるとの注意で私は邸を辞した。今夜は改造が出来ると考へ乍ら厚生省へ帰つた。総理の率直な態度が深く私の頭の中に印象された。情誼上最後迄この人には背けないとも考へた。

改造内閣は十二日の夜成立した。* そして三土内相、副島農相の顔ぶれが私をほゝゑましめた。

Sir George Sansom*

一月十四日　書

新聞によつて早くから伝へられた* F・E・C即ち極東諮問委員会が一月初旬到着して、英国の代表 Sir George Sansom がイギリス大使館に入つたと報ぜられた。

十一日の朝十時頃私は昔のまゝのイギリス大使館に Sir George を往訪した。

衛兵と若い書記官とは無愛想であつたけれども、Sir George は一見して昔乍らの親しみ深い態度で迎へてくれた。今日は閣議で長い話は出来ないが、いづれ来週改めて御尋ねすると約束して帰つた。

日曜日に官邸へ帰つた時、Sir George から逢ひ度いとの電話だといふので、十四日午後三時に尋ねると返事して置いた。

十四日は快晴だつた。英国大使館の事務所にはペンキ屋が修繕工事をしてゐて、ペンキの臭気が鼻についた。

Sir George に対しては専ら終戦当時の行さつ《(ママ)》から政党の態度や今後の見透しについて話した。

日本人の Morality が低下した話をしたら、イギリスも戦争以来随分変つたと言つた。米国駐屯軍の中位には Theoretical communist がかなり多い、然し Boss は決して Communistic ではないと述べた。

Sir George がいふには「F・E・C の出発前 Washington で自分は日本訪問の要点は food problem であつて決して六ケ敷い理論の問題ではないと主張した。恐らく君の説の如くこれが日本建て直しの Key point であらう」とも言つた。

彼是一時間以上も話した。詳しい個々の問題については documents をもつて来て話そうと約束して四時二十分頃に辞去した。

息子の婚約

一月十四日、三史君が鵠沼から東京官邸へ帰って来ての話に、去る十二日、富がミヨ子を訪ねて来て、吉沢清次郎*君の次女ゆり子さんと相思の間であることを談り、先方では両親とも異存は無いらしいから是非こちらでも両親が承諾せられむことを望むと言つたそうだ。そして之に附加へて富は、「ユリ子さんは自分には過分の娘であり将来もこれ以上の嫁は無いと思ふ」と陳述したといふ。ミヨ子はこれに賛成だし、三史君も富の将来を考へるとこの結婚を纏めた方が良からうとの意見だつた。

自分としては驚きもしたし、富の身の振方が一層心配になつた。然し当人同志の熱情を考へると許す外に途は無いとも思つた。

十五日の四時に外相官邸に Sansom の為めの Tea Party があつて吉沢君が来ることを知つたので、それが為めにのみ私は吉田邸へ行つた。

吉沢君に向つて「率直に何もかも言ふが、ミヨ子からの報告によるとユリ子さんと富とが結婚を望んで居り、ユリ子さんの両親も大体異存が無い旨を富が話したといふが、一体 Tomi statement は正確なのか知ら」と尋ねた。吉沢君は大体精確と言へると答へたが、多少 Awkward な顔付であつた。

十六日に富が官邸へ来ると電話して来たので、私は役所を早く切り上げて五時前に官邸へ帰つた。富は青年らしい若々しさを以て部屋に座つてゐた。

富に向つて話を切出したが、結婚と同時に重要なことは身の振方であること、そして結婚は必然的に住宅や召使や其他種々の煩瑣な問題を伴ふことを談り聞かせた。彼は依然として映画事業に興味を持つ旨を話した。

私はそれが青年の夢想であると感じた。然しそれ以外に本人の興味が無いとすれば、致方は無いとあきらめた。あきらめ乍らも淋しい気持がした。

続篇

吉沢夫妻がユリ子さんを伴って二十日の日曜日に鎌倉の別宅を訪問するように願って置いた。二十日は下河辺夫妻も出張して共に来客を待つた。

私は吉沢君と三史君とを相手に応接間で話してゐる間にスミ子は婦人連を引つれて茶の間で賑やかに談話を続けてゐた。ユリ子さんは鷹揚でデブデブ肥えて、さして美人でもないけれど健康の点は誰も疑いない。客は四時半頃に切上げて帰つたが、私は何故か疲労を感じ初めた。スミ子から話を聞けば母親同志はかなり話を進めて、親子同居のことまで話を纏めたといふのである。

富の就職問題は依然として低迷してゐる。富は捕鯨船に乗りたいが家庭の事情で出来ないから映画事業に入りたいのだと言ふ。「外に仕事がなければ捕鯨船に乗ればよい」とつッけんどんに答へたら、スミ子がとりなして色々となだめてゐた。

私は近頃一切の事に情熱を失つて来た。役人になると人間の感情が凡てに微温的になるものと見える。

左往右往の月末

一月三十日　記

今日此頃、世間は民主々義の文字に陶酔して同盟罷業だ事業管理だのと宇〔マ〕宙〔マ〕羅天になつてゐる。そして内閣は益々反動的な空気に動きつゝある。事業管理を如何に見るかの案を出しても殆んど之を考究することなくして、反対する有様である。

此際に最低賃金改訂の原案が出、恩給廃止の跡始末が悪化したとの報もあり、身辺誠に多忙である。

その上一月二十日前後から腰が痛んだ。誠に意気を阻喪せしめる問題であつた。

二十六日午後、幣原総理が私を呼んで、恩給の跡始末について一度G・H・Qに話しに行つて呉れとの事だつた。私は予て話しに行かうかと考えてゐた際であつたから、堀内*君に頼んで Military Secretary である Major General Fellers* に会見しうるよう手順して貰ふ事にした。堀内君は月曜日に先方へ手紙を出して呉れた。よつて水曜日の午後三時にG・H・Qに訪問することゝなつた。其時に鮎沢*君を同伴することにしたのも私にとつては成功の一因であつた。

General Fellers は長軀中肉、そして誰が見ても intelligent な顔をしてゐる。

私は持参して行つた*Note Verbale を読んだ。私乍ら意外な程落付いてよんだ。それからの話は「交渉要領」に書いたから此処には省く。Commander Hussey* との話も思ひがけぬ好結果を収めて、先方はこちらの提案を再考すると言ひ出した。

私はG・H・Qから首相官邸に行つて大体の経過を書記官長と法制局長官とに話した。内心は少々得意であつたし、この問題を再転させ得るとせば、それだけで厚生大臣になつただけの意味はあるとも考へた。

夕方五時、約束の通り築地の錦水*で宮脇君、名川君*(弟)、矢吹*、谷川*警保局長等と夕食を共にした。その間久しぶりに快活であつた。

夕食後官邸へ帰つて「恩給停止に関する交渉要領」とG・H・Qに出すべき覚書案とを起草して十一時に寝た。これより曩《さ》き共産党の野坂*に面会する手筈をきめて居た。

三十一日の閣議に、最近頻発する同盟罷業に於て暴行等の事犯が多いのに鑑み政府の声明を出すことを決定した。私はこの機会に発言して「取締の意思を発表するだけでは余りに政治性が足りなさ過る。総理は組合代表者を引見して、現在の行過ぎ罷業は結局我産業の基礎を破壊し、労資共倒れとなるに終る旨を説いて自粛を求められるのが良い」と述べた。

幣原総理は之に乗気せず「吾々年寄は彼等に二、三時間も坐り込まれたらへこたれるよ」と言はれた。すると他の閣僚は、それは厚生大臣の仕事だと口々に言つた。その刹那、私は、よし己がやつて見せると決心した。

閣議が終つて私は西尾、松岡*の二人を捜して新橋の事務所で西尾君を見付けた。吾等は街頭の立話で一日の午後五時、広尾の官邸で三人会談する約束をとり極めた。

共産党との会見

二月一日は珍らしく牡丹雪が降つた。その中を松岡、西尾の両君が夕方五時官邸へ来た。三人は電気ストーヴを囲み乍ら話した。

政府が暴行脅迫的の争議行為を取締ることには全面的に協力しようと西尾君が言明した。そこで共産党との関係から自分が大臣として招致して貰ひ度いと松岡君が言つた。

共産党幹部が協力すると言つたとしても約束は守らないだらうと松岡君が心配そうに洩したが、「協力するとの約束を破れば、彼等が信用を失ふだらう。協力しないと言へば天下は彼等の態度を明白に知り得る。どつちにしても彼等と面談することは有利だ」と私は言つた。

二月二日、厚生省で次官と相談して、正式に共産党書記長と会談方を申入れることにして労政局長を使に出した。

二月四日(三日は日曜日で鎌倉に帰つた)午前に電話で打合せた結果、徳田*書記長が七日午後一時厚生省に来ることに話が極つた。その日の夕方東京鋼管の労働者が四大臣声明について会見を申込み、夕方五時過に首相官邸で会談した。

一時間程押問答をしたが、私は独りで居残つて暫く彼等と話した。私はどうしても彼等を憎む気にはなれなかつた。(二月四日)。

二月七日午後一時、共産党の徳田書記長等が会談の為厚生省へ来ることに決定したので、労働総同盟*の幹部には二時に会見したいと申入れて、そこで合同の会合を開くことにした。雪のふる寒い日であつた。

午後一時に役所へ行くと徳田、椎野*、長谷川*君等が女子党員三名と共に来てゐた。

私は先づ現下の日本が理論闘争よりも先に生活安定＝生産増強に努力すべき必要に迫られてゐること、民主化した日本が治安維持さへ独力で出来ないとあつてはお互いに不面目であることを述べ、共産党は非合法主義で行くのか、それとも合法主義かと反問した。

徳田は即座に合法主義であると答へ、政府の態度、措置について弁じ始めた。次に生産管理、事業場閉鎖等の問題について、生産管理は合法的であり、事業場閉鎖は社会的であるとした。私は之に対して、生産管理は多くの場合不法であると主張し、lockout は適法の争議行為であると説明した。そこで議論は正面衝突となつたので一時はこの儘に別れようかとも考へたが、別れて了へば社会に与へる印象は極めて悪い。何としても予て用意した新聞発表に同意させる迄に漕ぎつけねばならぬと隠忍した。

二時過に徳田君以外の人に退席を求め、そこで始めて「新聞発表」文を出して同意を求めた。案外にも徳田は之に賛成してその一節を修正しようと言つた。その内へ生産管理の問題を明記することは私が反対したので之を生産増加と改めた。

二時四十分、労働総同盟の三人を招いて、次官、局長も列席の上、簡単な話をした。主として総同盟側から発言があって鉄道〔運輸〕、逓信の両省が相不変御用組合を作らむと焦慮してゐることを指摘したり、所謂四省声明の反動性を述べ立てた。私は之に対して説明を与へた後、新聞発表案を出して賛成を求めた。

こゝでも亦修正意見が出たけれども、大体の趣旨には変化はなかつた。

四時四十分頃会談は終つて、新聞記者が雪崩れ込んだ。この新聞発表を建設的に取扱つて呉れたら社会に対する印象は決して悪くはないと考へたが、今の新聞記者にはそれ程の人間は居まい。

兎に角明朝の新聞が「見モノ」だ。それにしても昨日頃から頭にかぶさつてゐた重圧が、今になると一掃されて、何となく任務終了といふ感がした。(二月七日夜)。

Moratorium

経済緊急対策によって通貨を思切つて緊縮し銀行の払出し制限を行ふ案は、昨年の暮から大蔵省で立案された。それが実際に具体化したのは一月中頃のことである。理論としては一応の筋は通つてゐるが実行の細目になると到底準備は出来て居ない。農林省の食糧にしても、厚生省の失業対策にしても同じことである。

二月四日午後の臨時閣議の真最中、時間は二時五十分であつた。楢橋書記官長が緊急の News として今日の G・H・Q の Press Conference に於て Spokesman たる B〔rines〕が記者から「日本政府は Moratorium の案を提出して同意を求めてゐないか」と質問され、之に対して「それは何とも答へられない。近く発表する」と答弁したといふので、之は大騒動になるかも知れぬといふ。

大蔵大臣は蒼皇としてモラ〔トリアム〕をやるより外ないと言つてゐる。

総理は次々に突発事件が起るものだね、と言つて当惑顔である。

僕は早くラヂオ News を止めなさい、新聞の記事掲載を止める手配をして、明朝迄銀行窓口の様子を見るとしようと発言した。

小林〔二三〕さんは椅子に深く埋れて、流石に興奮した顔付であつたが、「今頃には大口の預金者はすつかり始末をつけてゐるよ」と言つた。

混乱した政党陣

二月十四日

選挙の切迫につれて一月四日の Directive 内容を彼我の間に突詰めて交渉して見ると、Undesirable の人間のG*項には昭和十七年の推薦議員も含むといふ事が明白になつて来た。そのことが閣議に報告されたのは二月九日の午前であつた。それを見て旧議員達は愕然としたものだ。何しろ三百八十名の推薦議員をもつてゐたのだから、これが排除されるとなると旧議員にして当選するものが五、六十名、元議員が三十名もあらうか、その他凡てが「お上りさん」とあつては議会の能率がどうなるか。

それ許りではない。議会から政府を造るとして果して閣僚が揃ふかどうか、総理には誰がなるのか、凡て未知数の問題であるけれども、頗る不安な問題でもある。

最も不思議な現象は、公職排除に該当する人々が多くは口を合せた如く、「己は大丈夫だ」と言ふことだ。又中には米軍司令部と話して何とか除外して貰はふと運動したり、政府の要人に依頼に廻はつたりしてゐる。平素は顔も見せない人が、こんな時には毎度訪ねてくる。

自由党では鳩山総裁、松野、安藤、牧野*等皆該当することになるが鳩山、安藤両氏は何としても除外例を求めねばならぬ。進歩党*の如きは斎藤隆夫*氏を除いて一面に将棋倒しの形である。

今日、自由党本部に行つたが松野、河野両君が事務を見てゐる外に淋〔ママ〕しい姿だ。安藤君は除外例を獲得するのに奔走してゐる。昨日、原口初太郎*氏に面会して安藤、宮脇、川崎君のことを依頼した。

新聞は去る日曜以来この事件を連日報道してゐる。

共産党では初めて綱領を発表した。これは野坂政綱とも言ふべきものであつて、頗るなまぬるいものだが、一時の方便であるかも知れぬ。

兎に角大都市では社会党と共産党に人気をさらはれてゐる。主として新聞の影響と言ふべきであらうが、日本人の識見が如何に浅薄なるかを示すものである。

一頃は自由党と社会党との提携が問題であつたが、近頃では自由党と進歩党との聯立が問題となつて来た。それは主として山川均*等の民主戦線統一が高唱された影響である。私は自由、進歩の共同戦線は避くべきであると思ふ。余りにも保守的な進歩党とは一緒に歩けないからである。総選挙の結果、自由、進歩の接近が問題となる時には、吾々は社会党右派と共に社会民主党を創立することをも考へねばなるまい。

世間では自分がいつ迄も自由党の反動派と進退を共にすることが不自然であるとして別派を立てよと奨める人がある。京都支部ではそれが圧倒的な空気である。東京でも少壮自由党員はそれを希望してゐる。然し鳩山氏と今日迄進退を共にした情誼から言つても、私は所謂裏切り的な行動はとり度くない。又今日の自分に一党総裁たる資格が備はれるものとも考へない。此際は自重して修養に努めるべきだと思ふ。

経済緊急対策

二月十六日

随分永く評定を重ねた緊急対策も漸く今日午前の枢密院本会議を終つて午後一時半に発表する段取となつた。午後二時の臨時閣議で副書を了つて、私は放送局へ十分間の放送録音に出かけた。それを終ると四時過に麻布の官邸へ帰つたが、鎌倉行は雨のために取止めにしてスミ子と二人夕食をした。

経済緊急対策は昨年の暮から次第に片鱗を示して来たが最初は頗る茫漠たるもので、新円発行も財産税の実施――それは議会の召集が二月初と予定されてゐた為め三月末には実施出来ると考へられてゐた――と同時に行はれる筈であつた。

然るに物価暴騰の進行は昨秋以来奔流の如くに速度を早めた。この儘では食料品の買入さへ容易でない形勢となつた。例へば雞卵一個七円、大根一本十円、馬齢薯一貫匁五十五円、葱一貫目五十円といふのだから容易ならぬ形勢と言へる。

大蔵省案は Scap の Financial Section で大分に修正された。現に十四、十五日に大蔵大臣は午前二時迄交渉を続けたといふ有様で対策は次第に厳正にされた。

世間では Moratorium の施行だと風評されて、戦々たる情況であつた。株屋も新聞屋も大体匂をかいで夫れ夫れ対策を講じてゐる有様であつた。

私の対策は只一つ、役所の機密費を一月以降受取らないで置くといふ手だけだ。そして三月に入つて受取れば新円が手に入るから多少は楽になると考へたのである。

世間は新聞も屢々通貨縮少を論じてインフレ対策の急速実行を求めた。家を処分する人は一方に財産税を考慮して躊躇する人もあり、又納税準備として早く売らうとする人もある。

*沢田君が金を出すから家を買へと言つてくれるので二、三週間前から随分と捜したが、帯に短かし襷に長しで思ふような家は無い。大森山王に気の向いた家があるが、少し地の利が悪い。それも今の間に買はないと先はどうなるか解らないといふ不安もある。

新聞記者連も十四日頃から、緊急対策が十六日に発表といふ見当をつけた。無理もないことで、実は二月九日には出る予定であつたのだ。

関係大臣の放送を行ふといふので急に十六日に吹き込めと十五日に指令をうけた。放送の原稿だけは自分で書かないと、役人の手にかかつては所詮ピンと来ない。そう決心して十五日の夕方役所から帰つて来たが、沢田君が来るといふので結局九時半迄はダメだ。湯から上ると十時である。筆をとつて書き初めたが三、四頁にして眠気を催したから十一時に寝床に入つた。

十六日の朝十時近く迄官邸に坐つて残りの部分を書いた。短い乍ら何か気のきいたものを喋言りたいと念じて苦心したけれど、何しろ考へる隙もない。然し他の大臣のものより気がきいた speech だと信じてゐる。

一体緊急対策が実施されたらどうなるか。有産階級は何とか切り抜けるだらうが、一般庶民は可なり行詰るに相違ない。其結果は多くの困窮者を出して不満不平が昂じるのではないか。厚生省としては失業者の受入れが急務であるけれども、国営事業は内務省、農林省が仕事を始めなければ、どうすることも出来ぬ。それが心配になる。

この前後、引揚民の受入態勢が不完全だと言ふ非難に顧みて、急に外局設立案を考へ直した。局は造るにしても長官の人選が緊要であるから私は八日にYMCAに*斎藤惣一君を尋ねたが留守だつた。

十一日の朝斎藤君が来て大体承諾の意を洩して引取つたが、其翌日辞退の手紙が来た。それから急に下河辺を使に出したが動かない。愈見込は無いかに思はれたが更に十四日の夕刻にＹＭＣＡを訪問して漸く短期といふ条件で納得させた。

労働委員会の顔ぶれも、中立側を除いては迂余曲折があつた。殊に共産党の代表を入れるかどうかは頭痛の種であつた。然し七日に共産党の幹部と会見して以来、一人位は共産党から入れないと労働委員会の立場は却つて弱体化する虞があると考へ始めた。

此点は総理大臣とも相談する必要があるので、一人だけ共産党を参加させることに同意を得た。そして労働総同盟と下話をした上、十五日に共産党の幹部に対し、委員候補の推薦を求めた。

私の頭には雑多な問題が往来して安心した日はない。尤も私生活には何等の異変も無く、金の心配もない。それに元来の性質が楽天家であるから新聞に悪口を書かれても役人が怒つても一向に気にならない。

憲法改正に〔ママ〕 Bombshell

二月十九日　憲法論議第一日

定例閣議が午前十時十五分に開かれた。蒼ざめた松本烝治先生が発言を求めて、極めて重大な事件が起つたと言はれた。松本さんは憲法改正案についてScapとの交渉の顛末を詳しく報告したいと前提して大体次の通り話された。

「Scap側では Whitney* から可成早く松本私案を持参せよと求められた。よつて二月初旬に改正案文と説明書とを送付した。

先週の水曜日(十三日)に外相官邸に於て先方の四名(Whitney, Hussey 等)と会見した(吉田外相も同席して)。其席に於て Whitney が発言して次の趣旨を述べた。『日本側の案は全然 unacceptable である。依つて別案を Scap に於て作製した。この案は聯合国側でも MacArthur も承認した。尤もこの案を強制するといふには非ず。日本国民が真に要望する案なりと思ふ。MacArthur は日本天皇を支持するものであつて、この案は天皇反対者から天皇の person

を護る唯一の方法である。日本の憲法は左翼へ移行するのが良いのである。日本国民が政治意識を得るようになれば此案に到達するに違ひない。日本はこれに依つて初めて国際社会に進出することが出来るであらう』。

以上の発言を聞いた私は一応総理に尋ねた後に返事するのを可とすと考へ、深く質問することを敢てしなかつた。然し Scap 案は日本にも一院制の採用を規定してゐる、これは全く危険であつて、而も欧州諸国には其例はない。よつて自分はアメリカにも上院制は存在してゐるではないかと尋ねたところ、米国は State 代表の意味の上院は存在してゐるが、日本には State は無いのであるから一院の方が simple で良いではないかと言つた。

私は米国側に対して更に改正憲法案に対する追加説明書を起案した。その要点は次の如き趣旨である。

一、米英は Democratic Constitution を持つ国であるが、それでも両国の憲法には大差がある。それと欧州列強の憲法ともかなりの相異がある。理由は専ら国情を異にするからである。凡そ一国の法制はその国独自の発達によつて成るものである。他国から移入した制度は容易に根を張るものではない。例へば中南米諸国は多くアメリカ憲法に摸して Presidential Democracy を採用したが絶えず武力革命によつて動揺してゐる。そして結果に於て Democratic Institution に到達し得ない。ドイツの Weimar 憲法も亦同様であつて、この条項が実行さるればドイツは純然たる Democratic Country になつた筈である。然るに間もなく Nazis の専制政治に堕した。これも国情を異にするものが外国の制度を植付けんとして失敗した例である。

二、以上の例によれば、憲法は国民性を基礎とすることに依つてのみ其持久性をもつのである。然らざれば専制政治又は暴民政治に化して了ふ。各国法は原則を同じくするも形式と内容は必ずしも同一ではない。それは恰も植物と同様であつて、欧米のバラ樹も日本に移植すれば間もなく其香を失ふと同じである。

三、松本案は極めて簡素であつて、且微温的であるけれども、其内容は略イギリス型の立憲政治を覗つてゐる。これは保守派の無用の反対をさくる為めである。而も実際の適用を見るときは旧憲法に比して革命的な変化といふべきである。Democratic Institution は憲法法文の決定するものではなくて、国民の政治的教育と意慾とによるものである。故に反動をさけよふとならば改革は須く漸進主義によらねばならぬ。

修正案は全く以上の趣旨に基くものであつて日本には今尚ほ反動思想的底流あるを知るが故にかような形にしたものである。修正を要すべきものあらば具体的に御指示を希望す云々、と。

この Note は二月十八日に使を以て Whitney に送届けた。其際 Whitney は使者に向つて、『松本修正案は Scap 案とは異なる。Principle と Basic form とが acceptable なりや否や、水曜日(二十日)午前中に返事を求む、もし acceptable でなければ、米国案を発表して輿論に問ふことゝする』と」。

以上松本氏の報告終ると共に、三土内相、*岩田法相は総理の意見と同じく「吾々は之を受諾できぬ」と言ひ、松本国務相は頗る興奮の体に見受けた。

自分は此時発言して、若しアメリカ案が発表せられたならば我国の新聞は必ずや之に追随して賛成するであらう、其際に現内閣が責任はとれぬと称して辞職すれば、米国案を承諾する連中が出てくるに違ひない、そして来るべき総選挙の結果にも大影響を与へることは頗る懸念すべきであると。

松本先生は声に応じて賛同し、農林大臣も卑見を支持して先方の案は形に見る程大懸隔あるものとは思はれないから正面から反対する必要はないとの意見であつた。

*安倍文相は、アメリカ案を反駁するには内閣の改正案について確信のある処まで固めて置く必要があるのであるが、現在の松本案は内閣案として確定したものではあるまい、内閣案を決定するには他の閣僚の意見を発表する機会を与へられたい、と述べた。

幣原総理は松本案は松本案であつて内閣案ではない、然し問題が重大であるから至急 MacArthur を訪問して話して置きたいと言はれた。

私は更に発言して大体次のように先方へ申入れてはどうかと言つた。

(a)米国案は主義として日本案と大差無し

(b)Basic form の中には改正案を実施する上に我憲法と

矛盾する点もあり(例へば貴族院の協賛なくして有効なる憲法を制定すること不可能なり)、今少し研究を要す。これは四十八時間の期限付回答を求めらるべき性質のものに非ず

(c)政府は此点についても政党領袖の意見をも徴して回答することゝしたし

そう言つたところ、(c)の点についても松本氏は、左様に快速には運べないし、又自分としてはアメリカ案を基礎とする如き修正を再起稿することはいやだし、出来ないと言つた。

だが形勢がかくなる以上、遅疑すればScap案が洩れるに極つてゐる。政府としては何等か早く手をうたねばならぬ。そこで総理が急速にScapを訪問されることを決定し、問題を如何に取扱ふべきやは次の閣議で決することに発議して午前の閣議を終つた。

二月二十二日　憲法論議第二日

朝の定例閣議の冒頭に於て、幣原総理は昨日MacArthurと三時間に亘る会議の内容を披露された。以下総理談の要領を誌す。

MacArthurは先づ例の如く演説を初めた。

「吾輩は日本の為めに誠心誠意図つて居る。天皇に拝謁して以来、如何にもして天皇を安泰にしたいと念じてゐる。幣原男が国の為めに誠意を以て働いて居られることも了解してゐる。然しFar Eastern CommissionのWashingtonに於ける討議の内容は実に不愉快なものであつたとの報告に接してゐる。それは総理の想像に及ばない程日本にとつて不快なものだと聞いてゐる。自分も果していつ迄此の地位に留りうるや疑はしいが、其後がどうなるかを考へる時自分は不安に堪へぬ。

ソ聯と濠州とは日本の復讐戦を疑惧して極力之を防止せんことを努めてゐる。

米国案は憲法をproclaimするのは天皇であるとしてゐるし、第一条は天皇が相承けて帝位に留られることを規定して居る。従つて日本案との間に越ゆ可らざる溝ありとは信じない。むしろ米国案は天皇護持の為めに努めてゐるものである。

吾等がBasic forms〔ママ〕といふのは草案第一条と戦争を抛棄

すると規定するところに在る。(第一条に)主権在民を明記したのは、従来の憲法が祖宗相承けて帝位に即かれるといふことから進んで国民の信頼に依つて位に居られるといふ趣意を明かにしたもので、かくすることが天皇の権威を高からしめるものと確信する。

又軍に関する規定を全部削除したが、此際日本政府は国内の意嚮よりも外国の思惑を考へる可きであつて、若し軍に関する条項を保存するならば、諸外国は何と言ふだらうか、又々日本は軍備の復旧を企てると考へるに極つてゐる。日本の為めに図るに寧ろ第二章*(草案)の如く国策遂行の為めにする戦争を抛棄すると声明して日本が Moral Leadership を握るべきだと思ふ」。

幣原は此時語を挿んで leadership と言はれるが、恐らく誰も follower とならないだらうと言つた。

MacArthur は、

「followers が無くても日本は失う処はない。之を支持しないのは、しない者が悪いのである。松本案の如くであれば世界は必ず日本の真意を疑つて其影響は頗る寒心すべきものがある。かくては日本の安泰を期すること不可能と思ふ。此際は先づ諸外国の Reaction に留意すべきであつて、米国案を認容しなければ日本は絶好の chance を失ふであらう」。

第一条と戦争抛棄とが要点であるから其他については充分研究の余地ある如き印象を与へられたと、総理は頗る相手の態度に理解ある意見を述べられた。

幣原男は MacArthur に対し、主義に於て両案には相違なし、先日の案は松本氏が纏めた tentative の案であつて My mind is opened to criticism と述べ、篤と松本氏より説明を聴かれたしと言つた。更に MacArthur は、Whitney は一見して Cold blooded lawyer であるが悪気のある男でないと附言した。

以上の如き説明に対して松本国務相はかなり興奮の面持を以て意見を述べられた。

「Basic forms が果して総理の言はれる如きものであるとしても之が Whitney 等の意見であるかどうか確めたい。然し私見によれば

(一)米国式方式を日本憲法に書き下すことは議会を前に

して時間的に不可能であり、正に超人的事業であるから私には出来ない。

(二)仮にかゝる案を提出すれば衆議院は或は可決すべきも、貴族院は到底承諾を与へざるべし。

(三)独乙、南米等の前例に見て明かなるが如く外より押つけた憲法は所詮遵守せらるべきものに非ず、混乱とFascism の弄ぶところとなるべし」。

之に対し安倍文相は、彼我の案が principle に於て相異なしと言はるゝも——尤も自分の気持は米国案が受諾出来ぬといふのでないけれど——第一条の如きはかなり相反するものであり、戦争抛棄の如きも亦現憲法と多大の相違ありと思はる、その点はどうかとの発言が在つた。

私は次のように言つた。

戦争廃棄《ママ》といひ、国際紛争は武力によらずして仲裁と調停とにより解決せらるべしと言ふ思想は既に Kellog Pact と Covenant とに於て吾政府が受諾した政策であり、決して耳新しいものではない。敵側は日本が此等の条約を破つたことが今回の戦争原因であつたと言つてゐる。又旧来の欽定憲法と雖、満州事変以来常に蹂躙されて来た。欽定憲法なるが故に守られると考へることは誤である。松本先生は修正案を再修正するが時間的に不可能なりと申さるるが Prof. Preuss は Weimar 憲法の起草を委嘱されて三週日の間に之を書き上げた。松本先生の学識と経験とを以てすれば必ずしも不可能とは思はれぬ。是非最善を尽されむことを望む。

引続き三土内相、副島農相、幣原総理が意見を開陳し、孰れも両案妥協の余地ありとの見解であつた。安倍文相は松本案を以て政府の確定案である如く、或は又松本案に余り固執する如き印象を先方に与へらるゝことはさけ度しとの意見を述べた。

結局二十二日午後二時、松本国務相は吉田外相と同道してG・H・Qに行くことを決定して、閣議は十一時四十分事務処理に移つた。

二月二十五日　其三

朝八時の臨時閣議に於て選挙期日十日間延期の決定があつて、後に松本国務相より二十二日午後、同氏と吉田外相とが Whitney 其他に面会した経緯の報告があつた。

松本国務相曰く、

I、自分は Whitney 一党に対し「米国司令部案は了承しました。案の根本主義は私案と差異は無いが、Basic forms とは何を指すのであるか、何章と何条とが之に該当するや」と尋ねた。之に対し彼は曰く。米国案はあれで一体を為すものであつて何章と何条が Basic forms を為すと指摘し得ず。然し些少の点は訂正し得べし。

II、松本曰く、現行の憲法を修正する方法にては如何。

彼曰く、一応考へて見たがそれでは所詮目的を達し得ず。

III、米国案の前文(Preamble)と見ゆるものは憲法と一体を為すものなりや。

彼曰く、その通なり。

松本曰く、前文に誌すところも〔の〕のは例へば人民の意力により、人民の名に於て宣明すといふ如きは吾国現行法が天皇にのみ憲法修正を発案し得ることゝ為せるとは全く相容れず、憲法修正案は天皇の発案と為すの外なし、と思はる。

彼曰く、それはいけぬ、新憲法は人民の発意によるとすること絶対に必要なり、新憲法の前文に「人民の意思によつて宣明す」と記載すべきものと思ふ。

IV、松本曰く、米案の二条と現行憲法七三条との関係を如何にするかと言へば、先以て現行七三条を改正して、然る後に議会にて修正案を進める外なしと信ず、それは修正案可決の定足数に相異あるを以てなり。

V、国策遂行の具として第二章の戦争を廃棄すとの声明は憲法 Preamble に挿入しては如何、これは宣言の一種なり、と松本の述べたるに対し、Whitney は、前文にては不可なり本文に入るべきものなり。

VI、松本曰く、〃皇室典範〃の文字には常に「議会にて制定したる」との形容詞あり、之を変更し得ざるや。

彼曰く、「凡て人民の意思を尊重して為すべきものにして、之を変更することは不可なり」。

VII、人民の権利義務の章には吾国の現行法規と重複するもの頗る多し、かゝる条文は削除し得ざるや。

彼曰く、憲法に掲ぐれば supreme law となるが故に荘重の度を加ふ、夫故にこそ一層保障となるなり。

Ⅷ、松本曰く、吾国情には是非二院制を必要と思料す、此点の見解如何。

彼曰く、上院と雖人民の選挙によるものならば或は差支へなからむ。

松本曰く、間接選挙にては如何。(之に対して先方は、間接選挙の意味を理解せざりしものの如く、府県議員等が投票人となる場合如何との問に対してもそれが人民の代表とせば差支なからむと答へたり)。

然し勅選議員は絶対に認む可らずと言明せり。

Ⅸ、松本曰く、日本文にて米国案の如きものを表現することは極めて困難にして自分の力にては覚束なし。

(之に対し先方は、松本の能力を推賞し必ず之を為し得べく三週間位にて出来るならむ等言へり)。

Ⅹ、松本曰く、兎に角一生懸命に勉強すべし、二十六日には閣僚にも報告する考なり。

右終つて、第一章、第二章の翻案が第一稿として出来上つたからとて松本さんが朗読された。私は余り感心しない訳文もあると考へた。願はくは今少し衆智を聚めて仕事をしたらばと思つた。

*三笠宮殿下の発言

これは蓋し前代未聞のことであらう。

二月二十七日午前十時十五分、宮内省で開かれた枢密院本会議は MacArthur の指令になる公職排除の内容を勅令として発布する件を討議した。審査委員*清水澄氏の委員長報告が終ると*桜内幸雄氏が、勅令案には賛成するがと前置して、かかる法令の出るのも政府が予め前手を打つて一定の戦争責任者を処分すれば、これ程には至らなかつたものと思はれる、政府は将来に於てこの点に充分の配慮あらむことを望むといふ意味の発言があつた。

それが終ると三笠宮が起上つて紙片を披《ひら》かれた。問題は皇族の立場についてであつた。現在天皇の問題について、又皇族の問題について、種々の論議が行はれてゐる、今にして政府が断然たる処置を執られなければ悔ゐを後に残す虞ありと思ふ、旧来の考へに支配されて不徹底な措置をとる事は極めて不幸である、との意味であつた。

聞く人は皆深い思に沈んだ顔色をしていた。陛下の今日の御様子は未だ曾てない蒼白な、神経質なものであつた。

労働委員会ごてる

労働委員会の労働側代表を選ぶことは現下の混沌たる組合状勢に於ては可なり厄介なことゝ初から観念してゐた。二月七日に共産党書記長徳田君の来訪を求めたのも、その一つの理由は共産党側を一名位は入れなければならないかとの考もあつて、人物のテスト旁共産党の側に参加の意ありや否や又共産党が合法主義を是認するや否やを確めたい為であつた。この会見の結果、私は共産党をも一名加へる決心をして其ことは幣原首相にも了解を求めて置いた。

然るに二月中旬に委員の氏名と会長三宅*君の名が出ると、三宅君の出現に反対したものが共産党であり、中正な人々は名人事であると賛成した。読売新聞は盛んに共産党を代表して中立側労働側の代表にケチをつけた。

二月二十八日。午後二時半、私は厚生省へ押しよせた二十名許りの共産党員と会見した。彼等は聴濤*某の外二、三名の者が口ぎたなく私を罵り乍ら労働委員をとり換へる点を強談した。私は既に発表した委員を取かへると言つても方法が無い旨を答へたが、結局五時頃迄秘書官室に頑張つてゐた。

三月一日。午後二時、伝研の二階で第一回労働委員会が開かれた。厚生大臣として挨拶をすると忽ち徳田が発言して、労働委員の選任違法論をまくし立て、三宅君は自発的に辞任すべしと極言した。荒畑寒村を除いて他の委員は徳田の傍若無人ぶりを苦々しく思ふような顔をしてゐた。彼は中立委員といふ如きものは有害無益なりと言ひ、中立委員の顔ぶれに同意し得ないと言つた。私は繰返して、徳田、荒畑両氏に中立委員の承認を求めたが、徳田は頑として之に応じなかつた。気の毒な三宅は興奮した顔をしてグッと言葉をかみしめてゐた。

私は施行法の規定に従って職権を以て中立五名の委員を委嘱しますと述べた。徳田、荒畑はきよとんとした顔をしていた。末弘*の厳ちやんが発言して、これは困つたことだ、そうなると円滑に行かないかも知れないが、何とか当分の間の事だから承認することにしたいと言つた。それからガヤガヤ発言者があつて、結局のところ職権で委嘱したのか、承認したのかわからないような形で終結した。それから会長と会長代理の選挙に移つたが、会長は三宅君八票、末弘君四票、会長代理は末弘君七票、其他一票白紙、等で決定した。徳田は俄然協力的の態度に変じて相変らず質問だ意見だのと発言した。兎にも角にもこれで一段落となつた形である。

翌日、労政局長が言つた。「昨日末弘博士と話してゐる間にこんな事を言ひました。『徳田は今日の席上で相当強硬に委員の選任を攻撃するが結局は納得することにして会議に臨んだ』と。して見ると大臣が最後に不同意なら職権で中立委員を委嘱すると、ピシャンとやられたので先方が却つてまごついたらしいですよ」。

General Fellers

一月二十二日の閣議であつたかと思ふ。恩給局長がG・H・Qと恩給の跡始末としての厚生年金制の交渉をした結果見込がないとの報告があつた。私は未だ何とか打つ手がありはしないかと考へたが然し妙案はなかつた。

その翌日、第一第二復員次官が私を訪ねてこの問題に光明を与へるよう出馬してくれないかとの話だつたが、私は明答をさけた。

すると幣原総理が私を呼んで何とか最後の試を頼むとの内談をされたので、私も動く決心をした。さてどういふ風に問題を approach しようかと考へたが、従来と同じ人間にぶつ付かつても仕方はあるまいが、誰の処へ持ち出そうかと思ひ余つた。

二十五日の夕食を築地の錦水で、外務省の同期生とした。私が主人役であつた。其時堀内君にこの相談を持ちかけた処、彼の言ふには「MacArthur の First Aid de《ママ》 Camp に General Fellers といふ人がゐて、Prof. Ackerman* の友人だとかで自分も逢つた。立派な人物らしい。それに逢ふのなら僕が取次いでよい」との話だつたので早速この人間に面会する気になつた。

面会するとしても Aid-Memoire の立派なものを持つて行かねばならぬのでその立案をした。

丁度その頃腰が痛むので気分が晴れない。漸く一月三十日に General Fellers を尋ねて交渉の糸口を切つたことは此日記の一*七頁に誌してある。

その結果二月に入つてG・H・Qから事務当局を呼出して

来た。そして交渉は月末に至つて大体順潮になつた。

その間に又再び戦災援護会と軍人援護会との合併談が行詰つてゐた。社会局長はどうも自分の手におえないから大臣に出馬してほしいとの話があつて、この時も問題の経緯を明晰に書き上げるのに苦心した。榊原君は立派なものを書いてくれた。

二月十八日に榊原君同伴、G・H・Qを訪ね、新にColonel に格下げとなつたFellersを明治生命ビルに尋ねた。私が出したMemorandum を読下して Fine, Very good note. Who wrote it? と言つた。

それからこの問題も亦 Chief of Section に話せ……サー*ムスに電話をしようと言つて言下に受話器を執つた。「私の友人が来て君に話があると言つてゐる。厚生大臣だ。話を聴いてくれ、今すぐ」と話した。

私は再びG・H・QのMain office に行つて Welfare Section に出頭した。Colonel サームスが二人の若い士官と共に待つてゐた。

私が出したMemorandumを読下して「Strong argument」と言つた。それから二、三押問答すると、既にタイプした指令案を出して見せた。「これなら吾々の考へてゐることだ」と私が述べた。要するに新しい統合団体の Statute に此意味を出せば宜しいと先方が言ふので大体目的は達したものと考へたが、「此写をもらへるか」と尋ねたら、「やれない。少し待つてくれ」と否認した。然し空気は大体良いと思つたので其処を引揚げた。

この間に鮎沢君が Fellers と Commander Hussey を是非一度招待してくれと言ふ。それにしても官邸の応接間の Furniture が余りに非度いので鎌倉から取寄せる必要がある。その家具は一〔二?〕月二十四日にやつと東京についた。そこで二人をお茶に呼ぶ準備をして招待を出したが、Hussey は先約で来られないといふ事だつた。

三月二日(土)。午後四時、Fellers は鮎沢君に案内されてやつて来た。徳川家正公のみが相客であつたが、これは双方にとつて仕合であつた。

日本間で虎屋の三色羊かんを出した。ウィスキーも二、三杯は飲んだ。徳川さんが頻りと話をされた。Fellers も将軍の直系と聞いて敬意を表し乍ら相手をしたようだ。

六時半にお土産を下げて彼は満足らしい様子で帰つた。

土産は娘の羽織と雛用の家具と人力車の Ivory とであつた。

御外遊記念会

三月三日は聖上が二十五年前に横須賀を御解纜になつた紀念日である。

私は今年始めてその記念会の催に宮中へ召された。時間は午後の三時三十分とある。雪の積んだ曇りの空であつたから、フロックの下に毛のちやんちやんこを着用して参内した。茶の席は宮内大臣*松平子、芦田、*奈良大将、竹下大将、*及川大将、*西園寺公といふような順序だつた。*小松侯、*沢田兄弟、*二荒伯なども見えた。

陛下は殊の外に御元気で、にこにこ遊ばしてゐた。席につくと「早いものだね、丁度二十五年になる」と仰せられた。

Sandwich とビスケットと蜜柑が一つ。それ丈けであるが、昔を思出すと集つた人々の顔が皆なつかしい。

茶菓を終つて室の一隅で約一時間も陛下は御話しになつた。林男爵の失敗談、Candy に於ける*入沢博士の失策談などが出たし、御外遊記の英訳が米国人に読まれてゐることなど御話しになつた。

パリに於ける蛙料理、かたつむり料理の話になると陛下は動物学の御造詣を伺ひうる御話を遊ばした。

侍従が入御を促してから約十分間も御話がつゞいて、入御を惜み給ふ如く見えた。

五時に宮内省を出て、自動車に竹下大将を招じて、高輪の自宅迄送つた。かうした小さなサーヴィスでも私は先輩に対するせめての勤めとして嬉しかつた。雪の中を込み合ふ電車で老提督の帰る姿を想像することだに堪え難い心持がした。

私は二十五年前の摂政宮御外遊当時のことを思出す。其頃フランス大使館の二等書記官であつた私は*石井大使、*長岡参事官の下で、専ら殿下に関する仕事を命ぜられた。

鹿島、香取の二艦が Portsmouth に入港の節には自分も其処へ御迎えした。フランス御着の時(Le Havre 港)から Toulon 御乗艦の間、殿下の御旅行に御随従した記憶は可なりハッキリしてゐるが、就中殿下の御気持がよく諒解されたことを幸福と感じてゐる。

スミ子は二六歳の若さ、tulle の Robe Décolletée* を着用して Soirée《夜会》 に出た夕には全く美しく見えた。珍田伯*が其翌日、「他人の奥さんの事を言ふことはおかしいが、君の奥さんは昨晩全く綺麗だつたね」と言はれた。Soirée の仕度をして宅を出ようとすると、召使の Julienne が戸口へ送り出して "Mais, vraiment on va enlever Madame !"* と言つた。自分はその言葉を今以て記憶してゐる。

或日……パリ市庁の歓迎式の御帰途、陪乗の竹下中将が殿下を中途に Metro へ御案内し、又百貨店へ御つれした為め、吾々は御乗車を見失つて了つて御宿泊の大使館へ帰りついたものの、大に気に病んだことも覚えてゐる。

Verdun に御巡幸の際には General Pétain が案内役で自ら当時の防禦状況を言上し、私が之を御通訳申上げたこと、Toulon へ御見送りした時、御乗艦が錨を抜いて軍艦マーチを奏でつゝ出港した刹那、何とも知れぬ感激に眼頭の熱くなつたこと、凡てを思出して無量の感慨にふける。日本帝国の国威が頂点に達した時であつた。あの時、日本の識者が勝つて兜の緒を締めたならば……それを思ふと胸が一杯になる。

三月五日　憲法改正(第四)

朝の閣議に総理と松本先生が Serious な面持で入場した。松本さんが憲法問題の其後の経過を報告すると前提して次の如く説明された。

二月二十二日、閣議を了へて午後二時に松本国務相は外相〔を〕と同伴、G・H・Q に Whitney 以下を往訪し、約一時間四十分間会談した。

松本氏は Fundamental Principles に就ては双方略一致してゐるが Basic forms については尚ほ充分明瞭ならぬ点ありと述べ種々意見を交換したことは二十五日の閣議にて報告した。

一方松本氏は十九日の閣議終了以後、米国案に基き翻案に着手し、其第一、第二章は二十五日の閣議にて朗読せし通りなり(其日、米国案の翻訳を閣僚に配布す)。其後八日間の労作の結果、三月二日に翻案脱稿す。其間米国側より屢次督促あり。

三月四日。松本国務相は白洲君*同伴、ホイット〔ニー〕を往訪し其作成に係る翻案八部を手交し、次の趣旨を陳述せり。

米国側にて取急ぎ居らるゝ事情に鑑み、此草案は拙者単独にて作製せり。従つて同僚にも示しあらず、明日の閣議に於て提示する予定なり云々。

Whitney は、松本第二案を受取ると同時に直ちに翻訳に着手することゝし小畑氏*井上氏*の両名を米国側の二人の通訳と対峙せしめ、午前十時半より翻訳に着手せり。間もなく*ケヂスは白洲を伴ひて部屋に来り松本と対談を始めたり。

彼曰く、第一条に於て米国案は「……之を他の如何なる源泉よりも受けず」との文句ありしに松本第二案には無し。又第二条に「国会の制定せる」皇室典範……の句に passed by the Diet なる文字なし。かくては松本案を全部翻訳する必要なし。

松本答へて曰く。日本国民至高の総意に基き……と書けば斯る文句は書かなくても明白也。又「国会の制定せる」との形容詞は後に皇室典範の条項に記入せるを以て第二条に記入する必要なし。それにて理論は一貫す。然し斯様な点に迄御異存あるならば、一々之を論ずるも詮なし。小生は退去すべし。

彼曰く、兎に角、私の部屋に来てくれ、とて彼の部屋に案内せり。

ケヂス更に談話をすゝめて、「第三条の補弼とは何か、何故協賛と言はぬか」。これに対して Advice and consent と言ふ文字は其文字通り訳しては日本憲法に適しない旨を説明す。余が内心虞れたる点は第七条にて天皇が官吏の任免を Attestation〔認証〕にて始末せる点なり。

余は夕食を終りて後疲労の故を以て退去せる処、夜に入り更に出頭を求め来れり。然し健康の故を以て辞したり。司令部にては佐藤*参事官、白洲君等を引留め、MacArthur も十二時迄頑張り多くの掛官は徹夜して働きたる由なり。今尚ほ佐藤君は帰り来らず。

何故に司令部がかくも焦慮せりや。総理を始めとして二、三閣僚の意見によれば、昨日の読売新聞に掲載せる天皇御退位に関する電報、及 Washington の極東諮問委員会〔極東委員会〕の悪気流は著しく MacArthur の立場を困難ならしめたるものゝ如く、殊に読売の記事が米国記者の手より出たる事実に照してマックに一大打撃たりしを推知しうべし。

幣原総理は昨日拝謁の際、陛下に対して読売記事に言及し、誠に困つたことを書いたものでありますと申上げたるに、あの記事の件は宮内大臣より聞けと仰せられたとて、委細の事情を談られたるが、宮相の談によれば其経緯は次の如し。

実は米国のAP記者 Brines の電報の写は我手にあり。その中に High personage of the Court とあるは東久邇宮なり。宮相は東久邇宮邸に出向したるに、殿下は顔を見るなり、宮内大臣は私を叱りに来たなと仰せられた。松平氏は殿下の御言辞が容易ならぬ影響を及ぼす旨を申上げたるに「宮相がそう言ふなら、もう言はないよ」と仰せられたるにより、松平氏は重ねて、「殿下自ら御反省の上、今後慎むと申されるのならば兎に角、松平が言ふから止めると申さるゝ如きは甚だ心外であります」と言上した。

幣原総理は Brines の電報を詳細に翻訳して談りきかされた。皇族の多数が陛下の御退位に賛成であるとか、摂政は高松宮に極るであらうとか、退位反対は幣原と宮相のみだとか申されたことは MacArthur に一大打撃であると総理は繰返して言はれた。そして過日の三笠宮の御発言は如何なる御趣意であつたのか、陛下にも御尋ねしたが、お上は「あれは極めて善意で悪意からではない」と仰せられたとも附言された。

閣議は昼食後引つゞき開かれた。

午後二時十五分、白洲君は米国案(英文)十部を持参し、米国側よりの Covering Note を渡して、今日中に之を Accept するかどうか返事を貰ひたい、今夕 Text を発表する、とのことであつた。米国側は本国の空気を見て一刻も猶予し難しと感じてゐる如くである。

米国が発表するとせば我方にて発表しない訳には行かぬ。さりとて米国案を直訳したような日本文であり、殊に前文の We, the Japanese people……は全く欽定憲法を覆すものにて現行憲法七三条とは相容れぬ。之を如何にすべきやにつき論議したが、結局之を承諾する外なきも、文句は変更しうるのではないかとの結論に達した。

然し邦文を即刻発表することは不体裁であるから之を改竄する必要がある。又之を受諾するとしても、米案の如き根本的の大変革は陛下の御勅語を戴いて後に政府案として出す外に途はない。

依つて御勅語案を作成することになつたが、原案は極めて事務的なもので短文であつた。

私は此機会に御勅語を以て戦争抛棄、平和愛好の御思召を明かにすることが内外に与ふる影響の重大なるべきを思ひ、原案の末項に左の如き字句を挿入するよう提案した。

「世界ノ人類ハ正義ト信義トニヨリテ平和ノ生活ヲ享有シ、文化ノ向上ヲ希求スルノ念極メテ切ナルヲ信ジ、日本国民ハ進ンデ戦争ヲ抛棄シ誼ヲ万邦ニ求メ以テ日本国ノ名誉アル地位ヲ恢復スルノ速ナランコトヲ希念ス。之ガ為メ基本的人権ヲ尊重シ吾国民ノ総意ヲ基調トスル国憲ヲ制定シ以テ国家再建ノ礎トナサンコトヲ庶幾フ《(コイネガ)》。政府有司、克《(言)》ク朕ガ意ヲ体シ須ク其目的ヲ達成センコトヲ期スベシ」。

閣僚は多く之に賛成であつたので幣原総理は慎重に之に加筆して新聞発表の如き案となつた。

午後四時半、総理は松本国務相を携へて参内せられた。吉田外相は遂にまだ帰らぬ。閣僚は憲法草案を繞つて論議しつゝ待機した。

六時十分夕食の為休憩。(小生は*山下太郎君の招待で吉松に行つて七時過ぎに再び官邸に入つたが)、閣議は八時過に首相の帰りを俟つて再開された。

此時漸く米案の翻訳全部が手許に配布された。この案は全部で九十二ケ条より成り松本第二案の百九条に比して短かい。

幣原総理は陛下が、今となつては致方あるまいと仰せられて勅語案の御裁可を得た旨を述べられた。陛下は皇室典範改正の発議権を留保できないか、又華族廃止についても*堂上華族だけは残す訳には行かないかと申されたといふ報告であつた。

そこで此二点について米国側と交渉すべきやについて議論があつたが、岩田司法大臣は今日の如き大変革の際、かゝる点につき陛下の御思召として米国側に提案を為すは内外に対して如何かと思ふとの意見があり、一同それも御尤、致方なしと断念するに決した。

米国案の Preamble《(前文)》 は今一応《(度?)》安倍文相の手で修辞を改めることゝし、第三章は法制局の再検討を期待して午後九時十五分閣議を終つた。閣議終了の直前に総理は次の意味を述べられた。

「斯る憲法草案を受諾することは極めて重大の責任であり、恐らく子々孫々に至る迄の責任である。この案を発表すれば一部の者は喝采するであらうが、又一部の者は沈黙を守るであらうけれども心中深く吾々の態度に対して憤激するに違ひない。然し今日の場合、大局の上からこの外に行くべき途はない」。

此言葉を聞いて私は涙ぐんだ。胸一杯の気持で急いで外套を引被つて官邸を出た。春雨とも言ひたい曇りの空の下に黙つて広尾に帰つた。新聞記者が十時過ぎに門を叩いて面会を求めたけれど、私は懇意な間柄とはいへ、逢ふ気分にはなれなかつた。

三月六日　憲法第五日

今日も引続いて朝の九時から閣議が開かれた。今朝は憲法の前文を検討することを手始めとした。机上には安倍文相の翻訳文と法制局案とがあつた。それを折衷して字句を修正したが総理と三土内相とが最も細かい注意を払つた。

(その次に地久節の参賀の為閣僚は十時に一斉参内した。親任官の裡に二人の婦人が在つた。鈴木貫太郎夫人と松平恒雄夫人とであつた)。

十一時に又閣議を開いたが、昼食前に漸く前文の修正を終つた。

午後一時半に閣議再開。総理大臣談話の案文を検討した。これも案として余り上出来でなかつた為め、総理、内相、私自身が多く発言し、今日は珍らしく大蔵大臣も発言した。

午後四時、一応の検討を終つたので午後五時に新聞に全文を発表することゝなつた。

松本博士は円卓の周囲を歩き乍ら「私は二、三日休ませて貰ふ。新聞記者に攻められたらどうもやり切れぬ。宅で病気することです」と言はれた。心中は思ひやられる。私なら昨日頃辞表を叩きつけたらうと考へた。

帰り途鳩山邸へ立寄つたが鳩山君は土浦へ遊説に行つたとかで留守であつたから、鳩山夫人に逢つて、憲法案に対する自由党の態度について卑見を述べた。

破綻の前宵か

国家財政は破綻の前宵にある。而も為すべき仕事は山積してゐる。国民は無自覚であつて戦争に負けた事さへも考へないでゐる。

大蔵大臣は去る十二日の閣議の席で財政の見透しを話したが数字の一、二を左に掲げる。

明年度の追加予算として各省から提出したもの五七八億円に上る。

此内、終戦処理費が　一二一億円

特殊決済　二〇八億円

復員経費は此内に含まれず。

明年度の歳入　一三七億円

歳出　一二八億円

増税を行ふとしても、煙草、専売益金等にて最大限七〇億円

来年度の歳出は、大体二〇〇億円にて抑へる決心である。

さて Inflation はどうか。生産はどうか。争議は日に日に悪化しつゝあり、生産は採算のとれぬ為めに起らない。紙幣を封鎖したけれども日常品の価格は下らない。

物価騰貴につれ官公吏の俸給を引上げて初給の官吏、独身二〇〇円、世帯持五〇〇円とする計画もあつたが、それを実行すると中央地方を通じ且恩給迄を考慮すると二〇〇億円を必要とするので、大蔵省はとりやめた。

三月十日現在で日銀発行券は一五九億四七（ママ）

内訳

一人当り百円宛の引かへに　七五億円

新券　二五〃

銀行及農業金庫等の手持　二五〃

官庁の手許　五〃

焼失又は占領地用　三〇〃

従って実際の通用高は、一三〇億円見当か。

自分は総選挙が済んで……落選すれば政界を引退する。当選したら各党の形勢を見て一応辞表を出す。民主々義政府を造る為めの総選挙であるから中間内閣で議会に臨むべきではない。尤も幣原総理は現在の日本がもつ唯一の適格総理であるから、各派が総理として推す場合には閣僚が辞表を出して大改造で行くべきだと思ふ。どう考へても後継内閣に充分な人材があるとも思へない。顔ぶれを見て国民は失望するであらう。さりとて自分は幣原内閣の顔ぶれが必ずしも粒よりとも考へぬ。どの途辞職しよう。だが後

の内閣へはいり度いとも思はぬ。暫く静観するんだ。万一議長にでも推されたら受けてもよい。

予算編成の経緯

三月十九日の閣議で渋沢蔵相は来年度予算の編成難を口にしたので急に予算編成を閣議でやることになつて、三月二十日の午後二時から臨時閣議を開いた。その数字によれば二十一年度の各省提出歳出予算は本予算を加へて八百十七億円に上る。その要求は必ずしも不急のものではないが然し国庫の現況ではどうすることも出来ない。復員省に約八十億、厚生省で約七十億円に上るのである。

二十日の閣議では三土、松本両氏が主として発言したが一応大蔵省で大々的緊縮案を作成してそれを二十二日の閣議後に討議することに決定した。その案が次頁に張りつけた数字である。*

三月二十九日の閣議に於て私は最少限社会政策費の五億六千万円の復活を求め、政府が之に熱をもたないとの印象を与へることは人民を矯激ならしめアメリカ等にも悪影響を及ぼすべき旨を力説した。然し閣議は何等の決定を与へなかつた。一面私は三十日出発帰郷の予定であるので、安*井次官を招いて最少限度の要求額を示し辞表と首相宛書面とを手交して極力この案の貫徹方を要望して選挙戦に臨んだ。

十日朝帰京。十一日に登省して帰郷中の模様を聴取し更に十二日の閣議に於て渋沢蔵相と話した結果、大蔵省も更に二億円を支出する外あるまいと蔵相は談つた。

総選挙の旅

今度の選挙は一生を通じて最も有利なものであり、又私の人気も地方では頂点にあると考へてゐる。その上に東京の政務は実に難局にあるが故に、早く帰郷する気にもなれず、又同僚の手前からも永く離京することを躊躇した。

三月三十日の夕刻京都につくと前ぶれした為、自由党京都支部は、三十日の夜に市内の新聞会館で自由党第一区(旧)候補者の合同演説会を開き、三十一日夜は伏見に於て旧第二区候補者の合同演説会を開いた。

三十日の夕方入洛して先づ眼につくものは*芦田均 富田ふさ合同演説会のポスターであつた。これには一寸驚いた。

三十日夜の演説会では予て用意した原稿を取捨してやつたが、他の候補者が拙いので引立つたらしい。支部の*岡田事務長が「マルで先生と生徒のような差ですからね」と言つて呉れた。

其夜柊屋に高山、田中(和)、岩本、岡田、永田の諸君が集つて、市内候補者の誰もが私と連記を希望して合同演説会を望んでゐると言つたが、私は予ての情誼で永田君とは市内で、*深田とは西舞鶴で、小西とは東舞鶴で合同演説会を承諾した。

三十一日は午後二回に亘つて富田夫人の演説会に出た。女子解放協議会にも出た。

午後三時、教育会館(富田候補)
午後四時、女子解放協議会
午後七時半、顕道会館(富田)
午後九時、伏見国民学校(合同演説会)

四月一日。福知山についた。松竹館にて婦人のみの演説会。これも盛会であつた。

四月二日。小島徹三君への応援。午後二時、柏原公会堂。

それから自動車で氷上郡幸世村、佐治町、遠坂峠を越えて但馬に入り、夜豊岡町で講演。

四月三日。久美浜では応援に多くの人が出た。

司会者　*稲葉陽太郎君
　　　　*井垣弘君
　　　　高山義三君
　　　　*岸辺福雄氏

網野町では、網野と浅茂川と二つの公会堂で同夜に開いたが、双方とも満員であつた。夜は*給田芳之助氏宅で泊つた。

網野町では、*河田源七、*山崎高嗣、*田中吟治君等が司会し且つ挨拶してくれた。

四月四日。峰山町で話した後、口大野校に行つた。口大野では*井上徳治君が挨拶、聴衆は百人余りであつた。

与謝郡山田村は五、六十人。岩滝では*糸井君の別荘で夕食して、岩滝公会堂で話した。

宮津での会合は小学校の講堂に千人余もあつた。今夜は気乗りして大にメートルをあげた。共産党に対しても攻撃を加へた。清輝楼で一泊。宮津へ来る前にはこんな人気を考へなかつた。

今夜始めて*横田喜三郎君が参加。実によい演説であつた。

四月五日。午前十時加悦町。先づ芦田会の座談会、次に演説会。

午後一時頃西舞鶴についた。*郡是工場にて昼食。演説会の会者は六百人余り。

午後五時、*小西君と共に中舞鶴。

午後七時より新舞鶴国民学校。こゝには八百人余の会合者があつた。この夜、一行は松陰の深田太郎氏の宅に泊つた。

峰山以後は郡是の自動車を借りて走つた為め、凡て順序よく運んだし、天候にも恵まれた。

旧三区では*宮崎佐平治君が最も優勢で、私につぐ当選圏内と言はれてゐる。

*田中庄太郎、*大槻信治君共に危いと推算されてゐる。

四月六日。午前十時、何鹿の以久田村。

午後一時、栄楽座。この日から咽喉が少し変調になつた。*永田雅一君が参加して浪曲口調でミーちやんハーちやんを泣かせる。綾部の会衆は二、三百もあつたが、これでも此地では未曾有の聴衆だそうだ。

福知山ではマイクの為めに救はれた。五十分近くも演説した。進歩党の系図を説明して自由党の系図と比較したり、制限連記だからとて、進歩党と自由党とを並べて投票するのは憲法改正案六三項［条］の趣旨から見て不合理であるとも述べた。田中候補は少々弱つたらしい。福知山の公会堂は満員であつた。悪い気持はしなかつた。

四月七日。咽喉は益ゝ悪い。然し会場の狭い場所のみであるから救はれた。

午後一時、河守国民学校。

午後四時、下川口村、須藤治郎左衛門君宅にて夕食。

午後七時、下夜久野村、聴衆一五〇名位。

概して都市も農村も人の集り方が少いに拘らず、私のは推薦演説の場合でも、大体聴衆が多い。


四月八日。京都へ行く中途、亀岡に下車して奥村竹三君*の為め座談会を開いた。

午後三時、いづみ会の講演(黒谷、□□〔欠〕)。

午後四時、小西君の為め応援(立命館中学)。

午後七時半、昭和館で永田君と合同演説。引つゞいて西院小学校。

　夜も朝も来客多し。


四月九日。正午は〝清水〟にて昼食。午後二時中村喜之助*君応援のため毎日会館。午後三時半、新聞会館にて永田君と合同演説会。夕食、四条橋畔の支那料理。

七時半頃出発、東山区の小山*君のため応援演説。そこへ迎への自動車が来て永田君の太秦の演説会に行く筈のところ車が来ない為めイライラした。

今日午後、新聞会館では演壇に立つてゐる間に外套を盗まれたし、夜は自動車の手違ひがあつて東山から七条迄テクテク歩行した。何となく気持が滅入つたが、人前では何喰はぬ顔をしてゐた。

　幸にして京都発午後九時五十二分の汽車は座席がとれて楽をした。岩本君の貸してくれた軍人外套を着て、毛布を腰にあてゝ眠つた。汽車へ見送りに来た十数人が発車の時に万歳を叫んだのは終戦後珍らしい風景であつた。

四月十日。投票日の朝九時新橋へついた。官邸で下河辺夫妻とスミ子と食事を終つて正午頃大森の新居に来た。引越後始めての大森帰りであるが、書物も蔵入りのまゝであり、応接間は未だ整理が出来てゐない。私は何くれと片附物をした。夕食後、富は試験勉強をしてゐるし、私は日誌を書いた。
　今回の総選挙の結果は?
　自分の得票は或は十万にも上るかもしれぬ。それは多数の人の言ふところである。第三区で五万、京都市で四万乃至五万あるかも知れぬ。詳しく言へば
　熊野郡　　最少　二、〇〇〇

竹野郡　　　　四、五〇〇
中郡　　　　　四、〇〇〇
与謝郡　　　　六、五〇〇
東舞鶴、加佐　六、〇〇〇
何鹿　　　　　五、〇〇〇
天田、福知山　二三、〇〇〇

口丹波からも相当出るかも知れない。さうすれば、成程十万といふ数字が満更夢でないかも知れぬ。

四月十一日。午後からは新聞社の速報台に人を呼び、ラヂオは選挙特報で毎時間ニュースを放送してゐる。午後二時頃には一寸京都のニュースが出た。芦田一万三千、水谷*五千何百といふのが放送されて其後一度もNewsが出ない。然し当選確実と附加したさうだ。*

如何に進退すべきや

自分が如何に国家に役立ちうるか、それが考へるべき中心問題である。

私を捨てよ！

如何にして国家を救ひうるか、それが政治の中心問題であり政策の出発点でなければならぬ。

名を捨てよ！

私は四月十二日の朝かく考へ乍らいつもより早く起きて決意した。

四月十一日夜、鳩山一郎氏と石橋正二郎氏宅にて会談。自由党に組閣命令下らば如何にすべきやを談る。私は今回の内閣引退と共に野に下るべき決心を述べた。鳩山氏曰く「それで一体どうなるんだ。自由党からは入閣する者は無くなるし、僕の心中を打あけて相談する人間も居ない。君には内務か書記官長を引受けて貰ひたいと思つてゐるんだ。書記官長の人物で内閣の性格が決定する。組閣の顔ぶれも考へて貰ひたい」。

私は未だ決心がつかなかつた。然し僕が入閣しなければ新内閣は確かに辷り出しに於て困難すると思つた。そして無理にも引受けねばなるまいかと思ひ初めた。

昨晩は眠り乍らその点を色々と熟慮して、聯立内閣が進歩・社会両党と共に成立するにしても閣僚の顔ぶれは全く貧弱ならざるを得ない。如何にして国民が納得する人物を捜すかゞ問題である。

私が内相に就任することは、世間体には立派に見えるだらう。然し内閣書記官長が何よりも大切な役目である。入閣するとせば結局それより外にないと考へた。

四月十四日。午前十一時約束に従って鳩山一郎氏来訪。極めて短時間であつたけれど、政局に関する意見を交換して、自由党の自重を求めた。

吉田外相が土曜日に言つた話も取次いだ。それは「後継内閣によき外相と蔵相を捜せ」といふこと、「自分は幣原男に殉ずる。何しろ幣原を引張り出したのは自分だから……」といふ二点であつた。

正午、市兵衛町の福井で会食しての帰途、安藤、牧野両君と鳩山邸に行った。その時に党組織の問題が出て、珍らしく牧野君が「芦田君が幹事長に出てくれるとよいんだが……」と言つた。

安藤君は書記官長をどうする？と質問したら鳩山氏は「芦田君に頼んでゐるんだが承知しないんで……」と言つた。「そうだ、それより外あるまい」と安藤君が附加へた。

官邸に帰ってからスミ子と二人、富士見町辺を散歩したが、私の頭の中には今後の政局をどうするかといふ事の外なかつた。それにしても楢橋君が内閣与党工作をしてゐることは甚だマズい。政局を混乱させる以外に何の効果もない。彼は悪性ドン・キホーテである。

内閣に亀裂

四月十六日の定例閣議は平生通りに事務を捌いた。そして正午近くになつて総理は最近の政局について大体四月十六日午後の記者会談に述べたと同様の趣旨を報告して其心境を談った。

私は之に対して次の如く述べた。

将来の政局は三大政党が協力して乗切らねば、難艱を克服することは困難と思ふ。此際総理は三党の首領を招いてよく時局の実状と其心境とを述べられたら必ず方途は見付かると信ずる。それが成功しない時はマクアーサーの代理人を一枚加へて相談せられることも良いと思ふ。

首相は之に対して「君の方は幣原退陣を求める声明書を出してゐるではないか」と言はれた。

私は「その意見は可なり多い。然し総理が只今の心境を話されたら必ず了解は出来ると思ふ」と言つたが総理は明答を与へなかつた。

ついで安倍文相が発言して、

総理は躊躇なく積極的に動かれるよう希望する。政党側に対して働きかけるか、さもなければ早く辞職されたらよい。

この間約十分間にして閣議は終つた。

直後私は三土内相と立話をした。

新党工作と言っても集る者は百二、三十名がせいぜいのところでしよう。而も新聞の総攻撃ではどうにもなりますまい。却つて世間の反撃を受けて政界は混乱に陥ると思ふ。兎に角三党首を集めて協議して纏らない時に手を打たれても遅くはないでしよう。

三土氏は之に答へて問題はドンドン進捗しているので、どうにもならぬ、と。

十六日午後一時、吉田外相を訪問した。

その話に、自分は心配になるから今朝総理に面会して、「楢橋等の新党工作は政局を混乱に導くが総理は之をどう見てゐるのか」と質したら、「自分は決して指図してゐる訳ではないし決心もつかない。三土が来て色々話したが、私は政界の事情に暗いからフム、フムと聞いていただけだ」と。

私は鳩山君に自制させることが必要だと思ふと述べて、今夜三人で話そうと言つて別れた。

十六日夕六時、外相官邸に行つて鳩山、吉田両氏と話した。吉田君は今朝〔の〕幣原男と〔の〕会談の顚末を話した。(今日になつて考へると吉田君もダマされてゐたと思ふ)。私は今朝の閣議の件と三土氏と話合の筋を談つた。

吉田氏は鳩山君に対して君はどうして政局を纏めるつもりかと尋ねた。鳩山氏は之に対して幣原がやめたら纏る、さもなければ纏る筈はないよ、といふ。

私は、兎に角一度総理に逢つてよく話した上、三党聯立内閣のみが政局を安定し得るのだ、然し対外的声望の上から是非幣原男も留つて国務大臣になつて下さいと懇願すべきだ、と述べた。鳩山君も之に同意して、その筋書を書いて呉れと話した。

四月十七日は別に変つた話もなかつたが、午後三時頃厚生省に行つたら共同通信が「幣原男進歩党に入る」と報じて来た。「いよいよ手のつけようのないことになつた」と感じた。

四時頃に石橋湛山君、ついで板倉卓造君*が来て政局談があつたが、二人共幣原君の動向には呆れた顔をしてゐた。

夕方小林一三氏の招待で廿六日会をつくばで開いた。来り会するもの馬場恒吾、伊藤正徳*、佐佐木茂索*、鶴見祐輔*、室伏高信*、三宅晴輝、田辺加多丸等。

話はどうしても政局談に移る。誰も幣原氏や楢橋の行動を褒める者はなかつた。小林さんは終始公明正大に行動し給へと私に言つた。

夕刻榊原君が来て News を残して行つた。今日の対日理事会*(第二回)で支那代表から鳩山の言動はどう見てゐるかとの質問があつて、Whitney は目下調査中だと答へたといふ。小林さんの宴会から帰つて、辞表と共に幣原男に渡す書面の草稿を書いた。

十八日の午後一時からトキワ屋で自由党の第一回代議士会。総裁の演説は予定通り穏健な調子であつたが、代議士連は倒閣の決議を為すべしと息まいた。然しこれも何とか抑えて了つた。

私は中途から臨時閣議の予算討議に出席した。G・H・Q の指令によつて二十一年度予算に大修正の必要が起つたので渋沢蔵相は到底この儘に飲めないと言つたが、他の閣僚は飲む外ないと主張した。

私はこの新しい財政計画を厚生省へもつて行つて会計課長に話した。

夕五時自由党の第一回代議士会に出席した。私は鳩山総裁に招かれて其右隣に坐つた。二、三の挨拶があつて二、三の人から厚生大臣！と促されたので其時の所感を述べたが、其頃には河野君から倒閣運動の為め社会党の主催で明日自由、社会、協同、共産の四党が集合すると報じたから席の空気は忽ち一変して倒閣熱が横溢した。私は挨拶の中に「明日の集会で方針が確立したら其瞬間に私は辞表を出して党に帰る。そして諸君と共に旗をかついで街頭に進出する」と叫んだ。かうなつては勢の赴くところどうにもならぬ。

大森に帰つて、いよいよ明日は辞表を出すと決心した。

辞表を出す

四月十九日朝、大森で辞表を書いた。幣原男への書束を浄書して一緒に携行して総理官邸で首相に面会した。辞意を述べたところ、閣議の時間だからその終了後によく話そうと言はれた。

十時からの閣議は平生通りに極めて静穏に過ぎた。楢橋君が独りソワソワしてゐた。零時半に閣議が終つて昼食をしてから首相の部屋で二人で話した。

私は携行した辞表を総理に渡して、心境を話したが、総理も極めて率直に所信を話された。

「私が進歩党に入るのは昨今に始まつたことではなくて、党首のない進歩党からは総裁になれと奨められて居たが、総選挙の済む迄は見合はせた。それは進歩党に入れば地方官や警察が御用のつもりで干渉でもやれば困ると思つたからであつた。然し選挙が終つて見ると約束の通り入党しない訳には行かない。三土君でもと考へたがそれも行はれなかつた」。

〔私?〕話が心配してゐるのは鳩山君がG・H・Qの persona non grata であるらしい点だ。今日迄G・H・Qの二人迄が、そして米国新聞記者が、そのことを話した。私は鳩山君に傷をつけ度くないが、本人の為めを思へば同君は当分表面に立たない事が良いと考へてゐるが、これは他人に話せることでないから独りで悩んでゐる訳だ。

私は昨日迄鳩山君にも穏健な態度を奨めて、大体成功しうると考へてゐた。然るに昨日の午後五時頃に社会党の方から倒閣運動の共同戦線を申込むに至つて党内の強硬論が一斉に抬頭して、どうにもならなくなつた旨を述べ、自由党を標榜して選挙区に臨んでゐる以上、そして自由党が倒閣に転じた限り閣内に止ることは困難である旨を説明した。

総理は諄々と心境を叙して極めて懇切に話をされた。そして一時半頃に総理の部屋を辞したが、携行した書面は遂に手交することを敢て為し得なかつた。

内閣を出て、心持は明朗になつた。時事通信の長谷川*君を訪ねて辞職の旨を話した。党本部に赴いて同様の旨を発表。ついで厚生省で記者会見の上辞職の理由を話した。

(午後三時二十分)。
逢ふ人毎によい時にやめたと賛成してくれた。新聞は明日から又倒閣の熱をあげるであらう。

幣原総理に送らむとせし書束

閣下曩に大命をうけて内閣を組織せらるゝに当り、不肖を招いて厚生大臣の重職に配せられました。私は痛く閣下の知遇に感じ水火をも辞せず奉公の誠を捧げむことを決心致しました。爾来半歳此の間私の菲才をも深く咎めず閣下が常に私を指導鞭撻せられた厚誼は誠に感激に堪えないところでありまして閣下に酬ゆる途は私を忘れて拳々匪躬の誠を尽すにありと信じ敢て駑馬に鞭あてゝ今日に到つたのであります。

然し乍ら総選挙後に於ける政局の安定は現下の窮迫せる民生諸問題の解決に不可欠の要件であり之が為めには民心を反映せる政党各派の協力に俟つ外なきことは世論の一致するところでありますから閣下がその徳望と手腕とを以て政党各派の調和に努力せられ円満に政局の推移を図らるゝことは唯一にして最善の途なりと考へました。私は閣議に於ても卑見を開陳したのでありましたが不幸にして一、二閣僚の言動は政党の離合集散に依つて内閣支持の与党を作らむとするが如く伝へられ為めに現下重大時局に於て政界の帰趨を混乱せしめ民心を不安ならしめる結果を惹起したものと信じます。

私は刻下の難局に処して邦家を累卵の殆《あやう》きより救ふ政治家として閣下の信望と手腕とは頗る貴重な存在であることを信じます。さり乍ら民主々義政治の運用には自ら一定の法則が厳存する以上、政治活動が之に則ることを要するは言ふ迄もありません。私は此点に於て不幸にして他の二、三の閣僚と所見を異にするが為めに茲に進退を決するの止むなきに立到りました。

政府を去るに当り私は重ねて閣下多年の御厚誼を拝謝すると共に閣下が此上とも御自愛御加餐の上邦家の為め御尽瘁あらむことを念願致すものであります。

二十日の土曜日は快晴であつた。朝厚生省へ行つて次官や局長と話したが、何となく省内は閑散であつた。午後二時、下河辺夫妻とスミ子と一緒に大森の家へ帰つた。夜は毎日の狩野*君が来て政局の話をした。

二十一日の日曜日は思ふ存分、庭園に出て新しい空気を吸ひ、且庭の手入をした。木箱につめて来た書物を応接間の棚に入れかへたり、銀器を出して棚に飾つたりした。

二十二日の朝厚生省に出て、書類の取片附をした。形勢は内閣総辞職と見える。

午後下町に出て、外務省に行つたが大臣はゐなくて、首相官邸へ来てくれといふ事だつた。

午後四時、大臣控室で吉田外相を捕へて「どうなるのか」と聞いたら、「総辞職さ」と簡単に答へてG・H・Qに出向いて行つた。

それから総理の部屋に行つて約二十分間程話した。

「どうも申しようのない事になりまして」と前置して自分の信ずる方針を繰返した。幣原男は鳩山君がG・H・Qの persona non grata であることを話し、曾禰*部長の Schindel* と〔の〕会談報告書を取出して、これは一種の脅迫だねと言はれた。

次で明日は社会党及自由党の首領に逢ふ考であるが、鳩山君と逢ふ事自体がG・H・Qに対して delicate であることを考へると、君が代理として来て貰へないかと思ふがと説かれた。

私の立場は又頗る delicate であつて、一寸即答は致し兼ねます、いづれ鳩山君に面会して措置を考へましようと答へた。

吉田外相は六時前に閣議の席に帰つた。その間に閣議では幣原総理が近日の形勢一変の事情を述べ、昨夜或友人の報告で社会党の内情が始めて判明した、若し二十八日の国民大会に二、三十万の人間が東京に集るとすれば、事態は容易ならぬことになる、此際は一応総辞職を敢行して政党の協力による政府を造る外ないと思ふと言はれた。

私は簡単に去る十六日以後の自由党幹部の態度と十八日の午後社会党代表が現れて空気が倒閣に一変したことを話した。

吉田外相はG・H・Qの鳩山氏に対する態度は心配ない、幣原は鳩山を呼ぶがよい、と主張したので私はその通り取計ふことを約束した。

午後七時前、閣員一同は写真に納まつた。そして総理は辞表を携へて参内した。八時に総理は帰つて来て食堂で夕食を共にした。閣員は皆朗かな顔をしてゐる。就中*渋沢蔵相は久しぶりにニコニコしてゐた。

やがて閣議が再開されて首相から参内の模様を報告された。

首相が辞表提出に至る経過を奏上すると陛下は黙つて聞いて居られたが、それが終ると、追て後任の決定する迄留つて政務を見よと仰せられた。ついで聖上は後はどういふ事になるのかと尋ねられた。

総理は明日、自由党及社会党の首領を招いて、政局安定の方法はどうすればよいか相談の上纏まり次第奏上致しますと申上げた処、速かにそれを奏上するよう御言葉があつたといふ話であつた。

楢橋君が社会党と連絡をとり、私が鳩山君と連絡して明日のことを取運ぶことになつた。

官邸に帰ると*安達鶴太郎君と*小島徹三君とが待うけて居て、又しきりに明日以後の見透しを談つた。「君に来るような事があるかも知れぬ。その時は無闇に断つてはだめだ」といふから、そんな事がある訳がないと笑つて答へた。

(以下二十五日誌)。

然るに鳩山君の一身上の問題が矢釜しくなると共に社会党は思ひ上り、自由党の不安の空気は掩はれない。鳩山氏が不適格の場合にはどうなるか、鳩山氏が失格する時は自由党も失格するのか？ 断じてそうではないと人は言ふ。然らば誰が党首になるのか。鳩山嫌ひの人々、例へば三土氏等が芦田と取りかへろ等と放送する為めに、二十四日の読売や東京新聞の地方版には、芦田内閣の噂さへも出るといふ状態になつた。私は自分が総理になつても、人並の事はやれると信じてゐるが、然し今直ぐ登場しても世間は容易に納得しまいと考へる。だから万一さる場合が起つても之を受ける事は躊躇する。さりとて誰を身代りに出すかと尋ねられたら、一寸その指定に迷はざるを得ない。(二十五日)。

自由党の内部には単独内閣論は相当にある。それは思ひ上つた書生論とも言ふべきであらう。

今日の自由党が軽々しく時局収拾の責任を単独でとるこ

とは自殺行為である。議会に臨めば議長も委員長も敵であり、法案は事毎に難航する。政府は何時倒れるか不安な状態に於て誰が政府を信用するか。何が出来るか。

議会で過半数を制することなくして政府に立つことは立憲政治の良き慣習に反し、且つ賢明ならざる政治家とのレッテルを張られるに相違ない。

今日の風潮から言へば進歩党と提携することは拙策かも知れぬ。然しそれ以前に政局を安定する途がなければ、それも止むを得ない。反動といふ如き言葉に惧れる必要はない。(四月二十八日)。

自由党総裁異変

五月四日(土)午前十時四十分頃、ピヂャマ姿でゴロゴロしてゐる私へ時事通信の安達君から電話がかゝつてG・H・Qが鳩山氏を失格の旨公表したと言って来た。

ついで厚生記者会からも小島君からも同様の電話があつたので二日午後以来の病床を其儘にして東京へ出ることにした。

午後一時、スミ子と榊原君*と同乗して大森から広尾の官邸についた。中野寅吉君*来り、支那通信社の宋君来り毎日記者来り何となく騒がしい。

小島、安達の両君は「党内の空気は頗る好いが一体其場合うけるか」との談判だ。

ついで星島君が来て準備は進行しつゝあるが、辞退されては困るといふ話であつた。幣原男は鳩山氏を午後二時に呼んでG・H・Qの来束を示すことになつてゐるといふから見舞旁鳩山邸へ四時前に行つた。既に総務会が開かれ、家ノ子郎党が昂憤の色を示して押よせてゐる。

鳩山一族には何と言つてよいか言葉もなかつた。私は黙して総務会に列席したが、会は結論に達しないで五時から党本部に開かれる代議士会に臨んだ。

代議士会では鳩山総裁が挨拶する刹那に落涙した。そして簡単に離別の挨拶をしたが座に居る多くの代議士は涕をのんだ。代議士連は夫れ夫れ簡単に意見を述べたが善後策については追て総務会で決定することにして明日を俟つことにした。

夕食後再び鳩山邸へ集つた。総務会では河野君が後任総裁を一気に決定すべしと唱へ、之に対し安藤君、樋貝君*等が委員長制を暫定的に速撰すべしと言ひ、北*君、三木*君等の発言があつたが、一時間余で一応散会することゝし、明日午前改めて総務会を開くことに決定した。(午後九時)。安藤君も星島*君も私を推す決心であると言つた。

五月五日朝の新聞は、読売、毎日、日本経済等孰れも芦田の名を掲げたが、日本経済は最も私に有利な報道をあげた。結局鳩山後任として吉田、芦田の二人の名しか無いが、河野君等は誰か党外から人をつれてくる計画であると伝へられる。それが誰であるかは不明だが、少壮代議士連は芦田に一致してゐると人はいふ。

午前十一時、麻布我善坊で総務会。

鳩山氏、松野氏、安藤、植原、星島、河野、三木、北、樋貝、周東*、紫安*等出席。

鳩山氏は一向党の将来に無関心の体、そして今後は一切口を挿まないから君達で宜敷くとの話。私は少々解し兼ねる心理だと思つた。六十年迄政界で苦労した人の心掛とは思へない。私なら昨日の如き場合に涙などを出さないで平然とすることに努力する。その代り自分が退却する場合に党を如何にするかについて一応の案を残して置いたであらう。そう思ふとこの一週間以来の鳩山氏の進退には感心出来ない。既に毎日も読売も論説を以て鳩山氏の組閣に反対し、新聞は連日に亘つて記事を書いた。仮に鳩山内閣が成立しても議会では一身上の問題で紛糾を重ねるに極つてゐる。G・H・Qの空気にしても大体推察できた。それを最後迄頑張ることが抑々大局の見えない話だ。

党の幹部なる者が毎日麻布永坂の私邸に参向して大親分に対する敬意を表する。鳩山家と自由党とが斯様な風に結付くが故に昔乍らの家ノ子郎党扱をされる。所謂封建の残滓が鼻につくのである。

五日午後一時、本部にて代議士会。河野幹事長から正午の総務会にて決定した総務委員六名の補充の件、五月十日緊急党大会開催の件を図る。少壮連より続々発言あり。幹部攻撃の声も起る。然し連絡なき発言、未熟な用語等にて手もなくあしらはれ、提案可決。三時十五分、散会。

幹部派は何事か考へてゐる。

帰宅後鎌倉の菅原*君と話した。同君はやれやれとすゝめた。

五月六日

正午からの総務会で新に補充さるべき六名の総務が決定した。その中には確実な私の支持者が三人はゐる。

つゞいて昨日から今日にかけての社会党の提携申込に対する経緯の報告があり之に対する態度の相談。

こゝでは共産党が入閣する場合には自由党は援助できないとの空気が圧倒的であつたが、然し前回からの行懸りもあつて社会党の申込を無下に拒み得ないから、矢張り政策協定はやらざるを得ないといふ事になつた。やつて見ればインフレ対策と失業問題とで行詰るに極つてゐるし、又共産党との懸隔も明白になるから、それで協力はお流れになるといふ見透しだ。

「今の間に社会党単独内閣でやらせたら必ず行詰るといふ手もあるんだが……」と私が言つたら河野君は、「共産党と社会党の左派は其場合にも大衆運動を起して反対を押へつけ、解散を断行するとの計画を立てゝゐるそうだ」と言つた。

自由党の党首問題は来る十日の大会で決定されるといふのに、総務会では未だ何の案も出ない。誰も痛いところへ触れようとしないのである。

午後三時、石山賢吉君*と官邸で話した。それは昨日菅原君と話した結果、私の政治運動支持のため百名位の有志家を連ねた会を結成しようとの下相談であつたが、石山君は実に熱心であり菅原君と共に双璧といふべき支持者である。

昨日迄は病後でフラフラしてゐたが、今日は漸く健康体に復した気持である。

新聞は私を助けてゐる。朝日も日本経済も、共に私が自由党首となることを支持してゐる。

五月九日

胃腸障害でやせたのが益ゝやせる。自覚症状は善良であるが朝早く眼がさめる。

昨日午後、本部で有志代議士会が開かれ、幹部排斥、自由党総裁推戴の件を可決して気勢を挙げた。三、四の人が訪ねて来て党内の大勢は決定的だと言ふ。私は闘志を抑えて厚生省に行つたまゝ総務会も欠席した。

九日の朝、心境は頓に開けた。党の円満の為め一切をすてゝ纏めようと決心した。そして朝九時半、松濤の松平恒雄氏を訪ねて此際自由党総裁に是非就任してほしいと言つた。松平氏は国民服に身を堅めて昔とは著しく肉落ちた体をソファーに埋め乍ら左の如き理由によつて固辞すると答へた。

(一)政党に縁無き者が此際に首領となるは不自然である。

(二)政党に経験無きものが政党の運用を為すことは出来ない。

(三)健康――殊に中耳炎で困つてゐる。

然し万一、三派から総理に推されたら？ と念を押したら、それなら考へる余地があるといふ返事だつた。

その足で党の総務会に臨んだ。

河野君が「私が総裁候補を捜してゐる等といふ話があるけれど、そんな事は一切しない」と言つた機会に、私は次のような意味を述べた。

「私は鳩山総裁の後任として最初吉田氏を説いたがダメだつた。そこで松平氏に目星をつけて今朝も此処へくる迄同氏と会談したのだつたが、これもダメだつた。此上は党内の纏る案なら、どんな案でも私は承服する。私が何になりたい等とは考へてはゐない。明日の大会でガヤガヤ論議するような醜態は是非止めたい」と。そう言つた刹那に私は本当にどんな形になつても黙して従ふといふ従順な気持になつた。

午後一時半、首相官邸の裏門から這入つて幣原総理と話した。話は専ら自由党内部の事情から、松平氏の談に及んだ。

幣原さんは片山君と今日午後四時に会つた後、協同党*の代表が来て四派(進歩、社会、自由、協同)の聯立を発起する筈になつてゐるから、明日にでも四党首の会合を行ふことにしたいと言ふこと、自分は総理にはならないが、党かられへば自由党が第一党であるんだから実は君を推したいと考へてゐると言はれた。

とんでもない、私は決して左様な大役は勤り兼ねますと答へた。

その足で吉田外相を官邸に訪ねて、何とか考へ直して自由党総裁になつて貰ひたいと説いたが、同氏は、鳩山が余りしよげてゐるので可愛想になつて昨日は大磯へ行つて考へたが、どうしてもダメだ、ソレより君がうけよと言ふ。

更に同氏は「僕は鳩山にも前に言つたのだが、風当りをさける為めに一時芦田を総理にして君は国務大臣になれ、一、二年すれば交代してよいではないかとね。まあ君が奮発するんだ」と附加へた。

事件は予想し得ない方向に伸展しつゝある。人世の事は誠に測り知る可らざるものであることを痛感する。

五月十一日

五月十日は党大会の日である。今日の大会に誰を党首とするか、又党首でないにしても誰か総務委員長〔会〕でも造るのか、その場合党内から人をとるとあれば私の外にないとは多くの人の言ふ処である。然し河野君の一派は極力私を排斥しつゝあり、鳩山氏は全面的にそれを支持してゐる。

そのことは五月十日午前の総務会に幹部側より提出した「緊急措置に関する決議」に、総務会を以て総裁代行の機関とし総務会長を置かない、とした点に明瞭であつた。それを見た時私は「愈来たな」と思つた。

党大会は十日の午後二時、交通協会*に於て開かれた。座長に植原悦二郎君、議案説明は大石倫治君が当つた。そして鳩山氏の挨拶の外は常議員選挙のみで、後は「緊急措置」を一瀉千里で決議して何の発言もなく散会して了つた。

閉会と共に室の一隅から「何の為の党大会ぞや、有志代議士会を開かう」と叫んだものがあつたが、大した反響は無かつた。

本部で総務会が開かれた。そして総裁欠員の期間、総務会を合議制として代行すると言ふのである。尤も幹事長の外に常任総務を置いて常務に当るとの案が植原自称会長から提案された。これに対して星島、本多*、世耕*君等の反対があつた為め、鳩山氏の意見を聞くことゝして三木、植原の両氏が出向いた。一時間程して帰つてから「幹事長は河野君、常任総務は植原……」五名、と発表された。自由党では鳩山氏の意見が凡て綸言として受取られる。

この経過を見て、私は凡てがよめた。鳩山氏は世評の如何に論なく河野氏を信頼してゐる。河野は辻嘉六*と称するラスプチン型の策士と通じてゐる。この一団が私を忌避してゐる。そう考へて私は一切沈黙と静観を続けることにした。

五月十二日以降、私の気持は急に朗かになつた。肩が軽くなつた。然し政局は吉田氏の自由党〔総裁〕就任説が強まると同時に不明朗になつた。

五月十四日

新聞は吉田氏に自由党総裁就任の意思なきことを報じた。

朝十時半、私は自由党の総務会に出席したが幹事長は別に報告することもないと気抜けの如くいふ。この非常時の政党本部がそれで宜しいのかと疑つてみた。自由党は死滅してゐるのか。

吉田総裁推戴の決議をしようと本多君が提唱した。私は「それもよいが吉田君の意思を確めなければ、不可能と知つて決議するのもおかしい」と言つたので今日、植原、河野両君が吉田君の官邸へ行くことになつた。

午後の閣議で安倍文相から政局の成行はどうかと総理に質問した。

総理は、話の相手がないのが困る……明日は自由党の党首がきまるそうで、と答へた。

そこで岩田、松本両氏等が吉田氏の奮起を促したが、吉田氏は承知する気色が無かつた。

農相は東京の食糧状態が悪化してゐることを述べ、政局の不安が一週間もつゞけば或は暴動が起るかもしれないと言つた。私は非常なショックを覚えた。自由党の責任としてもこの儘では済まない。吉田氏でも誰でもよい、早く政局を安定しなくてはなるまいと考へた。

官邸に帰ると*松野鶴平君の許へ自動車を迎へにやつた。そして吉田君への勧告と第二の対策とを今夜中にも樹てるよう鳩山氏と相談して貰ひたいと話した。私は全く厳粛な気持であつた。鳩山君には率直な話をする気になれなかつた。昨今私は鳩山氏に政治家的識見のないことを嘆じてゐる。如何に国家を憂へての話であつても、それは旧政党的の個人的立場からの意見としか映らないのである。

この二、三日来私は党の責任が軽くなることに心の気軽さを感じた。吉田君が受諾しそうだと嬉しい心持になつた。然るに十四日になつても尚ほ低迷してゐることに不安動揺を感ぜざるを得なかつた。

五月十五日

今日は富が結婚の日である。三史君、胖君夫妻が広尾の官邸に宿泊してスミ子も忙しい裡に喜びに浸つてゐるらしい。私は結婚の式事に気を配る心の余裕は無い。何一つ手伝はなかつた。専ら下河辺夫妻が手助をしてゐる。

朝は春雨がしとしと降つてゐる。政界は依然として混迷の状にある。飯米はこゝ数日で切れるかも知れない。毎日のように赤旗が坂下門に現れてデモを行つてゐる。

吉田内閣の難産

五月二十一日

吉田茂氏が組閣の大命を拝してより六日目である。悩み抜いた揚句やっと農相に*那須君と内相に*大村君とを据えて今日は午前中に組閣完了の筈と言はれてゐた。閣員名簿をG・H・Qに持参すると岩田法相と那須博士とが追放令から除外せられないと判明して組閣は又一頓挫を来した。

唯一の清涼剤は昨日 MacArthur 司令部の出した日本人への警告である。

二十一日の夕方になつて、農林大臣には順々と堂々廻りをして終に農政局長の*和田が大臣になると伝へられた。自由党幹部は同人を赤なりとして入閣反対であるといふ。そこで午後八時から本部で緊急総務会を開くことになつた。出席しまいかとも考へたが兎に角出席した。

九時十五分頃にやつと開会された。私は今日の食糧問題の解決は専門技術の問題ではなくて政府の政治力の問題である、従つて技術者を大臣にする必要はない、議会政治家を大臣にすべきだと述べた。但しこの問題のために内閣を流産に終らせる訳には行かないから、何とか吉田君にも思ひ直して他〔の〕人を閣僚にするように説得したいと附言した。

河野、*平塚両君は大に昂憤して、和田問題は実に重大な波紋を与へる、あれを自由党が承認する訳に行かぬといふ。*大野伴睦が吉田内閣反対を叫ぶ。

三木、*大久保、大石の諸君はこの際内閣が流産しては政界は大混乱に陥るから和田問題は鵜呑にする外なしといふ。

その中に十時に近くなつた。電話があつて吉田氏は閣員名簿捧呈のために既に参内して了つたと報ぜられる。*どうせ、そんなことだらうと私は考へた。河野君は大に吉田氏の態度を憤つてゐた。私は大詰に見切りをつけて十時半に官邸に帰つた。

五月二十四日

五月二十二日の四時頃に退官挨拶のため鳩山氏を訪ねて一時間程話した。鳩山氏は自由党が危機に瀕してゐることを告白し、前途は暗澹たるものありと言つた。更に吉田といふ男にはあきれた、あんな男とは思はなかつた、新内閣は一、二ヶ月の間に、議会中にも倒れますよと吐出す如く言つた。河野は吉田の後へ新しい総裁を迎へると言つてゐるが誰を目当てにしてゐるのかしらともつぶやいた。形容して言へば鳩山氏は*"Après moi, le déluge"といふ形であつて真に邦家を憂へる Statesmanship がないと痛感した。

二十四日午後二時、党本部の役員会に出た。三木君が追放令にかゝりそうだと聞くので余り新聞に名が出ない方がよいと話した。

矢野、牧野両氏と昨今の党情、世評を談つて此儘では自由党は潰れる、何とかしなければといふ話をした。両氏とも同感であつた。同感の士はある。然し動く人はない。有ればボス連中ばかりである。

二十四日午後一時過ぎ、総理官邸で吉田総理に挨拶したら、一寸話したいと言つて部屋へ引込まれた。吉田氏は、第一に自由党の総裁を早くきめて貰ひたい、と言つた。どういふ意味であるか僕の如き Simpleton〔のろま〕には判明しない。

第二には政務官*は党の立場もあらうが、政府は政府の立場もあるからその辺の協議はどうしようかといふ事だつた。私もその意見には大体賛成した。そこで林書記官長*を呼んで三人で話した。

私は自由党の閣僚中から植原、星島、進歩党から一松*、河合両氏に担任して貰つて両党の幹事長と総務一名位を相談に参与させたら宜しからうと提案して、その通りに決定した。吉田氏は自由党首であるのに党首らしい気持をもつてゐない。

現在の情勢で推移すれば自由党は衰亡するに極つてゐる。世間に対しても何とかしなければならぬ。それは多数の人の異存なきところである。

私は今岐路に立つてゐる。進歩党と合同すれば、保守派の類別に入つて了ふ。別に一派を立てゝ社会党右派と提携せんとせば依然少数党となつて将来多くの難関につき当る。

合同には河野一派が反対するから自由党は分裂するだらう。すると内閣は危機に立つ。若し又内閣を終始支持すれば、吉田氏倒潰の時に自由党は全責任を取らなければならぬ。*塩月君が来て言ふにはG・H・Qは幣原、吉田、芦田といふ順にリレーを希望してゐるそうだと言つた。これは想像説に過ぎないとしても私の責任は可なり重い。

昨日時事通信は河野の過去の言説を一九四〇年三月の議会速記録から抽出して彼はG項に該当するとの通信を発表した。河野も身辺の危機を感じてゐると伝へられる。これが実現すれば自由党は余程世間の信用を恢復しうるであらう。

五月二十五日、小雨。朝から小島君と塩月君とが来訪。二人共政務官の話をした。

宅では官邸を引払ふので朝から其用意に忙しい。いよいよ官邸を去るとなるとスミ子はSentimentalになる。私は少しほつとした。自動車のないことが打撃だが、それは私一人ではない。

午後三時荷物のトラックが出た。私はこれから大森に帰るのである。

内閣を退いた。就任以来、金が入用だらうとて、私の方から頼まないのに金を出してくれた人の中、金額の纏つたものは次の通りである。*私は家族等も此等の篤志家に感謝すべきであると思ふ。

	万円
京都芦田会	**
菅原通済氏	*
*門野重九郎氏	*
吉川兵次郎氏	*
永田雅一君	*
大谷竹次郎氏	*
*塚田公太氏	*・*
大映	*・*
*木村義雄君	*
*大沢善夫氏	*
大野木君	*・*
*三井高公氏	*
石橋正二郎氏	*

長尾欽弥氏　*
服部*玄三氏　*・*
永井*幸太郎君　*・*
山下太郎氏　*
関*桂三氏　*・*
長崎英造氏　*
竹中*氏　*
田附*政次郎氏　*
高橋*竜太郎氏　*

この外旧い関係の郡是から二、〇〇〇円、京都の有志から一、〇〇〇円等をも数へねばならぬ。この外機密費とか年末のボーナス等で政府筋から貰った在職中の金子は合計十一万円位になる。日本は何と言っても官権万能の国たることは争へない。昨年十月以降五月末迄に私の消費した金は九十万円に上る訳である。

退官後の一日

五月三十日

退官はしたが党内には私に対する強い反対があるし、党では何も重要な仕事はしてゐない。

然し新聞には自由党の後任総裁とか外相候補とか書く為めに誰にあつても昨年の終戦当時から比べて尊敬される如く見える。物足りない気持と同時に自重せよ、同志は尠くないとの気分になる。

今朝は厚生省の自動車を一日借りることにして朝十時、孫三人と下河辺夫妻、百合子を同乗させて都心に向った。

第一に放送協会に行った。それは昨日、私が放送協会の評議員に選ばれたからである。評議員受諾の交渉は古垣*君からあった。私は一応辞した。その理由は次の如くであった。

「我国の放送は既に久しく民衆の信頼を失つてゐる。最近の Radio は agitator に濫用せられてゐる状態だ。自分自身さへ多くは之を聴かない。これに対して私は責任が負へない」。

然し古垣君は、高野*会長も現状を改めたい希望であるし自分自らもかく念願してゐるから是非助けて貰ひたいといふので、遂に受諾した。

そこで今朝高野博士に挨拶する時に、率直に私の心境を述べて、場合によつては一、二ヶ月で辞任するかも知れないと附加へた。

その場に居合はせた*嶋中雄作君と共に丸ビルの中央公論社に行つて、政界の近況等を談つた。嶋中君は自由党の近況を憂へてゐる。そして私を激励した。

正午には宮中で幣原内閣の旧閣僚の賜餐があり東久邇宮も御同列であつた。食事が終つて陛下との対談は最初幣原男が主役をつとめ三土氏がこれについで話した。

陛下は〝きばなのばら文字〟といふ野草を宮城内で沢山採取して皇族方にも御贈りしてゐると申された。臣下の中に誰もこの草のことを承知してゐる者がなかつた。陛下の御話によるとこの〝きばなのばらもぢ〔ママ〕〟は西洋の草花であるが宮城内では夙に野草化して繁殖した、今ではその花を食用にしてゐるが美味だと仰せられた。

陛下は又酵母菌の実体を捉え得たと頗る御満悦の如くであつた。

陛下は岩田氏に向つて、退官後は弁護士になつたかと御質問があつた。

岩田氏は之を肯定した後、皇族の中からも将来弁護士を志されることが希望の至りに堪へないと言つた。

すると幣原男は政治家にも是非なつて頂きたい、今日政党の腐敗から民主政治が完全に行はれないことは残念である、アメリカの如く明朗な、すつきりした民主政治である為めには、やはりすつきりと明朗な人が出て政党を率ゐねばならぬ、「芦田さん、どうです。大にやつて下さい」と幣原さんが言はれた。幣原さんは私を信頼してゐてくれると思つた。

話が次々に出て二時近くに陛下入御遊ばされた。

私は東宝に*田辺を訪ね、ついで大映の永田君を訪問した。両氏とも僕の自重と自由党の粛清を慫慂した。

交詢社で散髪をして総理官邸に幣原国務大臣を訪問した。幣原*男は戦争調査会の総裁(従来は首相の兼任であつた)を引受けることになつたので、私に副総裁を引受けるよう去る二十八日*青木得三君を使者によこされた。私はにべもなく辞退したが正式の答は幣原男に面会して行ふべき旨を約束したのであつた。幣原男は私に対して君が引受けて呉れたら安心する、決して政治的意味のある会でもなし、又君の時間を徒費させる仕事でもないよと言はれた。私は幣原男爵が苦手であると言つたら幣原男は笑つて居られた。私はどうも困つた、断りにくい、然し一応考へさせて貰ひますと言つて引下つた。

午後五時から総理官邸の小食堂で幣原男の招待で旧閣僚の夕食会が開かれた。珍らしく安倍君と渋沢君がはしやいで余興をやつた。この種の会合としては珍風景である。

小笠原君*の発意で毎月一回三十日に定例会を開くことに纏つた。そして私は自動車に引越の家具を積んで八時半に大森に帰つた。

小笠原君が、「先日木村法相に逢つたら芦田が自由党総裁になれば、僕も自由党に入るよ」と言ふから「俺だつて芦田君なら入党する」と話したと言つてゐた。少なからず激励された心持で帰つて来た。

人生の事急ぐ可らず

六月九日　誌

昨日菅原君と逢つた。長男が嫁をとるから来てくれ、それから金が要ると思ふから準備した、近日とりに来てくれといふこと。鉄工ビルの一室を貸すから使ひなさいとの申出である。何といふ忝い心尽しであるかと感激した。

今朝、区役所からの通知で七、八月に家を徴収するから準備しろとの話、これには一寸不安な心持であつた。若し全家を取られたら、新に借家でも捜す外ないのである。

然るに今日午後五時頃米国士官が三人、家を見に来た。いづれも私の待遇には満足したらしい。そして明白に Partial Occupation であると言つたので一安心した。

昨日、今日(小島君、林譲治君はいづれも其話に来たのであるが)、自由党の粛清について話があり頭も使つてゐる。今日は珍しく Fighting spirit が出て、単独でも戦ふ気持になつた。一体誰が私に対するアラレもない風説を播いたかは問ふ迄もない。この挑戦に対して私は黙々として従順であつた。然しいつ迄も黙しては居られない。事は政治の公明の問題である。私は挑戦に応じなければならぬ。いや確かに応戦しよう。その闘はもう始まつてゐる。静粛に始まつたが執拗に応戦しよう。

京都の大野木君が自動車を貸してくれる。これも有難い話だ。私は私心をすてゝ御奉公しなければならぬ。

自由党を奈何する

六月二十日の議会開会を前にして政府は議員資格の再審査を余儀なくされた。G・H・Qはソ聯側の要求もあつて可なりの数を追放する希望をもつてゐたらしい。林書記官長が六月十九日夜の緊急総務会で報告したところに依れば、政府としては最初三木〔武吉〕*、薩摩等四名位に止めたい意嚮であつたそうだが、先方に於ては河野以下八名は確定的だと主張した。そして十八日の夕刻には動かす可らざる情勢に立至つた。

十九日の夜の総務会は其日軽井沢から帰京した鳩山邸へ大久保、葉梨*の両名が伺候して河野の後任を相談した。その結果大野伴睦氏を幹事長に決定したのであつて、総務会が開かれると河野が発言して、僭越乍ら後任には大野君をと言つた。大野は敵のない男であるし、既に鳩山邸で相談が出来てゐるのであるから、一議に及ばず決定して了つた。

大野―大久保の線で自由主義政党の面目は相立たぬと感じたが私は反対しなかつた。三木、河野が去つただけでも党の空気は幾らか改善されると思つたからである。

大野が何故出たかと言へば、それは辻嘉六と同郷であるとの縁もあると言ふ者がある。然し大野は私を信用してゐるから、私としては反対する程のこともない。

河野は終始一貫して私に反対した。現に三木、河野を追放したのは私の策動だとふれ歩いてゐるそうだ。三木君もそのことを言及して、私はそれを絶対に信じないと迄言つた。だが仮に其風説が流布されたとしても私は少しも疚しいと思はない。両氏とも抵触することは明白であり、又両氏とも五月十日の党大会前後に私が抵触するとあられも無い風評を撒布したのであるから、「爾より出づるものは爾に帰る」の諺に当嵌つたのであらう。尤も三木君だけは情に於て大に同情する。人物も河野君に比べて数等優れてゐる。

吉田君を総裁に推すことは党として当然のことだが、私として積極的に働く立場には居ない。一度はそれを主張したけれど行はれなかつた。そうなれば形勢を見送る外に途はない。余りに強くこれを主張すると、私に対する反対運動に結びつけられる虞もある。

進歩党は自由党と合体して、保守党合同を希望してゐる。

私は或はこの大勢に乗るのが政局安定の上に有利かと考へる。それならば近く行はれる地方選挙前に之を決行するのが良いのではないか。

個人の問題としてはその方が楽である。只、社会党を挑発する如き形に於て合同することはさけなければならぬ。そのことは六月十八日に片山、平野、西尾君が来訪した時に之を話して置いた。結局吉田内閣の後は各派聯立の内閣でなければならぬと私は信じて居り、片山、西尾君等も亦かように考へてゐた。

自由党としては総裁を迎へる途もなし、又吉田内閣も長くは持たないと思ふ。二十一日、二十二日の議場の空気を見ても左様に考へる外はない。それかと言つて社会党内閣も単独ではどうにもならぬ。して見れば三派聯合内閣の機運は醸成されなければ後の収拾がつかない。

現在のところ私の努力は此点に向けらるべきである。

憲法審議

六月二十五日　記

新憲法の審議はいよいよ今日から始まつた。午後一時半に開会。吉田総理から提案理由の説明があつたけれども、我国の劃期的憲法として何等ふさはしき説明が聞かれず、極めて事務的な熱のない説明であつたことを遺憾とする。

第一陣の北昤吉君の質問は自分の予想以上によかつた。只後半に至つて頗る形式的な字句に拘泥した逐条的な質問に堕したため Oratorial success を贏《か》ち得なかつたことは惜しかつた。

憲法審議の特別委員会には私が委員長に据ることになつた。これは劃期的な仕事であるだけに私にとつては厚生大臣や国務大臣であるよりも張合のある仕事であると考へてゐる。

憲法の審議は全院委員会に於て行はふとの論も小会派から提議されたが、全院委員会は此種の仕事には適しないことが判明して、特別委員会を設けることになつたのである。

東京新聞は逸早く二十三日に Interview を求めて次の如く記事を書いた。*

私が憲法改正案委員会の委員長に就任することは私個人に対する嫉妬から多少の反対もあつたらしい。然し自由党から出すとなると差当り世間の納得する人間はゐない。そこで大野伴睦君(幹事長)の言葉を藉りて言へば「君に据つて貰はなければ格好がつかない」ことになつたのである。

私はこの地位が実質的には左程重大とは思はない。だが議会三分の二の数を以て可決される為めには修正案の取扱にも細心の注意をしなければならぬ。

かゝる意味から吉田内閣の一閣僚たることよりも寧ろ委員長たることを栄誉なりと考へた。愈委員長に当選した六月二十九日の午後から心気明朗にして〃志気方自得〃といふ心持になつた。

六月二十九日に委員長に就任して引続き委員会を開いた。総括質問で大体の論議をしたが質疑の申込は七、八十名を数へる。総括質問の締くくりといふ訳で私が最後に質問を試みたが、好評であつた。

それを朝日と毎日とが大きく取り上げ Jiji が英文で出した。それは別添の通りである。*

七月十六日の委員会には Northwestern University の Prof. Colgrove* が傍聴に来た。私は委員会を五分間休けいして彼を委員長席に迎へ昨夜から考へた短かい挨拶をした。全文は次の通。

Prof. Colgrove

On behalf of the members of the Com[mittee] I want [to] express our greeting and sincere appreciation for the interest which you have taken in our business. I understand that you are going home soon. When you arrive at your homeland, please tell your countrymen that the Jap. people are doing their best to rebuild new & democratic country and are looking forward to collaborating as soon as possible with the peace loving peoples of the world.

彼氏も亦之に答へて簡単な挨拶をしたので満場拍手して之を迎へた。僅か五分間であつたが議会には珍らしい光景であつた。

先日の総括質問と今日の挨拶とは新議員諸君に良き印象を与へた。

口の悪い北君迄が芦田君は外交官をして居たから英語も良いし、立派な挨拶が出来たとほめた。正直に言へば私の英語は外交官の英語ではないのだ。

(以上七月十七日記)。

皇室財産の処理

八月十日　夜

この日誌を誌さないこと一ヶ月余〔ママ〕、この間は専ら憲法委員会にて忙殺せられ、真に愉快に働いた。「終始一貫、立派な委員長振りであった」と日本経済で褒められたりして益〻気をよくしたせいもあつたらう。

憲法小委員会の修正は八月二日を以て一応実質的に終了した。問題は八四条の皇室財産の条項のみがG・H・Qと揉み合ふことになるのであらう。現在はさうなつてゐる。

八月七日にGovernment Section*のWilliams*が議会に来て話したいといふので三、四十分間話した。私は委員会の立場を説明して次の如くサンマライズした。

When we got the draft of Constitution in the Diet, we were told (1°) that the Draft was approved en bloc by the Scap., (2°) that except the articles concerning the basic problems the details are opened to the discussion of the Diet. We proceeded along this line in discussing the amendments.

So we left the basic principles untouched. Only amendments we made are on three articles, that is, arts. 97. 84. 92.

Williams interrupted, "Art. 84 is very important and it involves the basic principle……"

"Well," I said, "we do not think the question of the Emperor's property constitutes the basic principle of our Constitution."

In any way when we stipulate that "All Imperial property shall belong to the State", even a hat and pencil must be turned over to the State. According to our legal conception the proprietor must not be deprived of his income of the property. Why the Emperor's property right is restricted to this extent ?

Williams said, "We recognize the private property of the Emperor. We have no objection on it. But among property of the Imperial Household there are many things which we can not consider as the Emperor's personal belong.

The art. 84 stipulates exactly that case.

I said that〔ママ〕 "You recognize the Emperor's private property, that's good, then why we can not say so clearly in this article?"

こんな風な問答を繰返した後私は皇室財産の問題は政府と宮内省とG・H・Qとの間の協議で解決しうる問題であつて之を憲法に記入することは必要なしと思ふ、憲法に書くには皇室の支出は毎年国会の議決を必要とすと規定すれば足ると言つたら、その点は上司に話して何分の返事をすると答へた。

私の印象は Williams は上官たる Whitney, Kades 等の意中を充分に知らないし、又上司を influence する力もないと感じたから彼の約束には重を措かなかつた。

*C・L・Oの役人は皆弱腰でどうにもならぬ、幣原男が直接に処理しなければ解決の端緒は見付からないと思つたから、此点は幣原男に八日にも十日にも進言した。然し幣原男は腰を上げそうもない。

この間憲法の小委員会は附帯決議等でゴマ化して時々集つたが、政府と Scap との交渉は進まない、といふよりは*終戦連絡局の役人は吾々の手ではどうにもならぬと匙を投げて八月八日以後は行動を中止した形である。法制局長官の*入江君が時々ケヂスと交渉して案文を練つてゐる。

十三日に幣原男が大臣室で逢ひたいと言つて面会した。「私は色々考へたが、修正案を引込めて原案に帰る方がよいと思ふ。どうだ」といふ事だ。私は「それは大問題です。国の為めなら自由党も考へるでしようが、私からそれを発議する立場にはない。私は委員長を辞めることになるかも知れませぬ」と答へた。「然し一応進歩党に話して下さい。その態度によつて自由党も考へます」といつて別れた。幣原氏は斎藤君を伴つて進歩党へ勧誘に出かけたが進歩党では承諾したといふ話だつた。

十四日に又幣原男が呼びに来た。午後一時に大臣室で面会すると「今日は君に二杯の熱湯を飲ませることになつた」と言はれた。

幹部公選運動

八月十日

滋賀県の*花月君と埼玉の*山本勝市君とが数日前に来訪し

て同志二十余名と謀り封建的な自由党の組織を民主化する計画のあること、その運動は誰の為めにするといふのではないけれども、先達て三木、河野等が平塚を副総裁にする等と提議した如きは心外千万であるから、この運動の成功には矢張り具体的な人間を意中に持つてゐて貰はねばならぬ、それは私が一度勇気を出してくれることを要する、勿論この運動は成功すると信じてゐるが成否は半分半分だから、いよいよいけない時は別れる決心もしなければならぬ、「どうですか」といふ。

私は「よろしい、君等と壇ノ浦迄行く」と答へた。それ以来毎日そのことを考へた。時々不安にも思つたが、総じて私は明朗だつた。これで戦ふんだと決心したからである。

九日の朝、花月君が大森に来た。私と銀座の交詢社へ行つて約一時間話した。いよいよ十日に代議士会へ動議を出すと花月君が言ふ。

十日は代議士会が一時過から始まつて一時半過ぎに花月君が起上つた。

極めて冷静に、丁重に動議を説明した。彼は上手に話を持ち出した。そして予定通り山田、山本、加藤、小島、鈴*木仙八等々が賛成した。大石倫治、北*浦圭太郎両氏は此件を今日の代議士会で賛否を問ふことは止めろと述べた。花月君は凡てを呑込んでよろしい、と答へた。二時半過に一応終つたが代議士会の空気では殆ど反対はなかつた。

今後のことは図られないが、今日は確かに成功であつた。Die is cast. 私はこの馬に乗る外に途はない。

戦闘準備

八月十七日　誌

敵は愈鋒鋩を見せて来た。話は八月十五日に遡る。その日は降伏の記念日であつて、議会も休むかとの噂もあり希望もあつたけれども、何しろ予算も審議を了らず、憲法もウロウロしてゐるので、休めなかつた。

丁度昨日から今朝にかけて政府と Scap との交渉が纏まり(纏まつたと言ふよりも十三日の MacArthur 吉田会談で押しつけられて)、第*八十四条の修正案が出来た。自由、進歩両党は真先にそれを飲むことになり、十五日午前に自由党の幹部会と代議士〔会〕に図り、附帯決議と共に諒承を得た。よつて十五日の午前の小委員会にそれを附議することになつた。

八月十六日の十時頃に幹部室へ行くと葉梨、大久保の両君から、第八十四条の案はウッカリしてゐたが事極めて重大であつて、国民感情にも響くから委員会で決定することを止めてくれとの話だ。葉梨君の如きは頗る激昂して紅くなつてゐる。私としては党の決定によつて委員会に臨んでゐる以上、三、四の人の依頼によつて委員会の進発〔ママ〕を中止する訳には行かない、そう明言して委員会に出た。そして修正の八四条を各派の提案として小委員会に出すよう相談が纏つてその通りに通過した。

委員会が終る頃、*加藤一雄君が来て代議士連が八四条で騒いでゐるから来て下さいといふ。「アレは私に対する嫌がらせで敵本主義だよ」と吐出すように答へた。

私は一切とり上げないで午後の〔衆〕議院〔憲〕法調査会に出席して四時過に議会を出た。

十七日の朝、衆議院公報を見ると九時半から緊急総務会を開くと広告してある。私は其処へ出て一応の事情を説明するために最善を尽そうと思つた。十時過に幹部室へ行くと予算の件で論議中であつた。

幹事長が一キリ〔ママ〕となつた頃「憲法の件を」と言つたが、却つて進行を抑へる態度をとつたから「いよいよ、彼も一味だな」と思つた。向ふの連中は大久保、葉梨、大石倫治、*高橋英吉、*有田二郎、*荒船清十郎といふ顔ぶれである。それに督軍然として議長の樋貝も来てゐる。

私は八四条の修正案の行さつを話した。植原君が来て政府の立場を詳細に話したので空気は一変したかに見えた。然るに予算に関する代議士〔会〕を開くといふので幹部会は散会した。正午過になつて再開された幹部会では又しても同じ論議が繰返された。そして結局政府はこれ以上どうにもならぬといふのか更に努力するといふか一応確めようといふ事になつて、樋貝、葉梨、大野の三人が出て行つた。

帰つての報告に総理は今一つやつて見よう、然し来週になるぜ、と答へたと言ふ事だつた。

私はその経過を進歩、社会、協同の外他の二会派に伝へて今日の委員会は止めますと言つて歩いた。然し腹は治らないから吉田総理に直談しようと思つて大臣室へ行つたが留守。折柄居合はせた斎藤、植原両国務大臣に対して、所謂政府の最終案が最終案でないとすれば、憲法委員はどうすればよいのか、と言つてゐる処へ*原夫次郎君が来て、進歩、社会両党共あれでは治らぬ、何とか小委員会を開いて相談してくれと言ふ。

尤だと思つたから、*廿日出君(幹部室で激論中の)を拉して三時過に小委員会に出て行つた。進歩、社会両党はカンカンに怒つて、政府も政府、自由党のボスも怪しからむ、吉田首相に直談しようと言ふ。そこで法制局長官と副書記官長をよんで総理との会見を申込み委員会の空気を伝へた。

午後五時、小委員十二名(高橋、廿日出、*江藤(自)、*犬養、原夫次郎、*吉田安(進)、*鈴木、*森戸(社)、*林平馬、*笠井、大島)は外相官邸の二階で総理と会見した。和服姿の総理は何と思つたか、八四条についての今日迄の経緯をくだくだと話して、どうかアノ案で直進して下さいと言ふ。

吾等はあきれた。話がマルで違ふ。

「今日は二度も三度もあきれて居ますが、吾々が此処へ来たのは、先刻三人の人が帰つて来ての話に……」と一応の経緯を述べた。

社会党の鈴木君は、総理が自由党の有志を引見してアンナ話をされるのはどういふ訳かといふ。

「私は憲法委員会の人々と思つた。殊に議長が居たものだから……」と吉田氏の答。

「一体修正案はあれが最後案と考へてよろしいか」。

「あれが最後案であります」。

鈴木君は更に吉田総理に向つて、「自由党の馬占山と綽名される人は新聞記者に向つて『芦田委員長はG・H・Qと通じて陛下に不利益を図つてゐる』と放送した。いはゞ芦田委員長を毒殺せんとしてゐる。甚だ不快な話です」といふ。之に応じて吉田安、森戸、林君等が私を正当とする理由を縷々述べた。私は感激を覚えた。

そこで私は鉛筆をとつて今日の会見についての Statement を書き一同の同意を得て、林書記官長に発表を求めた。

次に私は吉田総理に向ひ、「自由党首として、私のとつた措置を正しいとして支持されなければ私はやつて行けませぬ。それでなければ私は委員長をやめます」と言つた。吉田氏はやや不明乍ら之を承諾した。

結局十九日朝から憲法委員会を開くことを決定して会見を終つた。

私は心から勇気に満ちて帰途についた。

戦は既に開かれてゐる。いよいよやるんだ。

八月十八日　夜誌

昨夜総理官邸で作った Statement はドノ新聞にも出てゐない。不思議といふ外はない。小島徹三君が来て大勢はこちらのものだ、じつとしてゐらつしやいと言ふが、戦ふ以上そうはならぬ。

七洋寮に高山義三君を尋ねて最近の事情を話した。

ときわに開かれる総務会に出席した。

憲法問題について昨日吉田氏と会見の事情を話して、「何とか始末をつけねば」と言つたら樋貝君が専ら口を出して、大野と二人で小委員会の案を呑む外あるまい、然し宮廷の問題等については政府側の明確な答弁を取つて置いて貰ひ度いとの話であつた。敵は明かに妥協を策して来たことが判明した。

大会の行事はすらすらと進んだ。然し最も不愉快であつたことは誰もが追放者の事を引合ひに出して弔辞を述べること、河野や辻嘉六が出席してウロウロしてゐる事だつた。

江藤夏雄君がカンカンに怒って、「吉田、林書記官長は約束を履行しないではないか、これでは自由党と憲法委員会とは正面衝突を行ふ外はない」と言つてゐる。尤だ。

明日はどうするかを考へねばならぬ。

樋貝不信任の旋風

八月十九日　夜

朝登院して憲法小委員会を召集した。犬養、原、鈴木等の一言居士不参で決定は出来ないが、憲法に関する自由党の紛糾は一応納まつた旨を報告して、なるべく審議を促進するよう希望した。委員会はその点で異存はない。

私は次に十七日夕方吉田総理邸で作製した Communiqué が林書記官長から発表されなかつた旨を告げ、私からは昨日抗議したことをつけ加へた。西尾君は事件は重大だと言つて留保した。

午後一時半再開して、原夫次郎君、鈴木義男君も出席した。その直前政府からの使が来て一寸大臣室へ来てくれといふ。

大臣室に白洲君(C・L・O)と法制局長官、金森*君等が鼎座して、G・H・Qが又注文を出して来たと言って Type した英文を示した。憲法六三条、六四条とに関する注文である。「大体承諾できるが Civilian たる条件は蛇足であり且つ書きようがない」と法制局は頭痛だ。兎に角此点は今一応押返すことにして白洲君は出て行った。委員長から委員会へ伝へて貰ひたいとの事だつたが、「明朝邦文のテキストが出来たら、金森君から委員会へ話して貰ひたい。今日は時機が悪い」と答へて委員会に出た。

委員会で簡単にその経過を話した。

問題は十七日事件に入った。原君と鈴木君が事態を明白にしなければならぬと主張する。吉田安、江藤夏雄君も強硬だ。

それでは声明書を作らうといふ事になつて、私から江藤、吉田、鈴木、大島の四君を依頼した。時に二時半。

すると鈴木君は自由党の諸君、議院職員は退席して下さいと言ふ。私達は三時半迄休むことにして、再び法制局に引返した。G・H・Qは "shall be civilian" を削ることに同意した。

三時四十分再開。鈴木君が声明書の草案を読んで皆から意見が出た。この声明書は吉田総理の粗忽、林書記官長の怠慢に言及してゐるが、主力は議長の越権追及に置かれてゐる。

委員長として私は之に参加出来ないと言つたので、「御尤だ。退席して下さい」といふから出て行つた。

今日欠席してゐるのは北君と笠井君だが、自由党の江藤君と廿日出君は参加した。

確かに一つの Bombshell だが、この儘帰宅する訳にも行かぬ。控室で石井光次郎君を誘つて、首相官邸で支部長会議に出席中の大野君に通告に行つた。

「まさか進歩党が樋貝不信任に賛成もしまい」と言つて大野君は案外平気でゐた。

私はこの声明書に対する新聞の反響を見ることにして夕方帰宅した。この問題は進路如何によつて政界に意外の反響を惹起するに相違ない。明日の新聞を待つことにしよう。

樋貝議長飛ぶ

八月二十五日

連日の紛糾で日誌を怠ること四〔五?〕日間。記憶を辿つて一括して書く。

二十日の朝日新聞其他は憲法小委員会の声明を大きく取扱つた。党内は旋風でユラユラしてゐる。其際に更に修正の問題が起つた。二十日朝小委員会を開かうとしてゐる時、大臣室から来てくれと言ふことで六三条、六四条の相談をして委員会に出た。委員会としては承諾に困難しない点であつたから問題は簡単に片づいた。十一時頃に終つて党の幹部会と代議士会で修正の承認を得た。

然し議長問題は益ゝ火ノ手をあげて来た。社会党の議長不信任案に協同党、無所属、*新政会が合流したから自進両党の数で押切る外はないが進歩党も若手は不信任に賛成してゐる。犬養君は恐らく社会党に約束したと思はれる節がある。そこで代議士会では憲法通過後には樋貝がやめるとの諒解の下に不信任案は否決することに決心したらしい。尤も犬養君には幣原男から懇々と話があつたものだ。幣原男に逢ふと、「不信任案が通過すれば内閣は潰れるんです」といふ。

自由党では大野、葉梨、その背景者の運動があつて樋貝を救ふべく働いてゐるが、社会党は強硬である。

二十一日に憲法委員会を開く。北浦、*木島、*木村の三君は最も強く小委員会の行動を非難しようとしてゐる。北浦君は総理から、木島は大久保の手で、木村は辻嘉六の手で動いてゐる。

憲法委員会は緊張裡に開かれた。北浦、木村の議事進行に関する質問があつたが、相当押し切つて午後〇時四十五分頃に委員会は憲法を可決した。これで小生の任務は九〇%終了。ほつとした。

憲法審議終る

二十一日の日程には憲法と出てゐる。然し社会党では樋貝議長の下では憲法審議は行はないと頑張つてゐるからどうにもならぬ。各派交渉や四頭目の会議をやつて見たが、片山が承知しないので、二十一日の夕頃になつて、木村副議長で本会議を開いた。

社会党の動議で不信任案を上程したが自由党は数で押切つて樋貝を援助することに決したが、党内でも樋貝を辞めさせよとの論は相当に強かつた。

二十一日の夜の会議は社会党の Filibuster 政策で見事に

自由党は破れた。私は副書記官長の自動車で一時に大森へ帰つた。

二十二日は朝から幹事長が左往右往してゐる。木村副議長は病気で出られない。*山崎猛君を仮議長として夕方から会議を開けた。

然るに弁明に出た樋貝は散々ミソをつけ、弁士*山口が又脱線して議場はどうにもならぬ。いよいよ樋貝がやめなければ憲法の審議は出来ない形になつた。

二十三日午後樋貝は辞表を出した。昨日も今日も議長室に辻嘉六が据り込んでゐたといふ。そこで夕方に会議を開いて山崎を議長にした。進歩党では代議士会で川崎、吉田〔安〕両君が芦田を推せと演説してゐたし、社会党も芦田ならば自党候補は立てぬと言つたそうだ。私は他党からいつもほめられる。

夕方七時半、本会議が終つて外相官邸で夕食。明日は愈本会議に憲法が出る。

委員長報告は二十一日に浄書が出来て、印刷に附したパンフレットも二十二日には出来た。

原稿は時々図書館に持つて行つて読み返した。殊に最後の結論は二十三日の夕方迄にほゞ暗誦した位だつた。

八月二十四日

二十三日の夜は外相官邸から帰つて早くねた。それには前夜の睡眠不足を補ふ意味もあつた。

二十四日は六時に起きて又も報告演説原稿の初と、結論とを読み返した。

九時過に登院してモーニングに白チョッキをつけて、今朝登院された尾崎先生を無所属控室に訪ねた。先生は顔色はよくないが元気だつた。

十時半に本会議を開く筈が十時四十分になつた。私は十一時五分前に登壇した。左右、前面からの照電を浴びて一種神厳な気持になつた。声も存分に出した。結論に入ると共に原稿を机上に置いてキッと向き直つた。

新聞に出てゐる通り、*「真に痛恨の極であります……」といふ処へ来ると涙が出て泣声になつて了つた。拍手の音が耳に入る。幸にして涙は止んだ。そして予定の通りに終つて降壇したが涙がまだ眼底にあつて、笑顔にもなれぬ。

数人の人が席に来て祝つてくれた。演説を終つた時、この演説は成功したと直感した。拍手が白波のように眼に映る。ゆるゆると段を下りて議席に帰る時、私はまだ感傷的な気分であつたが、其間も拍手はまた起つた。はつきりと意識しないが私は確に shy であつた。傲然たる態度などは出もしないし、又そんな気持でもなかつた。翌朝の時事新報が書いてゐることが、外から見た光景であつたのだらう。

翌晩の九時から放送座談会の Radio を聞くと北昤吉、犬養健、水谷君等が憲法討論の話をして、三人共に私の演説を褒めてくれた。北君は「芦田君の演説は情理兼ね備はり立派なものだつた。芦田君は冷徹の人だと思つてゐたが、過去を追憶して声涙共に下るところ、私も貰泣きした。芦田君は冷頭熱腸の人だつたので私は芦田君を見直した」と言つた。

水谷君は「今日の演説の白眉は何と言つても芦田委員長と吾党の片山さんだ。芦田さんは時勢に押されて、林内閣の時に佐藤〔尚武〕外相に向つて質問演説をした昭和十二年以来、始めて議会演説をされたのだ」、と言ふような事を言つた。* 共産党の志賀*君は「芦田さんは喜ぶべき処を泣かれたような感がした」と言つた。監獄から出た人は成程そう感じるのであらうと思つた。

井上知治*君は私を祝つて、「アノ演説は一個の芸術品だ」と言つた。私にとつて一番嬉しい讃辞であつた。或人はアノ演説を聞いて泣かない者は日本人でない、とも言つて呉れた。

昨日、今日、逢ふ人毎に「御苦労でした」「御成功でおめでとう」と言つて呉れる。時たま「はは－憲法会議でしたか」等とまるで無関心な言葉を洩されると不快な気持にさへなつた。

敵妥協を策す

八月二十七日

今朝登院すると大久保留次郎君が一寸話したい事がある、といふので懇談室で三十分余り話した。彼は彼自らが当分表面には立てないので党の世話をする外に野心のないこと、差当りの役員公選論に於ては何とか妥協して総務の三分の一は総裁の指名にして貰ひたい事などを述べた。私は十四年来鳩山氏を支持して来てその逆境の最中に於ても決して離れなかつたこと、私は鳩山氏により金も地位も求めなかつたこと、而も今に至つて彼是と言はれる事の心外千万なこと等を談り、公選運動については党を纏めたいと考へるが、公選の主義は若者等に於て決して捨てない決心の如く見える旨を話した。正直に言つて私は昨今闘志に燃えてゐる。下らぬ妥協には断じて応じない肚だ。然し又他の策動にも容易に乗らぬ。現に今朝も林平馬君が来て民主党新政会等の一派六十名は自由党の動きに注目してゐる、そして進歩党と自由党の五、六十名と民主党とを合せて二百名以上の代議士になる、それで絶対多数はとれるから、君一つ決心して貰ひたい、との話だつた。私は現在のところそれには直ぐ賛成できぬと答へた。今一週間形勢を見て呉れとも言つた。

形勢は各党とも動いてゐる。小会派は素より進歩党と雖動きつゝある。然しどれもこれも日和を見てゐる。只自由党はG・H・Qの persona non grata であるだけに流は激しい。

安岡正篤君*が福村書店月報第一号に抱書夜話といふ短文を書いてゐる。その末尾に誌したところは強く私の胸を打つた。*

八月二十八日の日記

今日は又土用のように暑い。京都から着いた自動車を修理に出すので厚生省から運転手が来たり、富が運転台に乗つたりして東京へ出た。

永田雅一君が病臥してゐるので宅へ行つた。自由党の京都支部が高山君を繞つてゴタゴタしてゐるので、相談に向つたのである。

議会に行つたが頗る閑散だ。栗山、小島両君*と鼎談した。栗山君は今朝 Wilds* と話して来た党の民主化運動の件で報告するといふのである。Boss 側は遷延策を講じてゐる。それ故近く Wildes は彼等にも示唆を与へようと約束したそうだ。

私の印刷した委員長報告をほしいと言ふ人が沢山ある。

鉄道工業の事務所を見聞に行つた。

小林一三氏が在京中との事で有楽町の東京 Mansion へ面会に行つて、三時前から半時間程話した。

小林氏は最近の金融整理について別の意見を持つてゐるとの前置で復興金融銀行等の構想は所詮ダメだと結論する

のである。その件で吉田総理の依頼もあり、これから大磯の*池田成彬氏を訪ねると言つてゐた。そして四時から宇垣さんが来訪されるとも談つた。私はその足で交詢社に行き、知合の実業家の懇望で委員長報告書を十五部程手渡した。

六時から経済クラブで*野村嘉六、川崎克、植原悦二郎、斎藤隆夫(いづれも七十歳以上の老政客)と話し乍ら夕食した。又と再びこんな夕食があるかと考へつゝ。

野村君は憲法委員長の労を謝しつゝ、「男子として本懐至極の仕事だ。総理大臣にも比すべきものだ」と言つた。今日榊原君が言ふには「新聞記者連中も、あれ位の報告書が書ける人は議会で他には無いと言つてゐました」と。私は確にアノ日の Oratorial success で四、五十名の同志を獲得したと信じてゐる。東京駅から乗車して八時半前に帰宅した。

涙を伴ふ演説の後味

九月三日

去月二十四日の演説に涙を落してから、毎日一、二回宛は報告演説の結語を思浮べる。そして「真に痛恨の極みであります」といふ言葉を繰返す毎に眼に涙が浮ぶ。

隣の古沢氏と今日は駅から同行して帰宅したが、道々の話に「日曜日に議長秘書の大塚君が遊びに来て、アナタの演説を激賞して、議会開設以来の名演説の一だと申しましたよ」、「アノ男は常に新聞記者達を相手にして話してゐますから八〇点以上は点をつける男ではありませんよ」とも附加へられた。

私は大臣になるよりも、総理になるよりも、演説を残して置きたかつた。恐らく議員生活の最大の野望であり、そして満足でもある。

昨今諸方から祝詞を受取る。枢密院の関屋貞三郎氏は歌をよせて、次の一句、

大任を果して君の涙にも望こもれり幸あれ御国

鎌倉の未知の人からは(新名直和)

顕真審議最純誠　深識高知駁駿英
熱弁潸潸愛国涙　憲章済美頼君成

私を自由党の総裁にと考へる人も少くはない。又次の総

理にと期待してゐる人もある。然し総理になつて、此難局を乗切る自信があるかと言はれたら決して充分の自信はない。眼さめるような顔ぶれの内閣ができるとも思へない。それよりか、私は政党を育てることに努力すべきだ。民主々義的な健全な政党が出来ない限り、日本の政治はどうにもならぬ。先以て正しい政治を行ふ基礎を造らねばならぬ。これこそ余生を捧げるに値する大事業である。かゝる仕事は多くの難関にぶち当る。個人としても公人としても困難な事業であるが、命をかけて為し遂げる値打はある。

先以て己を知り、その脚下をふみしめて、力に余るような地位に即かない事だ。

内閣は確かに動揺してゐる。閣内の不一致も現れて来た。然しこの内閣が倒れては後が厄介だ。といつて今の総理ではどうにもならぬ。

世は国鉄のヂェネストや海員ヂェネストに不安の波をあげてゐる。財産税、補償打切、農地調整法等々の一連の施策は、闇販売も知らず労力を売る境涯になき者を一斉に不安にしてゐる。これを一体どうして切抜けるつもりか。

期待さるゝ者の悩み

九月十二日 夜

九日の朝から下痢を起してその日の午後から床についた。十日は絶食、十一日も重湯、十二日にやつとパンとかゆを少し食つて快方に向つた。

その間にも十一日には菅原君、*中上川鉄四郎君両氏の胆入りで美術クラブを会場に憲法委員長の慰労会を開くというので出席することにした。

小西君の自動車を引出して富が運転して、昔の護衛の荒井君が附添人となつて午前十一時会場についた。集る人三十五、六人。松本烝治先生を年頭〔ママ〕に円覚寺の*朝比奈管長、松竹の大谷、日活の*堀社長等が変り種。同学の*河上、*石坂、田辺、*今村、長崎英造、加藤恭平、新聞界の板倉卓造、交詢社の*日比谷、*林、*中野友礼、其外、*黒川武雄、長尾欽弥。

朝比奈管長の挨拶は甘いことを言つた。私も憲法成立前後の話をした。

前毎日社長*□□□□〔高石真五郎〕君が尊敬すべき保守党創立の必要を説いた。私を激励する心持は多くの人に現れてゐた。有難い嬉しい会合であつた。

十二日の朝、花月代議士来訪。一週間余も顔を見なかつたので其後の報告に来たと言ふ。「敵は維新直前の幕府の如く周章して対抗策を執つて居ますが、時流に乗つてゐるのは吾々です」。

「樋貝没落の当時は『アレは芦田、犬養の陰謀だ』といふ噂で大勢は一時不利でした。処が憲法委員長の報告で再転しました。自由党許りではない。中立でも進歩党でも〃議会第一人者〃と言ふ相場が定まつて私達の運動も大に助かりました。成程吾々の運動は正しい。然し先生を押立てゝ始めて成功するんですよ。中心なくして花月、山本(勝)では問題にならんですから。公選は月末頃になりましよう。それでよいです。然し選ばれる総務は半々位と思ひますがね。かうなれば脱党しなくても大丈夫ですよ。その代り選挙に勝つたら態度をハッキリして下さい。吾々もハッキリします。何と言つても天下を取らなければどうにもならぬ」と言ふ。

その天下を取る事に私は不安がある。この難境を切り抜けることは睡眠不足に陥る軍司令官と同じだ。私は第二次大戦中、敗戦の司令官や参謀長の身の上を屢々考へた。彼等の Nerves はエライものだと思つたが、政治家も亦同様である。之に堪える Nerve の持合せが必要だ。私にそれがあるか、そう考へると期待さるゝ者の悩は大きい。

十四日　夕誌

間堂仍独息　念身幸無恨……といふ韓退之の句が――西園寺公の愛誦された――今日の私には身にしみて味はへる。二、三日来下痢のため努めて家居する。昼間の雑沓を過して秋の小雨の音を耳にし乍ら今夜は若者夫妻も留守だし、二階の十畳に机を前にして坐つてゐる。仏像と対座してゐる心地だ。無念無想の境とでも言ふのだらう。

憲*法公布の式典

十一月三日　夜誌す

今日は何といふ素晴らしい日であつたか。生れて今日位感激にひたつた日はない。それは簡単には書けない。

朝十時登院した。私の書いた憲*法解釈のパンフレットは今朝出来上つた。庄司一郎君が行き〔ママ〕なり二千部買つてくれた。各方面で申込があつた。用紙配給委員会へ五万部の用紙を頼むことにした。

十一時、貴族院で行はれた公布式典は物静かな会であつた。食堂で衆議院の会食が行はれた。何となく皆が朗かであつた。

然し午後二時から宮城広場で行はれた祝賀都民大会は素晴らしい会合であつた。秋晴に推進されて数十万の民衆がこの広場に集つて来た。一尺でも式場に近附かうとして左に揺れ右に揺られつゝ群集は汗をふいてゐる。

式は二時少し前から始まつた。私は演壇の上で群集の様子を見入つてゐた。米国兵がCameraをもつて左往右往してゐる。内外の新聞記者が高い台の上で写真器を握つて立つてゐる。

都の議長や副議長が次々に登壇して、総理、貴衆両院議長が祝辞をのべる。

二時十分頃両陛下は馬車で二重橋を出られた。群集は早くも帽子やハンケチを揮つて波立つ。陛下は背広、中折の姿でゆるゆると歩を運ばされる。楽隊が君が世を奏すると会者一同が唱和する。何故か涙がこぼれて声が出ない。私許りではない。周囲の人々は皆さうらしい。

首相の発声で万歳を三唱すると民衆は涌き立つた。陛下は右手で帽子をとつて上げて居られる。皇后陛下はにこやかであらせられる。

陛下が演壇から下りられると群集は波うつて二重橋の方向へ崩れる。ワーッといふ声が流れる。熱狂だ。涙をふきふき見送つてゐる。群集は御馬車の後を二重橋の門近くへ押よせてゐる。何といふ感激であるだらう。私は生れて初めてこんな様相を見た。

自由党本部へ行つて、本多市郎、山本勝市、*小野孝、*小峯柳多、小島徹三、江藤夏雄、*青木□□〔孝義〕の諸君と共に新しい政調の部門を相談した。兎に角、大に新規蒔直しでやらうといふ元気を出した。

五時半、総理官邸の祝賀会に行つた。貴衆両院の憲法関係者、枢密顧問官、官庁関係者等。私は枢府議長、両院議長、安倍貴族院議員(委員長)の次に坐席を与へられた。なごやかな会食であつた。

七時に終了。総理から一寸と言はれて部屋に入つた。

「憲法制定の功労者に、本来なら叙勲といふ処だが、時節柄とて評議の結果、御写真を賜はることになつた。これは陛下が御署名の時の御写真に御名をしるされたもので、総理と幣原、金森両相、枢相と両院議長、貴衆両院の憲法委員長、法制局長官等十一名だけに下賜されたものです」。そう言つて賜物を渡された。私は又感激した。

省線に乗つても、頭は今日一日の感激で一杯である。そして涙が流れ出る。

大森駅から人力に乗つて急いで家に帰つた。三史君夫妻、長谷*の親子三人も居た。御下賜の写真を机上に置いて、都民大会の話を初めたが、とうとう泣いて了つた。スミ子もミヨ子も泣いた。

「今日は生れてから始めての最も感激した日だ」と一同に話した。

私には何の慾もない。総理になつても総裁になつても、何になる。一番役に立つ仕事なら何でもしよう。差当つて政務調査を軌道に乗せること、政党を良くすることだ。

十一月八日　記

人間は引込みが大事だ。この年になつて自己宣伝をする気にもなれない。高橋均*君の言ひ草ではないが「芦田の名が新聞に出ないことを祈つてゐる」のに、又しても話の種になる。

憲法精神普及会*の相談が四日と五日の両日、引つゞいて議長応接室で開かれた。五日にはどうしても普及会の構成を纏めねばならぬ。私は木村副議長と事前に打合せようと思つて副議長を訪ねた。

山崎議長を会長に、貴族院と内閣の代表を副会長にと提案した。処が山崎君は「多忙」といふ理由の外に議長は議長一本鎗で行くべきだと言ふし、副議長は、「事の真否は別として、世間では金森、芦田といふ二人を憲法と切離して考へ得ない状態だ。だからソノ Combination が人の買ふ取組である」といふ。山本実彦*氏は議長が会長はまずいといふ。無所属の福田*君は「芦田さん、事の序にやつて下さい」といふ。原夫次郎君は私と同意見で、国民代表たる国会の議長が名義だけでも受けるが筋道だと再三主張し、小生も極力原君の説を支持したが、大勢はとうとう僕が会長といふ事になつた。副会長は金森君と安倍能成君、理事長は林内閣書記官長と内定して散会して了つた。

私は普及会長にならう等とは夢にも考へてゐなかつた。そして最後迄山崎君を推した。

だが考へて見ると人間は引込み勝の態度になればなる程引出されるものと見える。私の今日の場合がそれだ。

一昨日小山田医院に行つて Metapoline の注射をした。今朝は始めてホルモンを注射した。僅か三回の注射であるけれど、体の調子は頗るよい。今二、三ケ月前に試みればよかつたと思ふ。

思出した一つの Episode――五日の夜、鶴見総持寺で講演を頼まれて行つた。聴衆は老若の男女、小学生まで居た。それに憲法の話をしようと言ふのだから少々困つた。話も大抵結論に達した際、聴衆の中から二、三の者が質問！質問！と叫んで立ち上つた。講演会をつぶそうといふ企図である。それを抑へつけ乍ら相当に反撃を喰はした。聴衆は大多数、私を支持した。散会後二、三十人の仲間が質問すると言つて寺の玄関に頑張つてゐたそうだ。私は案外平気だつたが坊さん達が心配して国民服の若僧六、七名を護衛にして裏門から駅へ、駅から大森駅まで送つてくれた。

「君達も本堂で念仏を唱へて衆生済度をする時代は過ぎた。辻説法に出なさい。それが時代の要請です」と言つたら、「そうです、そうです」と言つてゐた。

倒閣反対論戦

十二月十八日　朝

社会党が中心となつて十二月十七日の屋外運動に調子を合せて現内閣不信任の決議を出すといふ。与党では其際に適当な弁士を立てるといふ必要もあり、是非私にやれと若手が中心になつて迫つて来た。私は憲法委員会で相当にやつた矢先でもあり、毎度演壇に立つ必要もないし、役割としても有難いものでないから、演説することは気乗りしない、断じて断ると言つた。すると十四日の夕方総務会の席で多くの連中が一斉にやれ、頼むといふ。其上に十四日朝刊の読売は〔に〕「採算がとれぬ役割だから芦田も犬養も遁げた」といふ風の記事が出た。それを私は憤つてゐた際であるから、遂に引受けることにした。土曜日の夕方帰宅して演説原稿を書き初めて、二時近く迄に一応書き上げて了つた。

翌十五日は埼玉県の演説会に一日を送つた。

十六日、党に行つて聞くと不信任決議が解散要請の決議に変つたといふ。それなら私は止めたいと言つたが、中々聞かれない。いよいよ断念して十七日に登壇の覚悟をきめた。そして、〝富士の里〟の宴会が終ると高橋均君と同伴して家に帰つた。

昨日迄の原稿を訂正しなければならず、〝演説要領〟も発表用として作らねばならぬ。要領書は高橋君が引受けて呉れたが、草稿用として毛筆の大型原稿を作らねばならぬ。それに時間を食ふ。一時頃迄働いて床に入つた。然し十七日の朝迄はどうも安眠が得られなかつた。

十七日は六時に床を出て、草稿を読み返した。社会主義政策の実行についての反対論は此春以来演説して来た点を一纏めにした。保守主義の理論は十一月の中央公論に載つた論文*を参考にして簡単に書いた。山としてはRamsay* MacDonald の晩年の進退を折〔織〕込んだ。

そして自動車で(ミヨ子を五反田駅迄送り)登院したが、この演説が成功するかどうかは時間の少い関係上自信はなかつた。せめて後二、三日あれば、うまくやれると思つたけれども……。

十七日は案外落ついてゐた。満員の傍聴席に一寸驚いた。登壇して社会党の野次に二度驚いた。殊に「憲法が泣くぞ」といふような漫罵が、私を憤慨させた。

然し壇を降りてから、「よかつた、よかつた」と友人達に祝福されて、本当にそうなのかと感じた位だつた。就中、保守党理論を述立てた点は心ある人に喜ばれたらしい。人間は妙な運命にある。

あれ程辞退した演説で、もうけようとは意外である。一人の新聞記者は「初はマイナスになると思つた今日の演説が完全にプラスになつた」と言つた。そうかも知れない。

今回の演説は、議会でも街でも評判がよい。大体に於て議会雄弁の一人者だと認めざるを得なかつたらしい。あちこちから手紙が来る。

政変夢想劇

十二月二十七日

第九十二議会召集日である。今朝の時事、読売両紙は政局微妙――野党との聯立か、改造かの問題が差迫つてゐると報じた。例のヨタ種か希望的観測であると思つてよんだ。

午前中は*教育刷新委員会に出て、それから登院した。昼食後、食堂で顔を合せた平野増吉君に「一寸」と言つて二人で副議長室へ入つて対談した。

平野君の言ふ処によると、同君は両三日前幣原男に面会。政局の前途といふよりは、救国の方途として、この儘ではやつて行けない、社会党の右派を取り入れた聯立内閣が円満を期する唯一の途である旨を進言した。幣原男は内閣改造で行きたいと述べて承引しなかつた。然し今日、吉田首相と会談することになつてゐる。社会党の右翼は堅く決心して、聯立内閣の組織には内閣が一応辞職すること、その場合には左派の一部が分裂しても突進することに決してゐるとのことで、平野君は私にもその運動に力を藉してくれといふのであつた。

私は頭の中に*松本重治君を思ひ浮べた。松本君と白洲君を説いて之に賛成させれば吉田君は動くかも知れないと思つた。「然し何分、私が動くことは野心あるものゝ如く思はれるので私は動きにくい」と平野君に答へた。

三時に安達鶴太郎君が話したいと言つて訪ねて来た。そして二人で交詢社へ行つて話した。安達君の話は平野君の説と大分に似てゐる。然し彼は何も確たる根拠を握つてはゐない。

安達君が帰ると*綾部健太郎君が坐り込んで、「いよいよ政変だね」といふ。そして今迄西尾君の秘書が訪ねて来てこの書類を置いて行つた、そつと見給へ、といふ。読んでみると、西尾君の書いたものか、或は秘書の書いたものか、判然しないが、社会党右翼の聯立案である。聯立が成功すれば、左派は抑へつけると書いてある。恐らく西尾の書いたものではあるまいと思はれる節もある。

夕方、*廿七日会が開かれるので芳蘭亭へ行つた。読売の馬場社長も、共同の伊藤君も共に News をもつてゐない。然し交詢社では政変説を論じてゐる向があるところから推して、決して想像説ではない。

II

十二月三十一日　夜誌

この両三日来新聞は一斉に「内閣改造か総辞職か」を記〔ママ〕

き立てる。所詮この儘では乗切れないことも明白となつた。

三十一日午前十時過、小坪の別荘へ幣原男を往訪。東京screw会社の松木社長の好意で自動車をかりて小坪へ行つた。トンネルをぬけて玄関に行くと取次が「お待して居ります」といふ。幣原男はドテラを着て寒むそうだつた。

「一昨夜泥棒にやられましてね」との挨拶で、寒い理由も解つた。私は政界の情況を一渡り説明した。議会はこの儘でも乗り切れます、然し議会だけで勝つといふことよりは日本を救ふには国民が本気に働くといふ気持になつて貰ふことが何よりであつて、どうしても人心を新にする必要があります、それには社会党を入れた聯立で幣原男を総理にする外に途はありませぬ、と力説した。自由党の過半数は救国運動を必要だと考へてゐること、両党の合同も速かに出来上らねばならぬことを附言した。

幣原男は何とかして改造でやつて行きたいと言はれたが、それでは社会党もついて来ないし、世間も新しい気分にはなれない旨を附言した。自由党、進歩党の野心家が中々納まるまいとも言はれた。然し一時の不平は在つても結局大したことはないと答へた。

犬養君には信頼をもたない口吻であり、田中万逸*も問題でないと言はれた。田中、和田、そして星島君が出て行くことは止むを得ない気持と見えた。石橋君には十分の信頼を措くといふ風だつた。

吉田内閣がやめて自分が出ては世間は又私の野心を云々するであらうと心配されたが、「さような事は知る者ぞ知る。かような批判などを気にしてゐる時ではありませぬ。貧乏くじを引く決心を願ふ外はありませぬ」と答へた。

「社会党は自分の立場のみを力説するけれども、犧牲を払ふものはこちらだ。それも考へて改造で我慢して呉れないだらうか」。

私は之に答へて、「大局のためには多少の犧牲は止むを得ないでしよう。又世間から見ても改造では満足しないと思ひます」と言つた。

帰る時に「君の十七日の演説は非常によかつた。私の言ひたいことを充分に言つて貰つて……。今日の御話は非常に参考になりました。有難う」と、いつに無いComplimentを言はれた。

私は再び自動車で——高橋均君同乗——海岸道路を鵠沼

に向った。恰も晴間で薄日が白砂青松の上にさしてゐた。春の休日らしい気分で打よせる蒼波を眺めてゐた。

帰宅してから平野増吉君に電話して大体の様子を話した。平野君の話によると、西尾、平野両君が吉田君に面会して情勢を話したところ、吉田君も到底乗り切れないことを悟つて、此際幣原男に出て貰ひたいと思ふが、その点は社会党から幣原男に話して呉れと答へた。然し社会党としては、吉田君から直談すべき筋合であつて、自分等からは言ふべきでないと答へたそうだ。

平野君は一両日中に幣原男を往訪して、其結果を齎して大磯に吉田君を尋ねる予定である。

幣原男の談片。犬養君と君と楢橋君とが連絡してゐると噂するが、それは私には信じられない。

犬養君はG項の問題が解決してゐないから入閣は六ケ敷いと思ふ。楢橋は陰謀などはやれない、陽謀だ。あれは兎に角痛快な男だ。

*膳《ぜん》君はよくやつてゐる。頭もよい……。

星島君は良い処もあるが、石橋君は大に憤慨してゐる。

商工、農林は官僚閥がトグロを巻いてゐて困らせる、石炭庁の長官がテキパキしないので星島君はその責任を引冠つてゐる訳だ。

田中万逸君が大臣になるなんて問題ではない。

昭和二十二（一九四七）年

新年号の新聞

元旦

政治記事としては吉田内閣の投出し、挙国聯立内閣の提唱が各紙に現れてゐる。特別読物として吉田総理と東京新聞記者との一問一答。これも挙国内閣をあげてゐる。読売は馬場君の「年頭の決心」をのせて「なぜ国民が同胞一致協力し、虚心坦懐に日本再建に邁進する気になれないものか、皆同じ日本人ではないか」と言つてゐる。

同じ読売に*野村吉三郎大将の「日本はどうなる」といふ論文がある。これも詳細に日本の短所をついて団結を慫慂してゐる。

私は〝政治休戦〟と労資協力とを主張する短文を書いた。これを印刷して朝野に発表しようかと考へたのである。

一日の午後*石井光次郎君を往訪して最近の政局の動きを話した上、挙国内閣論を説いたところ同君も同意見であつた。これなら一致して行けると信じた。

MacArthur's Message of the New Year もよく出来てゐた。これを熟読玩味すればよいのだが。

吉田内閣辞職前宵

一月十五日

一月四日朝東京を発つて関西へ向つた。私の留守中に政変の起ることもあるまい。かゝる時東京に座つてゐては却つて策動を難ぜられる虞もあると考へて落着いた気持で東京を離れた。

京都、丹後、大阪等々で政変の予告をしたが、東京では自由党も進歩党も閣僚も却つてツンボ桟敷であつたらしい。

一月十二日の夜九時半に品川駅について家に帰つたが、政局の動きは顕著でない。然も十二日には自由党の役員会で多少論議があつたといふ。

十三日に吉田総理が大磯から出て来て始めて、林書記官長も「これは怪しい」と感じたらしい。

十三日の夜、安達鶴太郎君と小島君とが来訪。政局談をしたが新しいこともない。平野〔増吉〕君に電話したら、「凡て順潮に進行中です」との返事だつた。

十四日には自由党と進歩党の幹事が我善坊で会合して、それから党の役員会を開くとの報告があつた。然し私は予て憲法普及会の講演を宇都宮で約束してゐた関係上、書面を以て大野幹事長に欠席の旨を通じ、兼て意見として、此際は総裁に一任する外に手はあるまいと伝へて置いた。

十三日に膳*君と石橋とに遇つたが、二人共に政局のことは少しも聞かされてはゐなかつた。閣僚は凡てツンボ桟敷だといふことであつた。それでなくては改造はやれまいけれど……。

私は或は入閣を求められるかも知れない。然し第一には首班の問題だ。吉田氏では心細い。第二は椅子だ。何省でも良いといふ訳には行かぬ。外務ならやつて見ようと思ふ。商工省なら、重任ではあるが、やつても良い。それも首班が吉田氏より幣原氏であることを望む。尤も閣僚にならなくとも不平はない。政界に入つて十五年、未だ曾て今回程平静に無関心に政変を見送つたことはない。今日も終日出歩いて夕方に帰宅してからアンマをとつて、夕食に粕汁を食つた。

二階十畳の和室にデンキコンロを挿し込んで此日誌を書いた。

夜九時、平野君に電話したところ、其話に「社会党は聯立に反対ではないが、吉田君が教授グループだの和田だのといふ連中の話をきいて変な顔ぶれを揃へるものだから、昨晩終に社会党から拒絶した」といふのである。幣原男は黙つて控えてゐるらしい。犬養君に電話したら「アレでは困る、蓋をあけたら皆ビックリしますよ」と言つて、「結局決裂の外ないでしよう」と附加へた。平野君は「結局は纏るでしよう」と言つてゐる。まあやつて見るがよい、そして行詰れば又やり直す迄のことだ。

その後、内閣の工作は一頓挫して一月十七日吉田総理は自進両党の幹部を集めて、時機尚早であるから聯立工作は一時水に流すと話した。それから今日迄(二十六日)吉田総理が何を考へてゐるか、一切は曖昧のまゝ、政局不安で十日を送つた。

その間、自由、進歩のボス連中は連日、内閣へ押よせたり、御座敷懇談を重ねてゐるが、私はどこへも顔を出さず、自、進政策協定と党の政調の集会に出席して政変には不介入の態度をとつた。然し後の内閣には是非入閣せよ、断じて入閣するな、いや文部大臣に決定してゐる等と風評のみ高い。私は改造なら入閣しない決心である。

自由党は脱皮するか

一月二十六日　午前

河野、三木《武吉》が党をリードした時代、私は厚生大臣として別天地に在った。ついで鳩山君の引退、自由党首の更迭等々で、私は一敵国として排斥された。然し第九十一議会で憲法委員長をつとめ、ついで政調会長に推され(これは所謂幹部派の一歩退却であったが)、九十二議会の演説(十二月十七日の劇的な議場)で世評が定まって以来、党内での地歩は大に堅まった如く見える。そのことは政経新報一月二十七日附の記事が示すような傾向は否定できない。*

私は自重して居る。政変だと言って飛び廻るような軽挙を差控えて自分の当面の仕事だけをしてゐる。一部の同情者は「そう超然としてゐても困る」といふけれど、応援団長のような態度は面白くないと思ひ、その上、大臣になりたいと思はないから飛廻っても仕方がない。

一月二十三日に花月君が、議会控室へ来て、「一つ、大きい気持で清濁併せ呑んで貰ひたい」と前置して、「辻嘉六と逢ってくれ」といふ。私は辻・花月会談の報告をうけて、「逢ひましょう」と答へた。そして築地錦水を其場所と定めた。

二十五日の夕六時、錦水で辻、花月両君と鼎座した。

辻は坐敷に入るなり握手して、くつろいだ態度を示した。私も何等緊張した気持はなかった。八時半近く迄、主として辻が独演した。

「私は個人としての芦田は敵だ。然し大は国のため、小は自由党のためを思へば、芦田を押立てる外はない」。

「星島に幹事長、君を委員長にして自由党を建直すのが僕の腹だ。君はいやかも知れないが、思ふ存分やってくれ。大久保、大野の輩は僕が抑える。悪いことは凡て俺のせいにすれば良い」とも言った。

私は自己に野心のないこと、やれと言はれたら奮起する用意のあることを述べて握手した。辻は一種の人間だ。私心は確かにない。好感のもてる人間である。

花月君は頗る喜んだ。そして近い内に芦田内閣を造ると真剣に述べ立てた。

待て、そうなると無用意には居られぬと思った。

九時半帰宅、十時過ぎに鈴が鳴って安達(鶴)君と小島徹三君が尋ねて来た。小島君は辻との会談が喧嘩別れになりはしないかと心配で堪えられなかつた、と言つて訪ねて来たのである。その心情は有難い。

新しい仕事は自由党の脱皮である。政策の再検討と党勢の拡張。

無所属と国協党とをどうして抱込むかの点も考へねばならぬ。

一月二十九日　夜誌す

二十九日の午前に吉田、幣原、片山の三人が会合して午後一時半迄話はつゞいた。こゝで閣僚の顔ぶれが提示せられたらしい。

片山君はこの提案を以て社会党の幹部会に臨んだが、党内で大議論が始まつて終に纏らなかつたと伝へられ、吉田総理も聯立は失敗だとアキらめて帰宅したといふ。

社会党は実に厄介な党だ。誰と話せば話が纏るのか、一向に掴み処がない。片山が党首だと言つても、統制はまるでとれてゐない。それが困る。

吉田君もあきれた人だ。十二月下旬から今日まで何をしてゐるのか訳がわからぬ。今度の閣僚の顔ぶれを見てもまるで官僚内閣そのまゝの如きやり口で教授グループにつき纏はれて、有沢*を安本長官に、東畑*を農林に、森戸を商工にもつて来たなどは呆れたものだ。そして自由党からは二人の閣僚を引下げて、石井だけを入れた。

私は吉田のダメなることに愛想をつかした。国民こそよい面の皮だと考へざるを得ない。

一月三十一日　夜

処で二十九日の夜になつて連立方式は崩れた。そして総理は立腹して自進両党の改造内閣で行くと決定した。それから改造の芝居が初まつて三十一日の正午頃にやつと新改造が出来上つた。

午後二時自由党の大会が院内で開かれた。大会は極めて平凡且つ短時間であつたが、幹事長は私に総裁挨拶を読めと言つて渡した。風向が少々変つてきた。

集まつた代議士連は「一体これで政党内閣か」「官僚内閣じや」「どこ迄も人を馬鹿にして居る」等と口々にいふ

が、一年生が多いだけに矢張り大人しい。

午後四時から総理官邸で自、進合同の会食――総裁招待――があつた。両総裁とも参内中であるから総裁に代つて挨拶をせよと大野君がいふ。これも風の方向の変つた証拠であるか。兎に角、うけて起つた。

これより先、正午頃丸ビル精養軒の国民学術協会*に行つて話してゐる処へ菅原君と中野友礼君とが来て、「吉田を倒して、君にやつて貰ひたいといふ話なんだ。軍資金は吾々で引うける」といふ。

「そうかといつて今直ぐといふことは無理がある。一週間か二週間はかゝる」と答へた。

私の見当では改造内閣はとても持つて行けない。外からの不評と与党内の不満できつとつぶれると見た。

これで一、二週すれば又改造で蹉跌する。

動揺のきざし

二月二日 夜

三十一日の夜以来私は色々と考へた。然し所詮吉田氏の政治的手腕を以てしてはどうにもならぬ。この人によつて救はれようとの望は捨つべきだと思つた。これをどう措置すれば良いか。

一日の午後、平野増吉君に逢つた。無論政府が聯立の構想を持つてゐることは明白であるが、星島君の手を通じてやれるとも思はぬ、と平野君は言ふ。そこで当分(十日頃迄)待てと弟の力三にも話して置いたといふ。進歩党では一同大に意気込んで連立論が高潮せられ、河合、一松君等は辞職すると言明してゐるともいふのである。

二日は朝の内は春のような快晴で、春光熹々としてゐる。石井光次郎君の処へ行つて祝詞を述べ、医者に行つて注射をした。午前中二人許り客が来た。

午後、電話で予告のあつた通り、竹田*儀一君と廿日出君とが前後して来訪。

竹田君は進歩党の情勢をのべて自由党もこの儘では行けぬ、思切つて進歩党と同調してボスと袂別《べいべつ》してはどうかと言ふ。

私は連立論をふりかざして党で二つに対立しても連立論では本当の勝負にはならず、又争のイッシューも小さい、寧ろ吾々は自進合同を提唱して挙国救国政権樹立を目標とすべきだと述べた。

廿日出君も決心はあるが問題の捉へ方が充分でない。

夕方進歩党の保利茂君*が来て進歩党の情勢を話した。進歩党は連立内閣説であり吉田氏に対する不満は強いし、愈となれば幣原氏をも放り出してもよいと迄言ふ者がある。従つて自由党が連立に乗気でなければ、自由党をふり捨てゝ、在野三派と手を執つて行く決心もある。私に決心して起上つてくれ、ボスと手を切つて一緒になつてくれと言ふのである。

私は心大に動いた。鳩山派と称する一派と所詮心から解け合はないなら、今こそ思切つて別れるべきではないか。四面楚歌の吉田内閣の御輿を舁いで何の役に立つか、日本の政界を朦朧たる迷路に追込み、保守陣営の信頼を失ふに止まるではないか。

そこで竹田君と相談して私は明日中島君と面談することを約し、竹田君は矢野君と話すことにした。早速廿日出君に電話して明日午後少壮同志と交詢社で相談しようと打合せた。


菅原、中野両君との話合もあり、今が絶好のチャンスかとも考へる。

新聞紙は殆んど全部(時事と日本経済とを除いて)吉田改造内閣に反対して掛冠《かいかん》を求めてゐる。読売でさへも別項のような総辞職論を述べてゐる。*

これではどんな内閣でも頰冠りしてやつて行けるものではない。それが解らないような政治はできぬ。

二月三日　夜

朝、鉄工ビルで菅原、中野両君と逢ふ。中野君は頻りにG・H・Qの話を持出して君が吉田に代るのだといふ。そして党費も選挙費用も引受けるといふ。

次に十一時から中島守利君*と交詢社で話した。中島君は久しぶりに辻の処へ行つて来ようと快く出て行つた。

午後一時、院内で政務調査会。その時に中島君が辻の宅から帰つて報告を齎した。「辻は自ら君を推すと大気焔だつたよ。明日の役員会で僕は内閣を引倒せといふよ」と言つてゐる。

午後四時、交詢社で第四号室に集つた連中は次の諸君だ

つた。矢野庄太郎、*田中源三郎、*綿貫佐民、小島徹三、江藤夏雄、栗山長次郎、*飯国壮三郎、廿日出厖、*大滝亀代司。

其席で明日の役員会に於ける態度について各種の意見が出た。私は「政治家は思切つて勇気を出す必要がある。決心したら強く出ることが肝腎だ、思切つて押切れば通る」と言つた。「金のことは心配ない」とも附加へた。それでもまだ躊躇してゐるのは私に対する信頼の無いためだと考へた。

芦田をまづ総務会長に就任させよう。

自進合同をやることにしよう。

合同したら幣原内閣でもよからう。

吉田は好い気持で聯立の首班に残る気だらう、等、等。

然し吉田内閣はこの儘ではもたない。議会に入ると共に倒れるといふ説もあり、矢野君は進歩党の元老の説として「自進合同の暁には、芦田を首班にするんだ」との意見をも披露した。概して言へば矢野君や田中君等の玄人が強気で一年生は弱気だ。兎に角明日は皆首を揃えて役員会に出ることを申し合せた。

一同*Restaurant Ketel's に行つて夕食をした。

七時に星島君の車が交詢社へ迎へに来て*桂へ行つた。離の茶室で二人で話した。星島君に対しては自、進両党の内情を話したが、星島君は今回の改造で国務相に廻はされたのは植原君の技巧であり、結果に於て煮え湯を呑まされたに過ぎない旨を話した。そして肥料一元化案を明日の閣議で押通そうとすれば、僕は辞職すると決心を披瀝した。私は堂々とやり給へ、所詮最短命の内閣であることは明瞭であるとも述べた。兎に角二人の話は極めて意思の疎通に便利であつた。

帰つてから竹田君がデンワで進歩党からの情報を伝へて来た。其話に今日吉田、幣原、大野、田中、大久保の五人が集つて、相談したところ、進歩党の不平を鎮めるのにどうしたら宜しいか、明四日、午前十一時から我善坊へ自進両党から五人宛集つて協議することになつたが、両党のみで内閣の補強をやつて見たところで、どうにもならないから、芦田氏も出席して連立論をやつて貰ひたいとの依頼だといふ。然し私には明日のことについて何の通知もない。仮に補強などをして見ても、どうして乗切れるのであらう。

私は吉田内閣はいよいよ断末魔に詰〔ママ〕つてゐるとしか思へない。

続　き

二月五日　夜

四日の正午から進歩、自由両党の幹部が我善坊に集つた。中島守利、大久保、北、大野と私が自由党から、犬養、田中万逸、*長井源、木村小左衛門、石黒政調会長が進歩党から来た。新聞記者が大勢つめかけてゐる。

進歩党は連立内閣工作の為めに三幹事長を合同して相談させたいとの提案をした。大久保と大野は反対であるらしい。そうなれば、集つても成功の見込はない。のみならず大野はブッ毀しにかゝるに極つてゐる。そこで不成功の暁にはどうなるか。ソレは事態を一層困難にする。いはゞ有害無益の企とも言へる。「私は其前に保守陣営の足元を堅めなければならない。自進両党は門戸を開いて、小会派をも加へ大同団結の一党として進むべきである」と述べた。犬養、木村両君は言下に「そうだ、吾々の主張もそれだ」と賛同した。

中島君は、「吉田内閣ではダメだ。あれを叩きつぶさなくちや本当の民主内閣は出来ない」と言ふ。進歩党も大に賛成らしい顔をした。

そこで結局は新聞報道の如き結末となつて自由党本部の役員会に臨んだが、役員会では北君が又しても演説をするし、矢野、田中源三郎の両君が強気で説を立て、甲論乙駁で纏らない*。結局総務一任となつて総務会は総裁の判定に俟つこととして別れた。

総務会では矢野、坂東*、中島、村上は僕の意見と一致してゐる。就中、坂東、中島の両君は倒閣の主張が強い。

少壮組は朝から進歩、社会の両党と議会に集つて、連立論を闘はし、それに*小笠原八十美、坂東幸太郎君も参加してゐる。形勢は次第に吉田総理の地位を危殆ならしめてゐる如く見える。

五日の朝、中野君に逢つたら、G・H・Qからは指名させる用意はある、どうだらうか、とのことだ。私はまあ待ちなさい、そう急いでも内部が纏らない間は致方がないと答へて、三党の内部情勢を話した。

交詢社で*村上勇君に面会した。今朝辻君に逢つたといふ話やら大野がしかじかと話した等と詳しい昔話が出た。

安達鶴太郎君を招いて*津久井君との連絡を依頼した。

福田君が来て、金の用意はよいか、私も少々準備はしてゐるとの事だつた。私は其好意を感謝したが、差当り必要はないから、他日或は御心配を願ふかも知れないと言つて置いた。

水曜会の午餐で Rotary club の父 Paul Harris が死んだとの報を聞いた。

自由党本部へ行つたが、総務会では別段の題目もなかつた。水田君を別室に招いて意見を求め、自分の考をも述べた。中島君が議長の許へ行くから一緒にとの事だつた。

議長応接室で五党の有志懇談会を開いて大に論じてゐる。

廿日出君が来て、五党有志会は最後の目標を自、進、及小会派の団結に置いて進歩党の連中とも打合せてゐますとのことだつた。

夕方、中島君の根城、池ノ端の梶田屋で中島、山崎、坂東君と四人で夕食をした。中島君の智恵で山崎君から総理へ通じて中島、矢野、坂東、私などを招いて自由党の内情を聴取するようすゝめることに決定した。坂東、中島両君は、吉田は引下すと大に議〔ママ〕じた。私は言葉すくなに傾聴してゐた。

そして梶田屋で大型の携帯電灯を二つ買つて大森へ帰つた。満月の光の下を色々の感を抱いて家についた。

二月六日

十時、斎藤隆夫君を首相官邸の部屋に尋ねて談る。彼は現状を以て議会に臨み、適当の時に解散して政局を安定すべきである、連立内閣は容易に成功しないといふ。

「現状のまゝで議会は乗り切れない。進歩党も自由党もこの官僚内閣を舁いで危機が乗り切れるとは思つてゐない」と答へた。

斎藤氏は一体幣原とか吉田とかを引出して総裁にしたことが誤だつたといふ。

そこで私は自進両党とも現在の姿では国民に飽かれてゐる、吾等は先以て脱皮して新しき保守陣営の大同団結を為すべきである、自進両党の外に小会派三派を抱き込んで絶対多数の政党を作り、一方は連立内閣の誘ひをかけ、成らない時は保守党内閣で進めばよい、それが現在の局面を打開する方策であると言つたら、斎藤氏もそれには賛成だ、又近日話そうと答へた。

そこから中野友礼君を訪問したが相不変突拍子もないことを話すので、先生どこ迄 Megalomania〔誇大妄想〕にとつ着かれてゐるのかと少々うんざりした。

交詢社で小島君、安達君と落合ひケッテルスで昼食後、自由党本部の総務会に臨んだ。

大野君が「吉田、幣原両総裁が、私的に幹事長会談を進めることはよろしいと言つた。此話は成立の見込はない。そうなれば自進両党の連衡で行く。多少の脱落者があつても良い。選挙をやれば必ず第一党になる」とまるで酔狂者のクダを巻くような言葉だ。

少し呆れて了つて党本部を出た。平塚氏が話したいと言ふので議長室へ行くと中島、矢野、竹田、石原君等がゐた。凡て連立論者であり、このまゝで吉田御殿の太鼓は叩けないといふ人許り。平塚君の説に同調であつた。

明日三時、中島、矢野、坂東君等と総理を訪問することを打合せて別れた。

中野、菅原君と夕食を共にして八時に家に帰ると、安達鶴太郎君の案内で小島、廿日出の三人が来た。

今日は進歩党が大爆発で強腰になり、自由党が連立に賛成か反対か七日正午迄に返事して貰ひたいとの申込があつたので報告に来たといふ。

そこへ竹田儀一君と石黒武重君とが来て今後の対策を談じた。結局、挙国態勢政権の樹立を看板に進むこと、それと同時に保守陣営の大同団結を促進することに打合せた。福田君がデンワで明朝八時に是非逢ひたいと言つて来た。吉田内閣はいよいよ退陣せねばなるまい。これも国のために悪いことではない。

午後十一時十五分、*川崎秀二君から電話で、少々酔つた声だつたけれど、「今日進歩党の幹事会は大爆発しました。吉田、幣原両氏に対する盛んな反対論が出ました」と伝へた。矢張り時流だと思つた。

私は此頃、一日のうちに両三度自分の責任を顧みて、冷や冷やと感じることがある。丹波か伊豆で牛乳でも搾つて暮す方がどんなに好いかしらと思ひ、又思ひ返して、「なに大に頑張れ」と自分を激励することもある。

私には背負ひ兼ねる任務であるような気がする。神に祈る心持といふのが、こんな時に起るのであらうか。

二月七日

今日の日誌を書くことは愉快ではない。代議士連中といふ者の頭脳の働きの低劣さを余りにも浅ましく眼前に見せつけられたからである。

朝九時半から緊急総務会が開かれ、昨夜進歩党から申込んだ三派連立の交渉に自由党が参加するや否やの回答を決するためであつた。

然し進歩党の幹事連のいふことゝ総裁の言ふことゝが一致しない点あるために之を確めてから回答することゝして午後迄待つた。

正午、経済研究会に出席して二時半本部へ帰つた。その時大野君が帰つて来て MacArthur の選挙施行に関する書面が発表されて進歩党では三派連立が吹飛んで了つたといふ話、そして集る面々は笑つて之を納得した。私は笑ふにも笑えないで本部を出た。矢野、坂東、田中源三郎の三君と Tokio Mansion で茶をのみ乍ら話した。大同団結の運動は引つゞき続行することに一決した。

夕食に中島君の主催で梶田屋に行く。主人の外に栗山長次郎君と塩月君とで心置きなき話をした。道々色々と考へて見たが、既に総務の大半が大同団結論である以上総務会の多数意見として之を纏めることが最も正道であると決意した。その意見を三人に述べたら皆賛成であつた。多分来週これがために総務会を開くことにしようではないかと言つて別れた。

吉田内閣は議会に臨むであらう。そして又世間の非難が高くなることゝ察せられる。

二月八日

中野友礼君と菅原君とに逢つて昨日以来の形勢の変化を話した。交詢社で長井源君と会談。吾方の大体の進み方を話したところ頗る結構といふ訳で、進歩党は昨日の大野君の声明に反対で、幹部会では田中万逸君が苦境に立ち、今夜の自進両党の懇談会も相辞退となつたとのことであつた。

正午、総理官邸で中島守利、矢野庄太郎、両君と共に総理に面会した。総理は先づ自分の気持をお話すると前置して第一回、第二回の連立工作の不結果を詳しく話された。

第一回の時は大分に進んだ時に西尾、平野両君の問題が起つてやり直すことにした。第二回では政府は四人の閣僚を社会党に渡す考であつたが、先方は五人を要求した。そこで当方は労働《マヽ》、厚生、国務大臣、鉄道をふり当てようとした処、商工が是非ほしいとのことで、農林の代りに商工を譲ることにした。処が商工への水谷氏では困ると言つてその代りに五人の閣僚をといふ話もした。

ところが片山君は社会党の顔ぶれは自分の方できめたい、又協民党*から一名の閣僚をといふ請求があつた。而も協民から誰を出すかは自分に一任してくれとの事である。それでは総理としての名目も通らないから、それは困ると言つて、大体話は纏りそうだといふので、三党首会談まで進んだところ、片山君は石橋財政については政府が声明を以て、社会党の政策を認容して之を修正するとの声明を出して貰ひたいとの要求を出して来た。政府としては左様に簡単に政策を枉《ま》げる訳には行かず、又片山君が党内を纏め得ないで毎日毎日方針が変るといふのでは、とても連立を行つて見ても致方はないと思つて此話は打切つて了つた。私としては到底今のところ連立の見込はないと思ふ。

そこで中島君が話を切り出して、自進両党で内閣をもつて行くにしてもこの儘では困難だと思ふが……といふ。

自由、進歩が現在の如く意思の疎通を欠いてゐてはどうも危険でしようと私も附言した。

だからと、中島君がいふ。自由、進歩は素より小会派も合せて大同団結を造つてそれで総選挙に臨む外はない、それはどうか。

吉田氏は、それが出来れば結構だ、何とか君等の手でやつて貰ひたい……だが、それに幣原さんを頭にすることはどうか、といふ。

中島氏曰、前以て誰を頭にするといふ話をしては纏らない。進歩党では幣原さんを最高顧問にしても宜しいとの説もある。

それから話は急転して、私は率直に、総理は私共が何かいふと、アレは陰謀だ、策動だと言はれるそうだが、私等の考はソンな事ではない、といふと、矢野君が引取つて、「『芦田、矢野等が一派を立てゝゐる』とか言はれたそうだけれど」と少々興奮する。

「私が言つたつて?」吉田氏も少しムキになつた。

「昨日平塚君が会つた時に言はれたと聞いた」。

「そんな事は言はない。立会の書記官長がゐる」(吉田)。

「私も居ましたが総理は言はれない。平塚君が言つたんだ」(林)。

話は約四十分に亘つたので切揚げることにして、私は新聞記者がキッと尋ねるからその時は「総理から連立工作の経緯を聞き又党内一部の意見も話してきた」と答へる、然し総理が連立を断念したとか、しないとか、大同団結についての意見とかは一切言はなかつた事に〔して〕発表したいと述べた。総理も書記官長もそれで同意といふことにして引揚げた。

この会見の顚末は山崎議長と坂本君*とに話した。

党本部に行くと大久保、北、山本勝、水田*、星島君等が十人余りゐた。そこで総理の談話を要約して二ケの点が判明したと述べ、
(一)連立工作は見込のないこと
(二)大同団結には賛成であるから諸君の手でやつてほしいといふこと
を話した。これを話すことは早きに失したかも知れぬ。話した後に私は多少しまつたと感じた。

星島君を引出して Tokio Mansion に出かけた。茶をのみ乍ら、先日来の経過と将来の行く途について意見を交換した。そして好天気だと感心し乍ら家へ急いだ。

今夜は三史君が来て泊る。それが楽しいことの一つでもある。

斎藤隆夫君から電話で明朝是非逢ひたいと言ふことだつた。

二月九日

晴れたれど風の強い日。朝、新聞を見終る頃に大阪の新日本の重役と森下政一君*の使とが来た。十時前に医者へ行つて久しぶりに注射をした。

本郷弥生町の官舎へ斎藤隆夫君を訪ふ。日本部屋の二階で椅子により乍ら話した。これは六日の会談の続きである。斎藤君は昨日若い者を集めて言つて聞かしたがといふ事から、「僕もいよいよとなれば大臣を捨てゝも大にやる」と

いふ。
門戸を開く為めにも自由、進歩の両党を解消して、小会派を含む民主的な新政党を造らなければダメだと主張する。結局、斎藤―芦田の線で新党の主流を為さなければといふ意気込らしい。私も協力を契つて二人で自動車にのつて、護国寺の告別式(鹿島精一君)に臨んだ。

告別式がすむと協同民主党の*三木武夫君の迎えの車に乗つて、麹町の*森暁《さとる》君の宅へ行つた。三木君の言ふことは、三派八十五名は纏つてゐる、そこで私が党首として何人かをつれて来て貰ひたい、それが出来ねば単独でもよろしいといふ。

「縁の深い自由党をすてゝ、縁の浅い他処へ嫁入りするのは簡単に決定できませんよ」と答へた。「まあ話はよく考へます」と附加へた。

三木君が言ふことは自由、進歩が完全に合同するとなると三派の方では纏つて入党できない(旧勢力に叩頭《こうとう》することになる為か?)、進歩党も自由党も割れなくては困る、そうなれば纏るといふのである。

夕方花月君が来た。吉田内閣を倒すんですね、といふ。

私もこの処一芝居打つて内閣を倒そうかとも考へた。要するに、途は二つある。一つは自、進と三派とを一丸として大政党を造ることである。それが単なる自進合同のみであつては政局は打開できない。又、新政党の頭目に古い型の御本尊を頂くのであつても旧態依然である。それよりか、自、進両党の新進分子が三派と合して第一党となることが吉田内閣を倒して新党首班の内閣を組織する所以である。

夜、夕食後、進歩党の川崎、*椎熊、*五坪、*橘君が来訪。私の決心を聞く為めであつた。「いよいよといふ時に、君の方は何人飛出すかね」と不用意に質問した。

椎熊君は「ソレ丈けの御決心を伺つて大に安心しました」と言つたので私は少し不用意過ると気づいたが、もう取返しはつかなかつた。

四人組は進歩党から最小限三十一人は大丈夫、自由党は何人になりますかといふ。自由党は、と花月君が答へる、五十人は大丈夫、実は半分にしたいのだが。

それからその連中の氏名を書き上げて私の手に残して帰つて行つた。

私は内閣首班になることを躊躇する。然し乾坤一擲、この不評な内閣を潰したい、それだけでも国民に対するサーヴィスだとも考へた。

自由党のボスと別れる、それが私の生きる唯一の途だとも思つた。

二月十日

新聞は次第に私達の行動に注目するようになつた。

今朝交詢社で竹田儀一、福田君に面談した。二人とも今度は決心したかに見える。中野君と堀君とが運動費を寄附するとの話をしてくれた。福田君、大滝君も準備してゐるといふことだ。誠に嬉しい話である。

午後一時半、院内の政調室で会議した。党の基本政策は大体出来上って来た。その後で新党問題を中心に雑談を試みたが、*加藤睦之介君が大に自由党の綱紀弛緩等を問題にして論じた。いつも静かな*夏堀君も加藤君に左袒している。形勢は何となく吾等に有利に見えた。

*細田忠治郎、*上林山君も東上して来た。これも頼母しい援兵である。

夕方、永田雅一君を大映に訪ねたら、「一寸堀君のところで話そう」と言つて日活へ出かけた。堀君は「大にやつて下さい。ボス共は退治しなくちや」と言つた。私は堀君の厚意を謝して引揚げた。

永田君と二人で魚はんで夕食をたべた。

夜、八時過に東京新聞の*稲垣君が来て、今日午後に首相官邸で行はれた吉田、幣原、石橋、河合、大野の連立工作に関する話を聞いた。初耳だつた。それは昨夜深更まで河合、石橋、西尾、辻、等が集まつて急に連立の話を蒸し返し、社会党六(但その一つは安本長官として学者)、自由党五、進歩党四で固め、石橋財政は社会党がのむこと(但し政府は石橋財政修正の声明を行ふといふ条件)で打合ふ案であつたらしい。然しその案を河合が進歩党に話すと役員会は涌き立つて闇取引は認めぬとの声がかゝり、遂に不承認に決したとの事である。西尾君が保利君に話したところによると、進歩党の事情は少々解しかねるから、動向を見極めた上でないと態度は極らぬと言明したそうだ。

九時半に進歩党の保利、川崎、*坪川君が来た。進歩党は足並みが揃つてゐるし、私達は血みどろの闘ですと言ふ(その通りだ)。然るに「自由党は一体どうですかしら」と少々心細い感じらしい。言はれることは尤だ。

東京新聞の稲垣君が帰る時に、自由党幹部は大分に金をまいてゐるようですから、用心して下さい、と注意してくれた。坪川君は「斎藤、芦田の線なら国民に多大の印象を与へる。だからどうか確かりやつて下さい」と言ふ。

感激すべき場面であるが、自分の力の足りないことに少々恥かしくなつた。

二月十日〝読売〟、二月十一日〝毎日〟別封。*

二月十二日　夜しるす

初幕は終つた。むしろ惨敗に終つた。然し芝居はまだこれから開くのであつて、ハネの太鼓が鳴つてゐるのではない。

十一日の朝の新聞は新党問題をどの新聞も大きく取扱つてゐるし、自由党も分裂に瀕すと書いた。午前九時小島徹三君や毎日の狩野君と外一人も来た。ミヨ子が訪ねて来たけれどゆるゆる話す隙なしに市中へ出た。

午後一時、本部へ行くと今日は流石に大勢来て居るし、新聞記者も一杯だ。私は新聞記事の誇張された記事を否定して、この問題は総務会に於て充分に検討すべき問題であるし、当初からさよう考へてゐたと話した。その言ひ方がマヅかつたことが後から判明した。人間はよほど考へてモノを言はないと他人から一杯食はされる。然し十一日にかく言明したことが相手をして案外簡単に矛を納めしめたのかも知れぬ。

十一日午後の進歩党役員会は前日の声明を撤回して幣原男の面目を立てた。その為めに私の言明は之と歩調を合せた如くに受取られたようである。

然しこの一日は不愉快な紀元節であつた。斎藤君から不服らしい電話があつた。川崎秀二君は君の政治的生命は終りだと幣原男が言つたとも伝へて来た。人間は慾目でモノを考へるものと見えて、こんな言葉を聞いても「何糞」と思ふだけだ。己の途は己が開いて行く。

十二日の朝は快晴がつゞいた。協同民主党の三木君が来る筈だつたが、待ち兼ねて市中へ出た。

鉄工ビルで中野君に逢ふとまあゆるゆるやりなさいよと言はれた。それが私の肩を頗る軽くした。此際は一時手を緩めるがよいと考へた。

安達君と外務省の福島君*とを誘つて Ketel's で午餐をしたが、まだ気持はよくなかつた。顔も疲れて見えたらう。

午後二時、永田君の事務所へ行つて、日活の社長の許へ同伴した。「お疲れでしよう、大にやつて下さい」と言ひ乍ら見舞をくれた。

交詢社で二、三の人と話した。森下国雄君*が「傍から見てゐると、新しい保守党でなくてはならぬ事はよく判るのですが」と言つて激励してくれた。

午後五時、総理官邸にて自由党閣僚と総務との会合。食後に加藤睦之介君が不服な感情をポツリ、ポツリと話した。総理が改造の人選についての大野君の不平に対して弁明したことを取上げ、更に現状のまゝでは自由党は選挙に勝てないと言つた。

次に私は去る八日総理と会見の節、保守陣営の大同団結を望むと言はれた心境に変化はないかと尋ねた。その話をつきつめた結果、自、進合同といふ意味ではなくて単なる提携といふ意味だとの事が判明した。そうなれば吾等の目標とは明白に異る。矢野君が更に質問をつゞけた。大野君が新聞記事を種にして僕を攻撃した。

私は依然不快な気持で官邸を出たが、心境は今朝とは変つて大に平静だつた。暫く時機を待てば機会は必ず来ると考へた。休戦だ。決して和平ではない。

二月十一日〝毎日〟別封。

二月十三日 夕刻

医者で注射をして興銀に行つた。復興金融金庫の二宮*理事長に面会して妙高企業*に対する金融の件を頼んだ。其足で興銀の総裁、副総裁に面会して挨拶した。

中野君へは右の次第を一応話して置いた。

交詢社で花月、矢野、小島の三君と面談した。其時の結論は、

(イ)昨日からの第四次連立工作は失敗する

(ロ)内閣改造と言っても進歩党は既に見放してゐるから内閣は二、三日中には倒れる

(ハ)其上で新党問題を何とか物にしよう

といふのであつた。

其席で菅原君を一同に紹介したが、これは確かによい手

であつた。五人で長瀬に行つて牛鍋を食つた。
話の中にはつねに、芦田内閣を造るとか、総裁にといふような話が出て、私もそれを肯定するかの如き態度でゐた。然し決して嬉しいとか、実現性のある問題としては考へてゐなかつた。

新橋迄矢野君と一緒に歩いて、電車で四時に帰宅した。部屋で郵便の整理をしたが鼻風邪を引いて頭が少々重い。考へて見ると人間といふ動物は、初はお国の為め、公共のためと思つて動いてゐる中に自分の面目とか、野心とかいふ問題が混入して、終ひには、その方が重点になり易い。私の行動にも矢張りさういふ点が明白に認められる。

これではならぬと、静座してつくづく思ふ。一体自分の如きものが一国の宰相として立つ値打があるかと反省したら、明白に私はノーと答へる。然し……然らば誰がよりよき人材かと反問すると、対社会、対議会の関係から適任者が中々無い。だから仕方がないではないかと自分を正当化しようとする。

今日、菅原君が水谷の言として、「芦田は総裁には不適任である。第一に金ができない。第二に潔癖で人を抱擁し得ない」と言つたさうだ。一座の者は正に其通りだといつた。そこで菅原君は金は吾々が造ればよい、人を飲むことは修養すれば出来ると述べた。

花月君は、「いや、そこが吾々の推す処だ。従来の政党ならば、芦田氏はダメであつたらう。然し今迄ならば、総理になれなかつたような人を総理にしたいんだ」と言つた。

食後菅原君と二人で座つてゐると、菅原君は、「三人とも元気はよし、正直者だが、あれでは番頭役は勤らぬ。誰かないかしら、一人位つくらうではないか」と言つた。「綾部健太郎はどうだらう」と言つたら、「あれならよからう」と菅原君が同意した。

私は政界といふ処を住みよい場所と思はない。人生に徹して生きる場所とも考へない。出来れば安易なことは書斎生活に限る。だと言つても今更看板と手形を引込める訳には行かぬ。

今日から第四次連立工作が始まつて所謂五党会談と称するものを開いたが、七時のラヂオNewsによると話は石橋問題で行詰つたと報ぜられる。さうなると内閣は又難礁〔ママ〕にぶち当るわけだ。新党工作再開が差当りの問題となる。

二月十四日

夕方から雪がふり始めた。電話も鳴らず、人も来ず静かな宵である。久しぶりに私生活を取り返した気分になつた。

朝八時半、協同民主党の三木武夫君が来て私に再び三派合同の頭首〔党?〕になつてくれといふ。進歩党と三派合せて二百名――最少限百六十位になれば第一党ですよ、といふ。

私は御好意には感激してゐるけれども、自由党には私を支持してくれる仲間もあるからそう簡単に決心は出来ないと答へる。尤もこゝ数日間に政党の動きは一応明瞭になるから、その時に再考しますといふと、三木君はそれでは来週末迄には確答して下さいと促した。私は、これに応諾したが、それ迄は希望も持たず失望もせずに待つてゐて下さいと答へて置いた。

登院して廿日出君と対談した。三木君との談話を廿日出君のみに洩した。そして大同団結を大にやりましようと契つた。廿日出君は熱の人であり頼母しい人物である。

本会議は二時過に終了した。加藤睦之介君と Tokio Mansion に行つて話した。同君は辻嘉六君の意中を知つてその通りに動かんとしてゐる。大同団結も、僕を総務会長にすることも熱心である。明日中島守利君と相談するから、来週の総務会で公式に相談しようと打合せた。

そこへ花月君と塩月君とが参加して再び同じような意見が出た。

三派連立は今日いよいよ葬式を出す。そうなると進歩党がどう出るかゞ問題となる。

二月十六日　晴れ

朝は外務省の高橋*君夫妻が挨拶に見えた。丹後の大同董氏の法政大学生たる令息が来て、大に激励して帰つた。

午後安東義良君が来て、新党樹立を是非やつて下さいといふ。吉田外相の不評で外務省の人心が萎靡してゐること等を話し、大野幹事長のため岐阜の自由党人気はダメですとも言つた。

引違ひに田中源三郎君が来て、決心は早くからきめてゐるが、形勢はどうかときく。最近の状況を談つてきかせた。

午後四時頃、予ての打合の通り、平野増吉君が枝木*君を伴つて来た。平野といふ人は珍らしい篤志家で私も感心した。進歩党の形勢は、平野君の話によると、今日午後の幹部会で新党の樹立に決定した。幣原総裁を中心とする新党で行くといふのだそうだ。

私は言ふ。そうなれば結局は進歩党は大を為さないではないか、正に進退に窮した形であると思ふが、と。平野君も「実は私にも前途の見透しがつかない。困つたと思ふ」といつた。

さように進歩党が小さく新党の名乗りを揚げたのなら、私の考へてゐる二百名の新党もモノにはならぬ。

さて、私は単独で自由党を離れて孤立して傍観しようかと考へても見た。然らずんば小会派の中へ飛込んで吉田内閣反対で総選挙をやつて見ようかとも思つた。今夜といふ今夜は全く決心がつかぬ。

二月十七日

交詢社で福田繁芳君に面会したら、今日迄のびのびになつてどうにも動きが取れませぬといふ。打あけて相談をしたが何としても進歩党と協同党の動向が判明しないと決心のしようが無いと答へた。すると明朝迄に確めて明日報告するとの約束で別れた。

安達鶴太郎君の来訪を求めて斎藤隆夫君の決心を聴いてみる様に依頼した。

議会に行つたが議員も大半位〔半分?〕しか登院してゐない。而もその人達も明日、明後日頃国へ帰るのもある。

本会議は石黒武重君が質問の第一陣に起つたが一向に弁士も議席も気乗りしない。演説としては失敗だつた。第二席の青木孝義君の方がよい位だつた。然し二人とも社会党に乗ぜられて与党は黒星を稼いだ。

川崎(克)君と安東君が来たので三人で Tokio Mansion で夕食し乍ら話した。私はこの二人に凡てを打あけて、終にその注意を求めた。私の言つたことは次の通り。

私には行く道は三つある。(一)は自由党を去つて独り純無所属にあつて静観すること。(二)小会派の中心をなす新党運動に頭目として旗をふること。(三)自由党内で自進合同論を主張して、之に破れても其儘党に残ること。

然し現在の方向は兎に角党内で合同論(新党論)を主張して、破れた場合は其時に考へることにしてゐる。川崎君は例の如く余り意見は言はなかつた。アノ人は常に情報取りの態度である。安東君は熱心に話を聴いて、右の(二)のコースをとることを奨めた。私は少し味気ない心持がした。

尤も今朝中野君と菅原君とに面談した時、二人は自重論者で「まあ余り急がないように」と言つた。中野君は復興金庫がまだ金を出して呉れないと言つて興奮してゐた。結局今日は私の逸る心に水をぶつかけられた形であつた。

夜九時、三木武夫君から電話があつて、協同民主党と国*民党と無所属クラブは合同することになつて、多分明日にでも出来上る筈ですと言つて、矢張り頭目はアナタですといふ。

二月十八日　夜誌

早朝、福田繁芳君が来て、小会派の情勢を伝へた。其中で注目すべき点は岡田勢一*君が金があると言ふので国民党の連中が少しづゝ接近しつゝあるといふこと、岡田氏は大々的の現実派であるといふ点等であつた。

福田君は僕と進退を共にする覚悟とあつて今日は将帥たるべき者の心得を忠告してくれた。私は余程調子を下げないといけないと言ふ。

松田正一*君が約束通り九時過ぎに来た。同君は矢野君、竹田君と同一の行動に出ることを約してゐる。然し民政系たる厳然たる色彩である。

「この儘では選挙は出来ませんよ。何としても現状を打破しなければ……」

「斎藤君の意見を聴いて見るつもりです……」

「進歩党から四十位は出ましよう。自由党でせめて二十五位出ませんかね……」

初からそう言つた調子で相当に若い。

私は益〻困惑を感じた。出来そうもない相談を繰返して見てゐるかのように見える。

議会に出て見ると、議員は定数の半分位しか居ない。そして選挙のために浮足が立つてゐる。党が第一党になれるかといふ問題になると誰も確信のある者はない。甚しく低調である。私の心も落着かない。今日は特に其感がある。

午後二時半G・H・Q Government Section に行つた。Hussey 君が憲法普及用のポスターを見せるといふのである。二人の中年の婦人、その内の一人は Lt. Colonel の肩書をもつGrande Dameであつた。一時間程かゝつて十枚程のポスターを見た。

疲れ気持〔ママ〕であつたから急いで大森に帰つた。今日は始めて自分の選挙のことを考へてエハガキや封緘ハガキを買つた。これ程ノンキにして居られる自分は代議士としては幸福であると思ふ。

夜、大阪の*小原孝二君から電話であつた。その要点は予て大阪の保守陣営の世話役を依頼した*杉道助君等の胆いりで、次の人々が責任を感じて相談してくれることになつたとの報告である。杉道助、*加藤正人、*大原総一郎、*稲畑太郎、*岩井雄二郎。

これはいづれも保守陣営の大同団結論者であるそうな。私の心はこの報告を聞いて軽くなつた。

二月十九日

十時に登院すると安達鶴太郎君が来て昨夜斎藤隆夫氏と会談した結果を話してくれた。斎藤君は進歩党は結束して自進合同に進み、吉田をその党首とすることに決心してゐる。現に一昨日は吉田と面会して大に激励して来たといふ。但しそれが只一本の途ではないそうな。吉田氏はその時、斎藤君に向つて鳩山を党首にできないかと言つたそうだ。安達君の曰く、吉田も相当なもんですねと。

この話をきいて私は新党構想は全く崩潰して了つたと感じた。然し進歩党がそんな考なら必ずしも自進合同を強行する必要はない、私はむしろ反対だ。今更、世評の悪い吉田をかつぐ必要がどこにあるのか。

明日以後、私は合同論から手を引いて、自由党内にあつて選挙に熱中しよう。その方が余程気楽でいゝ。

新党運動と合同運動は今日限り打切る。こゝ迄書いた処へ保利茂君から電話で金森君のデンワを知らないかといふ。何か急用？と尋ねたら政務官のことで植原君が六ケ敷いことを言ひまして……ボスが覗つてゐるんですよ、といふ。実に怪しからむことだ。そういふこと許りやるのでは正義感が許さぬ。場合によつたら決心しなくちやなるまい。

二月二十日　夜誌す

議場で川崎秀二君が来て「合同運動はどうですか、しつかりやつて下さいよ。万一出来ない時は斎藤さんは閣僚を引下げると言つてますよ」と言つた。少し又変つたかなと感じた。

二時から四十分許り三木武夫君と話した。私は「数日来の形勢を見て所詮うまく行かないと思ふから一応君の申出は断る」と言つた。然し三木君は中々断念しない。私は此処一週間十日の間に情勢は又変化するかも知れないが、それかと言つていつ迄も君の方に希望をつながせて置くことも申訳がないからお断りする、尤も私自身でさへ又機会があると思ふし、君の方でも多少の希望を繋いでゐると言ふのなら、それはお互に双方のリスクに於て待つことにしよう、と言つて別れた。

明日は自由党の総務会で合同問題が出るといふ。

此問題は自由進両党の閣僚が話し合つたそうだが、反対があるとかで星島は何とか進歩党との間柄を纏めたいと言つてゐる。それなら星島君の今迄の態度がわるい。

私はかう考へてゐる。吉田総理の決心を確める、大久保と大野は反対である、私は中島君と共に合同論者であつたから無論賛成はするが、今更力コブを入れることはしない、大野—吉田のコンビで反対ならば、其リスクは夫等の人々が負ふべきである。

二月二十一日　夜

朝十一時自由党本部で総務会を開いた。出席者は坂東、小笠原、大久保、北、深津*、水田、矢野、村上、原*〔藤右門〕(藤右衛門)、大野、中島の諸君。大野君からの話で一昨日吉田総裁に呼ばれて三時に面会したら其話に「幣原男から自進合同の提案があつて合同して後に吉田首相を党首にしたい」との話だつた。吉田氏は之に答へて「自由党の党情も複雑であるから一応幹部の意見を徴することにします。然し自分は自由党の総裁だけでももて余してゐるから合同後にはとてもやれない、幣原さんにお願する外はないと答へて置いた」と言はれたと伝へる。

そこで諸君の御意見を伺ひたいと大野君が言つた。矢野君が合同論をのべ、北君が反対の意見をのべる。

「討論をしても致方はない。各人が意見をのべてそれを総裁に報告することにしたら」と私は発議した。

中島君が合同論をのべ、水田が反対論を一席、原君は挙党一致で合同すると主張した。

その程度で論をやめて総務会は散会。

午後登院したが、登院議員は少い。本会議は社会党の富*吉、無所属の福田、共産党の野坂。ともに面白い演説だつた。

川崎秀二君が、「自由党の態度については進歩党は怒つてますよ、大にやります」といふ。さもありなむ。

私は進歩党の怒るのは尤だと思つた。そして若し進歩党が自由党と手を切るようなら小会派に乗つて合同しようかと考へ始めた。それが私の神経を鎮静した。

自動車で午後五時前に大森に帰つた。

二月二十三日

二十二日は静観の日であつた。今日午後進歩党の最高幹部会が開かれてゐるので、それがどういふ結果に終るかを私は心待ちにしてゐた。

夕食に築地の錦水へ仲間を招いた。矢野庄太郎、塩月学、小島徹三、金原、〔光?〕田中源三郎、大滝亀代司君等心の措けぬ人許りであつたが、小島君が珍らしく自重論を述べてゐた。

午後八時頃に散会した。「相手は成程実力派だ」と一同で承認したことであつた。

二十三日午前は来客の多い日であつた。

十時頃に松田正一君が来訪して私の決心をきゝたいと言ふ事だつた。私は明白に答へた。「斎藤、犬養君等四十名程が脱党して呉れたら、私は十名余りと雖、自由党の仲間を誘ひ、小会派と一団となつて進むつもりである。そうなれば資金のことは左程に心配しなくとも宜しからむ」と答へた。

松田君は早速斎藤氏の宅へ行つて決心をきくと言つて帰つた。午後三時前に松田君から電話が来て斎藤君の心境を話した。斎藤君は、進歩党が挙党一致新党に進むことに決定したから僕のみが先頭に立つて党を分裂させる訳には行かぬ、そこで第一の工作は小会派に交渉して四十名でも獲得すればそれで第一党になれる、そして自由党からも参加を熱望してゐる、金にしても出来ないから現状より外はない、といふのだそうだ。

私は之に対して答へた。進歩党が挙党一致幣原氏を担ぐ以上、小会派は合同で進歩党と一体にはならぬ、小会派は進歩党に吸収されることを肯んじないし、又幣原氏では新鮮味が無いと考へてゐる、精々努力されて十名も来るかしら……と言つた。

松田氏はこれから犬養氏の処へ行つて話して見よう、と答へて電話を切つた。

私はこれで愈進歩党の新党運動もお終ひだと考へた。そして私自身も苦難の途を歩むことだと沈鬱な気分になつた。だが進歩党は益〻小さくなる外はないだらう。そして自由党はボス政党の特色を発揮するに相違ない。

日本人の共通性は正義感に乏しいこと、市民的勇気の無いことだ。それが民族の運命を決定的にしてゐる。

二月二十四日

午後四時進歩党の保利君が交詢社に来訪。彼曰く。進歩党の最高幹部会は今日午後三時から開いてゐる。明日は代議士会にかける。その案は、自由党は合同を一蹴したから小会派に呼びかける、然し小会派を誘ふにしても、芦田君の起否如何が新党の前途を決定的にする、幣原総裁、芦田副総裁といふことで行きたい、何とか決心してくれ、との話だつた。私は幣原総裁に異存のある訳ではないが、小会派と自由党同志とが纏るまいと考へる、兎に角私も篤と勘考するが、目下のところ纏るものとは思はれぬ、と答へた。

後で小島君が「新党が幣原を舁いで依然与党となるといふのでは自由党を抜け出す訳には行くまいではないか。何のための脱党だか訳がわからぬ」と言ふ。それが本筋だと私も思ふ。

二月二十六日　夜

昨日、今日、合同運動は火が消えた形であるが進歩党の悩は深い。私は総選挙の後まで此儘で行く決心をした。そして選挙費用を出来るだけ用意して結果を待つ方が賢明だと考へたので具体的の話を進めることにした。

菅原―中野の線が一つ。永田―大沢の線が二。大阪の正*午会の線が三。シルク関係が四。その他京都の雑線が五。

これだけの計画を立てゝ、さて終局に於て幾千の資金が出来るか見当がつかぬ。然し最少限度百万金〔ママ〕は入用である。

二十五、六両日に亘って自分の選挙準備の手紙や訓令を書いた。郡では府会議員候補と合同して、それに波多野君を一枚加へて演説会を開く。昨年のような推薦演説会は止めにする。費用は随分と助かる。

今日は奥三郡から福知山迄各郡の中心地で講演の予定日をきめて、会場留保の手紙を書いた。随分と手廻しは良い。

二月二十七日　夜

朝十時、清和寮*にて波多野林一君と面談。いよいよ同君は参議院に出ることの決心がついたので僕と合同演説会の日取まで取極めて、其上蚕糸業界も、政界に理解ある者に支援を与ふべきであると説いた。折柄来合せた吉田君(蚕糸統制会長)にも話したら「僕が一つ話を進めましょう」と承知してくれた。

ついで勧銀総裁の西田君を訪ねて、波多野君が出馬するから御後援を頼むと申出した。

ついで「此話は極めて軽く聞いて下さい。アナタの知合に僕を後援して呉れる人があつたら見付けて下さい」と切出した。相手は案外気楽そうに「考へますよ。人を選ぶ必要がありますから」と言つて他日を期して別れた。

議会に行くとあつちこつちから一寸、一寸といふ。とてもうるさい。「金を貰つてくれと言ふが」との話もちよこちよこ出る。案外の人が金をもたないと見える。そして私にでも金が出来ると思つてゐるらしい。

日本の政治とは何ぞや。

権勢欲に燃えた男が、金をまいて子分を集める。目的は単に政権に在る。馬ノ脚といふ人々は金を貰つて選挙をやる。そして政務官にでもありつかうとする。その目的のために政権欲に燃えたボスを利用するに止る。結局は相互利用の関係に止る。だから正しいマジメな人は、政治界がいやになる。何のために政界にゐるかの理由が疑はしくなるからである。

三月四日*

楢橋君の求によつて午後三時半交詢社に行つた。私は主として聴き役であつたが、楢橋君は進歩党に入党すると今朝の新聞に報ぜられたので、第一にその心境を叩いた。彼の話は一段づゝは面白いが全体を通じて考へると不徹底である。新党を造るといふが、さてその頭はと言へば、矢張り老人を舁ぐつもりらしい。私は今度の選挙の後には保守陣営に老人党と青年党とが別れてもよいと言つた。時代の感覚に鈍なる人が集まつて一群を為すがよい。私達はそれにAu revoir《さようなら》！と言へばよろしいのである。楢橋君は進歩党に入つて大にやると言ふが、今時に進歩党に入つて果して何が出来るかと心中で疑つてみた。時代感覚の尖端を行く楢橋が、古い看板を押し立てゝさて天下が之を何と見るか。正直に言つて私は、彼の進歩党入りは外道だと考へる。

総選挙の準備

三月一日 記

今日は午前二時頃に、ユリ子附の看護婦がスミ子を起しに来た。「何だい？」と尋ねたけれどスミ子は黙つて寝室から出て行つた。はゝあ愈お産だなと感じたが、起出してみても私にはどうにもならぬと考へて、其儘床にもぐつた。然し矢張り気になると見えて熟睡は出来なかつた。其中にスミ子が襖を開いて「女の児が生れました」と言つた。私は起上つて私服を着て階下の産室へ降りて行つたら丈夫そうなべべが唇を真紅にして産婆に抱かれてゐた。私はほっとした。責任が急に軽くなつた感じである。

来訪者二名。共に私には興味のない人許り。午前十時、清和寮へ波多野君を訪ねた。参議院選挙の相談と蚕糸業界からの寄附金の話をした。

交詢社で毛織物輸出統制組合の片桐*君と面談。一昨日に引つゞいて交易公庁設立反対の陳情の件である。憲法普及会に立より、ついで議会に行つた。

星島君が「永井*君と一緒に食事するから」とて、車で本郷駒込林町の画家児玉希望氏邸につれて行かれた。邸は京風の亭造りである。色紙に書いた鶯と梅の画をもらつた。

憲法普及会から六代目菊五郎に service を頼むとて、東劇の楽屋に六代目を訪ねた。流石に近年やせた。衣裳付の最中だつたので立話で別れた。

議会に帰つて、英国海軍士官の来訪を待うけて二、三の人と話した。アメリカ人より話がしやすい。

スミ子と二人で車で大森へ帰つて赤ん坊をみた。赤ん坊は八五〇匁の大女である。髪が黒くて、一人前の顔をしてゐる。可愛い子だ。女の子の方が私にはうれしい。

今夜は衆議院議員の資格審査の調査表を書いた。大部分は榊原君がやつてくれたものである。此頃はこの表を書くのに報酬千円位払つてゐるそうだ。

さて選挙となると金が必要になる。「自由党は金が出来た。石橋蔵相がつくる。二千万円は出来た」等と廊下トンビは言ふ。進歩党、社会党は出来ないらしい。

私自身としても最少限二十五名位には金を出す必要がある。出来ればも少し殖したい。そうなると矢張り百万円位なくてはどうにもならぬ。今の調子でうまく行けばその位は出来るかも知れぬ。昨日は勧銀の西田*総裁と日本編物の依田*君を訪ねた。二人共好意をもつて多少のことは考へるとの返事であつた。これでRouteは七本になつた。実際に幾ら出来るかゞ楽しみでもある。

三月五日。菅原君の紹介で進歩党の地崎*□□□〔宇三郎〕君と夕食を共にした(小松)。私を首領とする新党を作る、進歩党には五十位の同志はゐる、私に決意せよといふ。

陳博生氏と談る

三月五日

三月四日、支那新軍団の一行が衆議院へ来たので議長応接室で三、四の記者と握手して、其儘に別れた。すると後刻安達君から電話で明朝大森の宅へ陳博生が訪ねたいと申入があつた。

五日の朝八時 Central* News Agency の宋君と外一名がつき添うて来訪。二階十畳の縁側で話した。

「先生の書かれたものは前から読んでゐました」といふ。

「先生のことはよく承つてゐました」と答へた。

「私は満州事変の時——一九三四年の一月の議会で——演説したし、一九三七年三月にも支那事変を警告した。議会にもかような人間のゐたことを記憶してゐて下さると思ふ」と言つた。

陳氏は日本と支那との親交は何よりも基本的であるから蔣先生は一九四五年八月十四日の訓示でこの事を支那国民につげた。これは既定の方針である。然し日本国民の間にどれ位この精神が徹底してゐるだらうかと不安らしく述べた。

「知識層は皆よく之を承知してゐるが、終戦後の日本は毎日の生活に追はれて、その問題を深く考へる余裕がなかつた。今後は大に普及に努力しなければならぬ」と答へた。

日本の政界の将来は？ と陳氏が尋ねる。

現在の政治は凡て過渡的の現象である、日本の政党も更生しなければならぬ、私はその仕事に没頭したいと考へてゐると言つた。

中国は日本の為めに公正な講和条約を得せしめたいと念じてゐる、蔣先生の意中はそこにあるといふ。私はその厚意を謝した。

日本は講和条約に於て何を望むかと彼が問ふ。

私は答へた。日本は

(一)明治初年の日本領は割譲したくない。現在ソ聯の占領地には固有のものも含んでゐる

(二)賠償工場については、工場を其儘日本に残して日本にて生産した品物を賠償に引渡すことを望んでゐる

(三)工場を移す場合に技術者を中国に派遣する用意がある

等の条件をあげた。然し今日は不用意で意見を述べたが、更に詳細研究して朱代表*に通じてよろしいと附言した。

私は東洋文化の研究にも日支協力の必要あることを述べ一大研究所を起すべしと主張した。

陳氏は中共の勢力はこの夏頃には一応解決の域に達するとの楽観論を述べた。

帰る時、私は為郎作の堆朱の香入れを手渡して紀念として差上げると言つて出した。彼は品物を理解しなかつた如く見えた。

約一時間に亘る話は此処には悉せない。然し支那人にしては珍らしく率直に話した。私は好感をもつて別れた。

「南京でお目にかゝりましよう……。私も毎年一度位は日本を訪ねたいと思ひます」と言つた。

腕一本で人間になつた男

三月六日 誌

菅原通済君の紹介で今日、門屋盛一*といふ人に逢つた。若い時から土建業に従事して丹那トンネルで生埋めになつ

た経験もあるといふ。筋骨逞しい円々としたどこか円満らしい人相。終戦以来佐世保と大分で儲けたのだといふ。その人が政治に関心をもつて、私を支援するため献金するとの話である。

話してゐると、言ふことが中々肯綮《こうけい》に当る。一般の土建業者とは変つてゐる。そして儲けたものはドシドシ使ふ。寄附金も百万、五十万とあちこちにしてゐる。篤志な人だ。此種の人にはどこか衒気があつたり成金風が鼻につくものだが、この人にはそれがない。昨今九州で石炭も掘つてゐるが、増産の意見にも面白いところがあつて、現にその山では坑夫一人当り月に六屯を出してゐるといふ。中々エライところがある。単なる当り屋ではないらしい。

夕方帰つて此人の言葉の端々を思出して急に手紙を書く気になつた。次回東上の節には是非お話を聴きたいと書いたが、それは決して御世辞ではなかつた。腕一本でたゝき上げた人間にはどこか人間味が溢れてゐる。近頃逢つた人の内では珍らしい人だ。

献金の十万円を三月十四日に受取つた。

新党劇の余燼から出発まで

三月七日　夜

昨夜菅原君は犬養、地崎両氏と会見した。*一五九頁の地崎君の連鎖劇である。その顛末を今朝聞いたが相手は極めて真面目だといふ。そのために菅原君の意は動いてゐる。登院して花月君に逢ひ同君を誘つて飯国君と三人で昼食をし乍ら話した。

花月君は面白くなつたと頻りに言ふが、成程この芝居を打てば面白いには違ひないが、冒険には相違ない。問題の決は、私からみれば進歩党にあるし、進歩党からみれば私にある。

私は幽鬱な気持を抱いて家に帰つた。

夜八時半、三木武夫君から電話だつたから進歩党の状勢を話して、明日にでも犬養君と連絡してみてくれと言つた。三木君は「進歩党がそれなら是非決心して下さい」といふ。それも彼の立場からすれば気乗りするのは当然であるが、私にとつては可なり冒険であると思ふ。一応大阪に行つて輜重《しちょう》の保障を得てから決心しようと考へた。

今朝大映から陣中見舞を貰つた。永田君は親切な男である。

大阪での会合

予て杉道助君と岩井雄二郎君に話した事が動機となり、新日本の小原孝二君が熱心に奔走して一度大阪の同志に会見して貰ひたいとの話があつて、三月十二日に商工会議所の会合となつた。

会頭室で午後二時頃から四時迄話した。出席者は、杉道助、岩井雄二郎、大原總一郎、稲畑太郎、片桐秀一、東洋紡の進藤常務*、安宅弥吉君の末の息子*、それに周旋役の小原孝二君等であつた。新党に対する待望は大きい。結局杉氏が口を切つて、吾々芦田氏の友人許りだから相談の上で大にやつて貰はうではないかとの相談に落ついて、別れた。私は大に激励された。此会合は小原君の力に待つところが大きい。

その夕、夙川の夙川館で岩井、安宅、進藤、小原の四君と夕食を共にして談つた。

翌朝二時半に宿を出で自動車で大阪駅に出て小原君に見送られて東海道の旅をした。苦しい汽車旅行であつたけれど、心の中には希望がもえてゐた。

三月十四日

早朝萱原君を訪ねた。そして今夕犬養君等に面談する前に三木君の意中を確めることにして、同君を追ひ廻した。その間、昨日西田勧銀総裁の電話の用向を確めるため西田氏を訪ふた。西田氏は実業家の小沢といふ人が是非君に紹介してくれと言つてゐるとの話。これも助力しようとの話であらう。激励される気持になつた。

夕方四時萱原君の事務所で三木武夫、松本滝蔵*の両君と面談した。三木氏は進歩党を疑つてゐる。そして今となつては新党もchanceを失つたと言つて乗気が薄い。その足で築地の文禄へ行つた。地崎君が待つてゐて、やがて犬養、石黒、保利君が来た。犬養君も保利君も新党には極めて熱心である。石黒君は幣原氏の関係に苦慮して、明白な旗色を示さない。然し結論は犬養君と多く変りはない。私は三木君の条件三箇条を提示した。(イ)芦田をヘッドにすること、(ロ)進歩党が総勢でないこと、(ハ)協同主義を採用すること、である。其点に於て犬養君は異論はなかつた。

三木君との話は明朝、萱原君にして貰ふことにして八時頃に私は引揚げた。

私の現在は看板娘に引張られてゐる形である。いづれも自己の立場から左様にするのではあらうけれど、引張られてみれば、人生意気に感ずるとの念は涌いてくる。私の体は此人等に託して、どうにでもしてくれと言ふ気分になる。城山の西郷になるのかも知れぬ。然しそれでも男は立つ。

三月十七日　夜誌す

十五日と十六日と二日間の福島行の留守に萱原君が三木君と会見する筈のところ、今朝萱原君に面談してみると行違ひのため、進捗しなかつたと見える。そこで三木君と面談する都合を打合せて、その夜、九時半の Radio 放送を終つてから三木君と麹町の森君の宅で面会した。

私は一週間前には新党の成否は進歩党に在ると考へてゐた。進歩党は大に熱心になつて来た。今日となつてはその成否は三木君の手中に握られてゐる。然し曩に三木君が出した三条件、即ち

(一)芦田を総裁にすること
(二)進歩党は総員が参加しないこと
(三)政綱の中に協同主義を掲げること

の内で、進歩党は私が一旦国民協同党の総裁になるのでは面目上困るといふ。その点は何とか考へ直して三者いづれも合体して新党結成準備委員にならうではないかと述べた。

之に対する三木君の主張は依然三条件を以て明十八日党の最高幹部と相談して午後返事するから、その上で進歩党へ通じて貰ひたい、何しろ国民協同党の立場は六ヶ敷い、それは世間から解党を年中行事としてゐると非難されるからだ、そして吾々は一応選挙に臨む態勢を整へたから……と言ふ。

その通りの手筈で進むことに打合せて夜の十一時、雪の中を富の運転する自動車に乗つて大田(十五日に区名大森が大田と変つた。大森、蒲田を合併したため)の宅へ帰つてきた。

三月十九日　夜

今朝の観測では新党問題は見込なしといふのであつた。

朝早く訪問して来た安達鶴太郎君に対しても率直に左様に述べた。そして平生の通り議会に出たり、安東義良君に軍資金の一部を寄附したりしてゐた。

午後五時、杉道助氏の招待で田中屋へ行つた。そこへ菅原君が面会に来て、今夜進歩党の一味と国民協同党の一派(連判状では四十名と言つてゐる)がいよいよ新党を作ると言つてゐる、そこへ是非来てくれといふ話なんだが、と言ふ。私は躊躇した。進歩党が各派からゴボー抜きをする形となるのでは私の立場に障害を生ずる。是非とも三木君に説いて三階*が結束する形にならねばならぬ。そうでなければ第一党にもなれないではないか。菅原君はあれ程に先方がいふものをふり捨てる手はない、思切つて起上るべきだらうといふ。黙つて一緒に行つて下さい、との事だつた。

私は頑強に辞退して、今夜行けば三木の立場はなくなる、せめて今夜一晩私に努力させて貰ひたい、それでもいけないとあれば止むを得ない、私も考へる、と言つて菅原君独りに行つて貰つた。

八時過ぎに菅原君が帰つて来て先方へその意嚮を通じたら、よろしい明日迄待つといふ事だつたとの話があつた。

八時半に田中屋を出て、永井君の車で新橋迄送つて貰つて大森へ帰つた。

帰り途は誠に幽鬱であつた。それは重大な責任感と未知の世界に対する不安とであつた。結婚の前夜、代議士に当選した刹那、そして今度の事件の三度とも同じような幽鬱感に囚はれた事を想ひ起す。

家に帰つてから三木君に電話して決意を促した。三木君は明日十一時から役員会を招集してゐるから相談して態度を決定しましようと言つた。その事情を犬養君に電話で報告したら、犬養君はそれで安心したと言つた。今夜も亦犬養君は「私はアナタをお助けしたいと思ふのだから、三木に花をもたせるために一平党員となつてもいゝ」と繰返してのべた。

三月二十日　夜

昨夜三木君は問題を役員会で相談すると言つたけれども、実際には終に持出さずに握り潰したと進歩党では言つてゐる。今朝十一時、楢橋君は伸友会員*を集めて一場の演説をしたそうだ。かくして進歩党は着々最後の瞬間に迫りつゝある。

私は赤坂の事務所に*小沢専七郎君を訪ねた。（午後三時）。こゝ二、三日で新党が出来そうです、そして私が頭〔党?〕首に押されそうなんですが……と言ったら、アナタの場合はそれが宜しいでしょう、と小沢君が答へた。

御協力願へますか？

協力しましょう、そう言って手を差しのべて握手した。

本会議が終って午後六時交詢社で菅原君と逢った。「犬養君が蜂竜で逢ひたいと言って待ってゐる」と言ふ。

私はお茶屋の話が嫌ひだ。政治はお茶屋で談りたくない。ボス政治家の真似はしない。そう考へて蜂竜行を止めて、宅へ帰った。明朝九時に犬養君が来訪の筈である。

私は今夕に至って大体決心がついた。進歩党が八十、三階組が四十、自由党から十人としても百三十の大政党である。それを指導することが大丈夫の一生に於て相当の事業である。そう考へて私は略決心をきめた。明朝の犬養君との話で結着をつけることゝしよう。

三月二十三日　自由党を離れる日

朝七時。

二十一日の朝犬養、地崎の両氏が大森の宅へ来た。そして前日来の話を繰返したので、大体諒解を与へて発表文書の下相談もした。その時に斎藤を表面に出さなければならぬから一応斎藤君に話してくれと犬養君が言ひ出して早速斎藤君に電話した処、二十二日に出発して神戸へ行って二十五日に帰るとの話だ。

それでは今から訪ねると返事して一時に本郷の斎藤君を訪問した。

斎藤君の話はこの選挙の押詰った際、新党運動は混乱を増す許りだ、凡ては選挙後に譲るべきだといふ。

私は自分の意見を述べないで専ら先方の話をきくことに努めたが、所詮見込はないと結論して二時に犬養、地崎君にその旨を通じた。犬養君は当惑千万な顔をしてゐた。

雨の中を大森に帰ったが、私も不快な気分であった。

ところが犬養君は直ちに少壮組を動員して斎藤、一松、木村（小）を往訪させ、説得に努めたと見える。

やがて一松君から電話があり、川崎君からも電話がかゝった。然し私は半信半疑の半日を送った。

二十二日の朝、交詢社で福島君の求めにより面会した。福島君は三木君からの妥協案を齎したが、下らぬ条件で受付けようはなかつた。

十一時半、議会に行つて、自由党本部の建築費に三万円を寄附し、三人の同志に選挙見舞を送つた。

その間に政治新聞が新党運動の経過を詳細に報じたものを配布した。それが話題となつて次々に新聞記者から質問をうけたが、私は形勢不明の為め否定してゐた。

三木君一派は代議士会で大に揉んでゐるし、進歩党も亦最高幹部会、代議士会を開いてゐた。形勢は尚ほ不明のまゝ夕方に及んだ。

選挙区の別表改正*を今日本会議で提案するかも知れないといふので控室も社会党も不安な空気であつた。

夕方六時、新日本新聞の座談会に陶々亭へ行つた。西尾、楢橋の両君のみであつたが、楢橋君から昨夕以来の進歩党の事情を聞き、進歩党は解党のため来二十六日に常議員会を召集してゐるとの決定的な話をきいた。

宅へ帰つて(九時半)私自身の進退を考へたが、かくなつて遅疑してはならないと思つたから私は二十三日の役員会と代議士会で挨拶をして離党届を出すことに決心した。

今朝の新聞は一斉に新党樹立の為進歩党が解体すると報じ私の名を掲げてゐる。

二十三日　夕六時

午前十一時半に登院して役員室へ行くと役員会の始まつた処で、選挙区制の委員会で紛糾を重ねてゐる状況の報告と今後の対策とが論ぜられてゐた。十二時十分前暫時の時間を借りて私は離党の意中を一同に述べ、従来の友情と支援とを感謝した。大野君が起つて一場の挨拶をのべ、私の去ることは党としても損失であると言つた。

私はついで進歩党の幹部室に行き閣僚室で植原君と林譲治君に挨拶した。

逢ふ人の表情は様々であつたが社会党の西尾はお芽出度うと言ひ、平野、中村君等は拍手した。進歩党の伸友会の人々は有難うと言つた。

党の事務室と政調事務員とに五、〇〇〇円を贈つて、初めて純無所属*の部屋へ行つたが、やつとホッとした気持であつた。

一時過ぎに自由党の代議士会が開かれて、一応の行事の後大野幹事長から今日は悲しむべき News を御報告するとて、私の脱党を報告し、芦田君は此処に臨席して居られるから御挨拶があることゝ思ふと結んだ。

私は起ち上つて「保守陣営の姿がこのまゝでは将来性の少いことを考へ、新しき再編成の意見を具陳したのであつたが、党に於て容れられなかつた。私の行動には一片の感情も挟まれてはゐない。然し政治的信念は此上党に留ることを許さないのである……」、そういふ間に涕が出て声は杜切れた。然し自由党同僚の情誼と支援とを謝して言葉を結んだ時には、大野幹事長を皮切りとして数人の拍手が起つた。北君が起上つて、芦田君に訣別の言葉を贈ると前置して*斎藤事件や同交会に於ける私の役割を談り、「党の創立者たる芦田君が脱退するのは遺憾である」と結んだ。私は涙乍らに起つて北君と握手して、部屋を去つた。

議院内では選挙法委員会が乱闘迄やつてゐるといふ興奮ぶりである。その渦巻を後にして私は四時に大森の宅へ帰つた。五時のラヂオ News は私の脱党とその声明書の全文とを Announce した。声明書は今朝急いで書いたものだが、安達鶴太郎君は之をみて、「作文としては満点ですよ」と言つた。

声明書全文

目前に迫る危機を突破するために、政党は真剣に救国運動に挺身しなければならない。日本再建の運動は、資本と経営と労力との坦懐な協力に俟つべきものであつて、政党運動は国民大衆との血のつながりを生命とする。

保守陣営が現在の姿のまゝで進めば、やがて国民大衆から遊離して我国政界の前途は混迷の外に途はない。われらは過去の無気力と封建的色彩とを一掃して、真に民主的に運営せられる新政党の生れることを念願し、こゝに天下同憂の士と共にこの運動のために全力を致す覚悟である。

放送局が Statement の全文を放送したことは無意味ではなかつた。これにどれ程の反響があるかは不明であるけれども多少この運動の start によき波紋を与へるものと思ふ。

三月二十五日　午後

朝、菅原君を訪問した。その時に形が第一党にならねばマヅイとの話が地崎君との間にあつてその方法を考へてゐるとの話、それならば小石川*の老人を動かすか、中島守利君と相談する外ないが取あへず中島君に相談すると言つて別れた。

十一時、議会に行つて先づ小島徹三君と相談した。それから長崎の小柳*君が大体行動を共にすると言つた。

京都の田中伊三次*君は、態度がハッキリしてゐるがこゝ一両日黙つて見てゐてくれと言つて別れた。

さて自由党は差当り竹田儀一君に面談した。「君だけは今明日中に脱党して貰ひたい。後々のこともある」と持かけたら「二、三日考へさせてくれ」といふ。「二、三日では時機晩れだ、明朝迄にきめて貰ひたい」と答へて別れた。

武田*キヨ女史は選挙が終れば必ず新党に行きますと確言した。

中野*武雄君も「京都で自由党は君一人になるらしい」といろいろ話したら、心は確かに動いた。

中島君に関東方面を頼むと言つたら、「どうしても芦田党といふものを拵《こしら》へて置かねばならぬ。関東でも鈴木仙八、花村*四郎、栗山長次郎、等はこつちだ。よく相談しよう」と言つて引受けてくれた。私も大分ボスの見習生になりそうだ。どうも止むを得ない。

私の計算では兵庫、京都の一群が脱党すれば小柳君を交へて九名でることになる。それで自由党は一四〇を切る、進歩党へ三階から三〇と自由党から九加はれば一四〇を上廻る。それで第一党になる。

新党創立の序幕

三月二十六日　記

昨夜犬養君がデンワで「君のように奇麗ごと許りでは行けない形勢になつた」と言つて、「此際何人でも自由党から直ぐに参加して貰はないと、『なんだ一人か』といふ反対論が起つて困る」といふ。

私は少々約束が違ふと考へたが先方にして見れば相当の理由はある。そこで私は少々不安な気持で二十六日の進歩党常議員会の推移を見衛ることになつた。万一それが理由で常議員会が解党を拒否すれば、私は行場を失つて政界を引退する外はない。兎に角急速にその方向へ手段をとることに決心して、不安な心持のまゝ一夜を送つた。

今朝は早朝に矢野君に電話して午後一時に相談しようと申込んだ。それから竹田儀一君に電話したら、「どうも急には動けない。選挙区が複雑だから」と答へる。然し今朝は九時から犬養君と面談の約束があるからそうノンキにしてはゐられない。

自動車で途中竹田君の家へ立よつて、嫌がる竹田君を擁して鉄工ビルへ向つた。

保利、犬養、菅原君と五人で竹田君の話に移つた。一同で竹田君の決心を促したが、遂に決意しない。

次に田中源三郎君と面談。刻下の話をして、急いで脱党の手続をしてくれ、兵庫県では小島、*細田の両君と行動を共にするように話した。そして三重の*石原円吉君にも打合せて貰ひたい旨をも依嘱した。

引かへして議会に行く。武田キヨ女史は選挙後に必ず合流するが今は一寸困るとのことだつた。

午後一時に矢野君が来訪、三階の無所属部屋で十分間許り話すと、「よし、出よう」そう言つて脱党届を出しに行つた。やがて廿日出君が来る。昨日来の話をしたら、「出ましよう」と簡単に解決して了つた。

玄関で京都府の富田、*木村両代議士に呼止められた。二人とも脱党して私と行動を共にするといふ。二人に頼んで「行を共にして下されば感銘します」と言つたら、二人とも脱党しようと言はれた。これで私の外に脱党者は六名決定した訳である。

今日も選挙法委員会は紛糾をつゞけて、終に*委員長負傷事件を引起した。その間大野幹事長の態度が怪しからむと言ふことで自由党内も不平満々だといふ。

中島守利君と今日も面談した。

進歩党の*小坂、川崎両君、*苫米地《とまべち》義三君が来て新党の政策について相談しようと言つた。先方の草稿を受取つて帰つて来た。

心配してゐた進歩党の解党式は今朝無事に挙行された。それを聞いて私は安心した。これで新党の第一歩は踏みしめられたわけだ。

三月二十七日　夜

昨日矢野君が自由党を脱党した。廿日出君が実に気前よく「では出ましようか」と言ってくれた。田中(源)君は金が手に入るとサッサと帰って了った。花月君は二週日以来顔を出さない。京都の二人の婦人代議士は出ます出ますと言ひ乍ら、今日は私にかくれてゐて顔を出さぬ。これが人間といふものゝ性格が現れる時だ。

竹田儀一君は当分脱党しないとの返事を代人をして通告して来た。凡て日和見といふ態度である。

予て印刷中のハガキ約一万枚を今日投函した。新党結成の挨拶状を主として選挙区へ配布するのである。

議会では新党の「綱領と政策」を書き上げて、一応矢野君に渡した。これが進歩党側で採用するかどうか。

十五控室も段々に人数がふえる。訪問客が殖える。

夕六時、築地で犬養、石黒、楢橋の三君に地崎、菅原の二氏を交へて話した。

幣原男と斎藤、一松氏等が反犬養・楢橋で反噬《(ぜい)》して来たといふ。新党は結局三人位の委員制にする外あるまいとの説で、決選投票をすれば幣原男が勝つとの見通しである。

三月二十八日　夜八時

今晩は昨夜に比して落ついた気分である。第一の原因は自由党の同志で細田、小島、森崎*、田中源三郎(以上兵庫県)の諸君と京都府の三木*、富田両女史、静岡の廿日出厖君が連袂して自由党を出ることである。これでやっと少しは顔が立った。

午後は進歩党の人達と政綱政策の打合せを行ったが、私の原稿が大体に於て通過した。犬養君が二、三文字の点を修正した。立党宣言書案は二通とも感心しなかったから犬養君と私とで明日迄に原稿を持ちよることにした。

三月二十九日　夜

今日は静かな心持の日であった。然し面白い日でもあった。G・H・QのGovernment Sectionへ行くと若い士官が三人居て新党に参加する心境如何と聞いた。私はさきに発表したStatementをNippon Times*の切抜によって示した。吉田が引込んだら自由党は誰が総裁になるかと聞く。石橋か、星島か、或は委員制か、判然しないと答へる。

Q．新党は何を目標とするのか？

A．現内閣は大衆から敵視せられてゐる。これでは政治力は揮へない。供米の不成績もこれが手伝つてゐるのである。これは聯立によつて多少方向を転ずることが出来ると思ふ。

Q．社会党は新党とどうか。どう違ふのか。

A．新党とならば容易に妥協ができる。然し社会主義の Basic principles は受諾できないが、そんなものは今のところ実現の見込はない。土地、企業の国有などは夢である。社会党も亦実現しようと考へてゐない。その他の実際政策に於ては一致の態度がとれる。

こんな話をして三十分許りで辞して Hussey を訪ねた。

今日は Certificate of Eligibility* が Japan Times 関係で一時保留されてゐるが、かくては反対党の宣伝に利用される虞があるから、早く Certificate を出すよう掛り官に話してくれと依頼した。その時に昭和八年の議会演説*に対する英字新聞の記事や外国電報を Hussey に渡した。Hussey は尤もだと言つて引うけてくれた。

議会で松島廉蔵君に出逢つた。外務省の政府委員室で以上の話をしたら、よし、早速運ばふといふ話で極めて好意的であつた。

自由党の幹部は慌てゝ居り、自由党内は動揺してゐる。今日は兵庫県の代議士四名と京都の木村、富田両氏が脱党して自由党は一四一名となつた(但し廿日出君を含まない)。新党に確定したものが一四四名で第一党となつた。先づ威勢はよい。

午後、菅原君を訪ねたら永瀬にゐるといふ。行くと辻嘉六と会談中であつた。辻は相不変の態度で談る。「石橋を副総裁にしろと言ふのに、星島と植原が反対だといふから呼付けて叱つてやつた」といふ。「今以て実現しないが、吉田が言ふにはそうなると石橋は purge にかゝるといふのだ」。

帰途菅原君の事務所に行く。中野君から寄附金百万円を受取ることにした。然し中野君は変な政治協定をしろと求めた。別に利権でもなし、取引でもないから同氏の自負心を満足させるための書類を交換した。

議会内で花月君に面談したが、同君は脱党しないといふ。百万円あれば十人でも十五人でも引抜いて見せると言ふが小島君はソンな真似はしなくても堂々とやらうと主張するし、矢野君は百万はおろか五十万円でも出すなと止めた。Radio News は新党が第一党になつたと放送した。私は稍安堵の気持になつた。

三月三十一日　夜誌す

三十日の巻

進歩党の内部情勢は中々に険悪にて今朝からの最高幹部会にもそれが現れて幣原総裁論は高く唱へられてゐた。その様子が気になつて朝、松田正一君に電話したら「昨日も矢野君と話して幣原総裁、芦田副総裁で行くことに考へてゐる」といふから、それでは自由党、国協党の脱党組が納まるまいと答へた。楢橋君迄がこの説で私を説いた。

然し内部は少壮派が多数であるが、幣原男の総裁を決選投票に附したら内部では十四票多い、これには三階組の約三十名が反対に廻るから矢張り反対論が十数票多くなるとの計算だといふ。私は犬養君と共に堅くこれを主張した。

それを理由にして少壮派はグングン*老年組を押してゐる。形勢は必ずしも楽観を許さず、午後になつて楢橋君が、斎藤君を代行委員長に据えて、木村(小)を代行委員に加へることにして妥協してくれといふ。

之に対して三階組、就中福田繁芳、田中伊三次君は芦田委員長説を主張し、兵庫県組もこれに同意した。然し進歩党の内情は中々六ケ敷いらしいので堀〔保利〕君が頻りに私を口説いた。私は代行委員長は置く必要なし、委員は平等とするも、座長には斎藤君を推すと述べた。

そこで最後には、「せめて名を書く時に斎藤を筆頭とし、次に私の名を書くことにして妥協してくれ」と言つた。私は此上此席に留つては危険だと考へて、後は田中、細田君に一任して夜十時半に宅へ帰つた。

今日は話が不調に終る危険が多分にあつた。老人組はぶちこわし策に汲々としてゐた。

三十一日の巻

早朝、福田君から談〔電?〕話で九時に開く世話人会へ同行した。九時になつても十時になつても進歩党側の世話人は出て来ない。先方の打こわし運動は尚ほ続いてゐる。十一時が過ぎた。私は午前十一時といふ結党式が気になつて小島君等と共に会場に行つた。

十一時半過に小島君が興奮してやつて来て、木村がいふには「幣原さんが芦田に逢ひたいと言つてゐる。それが終らないと結党式は始まらぬ。三時過ぎになるぞ」とどなつた。至急幣原男に逢へといふ。

私は少々変なことになつた、これでstartは黒星かと腐つた気持で貴族院の内談室で幣原男に逢つた。

幣原男はいふ。…新党の結成について機構のことも問題になつてゐるといふことだが、実は詳細のことは何も知らされてゐないのだ。

私は、楢橋君が申上げた筈ですがと言葉を挿挟んだ。

「いや楢橋君もアイマイでそういふ説がありますといふ程度だつた」と言はれる。

私は〔言った。〕、今後自由党からも国民協同党からも集らうといふ人は相当にある、総選挙後にはきつと多くなります、それが終つてから総裁を決定するのであつて、代行委員は暫定的のものです。私個人としては幣原男の下には一兵卒として仕へる気持でありますが、他党からの参加者は進歩党に吸収される如き形ではどうにもならぬ、極力之をさけたいと主張する為めに現在は代行制にする外ないと考へて居ります。

幣原男曰く、私は吉田君と約束して新党になつても内閣は支持すると言つてある、今一つ選挙をするのに総裁なしで行けるかどうかといふ事です。

私は之に答へて、総選挙の終るまで内閣を叩こわす如きことはありません、総裁の点も多くの者は出来るだけ進歩党の看板ぬり変への形をさけて進みたいと言ひます、金も純正新党の形でないと集らないと申します、と言つた。

私は更に最高顧問になられても指導権はもとの儘であり、又私は緊密に連絡して御意見を求めます、私の言葉は信用して頂きたいと附加へた。

幣原男は眼に涙を浮べて、よくわかりました、君の心情はよく承知してゐます……然し結党式の時間だから出掛けましよう、と言はれた。

私は無量の感慨に打たれた。幣原男の純情さに更に胸を打たれた。

結党式は一時に始まつた。スラスラと進行して代行委員七名の名も発表された。

二時半から演説会。

私が登壇すると二、三人から民主党総裁といふ野次が出た。然し悪い気持ではなかつた。約二十分許りの演説で引下つた。

それがすむとホッとした。久しぶりに嬉しかつた。そして自由党から来た矢野、細田、小島君等にしみじみ感謝の念がわいた。

菅原君の事務所へ行つた。それから約束の通り小沢専七郎君の事務所を尋ねた。

夕六時、金田中で新聞記者を呼んで犬養、楢橋、石黒君と同席した。これも明朗に終つた。

八時半に席をはずして富の運転の下に家に帰つて来た。鞄には百三十万円が這入つてゐた。

すみ子も久しぶりに肩が軽くなりましたと言つた。

追放問題の波瀾

四月五日

四月一日、二日、三日は党の役員を暫定的に決定するため最高委員会を開いた。それから後公認候補者の決定等に二、三日の会議を必要とした。それがすむと四日の日からは政界追放の噂が神経を刺激したが、政府は今迄の経過を四日に発表することになつた。五日朝の新聞は次の如き氏名を掲載した。*

五日の夕方二ケ所からNewsが入つて犬養君が怪しくなつたといふ。これは確かに打撃である。民主党の将来を背負ふべき人材が二人も倒れては容易ならぬことである。

四月十六日　夕

九日の朝、選挙区迄足をのばす考で、中途京都民主党支部の組成や大阪の友人に面会の用件を果たす計画で東京駅を出発した。帰京は早くて二十二、三日、遅ければ二十六、七日といふ予定であつた。

東京駅で帰郷の林譲治君に逢つたら、犬養、石黒の追放が今日発表になる筈だといふ。流石に愕然とした。そして汽車中でも遂に鬱陶しい気分を一掃し得なかつた。私にとつては鳩山氏の追放以上に痛手であつたことは掩へない。

京都についた翌朝、東京の菅原、地崎氏から電話で直ぐ帰つてくれとの話だつた。然し地崎君が残つてゐれば金の話はどうにかなると思つたから急に帰るとは答へなかつた。

新聞はこの追放を見て「空洞の民主党」と書き、民主党の進歩党色還元とも書いた。芦田は又孤立無援となるだらうとも書いてゐる。友人達は芦田が気ノ毒だと言つてゐるらしい。

そうすると十二日の朝地崎君追放との電話が東京から来た。もうかうしては居られぬ、帰京しようと決意した。それから私の選挙区への顔出しも出来ないから、代理に西村力君を依頼し、島野君*も同行して貰ふことにした。島野君は十三日夕方入洛する予定であるから、京都で落合つて十四日早朝に帰京することにきめた。其際一番気になつたことは党の選挙費の問題であつた。尤も私自身としては手許に四〇万と大阪の第二次が五〇万位手に入る筈だから、総選挙終了後にも何とかなると思ふが、党の方はそう簡単には行かない。それが菅原君のデンワでは心細いようだつた。

十四日の夕帰宅して、十五日早朝菅原、地崎君と会見した。地崎君は中々元気で相不変働いてゐる。案外エライ処がある。菅原、加藤両君のキモ入りの方は思ふ程に運ばないらしい。

然しこれ以上金を使ふことがバカバカしくもあり、又効果もどうかと思ふが、両君は連《しき》りに事後工策《ママ》を心配してゐる。

大阪の紡績聯合会からの三〇万を地崎君に渡し、十六日には製糸連合会からの五〇万をも渡した。その外に九〇万程は長老組から来るといふのでホッとした訳だ。

新聞は十二日に僕が民主党の幹事長になつたことを報じてゐる。そして帰ると早々党本部で公認追加をきめて発表した。これで総計二五〇名を公認した訳になる。それが六〇%当選と見て一五〇である。地崎君が候補者別に〇をつけたのも一五〇名である。

私が概算して……尤も根拠は薄弱だが……次の通りになる。

共産党一〇、無所属五〇、国民協同党三五、社会党一二〇。その合計を総員から減ずると民主、自由で二六〇といふ数になる。私は近畿、関東を計算して自由党が減じるから民主党が第一党だと思ふ。

犬養、石黒君は一切党のことを構ひつけないそうだ。その上党への寄附も犬養君は出さないといふ。人間は落目になつた時の態度が大切である。

十五日に堀〔保利〕君が話しに来た。そして幣原総裁派はきつと盛返しを試みること必定である、どうしても芦田さんが一人でも闘ふといふ決心をきめて敢然としてやつてくれなければ……といふ。堀〔保利〕君の話に十四日の夕、前田米蔵、*田辺七六、*山崎達之輔、*大麻、松村謙三の五人が集まつて、情勢がかくなる以上芦田を推し立てゝ邁進する外ないと決議したといふ。この点は十六日の早朝に山崎君が珍らしく電話をよこして確認された。

十五日正午の我善坊会で鳩山、安藤等の諸君に面会した。一座は何となく白ばくれた顔をしてゐたが、私はそれを何とも思はなかつた。俺をいぢめた自由党へは今度こそ復讐してやつた気持をとりかへした。

かうなれば遠慮はいらぬ、思ふ存分やる。政党の粛正にも私自身のためにも、敢然として進んだことはよかつた。今後もそうでなければならぬ。

総選挙前後

四月二十八日　朝

東京の党本部に落着いてからの毎日は可なりあはたゞしいものであつた。然し地崎君が北海道へ出発する十七、八日迄は党務は多く地崎君がやつてくれた。公認候補の問題は二十日頃迄に一応終了したし、応援も本式に始まつたのは十六日以後のことだつた。

十六日午後二時、共立講堂、朝日主催、党代表立会演説会。午後三時半、埼玉県党支部大会(浦和市)。

十七日午後、夜間、東京都内、*桜内義雄君応援。

十八日、川口市、*田島候補。夜都内にて*林連君のため。

この頃、郡是筋より電話と電報にて選挙危しとの報がしきりに来た。まさかと思ひ乍らも時々鬱陶しくなつた。帰れと言つても帰れないではないか。帰ってどれだけの効果があるのか、帰らなくても任務は遂行しつゝある。そう考へて帰る気にはなれなかつた。

十九日、大井にて*戸田正直君のため。

二十日、茨城県、土浦附近、*原彪《たけし》君のため。下館附近、菊池豊君。*

二十一日、都内講演、科学技術協会。午後世田ヶ谷。午後七時半、日比谷公会堂、ラヂオ立会演説会。

二十二日、長野県、諏訪、岡谷等々。

二十三日、甲府市にて。夜、八王子、吉祥寺。八並*君の為。

二十四日、栃木県、小山、宇都宮、氏家、鹿沼、佐野。

これだけの応援が終つた時はやつとホッとした。この日から気持が晴々しくなつた。それに国許からの電報で足許は大丈夫との報が届いた。

二十五日の夜十時過、福知山から電話で開票の結果を知らしてくれた。福知山と天田を併せて二万三千票出たといふ。前回よりも成績はよろしい。

二十六日朝、京都の岩本君からデンワで京都第二区で京都市内を除いて五万三千票出てゐるから大丈夫と言つて来た。

二十六日は党本部で開票の結果をまつた。その間に当選が確実と言ふことで朝日、読売、毎日の三社で露台から演説をさせられた。

夕方には総選挙の大勢が判明して、社会党が第一、一四六、自由党一三二、民主党一二七と報ぜられた。最初の五分間はやゝショックを感じたが、直ぐに気をとり直した。最も不快なことは京都府の成績の悪いことだつた。候補者の乱立が因を為してゐる。*

二十七日も午後全部が二十六日と同じだつた。

正午、朝日新聞社の露台から演説。引つゞき座談会(朝日)。

午後一時十五分、日比谷音楽堂にて演説(毎日主催)。

午後三時、北海道新聞、西部日本の座談会。

午後五時、読売座談会。

二十六日夜、石橋湛山君から逢ひたいと申込んで来た。

二十七日朝九時半、蔵相官邸に行つた。石橋君から、幣原男を推して民主、自由の提携緊密を表示する方法はないかと言つた。私はそれは党内事情から一寸六ヶ敷い、社会党を刺激する危険もあり又自由党に対する不信の念もあるから、と答へた。

石橋君は話題を転じて内閣の動揺による財界の混乱をさけたいと思ふがどうしようかとの話が出た。私はそれは何とでも協力しよう、至急三党会談でもやってはどうかと言つたら、石橋君もそういふ事に取運ぶと言つて別れた。

引つゞいて斎藤隆夫君を訪ねた。そして簡単な話をした。斎藤君から最高委員会を開く前に君と打合せて置きたいがといふ事と、総裁は当分置かないことにしようとの事だつたので、二点とも同感だと述べた。そして明日午後今一度話そうと述べて別れた。

情報によれば、自由党は幣原男を押立てゝ自進の提携で行くこと、芦田派を押し潰す案で進む計画だといふ。さもありなむと思ふ。

二十八日午後四時、総理官邸に幣原男を訪ねた。結党以来初めての会談であつたが、私は何となく幣原男が時代の流にうといことを感じた。

「二、三日前に大久保留次郎君が来て、民主党の総理になつて下さい。さもないと中心がなくて連絡にも困ると言つて来た」と言はれた。

私は「巷間伝へるところに依ると、自由党では幣原男を押立てゝ、芦田派、犬養派を押潰す計画だと伝へます」と答へたら、幣原男は笑つて居られた。

「自由党との合同は其時機でないと思ふが」とも言はれた。

「自民合同は徒らに社会党を刺激し、社会に疑惑を与へ、民主党内の動揺を惹起するだけです」と私が答へたら、之を首肯せられた。

それから斎藤君の室で幣原、斎藤両氏と三人の鼎談を行ひ、三十日に最高委員会を開くことを決定した。然し余り立入つた問題にふれずして終つた。斎藤、幣原両氏とも政権慾の旺んなことは驚くべきものがある。

尾崎咢堂先生を訪ふ

五月三日の憲法施行式日の挨拶に国会側から出す人が見当らないので尾崎咢堂を煩はす外なしと決して使者をもつて依頼したが拒否された。そこで四月二十八日午前九時四十分、私は逗子風雲閣の裏門から咢堂翁を訪ねた。

応接間に通されて廊下で翁と対座した。見下した逗子海岸の風光はよろしい。然し応接間の障子は破れ、電灯のシェードも破れてゐる。禅寺の庫裡とも言ふべき有様だ。私は自分の心に贅沢心の潜むことを恥じた。

私はゴム管を通じて翁と談つたが、私のくり返しての依頼にも翁は頑として応じない。ついに令息の行輝氏*が現れて、「唯今聞いてゐると芦田さんの話が尤だと思ひます。お父さん、御受けになつたら宜しいでしよう」といふ。

翁は「お前が出て断つて呉れると思つたら、反対のことをいふ」と抑えて、更に私に向つて「この通り親と子供との意見も違ふ。世間は中々私の思ふ通りにならぬ」。

そう言つて応諾の気色もない。そして「折角の御来訪であるから、今日一日考へて御返事することにしましよう。但し明日お答すると言ふのは決して承諾するといふ意味ではありませんよ」と附加へられた。私はもうだめだと思つたが、これ以上仕方がないので令息に万事を依頼して其話を打切つた。咢堂翁の談片を思浮べるまゝに誌すと次の通りだ。

「私は日本の将来を悲観してゐる。占領軍が撤退したら内乱が続くのであらう。占領軍がゐるのに政党等が争つてゐてどうなる」。

「憲法にしても今度の改正憲法が永く行はれるとは思はぬ。だから憲法の施行が芽出たいとは感じられない。だからと言つて施行式の席でそういふ話も出来ないではないか」。

「此際は挙国一致内閣を作るんだ。それ以外に手はない」。

「この話は誰にもしない話だが、実は私は陛下が憲法実施を機会に御退位になるのが本筋だと考へる。この点を陛下に奏上したいと考へてゐるが、陛下は果して戦争の道義的責任を感じてゐられるであらうか。実は昨年以来内謁見を頼りにすゝめられて、仲介に立つ人もあるが、其点について確たる見通しがなければ奏上もできないし、仲介者にも此際内謁見を受諾すると言はない所以だ」。

私は、陛下が道義的責任について充分御考へになつてゐると信じますと答へた。

あゝそうですか、と翁は頗る「さもありなむ」顔付きであつた。

次に「共産党はまだまだ殖える。あれ程永い間政府にいぢめられたら、復讐心ももえるのが自然でしよう。尤も野坂君にはさような感じはないようだ」、と言はれた。

私は依頼の件は所詮駄目と感じて少々鬱陶しい気持で辞去した。半日の間雨にぬれ、坂道の危険を冒して何の得るところもなかつた。

翌二十九日、尾崎行輝氏から電話で翁が承諾されたと通知があつた。私はホッとした。

パーヂにかゝるか

四月二十九日

四月十五日の我善坊の会合に岩淵辰雄君が来てゐて、談はパーヂの問題に及んだ。その時に報道関係については目下ワクをきめることに尽力中である。Japan Times も審理の対象となると言つた。

四月二十八日の読売に私が審理の対象となる旨を記載したのはC・L・Oの山田*政治部長の話に基いたものであつた。

四月二十九日、榊原君はC・I・S*の部員と話した結果、至急対抗手段をとるべしとの結論に達して奔走し始めた。

四月三十日の夜、安達鶴太郎君が弁護士栗林敏夫君を伴つて来た。この人は最高裁判所判事審査会の幹事をしてゐて、内閣の資格審査会が自由党の傀儡であること、そしてやがて芦田も追放にかゝると放言してゐる旨を告げ「先生、大に闘つて下さい」と熱心に説いた。*

私は昨日から、対抗策として文献を集めようとしてゐる。Japan Times' Editorial Policy といふ短かい Note を作つた。それがどの程度有効であるかどうかは知らない。追放は確かに不快ではある。然し私は仮令《たとい》そうなつても狼狽はしないつもりでゐる。

五月一日(メーデー)になつて芦田追放の流説はいよいよ旺んになつた。これで又私を蹴落すつもりだらう。私は落ついて最悪の場面に立ち向ふ積りであるが、今日追放されることが最大の幸福なのかも知れない。富井周君*に交詢社で逢つた機会に、同君にパーヂ事件の顧問を依頼することを約束した。榊原君も熱心に協力してくれる。

こゝ迄書いて廊下へ出た。歩き乍ら不図頭に浮んだことは四月十日、八坂神社へ詣でゝ御みくぢを引いた時大吉が出たといふこと、そして神様は正しい者を勝たせようと考へてゐるといふ事だつた。そうだ神様が見て居られる！ そう思ふと心機は急に一転して元気になつた。よし来い。陰謀ならば凡て叩き破つて見せる！　そして一晩中明朗な気分になつた。

附記。五月三日の憲法施行の当日、憲法普及会の事業として宮城前の広場で式が行はれ、天皇陛下も御臨幸になつた。午後三時から帝国劇場で祝賀会が開かれ外国人も二百名余り来会した。私は会長として主役をつとめさせられたが、それが終了するとホッとした。其夜、湯に入り乍らつくづく考へた。「人間には season がある。過去二ケ月間は正しく私の人生の頂点であつたらう。もうこの辺が頂点となるのではないか」と。そうして追放が実現しても悔ゐるところは無いと朗かな気分になつた。

五月四日(日曜)正午、富井周君と榊原君と三人で審査委員会に提出すべき書類とG・H・Qに出す petition〔請願〕とを決定した。

五月五日、其一部邦文を審査委員会に送付した。Times の当事者が提出した書類によると該当の疑ある論文は四つ、町田君の寄稿文が一つあつた。然るに最初の三つは私が洋行の留守中なる一九三七年の十月十一日のモノであることも判明した。*

五月六日、英国大使館に Vere Redman* を往訪して purge の問題を話したら頗る同情的に色々の話をしてくれた。その suggestion に従つて七日に Hawley(Times)と〔欠〕とを Press club に訪づれた。

憲法施行日の式典

五月四日　朝

雨のふりしきる昨日の一日を思ひ浮べて漸く任務の終了したことを思ふ。午前十時から雨に打たれ乍らの式、天皇陛下の御臨幸、群集の熱狂、いづれも昨年の公布の式日と同様であつた。午後の帝劇の祝賀会、その挨拶、進駐軍の将兵と其家族等の集り、何となく戦争の幕が平和の空気に代つたように感ぜられた。私は極めて満足の感を以て家に帰つた。家族達は三日の式場及帝劇からの Radio Broadcastingによって私の演説等一切を聞いた。私の演説は好評を以て迎へられた。四日の新聞は三日の式を大書した。*

民主党総裁問題

五月五日

民主党の役員会が四日に開かれ、議員総会が五日の午前十一時から丸ビル精養軒で開かれた。最もデリケートな総裁問題も二、三の人から提唱されたが、急速に総裁を決定せよとの主張は中村又一君*(人は彼を幣原派といふ)から主張された。然し未だ大勢を制するには至つてゐない。

生方大吉*といふウルサ型の老人(幸にしてこの人には選挙の時に私から三万円の贈物をした。その時以来私には親切な人となつた)が連りに各方面の情報を伝へてくる。生方氏が五月五日の議員総会後にいふことは、総裁候補の名は三人ある。幣原、斎藤、芦田である。旧進歩系の人の中には芦田といふ人がまだ判然しないから矢張り幣原氏がよいと言つてゐるそうだ。幣原男を担ぐ人が何人あるかは判然しない。然し芦田派と目すべき人も相当にある。これは今暫く待たないと系統が判明しない。

五月五日の夜、川崎君がデンワして今夜会合の結果、幣原氏を推す者は党代議士の三割に止ると言ふ。

五月六日夕誌す。今日は総裁問題で寄るとさはると噂の因になつてゐる。新進会*の連中は宿屋訪問で新議員を口どいてゐるそうだ。夕食に楢橋、犬養、石黒、地崎の四人追放組の慰労会を築地の錦水で開いた。其席では大勢は既に決したと言つてゐた。幣原派といふのは閣僚の田中(万逸)、木村、一松を正面の大将とし、河合、長野長広*、中村又一を一方の司会として盛んに説得に努めてゐる。

午後四時、木村小左衛門君が話しがあるといふので農林大臣室で三十分許り話した。一口に言へば幣原総裁、芦田副総裁で党を纏めてくれ、我々二人で纏める外に途は無いと言ふのである。私は幣原氏の人柄には尊敬の意を表するし、同氏の晩年を全からしめることに苦心してゐるが、幣原総裁説については同志の意嚮を聞かなければ返答は致し兼ねると言つて別れた。

党本部で一年生の壮者が有志代議士会を開いて総裁決定の評定をしてゐた。それは芦田を推す会だといふ。

斎藤氏も総裁―総理の野心は充分にある。これには一松、田中、木村共に反対である。そういふ空気で民主党の内部は急にあはたゞしい気色になつた。

私はこゝで決戦すべきや否や考慮を要すると思ふけれど、さて大勢とあれば、どうする訳にも行かない。城山まで行く外は無いかも知れぬ。

五月七日　夜誌す

今朝の新聞、殊に朝日、読売は幣原総裁は到底実現の見込がないと書き、芦田派は一年生議員の大勢であると書いた。困つた情勢である。斎藤隆夫君が話したいと言ふので日本クラブで十分間余り話した。

斎藤君は自分が暫時総裁になつて収拾する外に途はないと言つて僕に賛成を求めた。私は一応自由党や国協からの参加者に相談してみると言つて別れた。川崎君がいふには、斎藤総裁で当分我慢することに犬養氏も賛成だといふからと話しよつた。私は斎藤氏が首班になるのでは内閣は動かないと考へたから、余り賛成はしかねた。斎藤君でこの危機がのり切れるものなら片山君の方がまだましだらう。

午後四時頃枝木君が来て言ふには、吉田茂君が今一度総理になりたいといつて一生懸命ですといふ。私は真実笑つた。それを滑稽な冗談としか受取れなかつた。

夕方、小沢専七郎君の市川の宅で夕食の御馳走になつた。その席で大審院長の細野氏*と司法部の現状について談つた。予て私の聞いてゐた司法部の危機は造言でないことを確めた。追放の資格審査について公正を欠くとの世評、並びに憲法によれば行政措置による不満は裁判所へ提起しうる点を指摘された。これは有益な示唆であつた。同席の鵜沢博士*も追放問題について在野法曹が何とか動かなくてはなるまいと言はれた。

朝電話で竹田君から民主党の組織は現状維持で行かうとの話であるといふ。二時の役員会の寸前に木村君が同じことをいふ。そうして役員会になつたら、木村君が発言して最高委員も顧問も現状維持論であるからと言つた。同君は一昨日、私に何と言つたか。斎藤君は昨日、何と言つたか。人心の変転極りなきこと斯の如し。明日は又どうなるかわからぬ。政治家といふものゝアテにならぬこと甚しいもの

がある。呆れた人々よ！

パージ問題その二

五月十一日

この数日来報道機関の追放について浮説紛々たるものがある。私としては一応五日に書類を作つて委員会に渡し、G・H・Qへは英文の書類を榊原君から Hussey に、彼より *Marcum に提出した。Hussey は G・H・Q の general feeling は良好であるが、若い連中は機械的に Category(枠)を適用しようとするから、それが危険だと言つたと。又C・I・Sの *Colton は、G・H・Qの何人も芦田を purge しようと考へてゐる者はないから余り心配するなと榊原君に言明したといふ。私は第一回 Japan Times の報告をみてこれなら枠にはかゝるまいと考へたが、九日の夕方に第二回の報告をみて、明白に Foreign Office（C・L・O）の策謀かと感じた。*然しそれは多分思ひ過ぎであらう。

九日の夕食を西尾君と共にした。この時も不断に purge の問題が頭に往来して自分の修養の足りないことを痛感した。

家に帰つてから心は落ついた。若し purge を食つたら政界程の苦労はなくなる。ゆるゆると新円の生活に突入しようとも考へてみた。坦懐蕩々といふ心境に入らねばならぬ。今から最悪の場合を覚悟して平然たる態度で身の変転を迎へたいと念じてゐる。

五月十一日は、雨のふる日曜日だ。昨夜の予定通り安達鶴太郎君と榊原君とが心配して提出書類の打合せのため来てくれた。其時福島慎太郎君を同伴してくれたことは有力な援軍であつた。

報道機関の追放では石橋、石井は失格と決定した旨、今日のラヂオで放送した。私の場合も火事は近い。

五月十三日

正午過ぎ党本部に行くと小島君が私を片隅によんで、「昨日*殿田君が石橋蔵相に面談した時、G・H・Qの General *Willoughby から政府へ手紙が来て、芦田は過去に於てどうあらうとも、現在の政局に必要な人間であるから、公職適否の審査会はそのつもりで決定せよ、と申入れた」といふ。

午後四時、殿田、小島両君と交詢社へ行つて話した。殿田君は間違ひのないNewsだと私に上記の件を繰返して伝へてくれた。

私は予て心配してゐる安達君にそれを報告したり、共同の伊藤正徳君にも話した。伊藤君は「それは当然だ。素よりそうあるべきだ」と吐出すように言つた。

その夜朝日の記者が二人で訪ねて来て同じNewsを伝へた。保利茂君に電話したら、「それは嬉しいNewsです。その点が今以て新進会の連中にも頭にあつてモヤモヤしてゐましたが、愈ゝ先生も決心される時です」と力強く言つた。

五月十五日　夜誌す

十四日以後、私は追放の防訴抗弁について何事も為さない。然し十四日に福島君が松本滝蔵代議士を同伴して来てG・H・Qの空気を伝へた。そして榊原君は「まだ楽観できません」と言つて帰つた。

夕方帰宅すると此問題が再び気になつた。十日頃にあれ程ハラができてゐたのに、十三日に無事だとのNewsを得て又しても慾が出たせいだらう。

十五日の午後、安達君の仲介で松本君に再び面会した。同君は極秘として昨日マーカット*と面談した次第を述べた。それに依ると私のパーヂはG・H・Qでは問題になつてゐないこと、又片山も僕もfightがない、どうしたらそれが出るかとの質問のあつたこと、吉田、幣原を共に希望してゐないが、新しいLeaderの出ることを希望してゐる旨を談つたといふ。

そこで外務省側ではG・H・Qから何とかsuggestionがあればそれで解消すると言つてゐる際でもあるから、福島君がColonel Kadesに面会してJapan Timesが三、〇〇〇部位の紙をForeign Communityに売つてゐたに過ぎないことを理由としてCategoryからはずすことを教へようといふ相談をした。

Vaughn(UP記者)は十一日にケーヂスに面会して、私の為めに陳情書を手渡したと、そして帰り途東ヶ崎*君のDeskに立寄つてもう大丈夫だと話したとの情報を東ヶ崎君から伝へて来た。

民主党総裁になる

五月二十日　朝

民主党では幣原、斎藤、芦田の内で総裁を決定しようとの論がある。幣原派といふのは一松、木村、田中の三閣僚、中堅では*工藤鉄男、中村又一、長野長広、*寺島隆太郎、*天野久等三十数名である。斎藤派とは*原健三郎、*鈴木明良、其他に兵庫県の代議士若干名である。

議会開会の切迫と共に形勢は引締る。毎日のように各所に集会が開かれる。斎藤氏はひどく興奮してゐるし、幣原男の面にも鬱陶しい影がある。私は今回は不思議に平然たる心境である。そして平生の通りの生活が身心を疲れさせない。

十六日、十七日は波瀾の多い日であつた。それは新聞記事に譲るとして所謂芦田派とは一年生組の十四、五人を中心とし、これに新進会を加へて六十数名は確実であると言はれる。*

私に対する反対は報道機関のパーヂの件だ。それも十三日の頃からG・H・Qの態度が決定したゝめ下火となつた。

十七日午後二時から役員会に臨んだが、最高委員は総裁決定の延期を申合せて臨席した。

すると一年生から発言して明十八日の党大会は総裁決定のための大会である、それに総裁を決定しなければ党内の和平は求められず、対外的にも内閣首班に発言権を失ふと主張した。これは二、三人の発言者を誘ふ動機となつた。私は最高委員の一人として現状維持の意嚮を陳述し、斎藤氏もこれに続いて発言したが、斎藤君の懐古談は却つて役員会の空気を悪化した。そこで一応役員会を終らうとしたが、急に会場は熱狂して発言者は続出し、終に明日の大会に臨む前に最高委員は総裁候補者を決定すべしとの決定に到達したのである。

二十一日の議長選挙は二日間の苦闘の結果である。此問題について自由党と相通じた田中万逸一派の策動があつたことは明白になつた。

二十日の四党会談に於て大野は自由党に議長要求の意はないから社会党の議長でよろしいと言つた。然し民主党は一応議長を要求して木村小左衛門を候補者に立てた。

社会党は自由党が内閣首班を片山に譲るならば議長は自

由党にやると約束した。そこで民主党の議長を持出すと交換的に片山首班を要求する。その結果二十日は何等の進展を見せなかつた。

二十一日の朝、自由党は秘密代議士会で野党の方針を極めたといふ。それを四党協同の線に引戻そうといふ努力から幣原男に吉田総裁説得方を依頼して午前十時頃に妥協案を作製した。その妥協案といふのは余り感心しないもので、

(一)国家機密の漏洩を愼む

(二)社会不安を惹起す如き言動を愼む

といふのである。

幣原男は午前十一時頃に吉田氏と暫く立話をした程度で午後の会見を約して帰つて来た。午後二時過から秘密に両氏は会談したらしい。表面の会見は午後四時頃から総理官邸で行はれた。そして午後五時過ぎに幣原男は議会へ帰つて来た。返事は明日すると吉田氏は答へたといふ。

そうかと言つて議長問題を明日迄持ち越す訳には行かぬ。それをどうするか。野党に下る自由党に議長をやる訳には行かない。それを解決するには議長問題と首班問題とを切離す外はない。そういふ結論で野党に下る危険ある自由党に議長を極めることは中止して、自由党も同調しうる社会党に議長を譲ることに決定した。

その案を社会党に持つて行つて片山、西尾両君に相談した。(午後六時頃)。

午後八時再び社会党から会見の申入れがあつて行くと、自由党は自分の方へ議長をよこせと主張するとの話だ。

民主党最高幹部会に於ては流石に呆れて社会党と同調する気分でゐたけれど、自由党が四党連立に協力するなら、自由党に譲っても致方ない、然し午後十時前にそれを確約させる必要があるといふので色々と吉田総理、大野幹事長を捜したけれども見当らない。その内に大野が議会にくるといふので田中君と工藤君に交渉を一任した。

然し大野君が九時四十分頃に閣僚室に現れての話は、議長は自由党に貰ひたい、内閣に協力するかどうかは明日でなければ決定できぬといふのだ。私は腹が立つた。それを腹に収めて代議士会に臨んだが、大野はこの時既に自由党代議士会に於て「自由党は在野党になるのだ、玉砕の外はない」と演説したと伝へられた。それ以後の経緯については五月二十三日の新聞報道に譲つてこゝには省略する。

醜体〔ママ〕の数々

五月二十六日

今朝幣原、斎藤両氏と議院の副議長室で会談した。主として昨日午前に片山君が総理就任の挨拶に来て、民主党の協力を求めたことを報告したのである。ところでその後の方針をどう定めるかの点について幣原男はどこ迄も根強く四党連立の案で自由党を勧誘すべしと言ひ、斎藤君は自由党の態度のみを頼みにして責任を民主党に負ふ如きは忍ぶ可らずと述べ、両者の間に鋭い応酬があつた。その結果、幣原男の案の如く三党首の会談を開くことに initiative をとることゝして社会党へ申入れた。すると丁度今日午後二時総理官邸にて事務の引つぎがあるから其後で三人面談しようと言ふことになつて西尾君がそれを引受けた。

午後二時の約束は三時半以後に変更された。交詢社へデンワで直ぐ来てくれとの話であつたから私は四時十五分に総理官邸へ到着した。総理室に和服姿の吉田君を発見して、私は長椅子に東面して着席した。そして約十分間近く話をつゞけた。「色々御話があつたでしょうが私は結論を承る前に一言します」と前置して、「今日の場合日本の政党が挙国的に協力する形を示すことが内外に好影響を与へる」旨を述べ「アナタの決心一つでソレが出来る」と力説した。

その結果に多少の希望を抱いて四時四十分に散会した。然しその直後の大野幹事長の話は、この会合を無意義なものにして了つた。

新政権の問題*

五月三十日　夜半

忙しいのと疲労のため、玆数日間の記録は簡単な日誌に書きとめた。後は新聞報道に譲る外はない。

昨日、今日は民主党が三派連立内閣に参加するや否やを決する日であつた。昨日即ち二十九日朝の幣原、斎藤両氏との会談は climax であり、更に十一時頃から開かれた役員会は私が「過去十年来に見ない激しい態度」(工藤鉄男君の言葉)であつた。

三巨頭会議に於て斎藤君は野党に下るべしと言ひ、幣原男は三派連立は反対であり片山君が左派を切るべきだとの論であつた。私は三派連立が唯一の進路であると主張して下らなかつた。その対立のまゝで役員会に臨んで三人の意見が不一致であると報告した。

それから三派連立か野党かの論を闘はし、三派連立論と雖無条件ではあり得ないから社会党に対し三ケ条の条件を申入れようといふことになり、その為めに午後の四時頃迄は無為に過した。一年生組の不平が高いといふので、私はわざわざ中間報告のために代議士会に臨んだ。そして午後九時頃に一応代議士会を散会した。今日は一気に決選投票へ追込むつもりであつたが、形勢がおかしいので三十日に延すことにした。

三十日の朝は十時から役員会を開いたが自由党の回答が来ないので午後迄休会。

午後一時に役員会を開き中途に又代議士会へ出て中間報告を行ひ、二時から役員会を開会していよいよ三派か在野かを一人一人で意見を述べた。集るもの四十名(内参議員五名)。三派連立派三三、反対六名、大勢順応は木村小左衛門君一名。これで大勢は決した。

引つゞき議員総会。夕食の休けいで七時迄休み、七時半再開して九時前迄論戦したが論はつきない。そこで三巨頭に決裁を求める動議が成立して幣原、斎藤両氏と三人で副議長室へ引籠つたがどうにもならぬ。そこへ木村、一松両氏が来て調停役を引き受けるといふ事になつた。

いろいろと話の結果、三人が党大会から依嘱された任務を議員総会に再委任することゝなり、ホッとした。

三人は其まゝ総会には出ず、引籠つてゐたが、十時二十分頃一松、木村の両氏が来て、やつと三派連立に決定したと報告。連立賛成八六、反対一五といふ結果だつた。

これより前、幣原男は議員総会に委任するなら自分は政界の第一線を退く、然し脱党はしないと言はれた。一座は困却したが、その決意は今夜発表されては困ると言ふ。然し幣原男は明日は辞表を出すと主張して下らなかつた。私は信念を枉げる訳にはゆかぬと言はれた。気毒に感じたが、然し自然の経路だといふ感もした。

一応議員総会へ顔出しすることになつたが、気の進まない幣原氏は廊下の中途から「いや、もう帰らう」と言って家へ急がれた。政治家の退却する時の淋しい姿は無量の感慨であつた。

議員総会で私は短かい挨拶をしたが覚《(マヽ)》はず涙が出た。斎藤君が民主党万歳を提唱して気勢をあげて散会した。

その足で組閣本部へ行つた。西尾君に面会して三派連立に参加する旨を答へ、明日の午前九時半から三党首会談を行ふべき旨を打合せて帰つた。

帰宅後一松君に電話して入閣の依頼と、斎藤君入閣の交渉方を依頼した。

閣僚の選定

五月三十一日　夜

朝九時半に総理官邸に行くと西尾、片山の両君と三木君が総理室に座つてゐた。

座につくと片山君は「自分は総理としては党代表の相談に干与するのはどうかと思ふから、西尾君とよく相談してほしい」と言ふ。

私は「内閣組織は総理の責任であつて党首の責任ではない。組閣のことに君がゐないのでは困る。第一僕は党の立場や利害によつて勝手な理窟は言ふ肚はない。今日の如き時期に組閣をするには何としても人物本位によき内閣を造ることが必要だ。そのため必要とあれば僕は喜んで何でも犠牲にする」と言つたら、西尾君も「君の主張は今日迄の意見に照してよく了解できる。それで行くべきだ」と答へて片山君は腰を据えた。

私は「第一に組閣方針の根本を一、二決定したい」と前置きして、「我国の財界は社会党内閣の成立に不安の念を抱いてゐる。この際社会党が蔵相を出すことは中止した方がよいと思ふ」と述べた。「従つて蔵相は実業人でも無党籍の人でもよい」と言ふと、君の方は誰を出すかと尋ねるから「矢野君で結構だ」と答へた。

次に*安本の問題、法制局長官の据置き等を論じた。そこで一応、大蔵、内務、外務、等七個の椅子を民主党にくれることになつた。

外務には誰を据るか？「森戸君を推したい」と答へる。私は「それは無理だらう」と言つた。片山君は「型破りの人を任用したい」と笑ひ乍ら言ふ。「型破りは社会党が近く単独内閣を作る時にやつたらよからう。今日は何よりも国民が納得の行く人間といふ事を本位にしたい。誰か外にないか」と質ねる。

「西尾君は？」片山がいふ。すると西尾君は「自分はいやだ」といふので、私は外務行政の現状、その粛正の必要を説いた。

「それなら君にやつて貰ふのが本筋だ」と片山、西尾両君が同音に言つた。そして外務大臣が決定した。日本人はまるで外務省の仕事がわからないと思ふ。

公職適〔否〕格審査委員会の事務局長が来て、平野と林平馬氏は著書のためにダメだ、*森戸君に困つた著書がある、芦田は懸案になつてゐると申入れた。そこで林君をオミットして平野には疑問符をつけて正午に一応のリストをG・H・Qに出した。五時に返事をきゝに来るようにとG・H・Qは注文した。

午後三時再び四党〔ママ〕会談。その間に一松、木村両氏の来訪もあつて椅子はグラグラ変つた。変つた重なものは、一時資格審査委員会でダメと言つた林君がG・H・QでOKとなり、その埋合せに出した*中井光次君が undesirable と言はれたこと、安本に和田を据える注文がG・H・Qから表明されたこと等であつた。

私は五時から築地ひさごやの新聞記者招待会に出た。そのうち六時過に電話で「再開」の報が来た。G・H・Qが僕をどう取扱つたかしらといふ事が最も関心事として首相官邸へ帰つたが、今朝出した人名は凡てOKされた。*そうして外相の椅子が決定されたのである。

付　手帳日記

昭和二十(一九四五)年

七月二十一日(土)　Rain　丹後　峰山　網野

Talk with the Boss of 郡是。Left for 丹後。Saw 狩野長次郎君 on the train. He promised bringing me some foodstuff. Found 山本達太郎君、京極子爵* at 峰山駅 when I arrived there. Luncheon at 山本氏。Chattered with 西木、石田、吉岡郁郎君、京極氏父子。Taking a train of 5 p. m. Went to 網野 where 給田君 met me at the station. Chattered with 田中吟治君、給田君。Went to bed at 10 p. m.

七月二十二日(日)　網野—宮村

Left アミノ early morning accompanied by 給田氏。At 栗田駅、Kono brought me a basketful of ザコ。Owing to the railway accident the communication between 綾部=舞鶴 disrupted. Went to 郡是 and spent some two hours. Passing by 福知山 saw Dr. 越山。Dinner at 西山邸(竹田)with 中井一夫君。Left there about 9 evening, walked to my home under fine moon light. Went to bed 11 o'clock.

七月二十三日(月)　涼　Cloudy

朝、六時に起きて荷造をした。源さんと一緒に墓参。帰り途に郵便局と村役場へ行つた。

午後一時に家を出て下六へ行く。そこで翼賛会*と日本婦人会*の解散式が行はれ、ついで二時から私の講演であつた。約一時間と四十分話をした。その後に区長、村会議員と共に夕食をした。七時に辞して帰る。

藤田定一君の三男戦死ときゝ弔問に行つた。隣の井上鹿一郎の二男分家につき、祝品を持つて尋ねて行つた。

七月二十四日(火)　涼　Cloudy　A. R. A.*

藤田定一君来訪。九時過に家を出て竹田迄歩いた。西山君宅へ十時半について茶の間で彼の独演をきいた。鳥のスキ焼を馳走された後二時の上り列車にのる。

今朝からの空襲警報は時々遠雷の如き爆弾の響を伝へた。それから神崎に出て通に大阪と西宮の煙を眺め、引返して電車へのり、京都で九時半過ぎ東海道列車に乗込んだ。すいてゐるのでホッとしたが、それは其時の安心感に過ぎなかつた。

七月二十五日(水)　Cloudy　東海道空襲

昨日は一日に二千機が本土を襲つた。今日も亦未明から空襲警報が出て列車は岡崎辺から徐行を始めた。弁天島に駐車中、八時半に敵機の爆弾と機銃掃射をうけた。苦々しい経験であった。午後二時四十分(別の日記参照)。

汽車はやっと東行を始め、午後九時半二宮で又も空襲警報に逢ひ、十二時過迄停車。

午前一時大船から乗りかへ鎌倉についた。提げた荷を駅長室に預け月明の夜を家に帰った。

七月二十六日(木)　A. R. A.　Cloudy

Letter writing. Read back numbers of Newspaper.

Afternoon, went to the post, barbershop and called on S to take English Domei News.

After dinner, read 海外 News.

△大牟田、徳山、松山 were targets of bombers formation to-night.

七月二十七日(金)　Fair　A. R. A.

Feel recovering from tired trip this morning. Spent all the day to read English foreign news without sortie.

After dinner, letter writing.

Great surprise to hear (by Radio of 15 o'clock) result of British Election=Labour Victory.

Radio announce at 21 o'clock the outline of Common Declaration of 英、米、支 concerning the peace offer to Japan.

七月二十八日(土)　Cloudy　A. R. A.

Went down to Kamakura to fetch Foreign News. After dinner had a sound nap. Read the text of the Proclamation of 3 Powers (Britain, America, China).

The Cabinet declared categorical refusal of the proposal. English Election and this proclamation impressed me very much. Inviting 棟方夫妻、下河辺夫妻、dinner at 7 p. m. After 9 p. m. A. R. A.

七月二十九日(日)　Cloudy

Read the Foreign News. Tried to cut turf of the garden.

吉川兵次郎氏夫妻 called on us. We made presents to them as they were burnt at 大磯。Radio news announce wide spread air-raids of yesterday, with more than 2,000 airplanes.

Reported suicide of Ambassador 栗原、which indicate the beginning of the End.

七月三十日(月)　Hot Variable　**艦上機**

From $5^1/_2$ morning to 17 evening, carrier-born planes continually attacked 関東、東海、近畿。We kept room hearing sounding A-A-craft guns & machine guns. Took a nap.

Read the Foreign news. The Government and the fighting service are helplessly inertia. After dinner, A. R. A. sounded again. More than 2,000 airplanes attacked from 関東 to 九州。

七月三十一日(火)　Cloudy—then Fair

Wrote a letter to Tomi. Read the book review on "Solution in Asia" by *Owen Lattimore. Afternoon went to 鵠沼 to see *下河辺建二氏 who gave me a parcel of soap(toilette). They are so far happy having 3 daughters to take care.

Very calm day which give us uneasiness.

八月一日(水)　Hot. The first summer day

Went up to Tokyo after two weeks absentee. Called on 小島事務所、水曜会弁当会(工業クラブ) where I gave a ten minutes talk.

Dropped in to the law office of 片山哲君。Passed by 第一ホテル to talk with *土屋計左右《けいざう》君。

Dinner at home. Menu＝茄子の味噌あへ、瓜もみ、ジャガ芋(with butter)。

△川崎、八王子、立川、水戸、長岡、爆撃をうく。

八月二日(木)　Fair

Fetched the Foreign news and read them through from the morning till the tea time. 坂田義雄氏夫妻 called on us and dined together.

*Mrs. Miyasaka brought her daughter consult her wedding problem.

I sent them off with a lantern to the other side of tunnel.

八月三日(金)　Hot, Fine

About 9 1/2 A. R. A. sounded as enemy planes from 硫黄島、penetrated to the Kwanto District. It continued until 1 p. m. ミヅヨ子 brought her 3 boys who luncheoned, took nap, drank tea and played with us. After dinner they left for 鵠沼、so I sent them off to 長谷駅。

〃*晴三 visited us for the 1st time.

八月四日(土)　Hot, Very fine　A. R. A.

Substantially summer heat. Went to Tokio. Called on 犬養健氏、who got a happy sentence of the Supreme Court. Went to Keio 病院 to get information of Prof. 小泉信三氏 hospitalised since May fire. Talk with 河上弘一君、who inspired me a practical policy. Luncheon at 交詢社。Talked with 宮脇長吉君。Came home and dinner.

八月五日(日)　Fine　A. R. A.

*中沢泰助君、*足利君 came to see us, in spite of Air Raid Alarm.

Luncheon with them. When they left us, 内山岩太郎*氏夫妻 called on us. All these friends are bombing stricken people. So I offered 2 whiteshirts and table cloth to Mr. Uchiyama. Dinner with 内山氏。

Went to Hase to send them off and took the Foreign news.

八月六日(月)　Fine　A. R. A.

Iwo based airplanes(120) invaded Kwanto District from $9^1/_2$ to 10 : 40 morning. Read foreign news during more than 3 hours. Tomi wrote us from 千歳 giving his friend's news. Dinner at home.

△2《〔ママ〕》 B29 dropped over 広島 3《〔ママ〕》 atomic bombs.*

△B 29 formation dropped inordinary bombs over 前橋、西宮、今治、yesterday.

八月七日(火)　Hot, Fine

Stayed at home. Very calm day.

Wrote many letters.

Putting into wooden boxes my foreign souvenirs(硝子類、花立類、cigarette cases etc.) buried them in one-corner of the garden. It shows atmosphere of カマクラ。 After dinner called on 吉沢清次郎君(北鎌倉) asking to take a parcel to 富(千歳在勤)。Passing by 長谷 learned air raid at 広島。

八月八日(水)　Hot, Fine

長谷の News をうるため、朝、興銀に行つた。秘書斎藤氏が口籠りつゝ言ふには、長谷さんと老母とは大丈夫ですが……夫人と令息と神木老人とは行方不明だとの報告です。

それから小島徹三君を訪ね、更に水曜会の午飯に出席(工業クラブ)。大きなショックを抱いて三時鎌倉に帰つてスミ子に話した。夕方迄暗い気持で明日出発の用意をした。夕食後、News をよみ、手紙を書いた。

八月九日(木)　Hot, Fine—windy

午後三時のニュースを聞くと「蘇満国境に於てロシアは攻撃を加へて来た。今朝の零時から」と放送した。愈日蘇開戦である!! 昨日来富山行の用意をして今夜出発の筈であつたのを一時見合せることにした。これで万事は清算だ。これ以上戦争がやれるとは思はない。五時と七時のニューズは Soviet が昨日 Ultimatum を佐藤大使に渡したことを報じた。夕食後、材木座の鈴木*九万《(ただかつ)》君を訪ねて四方山の話をした。

帰つて湯に入り十一時就寝。

八月十日(金)　Cloudy

五時頃に眼がさめると News が気になつて眠れぬ。今日も引続き閣議を開くのだらうが、行く途は判つてゐる。六時から艦上機来襲の警戒警報が出る。薄曇の朝である。

来るにも来るにも引きりなしに来た。それに富山の長谷のことが気にかゝる。

News をよみ手紙を書いた。夕方材木座の鈴木君を訪問。今日夕方迄の経過を聞いた。

八月十一日(土)　Rainy

昨日の空襲で赤羽附近が損傷したとか。汽車はまだ上野―赤羽間不通、よつて大宮で汽車を待つ。九時過の超満員の車にのり三時間遅れて四時過軽井沢へつく。鳩山邸訪問。坂本氏の宅にて湯に入り、石橋邸にて夕食。休戦に関する噂話をした。軽井沢の夕は涼し。石橋邸にて、御馳走を満腹す。十一時ねる。

八月十二日(日)　Fine　軽井沢―富山

Left Karuizawa about 8 morning. Arriving 富山 about 4 p. m.

Called on 興銀。Relieved when I saw 孫重郎君、祖母 who looked getting on well. Dinner with members of the bank. Chattered with them until 11 evening.

Spent a night in the Bank.

八月十三日(月)　Fine　機銃掃射

Left Toyama 8 morning. When the train arrived Nagano, American aircrafts attacked the Airfield and the train by 3 waves. Nagano station took fire. No casualty on the train.

The train began to move about 8 p. m. Spent a night on the train.

八月十四日(火)　Hot, Fine

The train arrived $9^1/_2$ Tokio. Passed by 小島 law office.

Arrived Kamakura noon.

Took a nap. Read local papers, letters.

The cabinet discussed the Note to be sent to Four Enemy countries.

大本営会議 decided this morning the final note and sent it out immediately.

八月十五日(水)　Hot, Cloudy　休戦大詔

今日は正午に大詔渙発せられるとの前触に東京へ出た。交詢社に行つて正午に大詔を拝聴した。集るもの三十余人尽く涙にくれた。

今日は一日中、頭が興奮してゐる。午後安藤、植原、矢野君等と話をした。安藤君と二人で朝日社に行つて、昨夜来の陸軍士官の首相官邸打入り、平沼邸打入の News をきいた。夕食に下河辺夫妻が来た。

八月十六日(木) Fine

7 o'clock morning 高橋均君 called on me. 吉川兵次郎氏 came to talk with me. A friend of 吉川氏 dropped in(a naval officer) and told us an alarming story.

After dinner *神木大輔氏 came to see us. 中沢泰助君 came to discuss the wedding problem of 足利君。 Radio announce the Prince 東久邇 was asked to form new Gov.

八月十七日(金) Hot, Fine

To talk with Mr. Hatoyama went to Azabu. But he was not yet arrived from 軽井沢。 Dropped in ダイヤモンド attended the gathering of staff.

Called on 小島君。 Then had a talk with 片山哲、*原彪《ひょう》君、 where their friend joined us. Took a train of 2:50 p. m. I found Marquis Maeda & Baron Kubota.

八月十八日(土) Fine

Went to 同盟、 then to 交詢社。 Luncheon with Kojima.

Political gathering at *永坂町。 安藤、 植原、 平野、 矢野(庄) were present. 岸井寿郎君 joined us.

Came home about 6 1/2 evening. Feeling much tired slept early.

△横浜、 東京 are in panic. Women are fleeing as wild rumours spread out about the approaching occupation army.

八月十九日(日) Hot, Fine

From 7 1/2 morning to 4 p. m. visitors arrived successively, 北岡寿逸君、 田中都吉氏、 野口経雄君、 川崎克君。 Kawasaki, Kitaoka lunched with me. After-noon 田辺加多丸君 called on us. We were happy to see many friends, but I felt tired when the last guest left us. The villagers of 深沢 are feeling uneasy as they are afraid of Americans.

八月二十日(月) Hot, Fine

Getting better this morning. Stayed at home. Letter writing. Read the foreign news during more than 2 hours.

Imperial rescript of the 15th has a bad press abroad. This is great concern for us all.

Wrote a letter to 尾崎先生。 In spite of troubled atmosphere the radio furnish us scanty of news.

八月二十一日(火) Hot, Fine

Went out with Sumiko as she is anxious to look at the ruin of the Capital. Called on 十河氏 who was absent. Luncheon at 交詢社。 Dropped in to the office of *正木旲《ひろし》君 then to 小島事ム所。

After dinner wrote a letter to Baron Shidehara. New cabinet is not popular. I understand well why it is so.

八月二十二日(水)　Stormy

Radio Tokyo announced this morning the procedure of Occupation of U. S. Army following the agreement reached at Manila yesterday. We feel the situation becoming tense. Letter writing.

Visit to 榊原君。ツヨ子 brought us 元春。市川猿之助君 came to lunch with us. Stormy weather continue until mid-night.

八月二十三日(木)　Rain

Since yesterday I feel myself very nervous. Tried to go up to Tokio, but was impossible owing to the railway accident. Called on *郷古潔氏 and talked about the actual conditions. 加藤恭平氏 joined us. Dropped in the villa of 武藤氏 and talked with 吉沢君。

Came home felt cold. Went to bed early.

△米軍二十五日より行動して進駐す。

八月二十四日(金)　Rainy

Shower still continue. Stayed at home and wrote「大東亜戦争敗北の原因並に責任糺明の措置に関する質問書」。I was very nervous whole day, in spite of my effort to restrain it.

After evening nervousness began to calm down, 胖君 brought back foodstuff and underwears.

八月二十五日(土)　Rainy

Went to see 鳩山一郎氏(麻布)。At 交詢社 had a talk with 宮脇君。

1 p. m. gathering at 貿易協会 to establish an association *自由人懇話会。Had a talk with 平野力三、水谷君 and discussed the question of New political Party.

△占領軍の上陸は明日よりの処、天候のため四八時間延期された。

八月二十六日(日)　Rain

Since Wednesday it rains cats and dogs. Staying at home, wrote a questionnaire to be presented at the next session of the Diet. After-noon went to 鵠沼。Called on *半沢君 and examined my manuscript. Went to see 下河辺。After dinner took up again my "Questionnaire".

八月二十七日(月)　Hot, Fine

今日は往復とも電車にて立往生。

朝鳩山氏往訪。交詢社にて宮脇君と語る。午後一時貿易会館に催された集会に出る。自由人懇話会を作らうとの相談。

帰途平野力三、水谷長三郎君と懇談。此一派は*社大党再建の計画中にて吾々と友党関係に立つも合同はなし難しとの意見なり。

帰りて夕食後しるこを食ふ。朝からアメリカ飛行機飛ぶ。米艦相模湾に入る。

八月二十八日(火)　Hot, Fine

朝から米機がブンブンと飛来してうるさきこと限りなし。今朝は先遣部隊が厚木に空輸せらる。東京に出て、第一ホテルに部屋を留保し、Diamond にて石山賢吉氏より拙稿を受取り、小島君より落花生二升を貰ひ帰る。

四時三史君と*笹生《(きそう)》俊男君と来訪。ついで田中都吉氏来らる。下河辺、笹生、遠藤と五人にて夕食。夜、議会質問書の草稿を書き一応終了す。

八月二十九日(水)　Fine

現状維持派の頭目達が、閣台にあつて、頭の切り換へを叫んで見た処でそれが何の権威ぞや。新聞にしてもラヂオにしても凡て旧態依然たるものがある。

十一時、川西君と会談。仲間入りを頼み、三宅晴輝君に綱領起草を依頼。午後二時から交詢社で鳩山、安藤、十河、植原、*一宮君等と会合。

五時、第一ホテルにて土屋君に招かれて石橋湛山、小汀利得君等と談る。九時半帰宅。

八月三十日(木)

Stayed at home. Made some copies of my interpellation「大東亜戦争ヲ不利ノ終結ニ導キタル原因並ニ其責任ヲ明白ニスル為政府ノトルベキ措置ニ関スル質問」。

Afternoon Miyoko brought 元春 at tea time.

Read "Foreign News". Got many letters.

八月三十一日(金)　Rain

Taking 小島君 went to search for an office to lent. Luncheon at 交詢社。

Went to see Prince Konoye at the residence of the Premier. Sat there during 2 hours. Read together the manuscript of Premier's speech. Left there 5 p. m. Called on 小島 law-office.

Came home $19^{1}/_{2}$.

九月一日(土)　Rain　八八議会召集日

Felt the first autumn day.

Met many friends(and also enemy)at the Diet. Got 30 signs on my "Interpellation note". Talked with several friends about the New Party.

2 p. m. Gathering of political friends at 交詢社。Interesting to see the press began to take critical attitude toward Gov. The first example is an article of 東京新聞 of this evening.

九月二日(日)　Fresh, Cloudy　降伏議定書調印

Haratani, 郡是、came to see me.

筆工〔ママ〕 came to take post cards. Reporter of 週刊毎日 asked to be present next Saturday. 大谷竹次郎氏 called on me (accompanying 永田雅一君) asking to accept councillorship in his business. I reserved my answer. 西村君*(三井) came to talk with me. After-dinner listened Radio report about "Surrender" on Missouri.

九月三日(月)　Fresh, Cloudy

Wrote an article for 読売。

Went to 大磯 to see 吉田茂氏。 Talked during 2 hours. He advised to put Prince Konoye on the head of the new party. They say that U. S. soldiers' conducts are pretty bad.

So many disgusting things are confronting us.

U. S. Occupation Army are wandering in 京浜地区。

九月四日(火)　Hot, Cloudy　開院式(八八)

Opening ceremony of the Diet as usual. Talked with 小林一三氏、奥主一郎君*。

Deposited my Letter——Interpellation「大東亜戦争ヲ不利ノ終結ニ導キタル原因並ニ其責任ノ所在ヲ明白ニスル為政府ノトルベキ措置ニ関スル質問」。 Sent an article for 読売 in the name of 鳩山一郎氏。 Session finished about 14 : 10. Dropped in the law office 小島。 Came home. Read Domei News.

九月五日(水)　Cloudy

午前中は小島君を誘つて新党事務所を捜し歩いたが中々だめだ。議会で昼食をしたが私の質問書が印刷になつて配布された。それが尾崎行雄先生等からほめられた。新聞記者も二、三人来た。東京新聞が一部を採録した。

午後一時から本会議。総理の宮は如何にも気持よさそう。東郷氏の質問は野次られてペチャンコ。夕食後に手紙書きをした。議会では陸海軍、農林外務各省から終戦に関する報告が出て来た。

九月六日(木)　暑　晴　閉院式

今日は閉院式。例の如くあつて午餐には首相官邸の Tea Party. 松竹本店に出向して、大谷社長に受諾の回答を齎したが、留守の為め永田君に伝言を頼んで来た。菊池寛君*我党に入るとのこと。

二時交詢社にて結党準備会合。

帰りには小島君の事務所へ行つた。昨日思ひがけなく¥五、〇〇〇入手した。

九月七日(金)　Fine

Called on 波多野林一君、 at Ogikubo(Residence of Haratani).

京都新聞座談会(貿易会館)。

週刊毎日座談会。

5 p. m. invited by Mr. Hayashi dinner at a Chinese restaurant ——. Fairly good cooking.

Came home at 21$^{1}/_{2}$ evening. 議会に於ける書面質問の件、新聞に一斉に掲載。

九月八日(土) Fair　米国軍東京進駐

As I got a telephone call, went up to 東京。 Sent my manuscript of 議会質問書 to Diamond printing house. Luncheon at 交詢社。

Went to see 高島君*(和田塚)、talked with him about Jap.-American relation.

関屋貞三郎氏 joined us in dinner.

九月九日(日)

Went to fetch "Foreign News". American State-Department published Jap. bad treatment of Prisoners. So the U. S. papers emphasize to be strict in handling Japan.

Came to see me 小倉老人*、渡辺代議士、市川君、吉沢君、林*愛作夫妻。 I felt tired when they went home.

Read foreign news. When I saw the documents published by Washington Gov. on maltreatment of prisoners I was simply horrified.

九月十日(月) Cloudy

First autumn day. At Tokyo I rounded about 丸ノ内 to search for the office of the Party. Went to see 松本外務次官*。 Afternoon a gathering of the New Party. Our business progressing slowly. But so far so good.

Read the Time of 27 Aug. in which the New Cabinet's silhouette [was] described quite cynically. After dinner letter writing. Got many encouraging letters.

九月十一日(火) Cloudy　東条自殺

Went to the Diet House.

At 交詢社 made an interview with Central News of Chungking. At noon 座談会(東洋経済)。 河野密君*、蠟山政道君* were present.

Radio announce VIIIth Army of America asked Extradition of "Tojo". Radio of 9 p. m. announce Tojo tried to suicide with Browning. "That is that".

九月十二日(水) Cloudy

Read "Foreign News". Wrote an article「感想」to be sent to the Press.

高橋均君 called on me with whom talked about 3 hours. He is vigorous and suggestive. After dinner wrote several letters to invite my friends to the New Party.

東条内閣々員、戦争犯罪人トシテ拘引セラレタル旨放送。

九月十三日(木)　Hot, Cloudy—South Wind

Called on *Mr. Booth at 小坪。 He was liberated fortnight ago from 山北 Camp. We had long talk and I was impressed by his love for Japan.

After-noon, came to see me 高橋均君 who stayed with me until 5 evening.

*中村陽《(ら》吉《きち)》君 dropped in. He is again university student as he was demobilized recently.

九月十四日(金)　Cloudy

Called on 鳩山氏 to discuss 宣言書。 After-noon gathering of New Party at トキワ屋。

Mr. 一ノ宮 informed us that General 宇垣 decided to form a new party with a prospect to collect 150 members of the Diet.

九月十五日(土)

Went to 三菱銀行。 Called on 小島君事務所 where I met 安達君 who sounded me whether I accept the Domei Post. I categorically declined it. Luncheon at 交詢社。

Called on 石山賢吉君、 who discouraged me to distribute the copy of my interpellation.

Dinner at 高島邸(カマクラ)。 Came home about 9 p. m.

九月十六日(日)　Hot, Cloudy

Went to Tokyo to attend the funeral service of *長谷タマ子夫人、*喜一君 at Nansenji. The temple was burnt down and the surrounding was devastated. When we came home, we learnt many visitors came today.

田中都吉氏、山下憲次郎君 etc.

中村健三君 stayed until dinner.

菅井龍馬君 called on us this morning.

九月十七日(月)　Cloudy

Called on 小島事務所。 Luncheon at 交詢社。 Party meeting at トキワ屋。

New members are pouring in.

On my way home met with Tomi. We were delighted.

Arriving home, dinner with Tomi. 富君帰来。

九月十八日(火)　Windy

Stayed at home. Wrote 新党宣言。

After-noon came to see me 高橋君、 with a manuscript. ミヨ子 brought 元春。 長谷孫重郎君 came to see us with 2 boys. 中村陽

吉君 came to spend a night.

重光外相退陣。これが現内閣退陣の第一歩となるのであらう。

九月十九日(水) Fair

Called on 土屋計左右君 who asked me to sound the proprietor of 正求堂 Building. Went to see 鳩山氏 whom a reporter of Central News of 重慶 asked an interview.

*水曜会 luncheon at 工業クラブ。 Had talk with 吉野氏，*松本博士，Taking a pair of boot and some beef, came home.

△Prime Minister exchanged, during his interview with U. S. newsmen, to 〔欠〕 words.

九月二十日(木) Variable

Went to Tokyo University to talk with Profs. *田中耕太郎，横田喜三郎氏。 Dropped in to the 学部長室 to say good morning to Prof. 南原。

Luncheon with 鳩山一郎氏 and discussed the draft of 新党宣言。 A reporter of Harper's Magazine came up for interview with whom we stayed during 2 hours. Came home 7 1/2 evening.

九月二十一日(金) Cloudy

Stayed at home all the day. Letter writing. Mr. Takahashi brought up rewrited〔ママ〕 manuscript of my「感想」。

He said that he is helping me as a part of public service and he worked through whole night. 朝日 published an editorial「重臣責任論」criticizing particularly the attitude taken by Prince Konoye.

九月二十二日(土) Cloudy—Rain

Life is not always so sweet. Barbershop——Went to 三井本社 invited by the Boss of Mitsui. We talked about the American policy toward 財閥。

Dropped in the law office 小島。 Read "Time"/10th Sept/ printed in Tokyo.

Dinner at home. Letter writing.

九月二十三日(日) Rain

The Press changed its tone entirely since last week.

From morning visitors arrived. 岡村君 brought us many おみやげ。

Luncheon with *広田三郎君。 *成田知巳君 called on me. We enjoyed radio music organized by Occupation army.

Evening 島野盛文君 arrived from 和歌山 to collaborate with the New Party.

九月二十四日(月) Cloudy

雨あがり乍らまだ秋晴にもならない。昨今は忙しい日を送つてゐる。眠る時もさめた時も新党のこと許り考へてゐて、ソレが中々進捗しない。米国占領軍の意嚮も明白でなし、内閣のやり口も感心出来ない。心持は陰気である。

朝は大映の永田君と面談、気をよくするような話を聞かされた。安藤君と同道して鳩山氏往訪。党の綱領を一通り仕上げた。

夕方帰宅し、案外御馳走をたべた。

九月二十五日(火)　Fine

We feel autumn in the morning and evening. On the street we encounter everywhere American soldiers, some of them are selling cigarettes, buying toys and curios. At "Diamond" reviewed my manuscripts. Luncheon at 交詢社。

Attended the lecture given by Baron Shidehara at 日本クラブ《〔ママ〕》。Dinner at home. Radio Tokyo broadcast the biography of marshal MacArthur.

九月二十六日(水)　Fair

Went to Hatoyama's, where with Mr. Ando discussed the final draft of 宣言、綱領、政策。

水曜会 luncheon(工業クラブ《〔ママ〕》)。Some of the members proposed to participate to the party.

高島英一郎君 called on me and talked about the next General Election.

九月二十七日(木)　Cloudy—Rain from evening

Called on *東亜同文会 to talk with Admiral *Tsuda.

国民学術協会 at Toyo Keizai, where I talked with Prof. *桑木 who promised me to participate to the new Party. Met 木村篤太郎君 who will join us eventually.

$13^1/_2$ トキワヤ to the gathering of *文化人協会。Came home dinner with *太田政雄君、下河辺夫妻。

九月二十八日(金)　Variable

Took cold slightly. Attended the Party gathering. About 40 people came up. Discussed 宣言、綱領。

Called on 依田君 to ask his collaboration to the new Party.

Came home and prepared my trip.

九月二十九日(土)

朝八時半の急行で京都に向ふ。大船から永田雅一君と同車。夕六時半京都に到着。駅に高山義三君と岩本義徳君が見えた。土手町の桂屋旅館に入る。引続いて芦田会の田井、岩本(半)、其他が来訪、いろいろの話をした。

九月三十日(日)　京都

朝、高山君、田中二郎*君と同車して下鴨に佐々木惣一*博士を訪問、時局について話した。先生は Democracy を民主々義と訳することに反対だと言はれた。尚自由党に入党することは拒否せられた。

午餐は太秦の大映撮影所で済して約一時間の講演をした。岡崎のツルヤで永田、高山、岩本君と夕食。

七時から〝千もと〟で座談会が開かれて奥主一郎、西村総左衛門*、大西太郎兵衛*等の旧人、同志社教授等が集つて九時半迄話した。帰つてから熟睡した。

十月一日(月)　暖　くもり

八時の汽車で舞鶴に行く。駅には坂本密之助*君が出迎へてくれた。松月に入つて坂本君と岸田大次郎君とで話した。

午後江守芳太郎*君の来訪を求め、更に医学博士岸松郷*氏を往訪した。舞鶴に芦田会を造る相談もあつた。夜は山下湊といふ市会議員が来訪したが、酒飲みで大した人間ではない。

十月二日(火)　暖　雨　峰山

台風のせいで暑い。雨がふる。朝十時半峰山駅についた(岩滝の糸井君同道)。駅に山本達太郎君が迎えてくれた。朝日旅館に入る。今夜座談会を開き明夜講演会をすると決定した。

夕方から嵐。その中で座談会を開いて十時近く迄話した。来会者は支持者のみ。西木孝君がよく働いてくれた。これ等の献身的な人々に感謝する。

十月三日(水)　暖　雨　常吉村

九時半のバスで常吉村に行く。鈴木勝太郎君が迎への為峰山迄来た。村長の白杉意之助君はしっかりした男だ。雨はげし。午後一時から二時間程講演。その後自転車の後車にのせられて口大野着。夕食前峰山へ帰つた。

七時半から峰山町役場の二階で京極子爵と二人でコーエンした、約二時間。聴衆はほゞ満員。

昨日からの人気で大に気をよくした。

十月四日(木)　雨　福知山—宮村

午前中は雨もなし。福知山へ十時半について牧野君を訪ふ。十一時半から約三十分間郡農会の階上にて農会と郡地方事ム所役員とに話をした。

森又四郎君宅にて昼食。斎藤(定)、須藤、三宅、牧野、関君と一緒に雞のスキヤキ。

午後三時に終つて宮村に帰つた。

藤田定一、井上伍一君、藤田君の子供二人、源ノ助君の子供、苗村君等来訪。十時過迄話した。

十月五日(金)　綾部—志賀郷

朝から荷物〔ママ〕をした。竹田の西山俊三君来訪(次男を同伴)。郡是の自動車が迎へに来て綾部に行く。本社楼上で約二時間の講演。
夕食後に自動車で志賀郷に行く。初めて幸子*を見た。可愛い子だ。胖君が帰郷してゐた。七時頃遠藤和吉郎君の遺族を弔問した。
引返して郡是で一泊。

十月六日(土)　東海道
五時半起床。六時二十分の汽車にのる。京都で急行にのる。車は立籠んでゐない。夕方七時半大船着。富が出迎へてくれた。九時前に帰宅。久しぶりに三人でゆるゆる話した。
荷物には米が一斗、柿一籠、土産に洋服地アメ等々。手紙が留守に沢山ついてゐた。多くは激励の書面であつた。
朝の新聞で内閣総辞職を知つた。夕方に帰宅して幣原内閣の出来るらしいのを聞く。

十月七日(日)　曇　新党創立懇談会
八時発出京。麻布に鳩山氏を訪ふ。幣原男から自由党にも入閣交渉があるだらうとのこと。私は入閣を羨しいとも思はなかつた。
トキワ屋で午餐。一時半から懇談会を開く。三時半に終了。
十年の苦節が酬ゐられて、何となく世間も自分を認めてくれた如く感じる。然しかゝる時に失策をすることが多い。
夕方帰宅、手紙書き。午後九時のニュースを聞いてゐる時、吉田外相より招電をうけた。

十月八日(月)　入閣受諾
入閣交渉の詳細は別の日記に譲る。*
九時に東京へついて九時四十五分に組閣事務所へ入つて入閣決定は十二時少し前、それから新内閣の首班の Statement を書き終つたのが夜の九時前。田辺加多丸君の宅へ行つたら頗る喜んでくれた。同君と十時半迄談つて二階で眠つた。

十月九日(火)　温　小雨
今日の日記も別冊に譲る。九時頃に閣僚一同の顔合せ、親任式の終つたのは十二時少し前。
午後は初閣議が開かれて Statement 等を議した。然し私が之を書下したことは、情報局の作つた拙速のものに比して内閣の為めに仕合せだつたと思ふ。夕方七時半総理が放送された。その原稿も私の書いたものである。平明だと言つて喜ばれたし、後日の News によればアメリカの反響も悪くはなかつた。
カマクラ駅から歩いて悠々と帰宅した。

十月十日(水)　Rain
閣議 from 10 to noon. Went to 水曜会 to say farewell.
At 厚生省, received several calls. Among them 西原亀三*氏。
局長会議 from 15-16 1/2.
Dinner at the Palace of 高松宮殿下。
Prince and princess were so kind that I was deeply moved.

Left the Palace at 20. Dropped in at 石坂泰三君。 Spent a night at 田辺邸。

十月十一日(木) Rain—evening fair

Waked at 5 morning. Wrote down the program of the day. *上司君 called on me. On way of the Department dropped in to see 松平恒雄氏。

Attended 農林省会議 to discuss how to accelerate the barrack building.

After 1 p. m. 閣議—until 4.

Came home(Kamakura). Dinner with 三史君。 Got many felicitation cards.

十月十二日(金) Fine

Cabinet council. Current business. Receiving many letters of Congratulation, I felt I should forgive my antagonists in past several years.

At the Ministry 局課長会議、 until 5 p. m. Missing 2 trains, came home at 8 p. m. Felt tired.

Went to bed at 10 p. m.

十月十三日(土)

Accompanying スッカ arrived Tokio 9 A. M. Went to see the official residence at 広尾。 Called on 三土忠造氏。 He was absent.

Cabinet Council discussed the Constitution Amendment. The heat discussion continued until noon. Dropped in "Diamond".

At the Ministry came to see me *伊礼氏、 *松本治一郎君。

簡易住宅に関する懇談会、 3-5 p. m. Came home.

十月十四日(日) Fine

朝菅原君往訪。 住宅営団の首脳部を更迭する決心を堅めた。

続々来訪。 *石出君、 高橋均、 吉沢、 鈴木九万、 *鈴木文治、 馬場恒吾、 *小倉敬止、 山口万亀。 青年は*松本、 木元吉蔵、 長谷盛重。 午後榊原君が米国士官をつれて来た。 Chicago 大学で働いてゐる男であると言つた。

三時九分の上りにて東京行。 鳩山氏往訪一時間程話した。 田園調布の田辺君宅へ夕食に招かれた。 大雨。 月々会連で楽しく話した。

十月十五日(月) Cloudy

官邸から本省へ。 健民局長の事務報告を聞き十時から予算省議。

鮎沢巌君、 *三輪寿壮君来訪。

閣議は四時から始まつた。 憲法改正委員の件が主題であつた。

夕食を総理官邸で終つて八時官邸に帰り、 十時半ねた。

十月十六日(火)

閣議 from 10 to noon. 宮中午餐、陛下は食卓で拙者の名を Mention された。それは閣僚に驚を与へた如く見えた。午後二時から又閣議。三時半退席。

厚生省にて厚生記者と会見。相当永い Statement を出した。

住宅営団の幹部を入れかへることにした。新理事長に加藤恭平氏を頼んだ。来訪者、末弘厳太郎、枝木某、其他。官邸に帰って三史君と夕食。三土忠造氏来訪、財政談を交した。

十月十七日(水)　Fine　神嘗祭

Enjoying bright morning went to the Palace to attend the ceremony, which began 10 a. m.

Down to 丸ノ内トキワヤ。Received succeedingly a correspondent of U. P. 永田雅一君、松本俊一君、*八木幸吉君。Last two talked about their candidateship in the next election. Came back to 鎌倉。

Dinner with スミ子、富、肸、and 酒井秀次郎君 who came to congratulation.

十月十八日(木)　Fair

Went to the Department. Talked with *池田秀雄氏。Down to 丸ノ内 at noon to attend a small committee of the new Party at トキワヤ。

Attended 評議員会 of 戦災援護会(工業クラブ)。At the Department talked with 東京都長官(*広瀬氏)。

Went to the official residence at 広尾。スミ子 brought here my personal effects.

十月十九日(金)　Cloudy

Called on 鳩山氏、then to the cabinet meeting. At the Department received several visitors, among others 添田敬一郎氏 whom I asked to retire from 住宅営団。北岡寿逸君 came to talk—especially on business of 厚生省。

General *原口 joined us in dinner. They talked about the conditions of economic life.

十月二十日(土)　Cloudy

*岸本彦衛君 came to see me at the official residence. From 10 to noon Cabinet meeting to discuss 衆議院選挙法綱要。At the Department received several visitors. Heard the short exposé of 衛生局長。

Came home(カマクラ)。Dr. Munakata came to report on conditions of Medical materials and "医療団"。Dinner with トミ、遠藤、三史君夫妻、元春。

十月二十一日(日)　Rain

Stayed at Kamakura; came to see me 波多野君。

以下数日は別冊に記入せり。

十月二十二日(月)

Went to see 田辺加多丸君 as he asked me to recommend a secretary to 小林一三氏。 I recommended 漆野寿一君。

At the Ministry received many visitors. Interview with Brines of A. P. who took me to Bob, my old friend.

閣僚懇談会 $2^1/_2$. 首相官邸記者招待会 6 p. m.

Spent a night at 広尾官舎。

十月二十三日(火) Rain

Went up to the Palace of Prince 高松。

2 p. m. Cabinet meeting.

Down to the city called on 永田雅一君 where I met 大谷竹次郎氏。 Dinner at トキワ屋 inviting 次官局長連。 Dropped in 田中屋 to talk with 加藤恭平君，菅原通済氏。

十月二十四日(水)

武井群嗣君* came to talk with me.

At the Department handed to 加藤恭平氏 his 辞令。 Went to 交詢社。 Barbershop.

1 p. m. 閣僚懇談会。

After dinner 大屋敦君，長崎英造君 came to talk with me.

十月二十五日(木)

8 a. m. Mr. Sekiya*(貴族院) came to talk with me.

At the Ministry heard a report of 医療団。

Luncheon at 党本部—Committee. Attended 告別式 of 深井英五氏。

Prof. Furuya reported the critical situation of milk supply in Tokio.

Dinner at Prince 高松，where I met representative of Red Cross of Switzerland.

十月二十六日(金)

The Cabinet Council, where I made appeal to my colleagues to take measures to increase supply of milk.

経済閣僚懇談会。 Dinner at 広尾官舎。 橋本君(内閣〔事務〕調査官) came to talk with me. Tomi came up from カマクラ to spend a night with me.

十月二十七日(土) Fine

Dropped in Hatoyama's residence to announce participation of 岡田啓治郎 to our party.

To the Ministry at 10 a. m. Calling up 一、二、三課長 to the office gave out the instruction. After-noon 労働〔務〕法制審議会(第一回)。

It gave me great pleasure to see many friends among the members.

Came home and dinner with the family.

十月二十八日(日)　Fine

As my official residence is without furniture, prepared packing at カマクラ from morning to noon. After-noon we had visitors, 長谷盛重、関五郎、中村健三夫妻、岩間君、吉川兵次郎氏。

Letter writing after dinner. Radio news announce often my name. Every time I feel queer sensation.

十月二十九日(月)　Fine

Accompanied by 鮎沢君、went to see Mr. Kramer* of U. S. Headquarters. Spoke with him during 1 1/2 hours.

Luncheon at トキワ屋。 At the Ministry received several calls. 政務官詮衡。 So far we got satisfactory solution. Attended the dinner organized by 池田秀雄君。

Came home(官邸) and continued my work.

十月三十日(火)　Cloudy

Cabinet meeting from 10 to noon. Discussed 行政整理、戦災復興院設置、敗戦ノ原因及実相調査機関設置の件 etc. Very important problems.

加藤恭平君 came to see me.

Jack Smith(Reuters) came to talk with me. He complained the American attitude toward British newsmen.

From 15 1/2 to 18 経済閣僚懇談会。 小林一三氏入閣(国務相)。

十月三十一日(水)　Rain

Sumiko left Tokyo for Kamakura this morning. 10 morning Privy Council. It was my first experience.

Returned to the Ministry. Luncheon Party at 首相官邸 with members of the Privy Council. 政務官の顔触決定。 All 厚生省 from my Party. 4 were chosen from our Party.

Dinner at トキワヤ inviting 厚生記者会。

小島君 called on me at 広尾官舎。

十一月一日(木)　Fair

Cabinet meeting——approved the draft speech of the Premier.

Went to see Prince 高松 at the Navy Department to submit the draft speech of the Prince. Talk with Prof. 稲田*。

*矢野政務官 came up to the Ministry.

Attended the dinner of 建設工業組合 at 交通協会 where I made a toast.

*本重志《もとしげし》君 came to spend a night.

十一月二日(金)　Cloudy　地方官会議

Went to the residence of Premier, Conference opened $8^1/_2$.

Returned to the Ministry. Luncheon at 首相官邸 with the Governors. The Conference reopened at 1 p. m. where I addressed during 25 minutes. Answered the question on the unemployment problem.

Dinner with 本君。岡本一義君 who came to consult about 立候補。

十一月三日(土)　Fine　明治節

Went to the Imperial Palace. Then down to Kamakura, I feel homelike in Kamakura.

高橋均君来訪。栗田の漁業者、狩野、奥野君来訪。夕食を共にした。Letter writing.

十一月四日(日)　Fine

田中都吉氏、鈴木文治氏(立候補断念の件)、*高田貞三郎氏、菅原氏来訪。午後岩波茂雄君を訪問。午後三時以後は珍らしく来客なし。手紙書きや雑務処理にくれた。

何をしても仕事が進まない。行政機関はサビついてゐてどうにもならぬ。

十一月五日(月)　Fine

*安藤狂四郎氏の来訪を求めて輔導会理事長の仕事を相談した。引つゞいて来訪者。

午後一時から臨時閣議――財政再建計画大綱の渋沢氏の説明に対して松本、小林氏の質問。幣原内閣成立以来曾て見ない論戦であつた。四時散会。トキワ屋に行く。〃山浦会〃に顔を出して、五時東京会館――小林、河上、大沢、田辺会食。*日労の話をした。どうも成行は覚束ない。

十一月六日(火)　晴

十時から閣議。議題は臨時軍事費の現状及今後の処理。これは十一月一日から大蔵省へ移す案であり、残額が一〇七億しかないと言ふ点が注意を惹く。帝室博物館の御物を下渡しの上意の件は心を痛ましめるものである。

午後一時から閣僚懇談会で財産税と財産増加税の説明を聴く。小林、松本氏の質問は厳しい。これが内閣の命取りになる。

舞鶴から稲川、津田、山下湊の三氏が来て官邸で泊る。来訪者、鹿島、長崎、北岡氏等。

十一月七日(水)　Fine

3 visitors from 舞鶴 left this morning for カマクラ。At the Ministry heard a report from Dr. *Keimatsu. Several visitors.

Attended the Rotary luncheon. Talk with 中井秀市君 who intends to run the next election. 3 p. m. 記者会見。Came home and dinner with 小島徹三君。

Wrote a radio speech for tomorrow evening until 10.

十一月八日(木)　Fine

帝大緑会委員 came to ask a lecture at 帝大。At the Ministry talked with the visitors until the noon.

Luncheon at the official residence with 永田雅一、高山義三、岩本義徳氏、discussed the business of 自由党京都支部。

About 5 p. m. dropped in the residence of Hatoyama. After dinner attended 戦災慰問の夕 and gave a 15 minutes over Radio.

十一月九日(金)　Fine　自由党結成大会

門田 came to see me and reported the democratic trend prevailing in the province.

Cabinet meeting from 10 to noon. Mr. Beanfort of Christian Science Monitor came to interview. After-noon attended 自由党結成大会 and left there with gloomy feeling thinking over the future of the Party. Went to the tea party of 鳩山氏。

Dinner at 首相官邸 with Court officials.

Talk with 高山、岩本君 at 永田邸(渋谷)。

十一月十日(土)　Warm, Fine—Cloudy

経済閣僚懇談会。

Luncheon at 官邸 inviting 門野重九郎翁 who brought me 祝品。小林総裁と事務引継(幸ビル五階)。

At the Ministry received several visitors, until 17 evening.

Back to Kamakura, dinner with 下河辺夫妻、松本*(junior)、遠藤胖、富。

十一月十一日(日)　Warm,　Fine

Letter writing. 高橋君 brought 3 American officers ; Demitrof, Hedden, Seemore. Luncheon—天プラ—at Takahashi's house(浄明寺)。

Called on me 高島真一郎君、高田氏*。

Evening—菅原君 came to see me, chattered with the family.

十一月十二日(月)　Fine

Walking to the Station took a train 7 : 56 to Tokio, passed by 鳩山邸。At the Ministry studied 行政整理案。Several visitors. After-noon 戦災地視察。Was deeply impressed at 浅草本《〔浅草〕》願寺 which was transfered to concentration camp of vagabonds.

Dinner at トキワ屋 inviting 長谷川、井上*、安達(時事通信)、狩野(毎日)、古垣(朝日)。Came home 20 : 20.

十一月十三日(火)　Fine

Cabinet Meeting from 10 morning.

At the Ministry attended 局長会議。

Again the cabinet meeting from 3 to 5.

Dinner at home with *森岡二朗君。

Letter writing.

十一月十四日(水) Fine

Sumiklo left Tokio from Kamakura this morning.

10 morning went to see Col. Kramer to submit 〃土地建築物臨時措置令〃。

Passed by 復興院。正午、首相官邸。食糧確保懇談会。Called on 工業クラブ、to ask information on the candidates of 失業対策委員。At the Department received several visitors among others 土建業代表 who complained disorder occurred by Chinese & Koreans who want expatriate quickly.

十一月十五日(木) Cloudy

Conference with 外相、書記官長 at 首相官邸 to discuss how to keep order in face of the agitating Chinese & Koreans.

Luncheon at home to celebrate my birthday with 下河辺夫妻、富、元春。

1 p. m. 労務法制〔審議〕委員会。

3 p. m. 東大緑会講演——教室満員。

Dinner at home. Inouye came to see me with the documents.

十一月十六日(金) Fair

軍事保護院副総裁 came to announce the directive of U. S. Army in prohibiting exclusive treatment of ex-servicemen.

北沢敬二郎君 came to congratulate me. Cabinet meeting from ten a. m. when 農地法 was the center of the discussion. Afternoon 経済閣僚懇談会。赤十字社懇談会—局長会議—閣僚政務官打合会。

Left for 伊勢 by the train 21 : 50.

十一月十七日(土) 伊勢 畝傍

名古屋から新聞記者が乗り込んで寝台でも眠つてゐられぬ。好晴の秋の空は美しいが戦災地が次々と眼に入る。九時半宇治山田着。大安にて休息。内宮、外宮に参拝。頭に残るは五十鈴川の秋色。午後一時関西急行にて大和に向ふ。畝傍、橿原共に壮厳なり。富最も幸福な顔也。特別電車にて六時半京都駅着。国許よりの出迎多し。柊屋に入る。直ちに大千賀の京都人会に臨む。蔵相も来て賑ふ。

宿にては訪客断間なし。十一時ねる。

十一月十八日(日) 曇 桃山—自由党大会

八時半より車を列ねて松本、渋沢両相と桃山参拝。帰つて又訪客。午後一時堀川女学校にて日本自由党京都支部結成大会。支部長に推され挨拶の時、声涙共に下る。次に弥栄校にて婦人大会に講演一席。共に及第点なりと思ふ。*伊吹氏の宴席に臨み、七時より京都芦田会に行く。宿にて又訪客に接す。数々の土産を貰ふ。郷里は有難いものなり。

富は午後三時の汽車にて丹波へ帰る。

十一月十九日(月)　晴　大阪

久邇宮邸にて記名。八時発大阪へ。

毎日、朝日両社を訪問。大ビルに伊藤忠兵衛氏を訪ふ。中ノ島の竹葉にて大阪財界の正午会に他の連中を加へ二十余名にて午前十一時より一時迄話す。一時より大阪府庁に行き厚生行政の打合せ。自動車にて堺市と大阪戦災地の視察。四時灘万にて夕食。中井秀市君と面談。17:07 発東上。菊池寛君同車。車には土産品多々。名古屋より蔵相及び津島君と落合ふ。

十一月二十日(火)　Fair　靖国大会

Arrived Tokyo 6:45 morning. Passing by the Ministry, luncheon at 官邸。

Before 10 went to 招魂社 where the H. Majesty came to meet the families of the unknown soldiers.

1 p. m. Cabinet meeting. We discussed 農地法。"Democratic Trend" was the point of hot discussion.

十一月二十一日(水)　Cloudy

Adachi, Jiji Agency, came to see me at Hiro-o residence.

At the Ministry discussed 行政整理。

Luncheon at 首相官邸 with leaders of the House of Peers. Attended 労組法委員会。

Tea at my residence with Commander who brought us lot of cakes, cigarettes, chocolate. Dinner at 新喜楽 with 松本先生、河上、石坂、invited by 山下君。

新橋 is coming back gradually.

十一月二十二日(木)　Rain

Went to see Prof. 塩田 to ask him to be 医療局長官。Cabinet meeting till noon. Luncheon at 首相官邸 with the leaders of 衆議院。

At the Ministry discussed the current affairs. Rendez-vous with 吉野孝一君。

Dinner at 田中屋 with 加藤恭平、菅原君。

本君夫妻来泊。

十一月二十三日(金)　Fine　新嘗祭

昨日に引かへ秋晴のすがすがしい天気だ。午前の仕事は華人、朝鮮人労働者の暴動取締問題で内相と打合すことであつた。来訪者は午前二人、午後二人。夕方迄に手紙を十通余り書いた。六時前新嘗祭の式に賢所に集る。暗い庭に衛士が火をたいて、古い雅楽が永い夜にひゞく。九時迄宮廷。帰つて湯に入る。

十一月二十四日(土) Fine

Extraordinary Cabinet meeting where we discussed the speech of the Premier, then American directive upon pension of soldiers. I promised to draft a Social Insurance plan for soldiers. Afternoon dropped in the Ministry. Taking train of 3:15 p. m. went home at Kamakura.

*たかちやん came to dinner with us.

十一月二十五日(日) Warm, Fine

Mr. Sugawara came to hand over the fund for the Electoral Campaign.

Arriving Tokio noon, attended 自由党代議士会。Called on Dr. Shioda to talk about the new direction 医療管理局。

Passed by 山下太郎君宅。貯金局。

Dinner at 広尾 with Mr. & Mrs. Moto, 鈴鹿君。Busy evening.

十一月二十六日(月) Fine 議会召集日

*藤原惣太郎君 came to see me.

保険局長 brought us a plan of Social Insurance which will be submitted to the cabinet meeting.

Called on 山下太郎氏。Dropped in the Parliament. Cabinet meeting.

Luncheon at 広尾。Then to the Ministry where we discussed 保険制度調査委員会。Came to see me *木檜《(こぐれ)》三四郎君 to whom encouraged to join my party.

十一月二十七日(火) Rain 開院式

雨の朝を役所に行く。爆撃調査団の士官が三人来て情報を集めて行つた。開院式も無事終了。直後の閣議で楢橋君が生意気を言つたので怒鳴つてやつた。

二時から三時迄枢密院。それから役所へ行つて五時近く迄居た。医療管理局の新設、軍事保護院の跡始末、労働法制の提案準備等々、数へて見れば用事は無限にある。

夕食、手紙書き等。十時にねる。

十一月二十八日(水) Cold, Fine

須藤治郎左衛門君 arrived from Kyoto. We talked about the coming election.

Went to the Diet and attended the 1st plenary session. My answer to the interpellator *田村秀吉 was good, according to a press-man "Best of all".

Came home 6 p. m. and talked with Mr. Sudo.

十一月二十九日(木)　Cold　Rainy

*竹下文隆、*堤康次郎氏 called on me. Sudo left for Tamba.

The House of Peers then to the House of Representative. Hatoyama made an excellent speech. I enjoyed the session in replying the question on unemployment problem posed by Mr. Nishio.

The House made a noise regarding the answer of 吉田外相。

After dinner studied 労組法 with *中西、□□〔欠〕君。

十一月三十日(金)　Rain

萱原君 called on me. Went to the House of Peers to make answer to the interpellation made by *長岡隆一郎氏。

After-noon, gave answer to the question of Fukuya. Attended the interpellation of 北、松本君、upon the text of the Resolution on War criminals, 3 parties discussing until evening.

Came home and dinner.

十二月一日(土)　Fine

At the House of Peers the interpellation by *松村義一君、I explained the bill moved by the Gov.

After-noon 衆議院 passed a resolution 戦争犯罪に関する決議案。

After dinner went home(Kamakura) and chattered with 胖、富君。Still it's my only relaxing to spend an evening at home.

十二月二日(日)　Fine

Went up to the capital to attend the Cabinet meeting at 10 morning. We discussed the 労働組合法案。There was a hot discussion among colleagues.

After-noon took a walk with 富。

Letter writing. Read shortwave news.

十二月三日(月)　Fine

*吉瀬宏君来訪。保護院総裁の挨拶のため駿河台の保護院へ行く。貴族院の委員会に出席して説明書をよんだ。予算委員会。午後は選挙法第一読会。中村大将と赤十字*中川副社長を往訪。再び議会へ引返して五時迄。官邸で波多野林一氏と関五郎君とを招いて夕食。小島徹三氏来訪。

△War criminals 五九名の引致が発表された。議会から相当の人が引かれる。

十二月四日(火)　Fair

Went to the Ministry and attended the 失業対策委員会第一回会合。

After-noon, Cabinet Meeting. At the Special Committee of 貴族院 made answers to Baron *Nakagawa & Yamana. Passed by 予算委員会。

Came home and dinner. 島野盛文君 called on me.

Letter writing.

十二月五日(水)　Fine　浦賀

Went to 横須賀 by train at 10 morning. *岡本伝之助君 took me by car to 浦賀。 Inspected 鴨居収容所 for the evacuees. Came back to Tokyo 2 p. m.

Attended 失業対策委員会 then to the Diet.

Sent a secretary to the Headquarters to submit 労組法案。 As the response arriving late, I felt uneasiness.

Came home at dinner time. 吉川氏、田井清氏 called on me.

十二月六日(木)　Fine

My concern is concentrated upon the negotiation with G. H. Q. on the draft of Labor Legislation.

All the 〔day〕 in the Diet.

After dinner 永田雅一君 came to see me.

十二月七日(金)　Cloudy

The negotiation is still hunging.

Stayed all the day in the Diet.

Move answer to *三宅正一 at 予算総会、 to *漢那憲〔和〕君 at 内務委員会。

Came home, studied 労働組合法。

Learned that the negotiation is reaching to the end. *冨樫君 came to make report after dinner.

十二月八日(土)

朝八時半に米軍司令部のＯＫがあつて労組法の修正が決定した。午前中は議会の大臣室で事務を見た。労組法は十日の衆議院へ出る。予算委員会で*阪本君、*松尾君の質問に答へた。夕方帰宅。食後*本野盛一君の父子来訪。ドイツへ捕へられて以後の話をきいた。

富が鎌倉から来てゐる。彼と両親との間は全く円満である。

労組法の問題で頭は一杯になつてゐる。

十二月九日(日)　晴

森岡二朗君が来て奈良の政情や立候補の話をした。十時半高松宮に参邸。赤十字社、軍人後援会の御話を申上げた。

午後、秋晴らしい上天気を利用して、スミ子、三史君と三人で明治神宮へ参詣。

三時頃西村君が来て大阪府下から立候補の相談をうけた。小西君が飄然と尋ねて来た。

十二月十日(月)

議会で役所の用向をした。

午後労働組合法案が上程された。此日、不覚にして第一質問者*羽田氏に対する答弁の原稿を見失つて大に狼狽した。そしてこの興奮が夕方迄つゞいて私を鬱陶しい気持にした。帰つても晴々しい気になれなかつた。

十二月十一日(火)

午前中労働組合法の委員会。小野義一*、角猪之助*両氏の質問に答へた。

午後は予算委員会と選挙法の本会議に出席した。議場は空家に均しい。進歩党の左往右往の首無し巨像、社〔会?〕大も自由党も選挙で忙しいらしい。

十二月十二日(水)　寒　晴

午前と午後と引続いて労働組合法案の委員会。委員長の添田氏のみ speed を気にし乍らやはり悠然としてゐる。午後六時迄議会に居て、帰つて夕食。夜は手紙書きをした。胖君が一杯機嫌で来て上機嫌であつた。

京都から高山君が手紙で自由党に飽き足らぬ感情を洩して来た。

十二月十三日(木)　晴

今日も午前中は労組の委員会に出席した。赤尾、小山等の猛者が出席して弁じ立てた。幣原総理も大分に答弁上手になられた。

十二月十四日(金)　Fine

Letter writing. Went up to the Diet. Attended the Committee of Labor Legislation. After-noon the debate in the Committee. 3 p. m. the Plenary session of the House of Rep. passed the 労組法。It relieved me from the grave responsibility. Dinner at 錦水 inviting 添田委員長、米田理事。

Came home with light heart.

十二月十五日(土)　Cold, Fine

労働組合法が貴族院の本会議に上程された。二度許り答弁に呼出されたが大過なく終つた。午後は之が委員会に廻つた。

夕食に京都府の自由党代議士、池本、田中好、田中和一郎君と奥主一郎氏とが官邸に来た。選挙対策を論じたのである。

夕方ミヨ子と富とが打連れて家路へ向つた。賑かな夕であつた。

十二月十六日(日)　寒　晴

七時からマッサージ。永田雅一君が来て選挙対策を練つた。貴族院で労組法の委員会が開かれた。河原田稼吉*氏の委員長、それに二十年前から法案に関係した長岡、吉田茂*、大野緑一郎*の諸君が顔を並べてゐる。委員会は貴族院の方がよい。午後三時半に法案は可決された。ホッとした。人々が集つておめでとうと言つた。私も嬉しかつた。大臣就任の只一の土産であつたと思ふ。世田ケ谷の長尾氏宅へ夕食に行つて八時に帰つた。

十二月十七日（月） 雨

久しぶりの雨を冒して荻窪の近衛公邸へ弔問に行った。〃運命の人〃と自ら言った人だけに今更気の毒に堪えない。議会は急に閑散になった。午後三時枢密院に行く。丹後から稲川君が来た。夕方帰宅。田辺加多丸君を迎えて夕食をした。流石に気のおけぬ友人である丈けに嬉しかった。

進歩党の党首難、金主難は顕著だ。議員連は左往右往してゐる。

十二月十八日（火） Cold, Fine 議会解散

山田介雲、中西源吉 called on me.

Went to the last session of the Diet. 労働組合法 was on the Order of 貴族院 who voted it unanimously. After-noon 塚田公太君 came to see me at 厚生省。

Diet was dissolved 6 p. m.

Dinner at 平田 with the pressmen of 厚生省。

十二月十九日（水） Cold, Fine

Came to see me Mr. Sugawara and 安藤狂四郎。Cabinet meeting. Got a bonus 20 thousand.

自由党代議士会。Talk with 原*(方*面委員聯盟)。

Went to 厚生省 where I conferred with the officials.

Dinner at 首相官邸—then 一世会。

十二月二十日（木） Fine

Came to see me 北沢敬二郎君、枝木君。The latter is going down to his Constituency.

At the Ministry studied the business.

Called on 名川氏 to encourage to decide his nomination. Went to congratulate 馬場恒吾君。Crane of N. Y. Times came to ask information about the cost of living in Tokyo. Dinner at 芳蘭亭 with the Committee of Unemployment. 永田雅一君 came to see me.

十二月二十一日（金） Fine

木村義雄君 called on me and handed his contribution to the campaign fund.

Cabinet meeting from 10 where we discussed the abolition of 内閣情報部〔局〕。

Funeral service of Prince Konoye.

Called on the Foreign Minister.

参内—上奏(労組法及救護法)。Talk with 堀久作氏—交詢社。Dinner with 次*官、局長(錦水)。斎藤定蔵君と関利兵衛君が選挙打合の為め東上。昼食時に打合せした。河*相君来訪。

十二月二十二日（土） Fine

厚生省で歯医者にかゝった。午餐に横田喜三郎氏を招いて話し

た。罹災の見舞を送ったりした。

午後二時四十分の汽車でスミ子と鎌倉へ帰った。久しぶりで駅から常盤山迄歩いた。宅では御馳走が出た。

夜、原稿を書いたりラヂオを聴いた。のどかなる土曜であった。

十二月二十三日(日) Cloudy—ミゾレ

Called on 菅原氏。田中都吉氏 came to report the conclusion of his Committee. 高橋均氏 came to talk with me. Wrote my article for 選挙公報。

吉沢清次郎氏夫妻、本野子夫妻 dropped in at tea time. Around the fire place we chattered 2 hours.

Letter writing after the dinner.

十二月二十四日(月) 晴

八時の汽車で鎌倉を出発。厚生省へ行って歯の治療をした。午餐は宮中の賜餐。二時から閣議、内閣の情報機関について意見を出した。

四時に閣議を終って広尾の官邸に入る。久しぶりにスミ子と二人 Christmas cake をたべた。有難い今日此頃の生活である。申訳のないようなことだ。

十二月二十五日(火) Cold, Fine

Went to 世田ヶ谷 to talk with 長尾欽弥氏 who promised to support me.

1 p. m. 近衛公十日祭。

Prince 徳川家正、小山完吾氏、長尾欽弥氏 called on me at tea time. 永井幸太郎君 dropped in my residence.

I feel today is memorable day in my career.

十二月二十六日(水) Cloudy

Barber's shop. At the Ministry talk with several visitors.

自由党東京支部結党式、where I made a short address.

Cabinet meeting. Dropped in 愛育院 to inspect it.

Dinner at 山口 invited by Prince Tokugawa.

十二月二十七日(木) Cloudy—rain

Came to see me Sugawara with *島田藤《(ふじ)》君。Then 今次君、*サガラ氏。日比谷公会堂(十時)全国方面委員大会。Then to the All Governers Conference.

Made an address. *塩田君 brought me 陣中見舞。

Koreans demonstrated before the Premier's Residence. Dinner with 3 important figures of 方面委員。Invited by 山下太郎氏 dined with 鳩山総裁。

十二月二十八日(金) Fine

Went to the Ministry where I had talk with an Informator《〔ママ〕》 of

G. H. Q.

After-noon went down to the down town. The cabinet meeting at 3 p. m. where the Financial Minister explained the capital levy plan.

Dinner at トキワ屋 with ハトヤマ、松野、古島、安藤。Came home about 8 evening. 社会局長 came to talk business.

十二月二十九日(土) Fine

朝は長尾氏の使がくるといふので十一時迄官邸にゐた。来客は二、三名、就中方面委員聯盟の原氏の談話はうれしいものゝ一つだつた。

厚生省へ行つて午後は早く大船に向つた。スミ子と二人で大船の日活 Location に行つて五十分間講話した。Movie の廻るのを見たが Artists の貧弱に驚いた。仕事も良心的でない。夕方帰宅。富と三人きりで家庭的の夕食をした。

十二月三十日(日) Fine

鎌倉を八時に出て総理官邸へ直行。次官、局長と協議した。閣議は午前午後に亘つたが、昼は廿六日会でツクバへ行つた。小林一三氏、鈴木文史〔郎〕、邦枝完〔二〕、嶋中雄作、三宅晴輝氏、来会。

夕方帰宅。石橋氏から謝礼が届いた。宵は手紙書きをした。中央公論が再興して一月号を見た。

十二月三十一日(月) 寒　晴　北の風(詳細は別日記)

七時起床。九時過池田秀雄君来訪。厚生省へ行く。

官邸で鈴木文史郎、吉川兵次郎氏と談る。

松村達雄来訪。Social security system の話をした。芳沢謙吉氏、毎日記者来訪。

三時、朝香宮へ参邸。保険局の若人と Social security の話。関五郎君と共に夕食。G・H・Qのことなど話す。手紙書き、読書。静かなる除夜なり。

昭和二十一(一九四六)年

一月一日(火)　晴

(厚生大臣在任中)

拝賀の為九時二十分官邸を出て参内。今朝の雑煮はすみ子と二人きりだつた。次官*亀山君と新聞記者三名を官邸に残して正午鎌倉に向ふ。

常盤山では静かに手紙書きをしたり三人で閑談をした。

夜も同じく団欒を楽しんだ。今朝の新聞は御詔勅で光つてゐる。

一月二日(水)　晴

九時頃に下河辺夫妻が来た。間もなく菅原君と加藤恭平君が来訪。昼頃に吉沢父子も年賀に来られた。

午後早々鎌倉を出発して入京。厚生省へ一寸顔を出したが閑静。武富君と官邸で暫く話した。

一月三日(木)　―京都

六時官邸を出て立川飛行場より空路豊中へ平静の旅(下河辺同伴)。永田君の自動車にて午後一時京都着。来客多し。永田、高山、田中(和)、菅井、其他。

夕方山科の大野木氏往訪。魚半にて夕食。京都の成金らしき風勢〔ママ〕なり。

九時帰宿、柊屋の一晩を送る。

一月四日(金)

午前七時起床。京都府庁訪問。知事、部長等と会談。宿にて細田君、大野木、菅井君と面談。零時四十五分発帰丹。四時郡是に立より重役連と会食。七時半宮村へ帰着。部落の連中と九時頃迄話す。和気満堂。十時ねる。

一月五日(土)　雪　宮村

眼さめると雪。九時過から墓参。大槻高蔵氏を誘ひ上六の役場にて京都四ケ村(中六、下六を除き)の有志祝賀会。

午後三時一宮神社にて宮部落の祝賀。

東京より至急帰京を促し来る。マク将軍より旧人の政治活動を禁止の報あり。心平かならず。

午後五時学校にて中六の祝賀会。八時散会。田舎廻りも疲れる。

一月六日(日)　晴　福知山

雪の朝を小田君の Datsun にて下六役場に行く。朝の祝賀会なり。九時半天田、福知山の方面委員会にて談話。高山義三、田中(和)両君来援。新聞を示さる。小生もマクアーサーの指令にて立候補停止と報ず。呆れてモノが言へず。

天田町村長会の会食。午後一時より公会堂にて歓迎演説会。聴衆満堂。四時終了。

五時半の汽車にて東上。京都駅にて永田君出迎へてくれる。二十四時発東上。

一月七日(月)

二等車の混雑に呆れて余り口も利かず。十一時入京。直ちに内閣に行つて楢橋君と面談。小生は MacArthur の Directives に包含せざる事判明。快調を取戻したり。官邸にて昼食。午後厚生省に行き五時頃迄頑張りたれど寒いのに閉口。

夕食後書面書き。富夕方来る。

一月八日(火)　くもり

寒き朝なり。鳩山氏往訪。近況を語る。閣議にては肝心の指令に関する態度は問題とならず。各人の関心その一点にあるためか、却つて空気は明朗なれど、他面には閣内不安の気配も見ゆ。

厚生省にて二、三の客に逢ふ。夕方帰ると森又四郎君の息来る。夕食後少し書類をみて手紙を書いて十時にねた。

一月九日(水)

本郷の青山博士の家を貸すと言ふので見に行つた。塩田博士へ答礼の名刺を置く。

厚生省から午餐には水曜会へ出た。久しぶりで友人の顔を見ることは愉快であつた。歯医者に行き労務法制審議会に顔を出した。夕方五時、服部玄三氏に挨拶に行つて帰邸。夕食後、*君島清吉君と北岡寿逸君が来訪。

一月十日(木)　Cold & Windy

現在の処内閣々僚で四日の指令に相当する者は内務、文部、松本国相、田中、松村、次田書記官長といふ事に極つたようだ。これをどうするかについて自分は内閣投出しに賛成し、多数は改造と決心してゐる如く見える。それが為め役所は閑散だ。

朝、関屋氏と永田君来訪。小林一三氏往訪。二人共いつでも辞表を出すと書記官長に電話した。

役所から国民学術協会の会合に出席――午後も厚生省で仕事した。

一月十一日(金)

朝、英国大使館で Sir George Sansom に面会した。彼は昔乍らの親しさを以て接した。他日を期して別れた。閣議は吉田外相を俟つ間、簡単な仕事を片附けて午餐。午後一時から内閣の進退を議したが結論は改造といふ事に落ついた。吉田外相を訪問して懇談。安達鶴太郎君来訪。夕食後三土忠造氏往訪。改造の問題を談つた。

一月十二日(土)

朝、方面委員聯盟の□□〔欠〕氏来訪。十時世田谷上野毛に静養中の首相を訪ねて十一時厚生省に帰つた。Lt. J. L. Kaukonen* 来談、Social Security Law の話をした。

内閣改造は進行しつゝある。

正午築地錦水で久方ぶりの月々会を開いた。篠原、河上、石坂、金子、田辺等の同人。楽しい会食であつた。四時カマクラ着。富に迎へられて帰宅。胖君とルリ子東京へ迎への相談などして十一時ねた。

一月十三日(日)　Fine

内閣改造終了の News が新聞に出て、世評は芳しくない。

高橋均君、森*隆〔喬?〕君来訪。午後零時四五分発で東京の官邸に向ふ。スミ子同伴。

午後三時半長尾欽弥氏来訪。家庭薬の生産について一時間許り話した。

夕食に永田雅一君が来て九時半迄話した。「どうしても芦田会でこの家を買ふんだ」と力んでゐた。

一月十四日(月)　Fine

枝木君と今川剛二君が来訪。役所にて賀川*君と話した。

官邸で昼食を終つて、ハンガリア公使館へ家具を見に行つた。書斎と〔の〕ソファー一組を二万五千円で約束した。馬場恒吾君来訪。

三時、Sir George Sansom を大使館へ訪問して一時間以上話した。

帰り途三土新内相を訪ねた。夕食の時、三史君から富の結婚問題を聞かされた。珍らしい気がした。

一月十五日(火)　晴

小豆雑煮を祝ふ。厚生省を経て閣議へ。三人の新大臣と共に新聞写真をとる。

午後厚生省にて職業輔導会の案を聴く。次官と人事の相談をしたが、四人の補充は一寸厄介である。四時半外相官邸にて Sir George Sansom と茶の会。

夕方川崎克氏、小島徹三君、吉川兵次郎氏来訪。小島君は今朝選挙区から帰つた許りだ。

一月十六日(水)　Cloudy

朝、三土夫人と山下太郎氏が来訪。交詢社で散髪。鮎沢氏を訪問して労政局長就任を懇請した。昼食に吉田三右衛門君を招いて談話した。

厚生省にて新聞記者会見。戸田正三*博士等来訪。大村次官(内務)来訪して安井君の次官を推薦した。これに極めようかと思ふ。帰宅すると富が来てゐてユリ子さんとの結婚を許す旨を言ひ聞かせた。六時半吉田外相の夕食。

一月十七日(水) 晴

スミ子、三史君と共に大森山王の売家を見に行つた。立派な家である。但自動車がパンクして往復とも困つた。厚生省からトキワ屋に行つて鳩山氏と話した。

午後も厚生省で中川望、池田秀雄、亀山次官、*社会局長等と対談。次官、局長の補充で頭をひねつた。寒さの為め腰が痛む。夕方官邸では永田、堀、鶴見、小島徹三等の面々が来て、夕食をした。

一月十八日(金)

森岡二朗君来訪。MacArthur の指令は遁げられぬかとの相談。

今日は新次官、局長の選任で田崎君や高橋君と会談した。次官は安井君と決心して初会見を行つた。鮎沢君のみはどうしても受けてくれなかつた。十時から閣議。午後は大蔵省のインフレ対策を討議して五時半迄かゝつた。昨日の腰痛は八分通り快癒。

一月十九日(土)

客が来て登庁が遅れた。午後一時に官邸の昼食をして、鎌倉へスミ子同伴で帰つた。スミ子は富の自転車で、私はバスで帰つた。

夕方迄「*労働争議調停法要綱」と「労働組合法施行令」とをよんだ。

夕食後手紙書きをした。肸君も今夜は早く帰つて来た。

一月二十日(日)

七時半に起床。手紙書きをした。高橋均君、榊原君、*佐藤荘一郎君来訪、そして昼食。

午後吉沢夫妻とユリ子嬢来訪。四時半迄話した。ユリ子は大家のお嬢さんらしい子だ。

夜は雑誌を見たり、親子で話したりして十時にねた。下河辺夫妻は自転車で来て、夕方又帰つて行つた。

一月二十一日(月) 雨、後晴

七時に鎌倉の家を出て東京の官邸に入る。厚生省へ行くと労政局長の後任に*大河内教授を勧めたがダメだと言ふから、今一応*平野義太郎君に交渉することにした。

午後同胞援護会の用事で徳川家正公と会談。平野君と約一時間話したがダメ。厚生省へ帰り雑務。

夕方永田君と小西君とが来訪。夕食後小島、安達両君が来た。

一月二十二日(火) 温

*畑七右衛〔門〕君来訪。立候補の話について相談。銚子の*仲内君が来たので陣中見舞を呈した。

十時から閣議。午後は閣僚懇談会が三時四十五分まで。厚生省へ帰つて記者会談。補導協会の説明をきいた。

夕方永田君来訪。大森の家屋の話をした。小西英雄君と*玉木とを夕食に招いて八時迄話した。

一月二十三日(水)　晴
枝木君、*原侑《すすむ》君来訪。
厚生省へ行く。厚生省の次官、局長決定。片山君往訪。
水曜会午餐。午後一時より中央賃銀委員会第一回会合。
鳩山氏往訪。官邸にて新任神奈川県知事内山岩太郎君来訪。
夕食築地錦水。新次官と局長連招待。八時帰宅。

一月二十四日(木)　晴
枝木君が訪ねて来たので自由青年聯盟創設の考案を相談した。
厚生省にて書類をよむ。昼食に坂田義雄氏夫妻官邸に来た。午後役所で引つゞく面会人と談話。「物価安定に関する件(特に賃金制)」と「争議行為としての事業管理の件」とを協議した。
夕方青木子爵夫人来訪。今朝富山から長谷(孫)君来訪—宿泊。

一月二十五日(金)　曇
原侑君来訪。十時閣議。
「争議行為としての事業管理」は閣僚多数の反対にて弾圧思想の嵐に半ば埋られた。地方官及厚生省人事決定。午後厚生省にて最低賃金の評定。
夕五時、築地錦水にて堀内、*酒匂、*村上三君と会食。旧友はよきものなり。*松田道一氏逝去の News あり。

一月二十六日(土)　曇
今朝から又少し寒くなつた。

永田君、枝木君来訪。

厚生省にて新次官、新局長等に挨拶。昼食の時間に自由党本部へ行つて安藤君、石坂君等と話す。午後一時半から閣議——経済安定緊急対策。

帰り途に家具の売場を見に行つた。夕刻星島二郎君来訪。大阪の関氏へ手紙の件を打合はす。

一月二十七日(日)　雨　富岡
朝七時家を出て上野発八時の汽車にて富岡に向ふ。高崎より*阿部真之助君、篠原君同行。

午後一時より小学校にて西毛文化会の講演。引返して帰京。腰少々痛めども、汽車、電車は案外に楽なり。之も大臣のお陰なること論無し。

帰れば長谷孫重郎君は既に富山に発つてゐた。

湯に入りて十時半ねむる。頭にあるは罷工の波、共産党の活動と将来の政局なり。

一月二十八日(月)　Cloudy
*富田愛次郎君来訪。安達鶴太郎君 News 探訪の為め来る。十時半厚生省へ。野坂参三氏と面会をするよう安達君に話した。
午後ミヨ子と富とを車にのせて行き、閣僚懇談会。経済対策に

ついて協議。
三時半アメリカ士官 Kakaunen《〔ママ〕》 氏を官邸に迎へて Social Security の話をした。原君も来て tea を供す。
次第に冬の気候に帰つて来た。

一月二十九日(火) Cloudy
午前は閣議。午後は厚生省。家屋買入の件も気になるが、厚生省の事務も気になる。明日G・H・Qに行く交渉の件もあり、其上腰が痛む。夜小島徹三君来訪。
何としても気の浮かない日。
司令部にての口上書を下書きした。

一月三十日(水) Cloudy
Lucky day! 今夜こそ、自分が政府に在つたことの意義あるを考へさせられた。軍人恩給の跡始末がG・H・Qへ行つた結果、曙光を見出した。三百万人の生命に大関係ある問題である。
午前は閣議にて憲法問題の討議。午後厚生省。三時にG・H・Qにて副官フェラーズ*少将と Commander Hussey を訪問。交渉の結果を内閣に報告。築地錦水にて谷川警保局長、宮脇君等と会食。帰つて本件の Note を書いた。

一月三十一日(木) 晴
時事の安達君が来て野坂君の返事を伝へた。
鳩山秀夫博士宅へスミ子同伴弔問に行つた。
総理官邸で恩給問題交渉の昨日の顛末を報告した。
午後臨時閣議。専ら憲法問題を論じた。終つて西尾君に逢つた。
夕食——沢田廉三、福島総理秘書官来る。
腰の痛み殆んど全快。

二月一日(金)
鳩山秀夫君の告別式に音羽へ行つた。
閣議に出席した。恩給跡始末が何とか行きそうなので心持をよくした。午後は二時半から四時半迄閣議で憲法問題を討議した。
雪が激しく降る。
夕方官邸へ松岡駒吉氏と西尾末広君との来訪を求めて、今日正午に発表した「争議に伴ふ暴行取締」に協力を求めた。両氏とも賛成だつた。

二月二日(土)
午前午後(三時近く迄)厚生省。雑用を果した。鎌倉へ着くと雪は無くて温い。ユリ子さんと富とを伴ひ重光葵*君往訪。
帰途高島君を訪ねた。
久しぶりに鎌倉の宅で親子三人夕食した。東京から電話で共産党が会見を諾したとのニュースがあつた。

二月三日(日) 晴、北ノ風 カマクラ朝の内に手紙書きをした。東京の仕事に遠くなつて始めて選挙のことを考へる。京都の旧い友人に、推薦状のことを依頼した。一月末に選挙区へ出した六〇〇枚のハガキのことも思出した。

午後高橋均君が話しに来た。今日の日曜は長閑である。午後ミヨ子が来た。

夜は食後に選挙演説の日程表を作り、田舎の弁士へ依頼状を認めた。

二月四日（月） 晴（快）

鎌倉から官邸に来て厚生省へ行く。専ら共産党幹部と面会の件について、又経済緊急対策について打合せた。午餐の時間に自由党へ顔出しした。午後臨時閣議は劇的。

憲法問題を主としたのだが、G・H・Qの spokesman の moratorium に関する問答から閣議は色めいたが、噂程でもないと知れてやつと安心した。

四大臣声明（二日付）について浅野の労務者が会見に来た。一時間余り話した。夕食は菅原君等に招かれて新喜楽。

二月五日（火） くもり

朝、小島、大平君等選挙の用向で来訪。真鍋勝君*も立候補の相談に来て見舞を受取つてくれた。

十時から閣議。午後一寸自由党に行く。厚生省にて雑件。

夕方五時帰邸。安井次官と吉武局長を夕食に招いた。

富は昨日から海軍の予備校に通つてゐる。今年は高校が三年にのびた為め、大学へ進入の軍学生が希望をもつようになつた。

夜は Radio News や英字新聞を見て手紙書きをした。

二月六日（水） くもり

朝九時永田君来訪。京都からの good news を通告し、家を急いで買へといふ。それがしかく簡単には参り兼ねる。枢密院会議終つて厚生省―水曜会。

午後三時工業クラブの重要産業協議会に出席。組合及争議について一言した。又しても家のことで毎日の狩野君に面会。腰が痛むので帰宅。塩田博士*勅選の礼に来られた。夕食後 Radio News をよむ。

二月七日（木） 雪

又寒くなつて時折雪がふる。

厚生省で雑務。午後一時から共産党の徳田、椎野等に面談したが合法主義を認め乍ら生産管理を以て全面的に合法であるといふ。一時間半に亘つて論じた時、もうこれで引別れようかと思つたが、兎に角頑張つて新聞発表に同意させた。次に労働総同盟の代表三人を招じて、全体会議を開き、そこで四時過になつて漸く新聞発表迄こぎつけた。五時に新聞記者と会談。ほつとした。雪はまだ降つてゐた。

二月八日(金)　晴

又しても雪空だつたが十時頃から晴れた。十時からの閣議で昨日の報告をした。

午後美土代町のY・M・C・Aに斎藤惣一君を訪ねた。新設の引揚援護局長に推す為であつたが不在で帰つた。厚生省へ行つて訪客に逢つた。

五時に官邸へ帰る。永田雅一君が沢田君の志を携へて来て、夫婦で夕食をした。生れて初めての Cash を手にした。家を捜してゐるが見当らない。

二月九日(土)　くもり

厚生省で雑務。面会も引きり無し。午後一時半に閣議。

公職より排除せらるべき人間に関する範囲が拡大されて、推薦議員は凡て引かゝることになつた。その波紋は大きい。私は無難だが気持は決して愉快ではない。

夕食後の汽車で鎌倉へ帰つたが寒い。西田夫人が胖君の荷造の為め来てゐる。胖君は明日出発赴任するので談をして夕を送つた。

二月十日(日)　くもり

朝は手紙書き、吉沢君来訪。富の結納の打合せだが、娘の縁談程に真剣になり得ない。

午後高橋君が鎌倉の駅長、警察署長、郵便局長を伴つて来た。本野氏夫妻来訪。

夕六時四十六分の汽車で東京に帰り官邸に入る。スミコ同伴。

二月十一日(月)　紀元節

早朝に中西労政局長[課]が来た。九時半に宮中の賢所へ参拝。小雪のチラチラする寒い朝だつた。

午餐に吉沢清次郎氏一族が富と共に官邸で落合つた。午後の来訪者は小島徹三、田辺加多丸、久保郡是取締役[*]、外に萩原農産技手。

田辺君は夕食をして帰つた。Massage の内藤さんが一時間余りやつてくれた。

心忙しい日であつた。

二月十二日(火)　晴れたり曇つたり

朝、八木幸吉君来訪。

首相官邸で徳川家正公と会談。戦災援護会の相談をした。厚生省で中央労働委員会委員の顔ぶれ相談。

午後一時迄自由党事務所に行つて推薦議員の不適格問題を話した。斎藤惣一君と会談。新設の引揚援護局長官への地位を依頼した。やつと内諾を得てホッとした。午後一時半から五時迄閣議。帰つて永田君と一緒に夕食をした。ミヨ子来泊。

二月十三日(水)　晴

厚生省に行くとY・M・C・Aの Saito 君から新役辞退の手紙が

来た。困つたことと考へた。

水曜会に行く。帰りに自由党本部へ寄つて公職排除の問題について相談した。再び厚生省へ帰つて面会人と逢つた。五時半に官邸へ帰る。

今夜はスミコがゐない。安達鶴太郎君が来て話した。

手紙書きして十時ねた。選挙の件で今朝は出発前に多勢の客が来た。西川君が永井君からの見舞を届けてくれた。

二月十四日(木)　晴

朝は田辺君と波多野君が来た。厚生省へ行く前に大森の家の件で下河辺を毎日社の狩野君の許へ遣はした。厚生省で用事を了つて正午から次官局長会議をやつた。

午後の閣議で経済緊急対策を議した。午後四時Y・M・C・Aのサイトー君を再度説得に行つた。そしてやつと引受けて貰つた。

四時半参内、内奏した。

夕食後は雑務。

二月十五日(金)　晴

戦災援護会の副会長に推薦する為め*伊藤与三郎君に来訪を求めた。*寺田四郎君来談。

閣議十―十二時。自由党本部、厚生省にて賃金給与の相談。記者会見。新聞記者は一両日前から経済緊急措置令の発令の日を十六日と鑑(マヽ)定してゐる。

夕方永田、沢田両君来訪、夕食を共にした。沢田君は多大の厚意をよせてゐる。土産にElginの時計を持参してくれた。

二月十六日(土)　雨

藤田一君来訪。厚生省に行く。官邸で石山賢吉君と昼食をした。

午後零時四十分枢密院本会議にて緊急経済対策を可決。二時臨時閣議。四時放送のレコード吹き込み。

鎌倉行は雨の為め中止して官邸に泊ることゝした。

経済緊急対策発表の日。

二月十七日(日曜)　晴

温暖な快晴。スミ子同伴鎌倉へ帰る。ケイサツの自動車で十一時過、常盤山に着。富の勉強姿を見る。波多野林一君と午餐。日の照る庭で談つた。

午後手紙書き――選挙演説会の日取を変更して田舎へ手紙を出した。*芦田一郎君、高橋均君来訪。

夕食の時、政府閣僚のラヂオをきく。レコードは声が不愉快に聞へる。七時五十分カマクラ発帰京。西田夫人来泊。

二月十八日(月)　曇

うすら寒い日。小島徹三君選挙の為め帰国につき挨拶に来た。

家屋の件につき、菅原君往訪。

G・H・Qに行き戦災援護会と軍人後援会の合併問題促進のため

General Fellers と Col. Sams とを訪ふ。大体了承を得た。

厚生省に行く。午後は閣僚懇談会。賃金問題は略厚生省の主張通りに決定。

△大森山王の家屋の件今日大体決定した。

二月十九日(火)

早朝から意外の訪客に見舞はれた。*小林錡《かなえ》君、*篠原亀三郎君、労政局の冨樫書記官等々。

閣議で憲法改正に対する Scap の Bombshell の報告を聞いた。詳細は別日記に在る。

午後も二時半迄閣議。これは又公職追放の件で不愉快極まる話。厚生省に行く。帰途鳩山氏往訪。今朝旅から帰つて疲れた顔をしてゐた。夕食後小林君再訪。

日記を書いた。

二月二十日(水) 曇後晴

貴族院の京極子爵に来訪を求めて応援弁士たる承諾を求めた。*後藤一蔵伯来訪。英国大使館に行き Redman に名刺を置いた。

厚生省へ行つて事務。

午後も厚生省。賃金委員会に出席した。引つゞき来訪客をうけて五時迄頑張つた。

夕食後手紙を書き選挙の対策を考へた。

十時十五分可なりの地震があつた。

二月二十一日(木) くもり

枝木君と高橋竜太郎氏が来訪。後者は陣中見舞を持参された。厚生省に徳川家正公来訪。

十一時枢密院。正午から局長会議。午後二時 Rev. Patrick O'Connor 来訪。約一時間半に亘つて会談。近来になく愉快であつた。三時半より閣僚懇談会。

六時半から成増の富士見亭で夕食。沢田泰三〔退蔵?〕君の招待になる。永田夫妻と共に Drive して夜十時半に帰宅。

大森の家に対する資金の件解決。

二月二十二日(金)

厚生省の下役と、安達鶴太郎君が来た。篠原君も約束通り来訪。閣議で再び憲法問題が活発に論議されて僕も発言した。

午後は厚生省に数名の来客が引続いて来た。引揚局の人事も相談の上、*寺崎君を引張り出すことを考へた。鳩山氏を訪ねたが留守だつた。自由党は今日 National front 結成の proclamation を出すといふ。それが気になる。私は新議会の議長にならうかと思ふ。

二月二十三日(土) 晴、西北の風寒し

朝*三宅正太郎君が来て話してゐる処へ小林さんが見えた。厚生省へ行つて余り栄えない面会人と次々に話した。

昼食官邸。大阪の福本二郎君が来た。内務省の谷川警保局長を訪ねて Directive にかゝる人間の話をした後、小林君に逢つて君は大丈夫と言つたら心から喜んでゐた。午後四時 British Liaison Office の Redman 君が来談。約一時間話した。

夕方六時発カマクラへ。

二月二十四日(日)　晴

昨日に引かへて快晴。東京へ送る家具の手伝をした。十時に家を出て市ケ谷の加藤恭平氏の宅へ招かれて行く。下河辺夫妻同伴。午後三時過二葉鮨の御馳走になつた。愉快な半日であつた。

夕食を終つて八時の上りで東京の官邸へ入る。夜エンゼッの原稿を書いた。

二月二十五日(月)　晴

八時に臨時閣議。九時から地方官会議。十時から十一時半迄厚生省。午後一時地方官会議再開。四時頃に厚生省所管事務について一席。外務省に行つた。それは厚生省の局長に寺崎君を所望して本人が断つた為め其後釜を捜す為であつた。

夕方長崎英造君来訪、見舞金を貰つた。篤志家があるものだ。

夕食後日記を書いた。憲法改正案の経緯(別日記参照)を誌したのである。

二月二十六日(火)　くもり

篠原三千郎、山下太郎君来訪。

地方官会議第二日。或知事の質問に答へて生産管理の話をした。

午後閣議。三時半終了。

今日は風邪気味にて鬱陶しい気分だ。大臣の職が重荷のようで面白くない。帰途鳩山氏を訪ねた。「時々君の顔を見ないと寂しい」と鳩山さんがいふ。夕食、永田君が来て一緒にたべた。

二月二十七日(水)　晴

木村知事来訪。京都市長の話をした。黒川武雄君来り立候補の話あり。

厚生省に行き午前中雑務。

水曜会に出席。

午後も厚生省。京都の自由党婦人候補者〔富田ふさ?〕福田ふさ子女史長男をつれて上京、鳩山氏邸に同行。

官邸にて夕食。福田母子一泊。三月一日夕のラヂオ原稿を加筆した。

二月二十八日(木)　晴

京都福田房子女史母子今朝出発。厚生省へ行つて面会人と対談。昼食後下町へ……松竹の堀君と話す。東洋経済に石橋君を訪ねて立候補を激励する筈の処、本人留守。

午後共産党の組合連中来訪して強談す。disgusting の連中なり。

石橋湛山君来訪。共に官邸にて夕食。久方振りにて経済国策を談る。今朝からのふさぎの虫を退治して少し晴々した。

三月一日（金）　雪とミゾレ

雪のふる中を閣議に行つた。先日来引かゝつてゐた引揚援護局の予算の件が渋沢蔵相との話でやつと解決した。昼食後各党の人々と同胞引揚の件について懇談した。

二時から第一回中央労働委員会を開く。徳田氏がゴタゴタごねたので永くかゝつて五時にやつと終つた。

夜八時ラヂオ放送十三分間（労働組合法の施行に際してと題して）。

夜停電して無為。

三月二日（土）　くもり、雨

流石に今朝は官邸へ飛込む客もなかつた。厚生省へ行く。大森の宅の件は下河辺の努力で全部今日片づいてホッとした。二、三の来客があつた。午後ローマ法皇使節を訪ねて支那朝鮮から引揚げる邦人に面倒を見るよう Catholics に電報することを頼んだ。

三時、閣僚コンダン会で物価統制令の修正を行つた。

General Fellers が四時半に鮎沢君に案内されて来た。徳川家正公と四人で愉快に話した。六時半一同退去。

三月三日（日）　みぞれ

朝も停電で部屋が寒い。紅卍会の堀川*氏と林平馬君とが来訪。午餐に富と百合子とが来て、お菓子や果物をペロペロたべてゐた。

午後三時半宮中に開かれた御外遊記念会にお召を受けた（此項別日記参照）。夕方五時過帰邸。夕食後に日記等を書いた。

三月四日（月）　晴

雪空がやつと晴れた。朝は来客が多い。就中京都から高山義三君がついたので永田君と三人で相談した。厚生省で来客に接す。午後も同様。

夕方自由党本部へ行つて星島、牧野二君と話す。夕食には高山、永田両君と共にす。高山君は官邸に一泊。

三月一日のラヂオは好評であつた。

三月五日（火）　Variable

閣議でアメリカ側の憲法草案強要が明白になつた。それが緊張した空気を産んだ。この詳細は別日記に誌してある。閣議は午後も続行した。夕食だけは一寸外出したが、九時十五分に一先づ幕を下した。

暗涙をのんで閣議室を出た。帰つて詳しい日記を書いた。丁度十二時であつた。

仙台から鈴木が東上した。

三月六日（水）　くもり、雨

九時から閣議。昨夜訂正した条文を再検討した。午後も一時半から再開。前文や総理談を討議した。

　夕方、鳩山、石橋氏の宅を訪ねて(双方とも主人不在)帰宅した。夕食時に吉川兵次郎氏来訪。移り変る世相について色々の話をした。吉川氏は宅に一泊する。

三月七日(木)　くもり
朝、塩見幸三来訪。就職の話。*増田次郎氏が来て世間話が出た。

交詢社へ散髪に行く。

厚生省にて雑用。官邸にて昼食。午後自由党本部に行つて憲法問題の総務会に出席した。

　厚生省にて五時迄、面会と雑務。夕食後手紙書き、Radio News をよむ。

三月八日(金)　くもり、北風
奈良の水取の日であるせいか、北風が寒い。早朝川崎克君来る。田辺君、山下君など来訪。午前中閣議。G項の最終のリスト入手。蔵相、商工相興奮の色あり。

厚生省へ行く。石橋湛山氏の立候補の相談にも与る。

三時半閣僚懇談会。

六時吉村にて夕食。帰つて多くの手紙を書く。久しぶりにて選挙気分になる。十二時迄仕事をした。

三月九日(土)　くもり
朝一、二の来訪者と話した後、鳩山氏往訪。石橋君の立候補について相談。

厚生省にて十二時迄来客と話す。

午後一時本所震災紀念堂にて戦災援護会主催の追悼会に臨席。追悼文をよむ。帰途、外相官邸の白洲君を誘ひ、話した。彼から Hint を得た。

北海道から弟が来たので暫く話して夕食後カマクラへ帰る。富が駅迄迎へてくれたので二人で徒歩で常盤山へ帰つて雑談した。湯に入つて十時半にねた。

三月十日(日)　雪
菅原君来訪……ついで本野君も来た。北風で常盤山は寒い。其上に雪が降り初めた。
高橋均君来談。今日は大分に心を腐らしてゐる。
Radio Press をよむ。夕食後小雨の中を東京に上る。

三月十一日(月)　くもり
川崎克君、山下君来る。厚生省へ行く。昼食官邸。朝日の小原君相談に来る。厚生省にて*一柳米来留《(ひとやなぎめれる)》氏夫妻来訪。引つゞき来客多し。
　夕食後永田君と話す。亨も明日北海道へ帰るとて茶話し。
　手紙書き等。

三月十二日(火)　くもり、雪

山下太郎君来訪。ついで木村義雄君来る。

閣議にて憲法案提出の相談あり。内閣がいつ迄行くのかとの司法大臣の発言に対し、内閣のことは別にして憲法の手続のみを決定しては、と私は言つた。首相、内相の意見にて憲法案は五月の議会に出すことに決定。午後三菱重工と読売へ行く。厚生省にて徳川公等と同胞援護会の相談。

失業対策委員と錦水にて夕食。

三月十三日(水)　雪、後晴れ

厚生省へ行つて事務を見る。雪のためか面会人は二、三名しかない。昼食後新任引揚援護局長斎藤君と初会見。

午後二時半G・H・Qの Welfare Section に出頭。Col. Sams と会談。同胞援護会の新設の件解決。三時半総理官邸の Tea party (米国 Education Mission の為)。

帰宅して Massage.

夕食後主として手紙書き。今夜は独りだから落着いて仕事ができる。

三月十四日(木)　晴れたり曇つたり

京都の部落改善派野口西造、杉本某が永田君と同道して来訪。

九時高松宮に参邸約一時間に亘り言上。厚生省に行く。

午餐、交詢社の招待にて総理、内務、外務、小生等午餐会。時事新報社に立より板倉君、近藤君*等と話す。厚生省にて面会人と逢ふ。

夕食に京都田井君*父子来る。原稿書きして十一時眠る。

富の早大の受験は昨日終了。

三月十五日(金)　曇り

今日も亦終日閣議でくれた。農村の供出が悪いので五月末には crisis が来るかも知れぬ。米国の供給は多く期待できないだらうといふ話で、少々頭痛の種であつた。

今日は産児制限を許可すべしとの談が出てその決心をした。

夕方帰宅。夜は主として演説の原稿を書いた。

三月十六日(土)　くもり

朝、沢田源一君来訪。厚生省にて午前中くらす。丹波から大槻浩君が来たことは頼母しく感じた。

午後、富が来て早大の入試失敗の報をもたらした。

三時から氷川小学校で黒川君の為め応援演説をしたが又しても壇上で泣いた。夕食に永田君が来た。九時に榊原君が来泊。選挙公報の原稿を書き了つた。

三月十七日(日)　雨

朝八時に両国発、選挙応援の為、千葉県銚子に行く。仲内憲治君の為め演説す。榊原君同伴。

午後四時発銚子より佐原へ。夜国民学校にて演説。佐原に一泊す。雨ふりて寒し。銚子は稍形勢よきも佐原は仲内君に不利なりと思はる。

三月十八日(月)　小雨、くもり

八時五十分佐原発帰京。今井健彦君と同車し退屈せず。帰りて昼食。京都より稲垣君来訪。午後厚生省。岩本義徳君来る。彼は終始吾味方なり。

三時より経済閣僚懇談会。四時半帰宅。選挙の用事にてくれる。宮崎県の日高魁君来訪。よき青年なり。頼もしげな人物。*

三月十九日(火)　雨

朝、宮崎県の日高魁氏が来た。

大和紡の支店長と今川□□〔欠〕君来訪。十時から閣議。春雨らしい天気で気温はゆるんだ。自由党事務所に行くと河野君が楢橋は怪しからむと憤然としてゐる。厚生省で事務。

夕方馬場恒吾君と長谷川如是閑とが夕食に来た。愉しい夕であつた。

夕七時半高輪台国民学校で黒川君の応援演説をした。十時半迄センキョ用の原稿を書いた。

三月二十日(水)　雨、後はれ

朝三土内相を訪ねて政局の話をした。三土氏は選挙後に政党首領になる気持があるらしい。

枢密院の会議をサボッて止むなく堀久作君の応援に行く。十時から渋谷の松竹座、十一時から新宿の帝都座であつた。新宿の方は五、六百も入つた。

昼食に奥主一郎君が来て京都の話をした。

午後二時から臨時閣議――来年度の予算の相談であつた。夕食に安藤正純君と波多野林一氏が来て、のんびり話した。

三月二十一日(木)　お彼岸　くもり

九時三十分賢所へ。十時半に式終了。今日聖上御不例にて御代拝。

郡是にて波多野氏に面会。

宅にては富の結納日の集り。田中耕太郎博士夫妻、吉沢一家来集、昼食。

午後三時葛飾区にて黒川君の応援。

夕食後小石川柳町にて同君の応援演説会。

帰りて原稿の整理。

三月二十二日(金)　晴

久しぶりにて彼岸日和。黒川君、荻野正三君来訪。

鳩山氏往訪。内閣の辞職を論じた。閣議は平穏。

午後厚生省。夕方外務次官往訪。帰宅して夕食。手紙書き。スミ子は鎌倉へ帰り引越の用意に忙しい。

三月二十三日(土)　くもり、雨

朝は又しても小雨。厚生省に行く。昼食後は江口定条氏告別式に如水会〔館〕に行き自由党本部へ立よる。党本部も寂し。雨の中をカマクラに帰る。常盤山は引移の荷造りにて取乱してある。

夕方から二十七日のラヂオ放送の原稿を書いた。そして十時半にねた。

三月二十四日(日)　晴

鎌倉寓居最後の日。朝から晴れて、庭の早咲の Primrose もみえる。二年四ヶ月の寓居は幸福であつた。朝、*吉岡重三郎氏と岩波茂雄君を訪ねた。午後、鈴木九万、内山岩太郎君、朝日の記者等来訪。自動車にて大森の新居に立より、六時麻布官邸に入る。長谷君と夕食して話す。ねたのは十二時。

三月二十五日(月)　晴れたり曇つたり

鎌倉にては引越の第一日なり。私は東京にて傍観す。

*荻野定一郎君来訪。田附君は大阪より上京。見舞として公債を置いて行く。中野へ応援演説に出かけた(堀久作君のため)。

横田喜三郎、高橋均君昼飯に来り、応援演説の打合を為す。二時より経済閣僚懇談会を開く。明年度予算の説明をきく。夕方会計課長心配してくる。関五郎君綾部の助役と共に来談。

三月二十六日(火)

十時から閣議。木材統制の件で一時間半に亘る評定をした。午後は来年度の予算の評定で五時過迄くれた。

夕食後、自由党の島田君の為めに立川と新宿で演説をして十時に帰つて来た。

孫重郎君と下河辺と三人で話した。

鎌倉の引越は今日終了してスミ子は大森に来た。

三月二十七日(水)　快晴

いよいよ春だ。然し昨日以来、予算の問題が在つて、社会政策をかくも無惨に切られたとあつては、此際一思ひに辞職しようかと考へ初めた。

金子伯来訪。午前枢密院。交詢社にて散髪。午後厚生省。次官局長と予算の相談をした。来訪者四、五名。夕食に盛重君が来て、富と孫重郎君と四人で晩餐。

七時半築地文海小学校で黒川君の応援演説。九時自由党代表ラヂオ。

三月二十八日(木)　晴―後小雨

安藤正純君と*髙島誠一氏来訪。

十時半出発、川越へ自動車で行つた。鶴川座にて*大沢候補の為演説。午後五時、所沢商業学校にて同様の演説をした。帰京八時夕食を終る。明日の閣議の模様で辞表を出すかも知れないので幣原首相に宛てた手紙を書いた。

大分に暖くなつた。段々火鉢が軽視されるようになつた。

三月二十九日(金)　晴

朝、田辺と大沢善夫君が来て東宝争議の話をした。藤田一君と会計課長が来た。今日は予算閣議があるので厚生省は緊張してゐる。

午前中は平閣議。午後予算閣議で未決定の儘別れた。鳩山氏を訪ねて官邸に帰つた。辞表と首相宛書面とを安井次官に託して善後措置を頼んだ。

スミ子が大森から来て旅装の手伝ひをした。

三月三十日(土)　晴……京都

八時半の Express にて下河辺帯同選挙戦に出立つ。汽車には楢橋君、福島秘書官あり。

夕、京都着。八時過に新聞会館にて自由党合同演説会あり。候補者八人の演説。私は約三十五分間話した。人評して、マルで子供の演説会に先生が出たようなものですと。柊屋へ来訪者多数。永田、岩本興奮す。

一時就寝。

三月三十一日(日)　くもり

午前中在宿。来訪者絶えず。就中林市蔵、*牧野同志社総長来り*方面委員の話あり。

正午〃にしき〃にて昼食。京都工業協会の会合。集る者三、四十人。一三時半芦田会。一四時稲垣邸。一五時川端教育会館にて富田夫人のため応援。次に勤労女子解放大会にて二〇分。沢田君宅にて夕食。一九時半顕章館。二一時伏見国民学校。

今度位楽な選挙は初めての経験である。郷里の選挙事務が永年の友人連が凡て手配をしてくれたし、新に働くと言つて馳せ加はつた人も多い。言はゞボタン一つ押せば車が廻るといふ形であり、金も昨年以来準備してあつた。

誰も当選を疑はない。只水谷と孰れが多いかといふ点を問題にしてゐる。

四月一日(月)　晴

八時に駅に行くと、そんな汽車はないといふ。岡田君に案内されて藪ノ内にて抹茶一服。庭の足利灯籠は良かつた。十時の汽車にて福知山に向ふ。午後一時より婦人の為の演説会、松竹座。郡是工場にて一場の挨拶。芦田会幹事会にて座談会。越山ドクトル邸にて牛肉のスキ焼。横田博士と同席。九時迄話して若松屋に帰る。

静にて気に入る。但護衛の警官は隣に居る。

四月二日(火)　晴

朝九時大阪行にのり柏原に向ふ。中学校に行つて植木校長と面談、生徒に訓話。

午後公会堂にて小島君応援。三時幸世村、四時佐治町、いづれも応援。遠坂生田に立より夕食。

遠坂峠をこえて但馬に入る。夕方豊岡着。九時から四十分、応援演説。夜、佐川に泊る。これで小島君は大体当選圏に入つたとの予測である。

四月三日(水)　曇

朝、田中良雄君、片岡千鶴代来訪。九時の汽車にて久美浜に向ふ。高山君同道。駅で多数の出迎をうけた。郡の町村会長会合。午餐の馳走になつて懇談。

午後一時より公会堂にて演説会。稲葉氏両名も応援せらる。

午後三時網野着。給田氏宅に入る。夜、網野公会堂と浅茂川公会堂にて演説会。満員の盛況(合計一、〇〇〇)。九時四十分終了。

四月四日(木)　雨、後晴

雨上りの道を郡是の自動車で高山君、京極氏と共に峰山に向ふ。十時同町着。中村治作氏を訪ふ。山本君宅にて昼食。午後一時より町役場二階にて講演。

口大野にて講演。山田村に立より講演。岩滝、糸井徳助君山荘にて夕食。七時、岩滝公会堂満員。

八時半、宮津国民学校にて講演。九時四十分終了。殿村君宅にて座談。清輝楼に一泊。元気よし。

四月五日(金)　くもり　舞鶴

自動車にて加悦町へ。司会者は細井直義君。演説会二百五十名。引返して西舞鶴公会堂。一時より深田君と合同演説会。聴衆八〇〇名。郡是にて昼食。

午後四時中舞鶴国民学校、三〇〇名余。午後七時より新舞鶴国民学校一、二〇〇名。十時終了。西舞鶴の深田太一君宅に泊る。

四月六日(土)

朝八時半、深田邸を出て自動車で以久田村に向ふ。春雨と言ふには寒すぎる小雨がふる。

村役場で小話。高山君同道。昼食。午後一時から綾部栄楽座で演説会。永田雅一君、川口松太郎君と合体。よき演説会なり。午後四時半より六時迄、中筋村にて座談会(役場楼上)。六時半福知山着。

七時より市公会堂にて演説会。高山、川口、永田、芦田の順にて十時半終了。若松屋にて泊る。

四月七日(日)　小雨　寒し

午前中に姉を越山病院に訪ねて自動車で宮村に送りつけた。選挙事務所で面会人に逢ふ。

午後一時河守町演説会(一〇〇人)。

午後四時下川口(五〇人)。

夕食は天津の須藤治郎左衛門君宅でごちそうになる。

午後七時半下夜久野国民学校内(一五〇人)。九時十五分終了。

帰途サイトー君宅にて汁粉。あんまをとり十二時半ねた。

四月八日(月)　晴　少し寒し
午前八時の汽車にて京都に向ふ。悠々たる心持なり。中途亀岡に下車(奥村君応援の為)。国民学校にてインテリ連の座談会。自動車にて入洛。田中和一郎君宅にて昼食。午後二時半いづみ会に赴き政治漫談。
午後五時小西候補のため立命館中学。Prunier にて夕食。
千本の昭和館と西院国民学校とで演説(永田君との合同)。

四月九日(火)　晴　稍春景色
朝から来訪者多数。

十時半から中沢氏往訪。部落代表と会見。地区改良の陳情をきく。

高山義三氏宅にて歓談。

昼食は〝清水〟。松本氏と面談。午後二時毎日会館(中川春久)。

午後三時新聞会館(永田氏)。そこで Overcoat ぬすまる。宿に帰る。春は始めて嬉々たり。

夕食には四条橋畔の支那料理屋。小川氏の演説会にて応援。太秦を素ぽかして夜汽車にのる。

四月十日(水)　くもり　投票日
九時新橋着官邸に入る。下河辺夫妻と共に大森の新居に帰る。この家大に気に入る。部屋を片附ける。手紙をよむ。投票日なれど投票権は深沢なれば行かず。
家族三人食堂にて顔を合はす。幸福な心地すなり。

四月十一日(木)　開票日　小雨
大森から厚生省に行つて二十一年度予算交渉の結果を安井次官から聞いたが、内閣の遣方には不満足であつた。午後から開票の結果がラヂオで放送され、新聞の張出しに人が集まつてゐた。党本部に行つたが余り代議士は集まつてゐない。夕方にラヂオで私の当選は確実だと放送した。
夕食後鳩山一郎氏往訪。

四月十二日(金)　晴
安達鶴太郎君探訪の為め来訪。

徳川公、同胞エンゴ会幹部と共に来訪。

十時より定例閣議。

今朝のラヂオで選挙開票の点数を知る。一〇万八千票にて水谷につぐ。午後自由党本部に行く。夕刻の News にて自由党が最少限一三六を獲て第一党たるべしとの吉報をきく。厚生省に行き、夕食に吉川兵次郎氏来訪。

四月十三日(土) 曇

選挙の結果、自由党一四一、進歩党九二、社会党九一、無所属七八と判明した。朝、吉田外相を往訪した。俺は幣原に殉ずると談り、新内閣にはよき外相と蔵相とを捜すことだと言つた。厚生省に行つたが余り仕事もない。正午頃国民学術協会に行き、自由党本部で Pressmen と談つた。

夕五時、つくばにて厚生記者会員を招待した。

大森に帰つて九時半にねた。

四月十四日(日)

朝大森の Drawing room を取り片づけた。大分に部屋らしくなつた。それから東京に出る。

十一時鳩山一郎氏来訪。正午に福井で牛鍋を食つた。松野、牧の、安藤、河野君同席。帰途鳩山邸にて党の人事の相談をした。

夕方高橋均君来訪。新聞記者も来た。日誌をつけて十時過に床に入る。(別日記参照)。

四月十五日(月) 晴

朝、新聞記者が来た。小谷六助氏が訪ねてくる。

厚生省で来訪者数名。就中医療団の組合代表が面会に来た。

車でヨコハマ行。内山知事に昼食の御馳走になる。二時半に神奈川県観光協会の発会式に出て祝詞を述べた。帰りに鳩山邸に立より、十八日の演説原稿を協議。

夕食に厚生省の次官と局長を築地錦水に招待した。

四月十六日(火) くもり、晴

朝、二、三の来客。宮脇君は三土老の策動に反対だと言つて飛込んで来た。閣議に出た。(別日記参照)。

吉田外相を訪ね本部をのぞいて後厚生省。

夕食を外相官邸にて鳩山氏と三人対談した。

帰つてから生産管理の書類をよんだ。

小島君は当選して勢よく帰京したので一杯機嫌で気焔をあげた。

四月十七日(水) 雨

来客少し。十時枢密院に赴き、生産管理に関する状況を約一時間半に亘りて説明す。

党本部に行く。水曜会にて午餐。一時より外政協会にて三谷大使の帰朝談をきく。

厚生省。記者会見。石橋湛山、板倉卓造氏と会談。

小林一三氏の招待にて〝つくば〟にて夕食。馬場恒吾、嶋中雄作、伊藤正徳、ツルミ祐輔等々参会。

四月十八日(木) 晴 風強し

午前中には厚生省にて雑務。

早昼食をして自由党の第一回代議士会に行く。景気よし。再び厚生省に帰る。訪問客数人。五時党の晩餐会。其時社会党より倒閣の共同戦線申入ありて形勢一転、頓《とみ》に強硬論起る。いよいよ僕は辞職の時到ると思つた。一寸一席弁じて大森に帰る。雑誌を整理して十時半ねた。明日は辞めると思ふと、サバサバした。

四月十九日(金)　薄くもり

大森から首相官邸に直行。総理に辞意をもらした。閣議は正午に終了。昼食後に総理と話して辞表を渡して来た。

時事通信の長谷川君と話した後、自由党に立より、厚生省に帰つて記者団と会見。辞職の理由を話した。官邸に帰り五時から小汀、高橋雄豺両氏相手に将棋をさす。小島君来訪。十一時ねる。

四月二十日(土)　はれ

朝八時に安達君、つゞいて枝木、小西、原泰一、田中源三郎の諸氏来訪。厚生省にて書類整理。

昼食後下河辺夫妻と大森私宅へ行き庭の手入などす。

夕頃毎日の狩野君来り、夕食を共にす。政局に関する情報を交換す。彼は私の辞職をTimelyなりとして賞嘆した。

四月二十一日(日)　晴　大森

新聞は私の辞職に賛意を表してゐるし、選挙区からも友人からも祝つてくれた。

午前中庭の手入をした。吉瀬君や鈴木九万氏夫妻来訪。昼食。午後は書類の整理をする。これで木箱は凡て空になつた。一日中家の内の取片附をした。

四月二十二日(月)

大森から厚生省に行つた。午前中で官邸に帰り、下町へ出た。三時半に外相と会見の約束で出て行つたが総理官邸に居るとの話で、吉田君に逢つたら、総辞職だといふ。四時から二十分程総理と談る。四時半から辞職閣議。それが九時頃に終つた。(別日記参照)。官邸に帰ると安達君と小島とが待つてゐて、或は君のとこへ内閣が来るかも知れないといふ点を頭に置いて……と執拗に言つた。

四月二十三日(火)　晴　温

朝、塩月君が来て、昨夜の小島君と同じような事を言つた。

鳩山邸に行つて昨日の総理の伝言をした。多くの人が出入して御家の大事のような顔をしてゐる。実はお国の大事なんだが。

閣議は十一時に終る。楢橋君と同道鳩山氏往訪。散髪。党本部に行き、五時からヨコハマ。鈴木九万君の夕食、*Eichelberger 将軍等と談る。十一時帰邸。

四月二十四日(水)　晴、後雨

朝鳩山君邸を訪問。

厚生省に行つたが余り用事はない。昼食後に吉沢清次郎君を訪問して富の結婚を来月中旬と内定した。党に立より大森の自邸へ帰つた。今朝鳩山君から再び入閣を求められて書記官長か外相になつてくれと言はれたが固辞して帰つた。

夜は森のタカ君*が来て夕食を共にした。

四月二十五日(木) 雨

厚生省で労働調整法の原案に対する Hearing を行ふといふことで出席した。鳩山氏より電話にて松野氏と三人、対進歩党策を議したが、今日一日傍観することにして帰る。丹波から斎藤、須藤両氏東上。波多野君来談。引続き林平馬君、富田代議士、小島代議士等来談。

今朝より少々風邪気味なり。

四月二十六日(金) くもり

朝、枝木君来訪。鳩山君を訪ねたら今朝の新聞で重ねて攻撃文を見て暗い顔をしてゐた。十分間程二人でしみじみ話した。本当に気の毒だと感じた。

閣議——そして閣員揃つてお別れの午餐をした。五、〇〇〇円総理から貰つた。午後、須藤、斎藤両君に立換金を払つた。両君は夕方出発して帰つた。

夕食に吉川兵次郎氏来る。

選挙関係の礼状を出した。

四月二十七日(土) くもり

朝、鳩山氏に逢ふ。恰も宮脇君が来て、自由党は今の中に党首をとり代へて出直さなければ chance を失ふ旨を松岡君に談つてゐた。

厚生省に行き午後は再び鳩山邸の総務会に出席した。社会党との話合はダメらしい。

大森の家に帰つて夕食。

手紙書きをして選挙の礼状を漸く終つた。大森は静かにて心持よし。

四月二十八日(日) くもり

朝、野村吉三郎大将来訪。最近の僕の進退をほめてくれた。

庭の手入をしたり、部屋を片附けたりした。

午後三時発広尾の官邸に帰る。共同通信、朝日、時事通信等来訪。金子隆三君夫妻夕食に来た。肩がこる。

四月二十九日(月) 天長節

十時宮内省へ拝賀に行く。官邸で昼食をして客に逢つてスミ子と同道大森へ帰つた。地下足袋をはいて庭に出てゐると本野母子来訪。

夕食後又しても手紙書きをした。大森の宅は落ついてゐて嬉しい。夜のラヂオで A class の戦争犯罪人二八名が発表された。

四月三十日(火)　晴

スミ子とミヨ子を伴つて大森から東京に出る。鳩山氏と吉田外相を訪ねて社会党にふられたら進歩党と提携するがよいと説いて歩いた。閣議が十一時から正午迄。一時岩波茂雄君の告別式(本願寺)。厚生省――記者会見。

自由党本部へ行く。社会党との話合は難航。夕方、大槻高蔵氏来訪。夕食。

五月一日(水)

朝から腹の調子がわるい。鳩山氏を一寸尋ねて様子を聞いたが、どうしても昔流の考方が変らない。立憲精神が徹底してゐない。

午後は二、三の来訪客に接して、その後大森の自邸に帰つて寝た。うんと昼寝して夕食後又早寝した。一切を忘れてねて了つた。

南風が激しく吹いた。

朝、小島君と共に木村検事総長を訪ねた。川西君のために。

五月二日(木)

朝、石橋湛山と鳩山一郎氏を訪ねた。厚生省へ行く。軍人厚生年金がダメになつたので報告旁総理を訪問した。

午後は官邸の荷物整理をして、大森へ引あげた。すると夕頃から急に腹痛で嘔吐と下痢を始めたので舟岡医師を迎へ、八時頃から安眠した。

五月三日(金)　Variable

朝は快方の自覚症状で安心した。今日は一日重湯をのんで横臥した。

安井次官や榊原君が来た。政界は鳩山内閣といふ段取でG・H・QのAgrémentを求めてゐる。今日吉田外相がG・H・Qへ行つたと報ぜられる。

ラヂオを聞く位が仕事だつた。

五月四日(土)　くもり

臥てゐると十時半頃安達君から鳩山氏追放の発表をしらせて来た。急いで東京へ出る準備をした。榊原君、スミ子と共に午後一時半官邸に行く。来客に接し、鳩山邸へ。ついで本部の代議士会に行く。詳くは別日記参照。

健康は漸次恢復しつゝある。

五月五日(日)　くもり

私を激励する為めに数人の来客があつた。然し香ばしい人許りでも無かつた。自由党の総務会が我善坊で開かれたが幹事派は来十日迄総務会長を作ることさへ喜ばない。結局総務六名を補充して来る十日迄頬冠りしようといふのである。

午後一時からの代議士会では幹部反対の論が出たり、政府攻撃が飛出した。終つて官邸に帰ると菅原君や本君が待つてゐた。

菅原君は私の後援会を作らうといふことに熱心である。

五月六日(月)　くもり

いつ迄もうすら寒い。永田君、田口君来訪。朝日が興味ある論文を書いて自由党成長史を叙してゐる。* これで万事は明白になつたことゝ思ふ。

石山君と菅原君往訪。それから厚生省。正午党本部の総務会―代議士会。

石山賢吉君来宅。昨日からの後援会の話が一歩を進めた。小島君来訪。

五月七日(火)　晴

今日も亦来訪者の為めに疲れた。朝は枝木、塩月君が来た。田辺加多丸君を訪ねた。

十一時から閣議。十二時自由党の総務会。午後代議士会。三時過官邸に帰ると下河辺夫人、鳩山夫人が訪ねられた。

ついで中野寅吉君、夕食後に島野事務長、安達、小島、高瀬君* が九時迄話して行つた。

五月八日(水)　くもり

朝から絶間なき来客。七時半には川橋君が来て、大滝、金原、ついで新聞記者、復興院総裁等。午後厚生省で二時間許りを送つたが、其間が静かで落ついた。午後四時から、高山義三君、西原亀三氏、村田兄妹。

夕方中野君、田中和一郎君、塩月君、引きりなき来客だがスミ子は不快にて今朝から横臥中。高山君と田中(和)君が泊つた。

五月九日(木)　くもり

三土内相訪問。近頃いよいよ同氏の頼りなき人柄を見せつけられた。小林錡君来訪。松濤の松平氏を訪ねて自由党首をすゝめたがダメ。自由党の総務会に出席して自分の心境を話した。午後一時半幣原首相と会談、ついで吉田外相を訪ねた。(別日記参照)。

厚生省にて二時間、夕五時官邸に帰る。支那人宋君が安達君と共に来た。

五月十日(金)　くもり

朝の総務会は河野派の計画通り進行した。それと同時にあらゆる中傷の言葉が本部で横行した。

午後二時から交通協会で党大会が開かれ、私に反対する一連の人が凡ての発言を封じて予定通りに一瀉千里に片附いた。* 其後の総務会も又同様だつた。夕方閣議に出て、夕食に近藤代議士をつくばに招待して八時帰宅。

戦に非ざる戦の第一回戦は終つた。

五月十一日(土)

交詢社で散髪。十時半から党の総務会に出た。

官邸で昼食。東京クラブへ行つて Billiards stand の交渉をした。大森へ行つて休息。夕食。

大臣官邸へ帰つて十時半にねた。今日は久しぶりで健康体といふ感じがした。

五月十二日(日)　くもり

朝の新聞は吉田外相が自由党首となることが決定的と報じてゐる。それを見てホッとした。然し新内閣を引うける人は大変だ。四十分程散歩した。午後珍らしく午睡して按摩をやつてもらつた。夕食後 News をよみ且書類の整理をした。

五月十三日(月)　くもり後晴

九時半G・H・QのC・I・Sに出頭して Colton といふ Harvard 出身の若手と話した(一時間余り)。

官邸に帰つて午後四時半迄ゐた。三土、安達君、西原亀三氏来訪。

深沢の長尾家に招かれて鳩山、松野、安藤、森岡君と夕食を共にした。吉田茂氏はまだ受けない。そして政局は低迷してゐる。

夜、日本経済の記者、高倉君が話しに来て十時になつた。体の調子はよくなつた。

五月十四日(火)　晴

久しぶりに日照がある。朝、宮脇君が来て自由党の総務会長でも引受けない方がよいとの忠告だつた。小島徹三君来談。

自由党総務会は相不変気の抜けた熱意のないものだつた。こんな党があるかしら。

午後二時閣議。東京の食糧はこの儘では一週間先が心配だと農相の報告があつた。政局が不安であるから、吉田外相に自由党総裁の就任を一同ですゝめたが、承引しなかつた。家では明日の結婚を控えて大騒ぎだつた。

五月十五日(水)　くもり

昨日遠藤胖の親子三人が到着。ミヨ子も泊つた。党本部に行く。午前十一時上智大学の礼拝堂で富と百合子の結婚式。午後三時半過高島屋地下室にて神式結婚式。終つて披露の宴(五十二名)。極めて質素な催。

八時帰邸――何となく疲れた。スミ子はひどく疲れてゐた。富と百合子は新橋駅からハネームーンに発つた。

五月十六日(木)　はれ

昨日吉田氏が自由党総裁〔総務会長〕を受諾したので、今日は組閣の大命が下る。午前十時議会に行つたが、正午迄は議長選挙も行はれないので昼は〝つくば〟の三木会*に行つた。

午後官邸…斎藤惣一君、菅礼之助君*、青木重夫君*来訪。

遠藤胖夫妻今夕出発帰西。それを駅に届けて大森に帰る。七時半、富と百合子が Honey Moon から帰つた。百合子の荷を見たり等してゐた。

五月十七日(金)　半晴

十時迄厚生省にゐて、議会に行つた。党の役員会代議士会では三木君〔武吉〕の purge の問題、吉田内閣の組成について論議が出てゐる。

官邸に帰つて昼食をした。外務省に行くと大森の家をG・H・Qでとると答へて来ましたといふ事。これは少々へこたれた。新議長の三木君が purge されるといふことになつた。吉田組閣が難航してゐる。

頭のゴテゴテする一日であつた。

五月十八日(土)　くもり

昨日から住宅徴発の件で少し不愉快になつてゐる。議会に行つても組閣のゴタゴタが問題になつて一向晴々しない。

午餐に Press club へ行つてフランス記者と話した。スミ子と共に午後四時頃大森へ帰つた。手紙書きをする。夕食後、富と百合子を相手に茶話をした。

五月十九日(日)

朝、加納久朗を大森の仮寓に訪ねたが留守。その内に小島徹三君が来た。

午後 Churchill の Great contemporaries や Clemenceau の撰文をよんでゐると Fighting spirit が出た。夕方村上、上林山両君が来て党の現状を談つた。加納久朗君が答訪に来た。夜は茶話をしてねた。

五月二十日(月)　晴

大森から広尾の官邸へ。ミヨ子が来てゐた。菅原君来訪。議会へ行つたが何もない。組閣は順潮に進行中とある。

昼食頃に富山市長石坂君が来て河野君の演説(昭和十五年二三／Ⅲ)の話をした。

午後も一寸議会へ行つた。午後四時フランス記者二人お茶に来た。夕食後三土内相を訪ねた。手紙書きをしてねる。

五月二十一日(火)

吉田内閣は投出しとラヂオも新聞も報じたが、最後の農相に那須博士を拾つて又息をふき出した。然し那須君もダメと判つて和田農政局長を引出した。自由党が之に反対とあつて仲々モメてゐる。

来客もあり厚生省へ行き、スミ子は仲人田中博士の宅へ御礼に行つた。

夜八時から自由党本部で緊急総務会が開かれて和田反対の案が出た。私も出席して農相には議会政治家を出せと言つた。十時半帰邸。

五月二十二日(水)　はれ

朝は大滝君が来た。間もなく京都から高山君と永田君とがついた。朝日の*田畑君も話しにきた。

正午つくばにて招待をうけた。月々会の家族連と富夫妻であつた。三時厚生省にて新大臣河合君と事務引つぎ、省員に告別。帰途、鳩山氏来訪〔ママ〕(別日記)。

夕食後塩月、小島、安達君も来た。

五月二十三日(木)　くもり、降雹

朝やつと落着いた気分で官邸引揚の計画も立てた。そして新大臣と旧閣僚の挨拶をするつもりで総理官邸へ行つたが幣原男も吉田氏も不在。商工省、文部省、大蔵省へ祝詞を述べに行つた。午後三時頃から大森の宅へ帰ると夕方大きな雹がふつた。四人で夕食をした後片附けものをした。湯に入ると急に眠くなつて九時頃に寝て了つた。

五月二十四日(金)　くもり

午前十時官邸にて殖田俊吉氏と談る。数々の Inside Story を知つてゐる人だ。榊原君と別れの食事をして千円の礼を出した。午後首相官邸で新旧閣僚に挨拶した。党本部の役員会に出た。東京クラブ、小島徹三君宅、ローマ法皇庁使節館を歴訪した。

夜、*加藤辰弥氏に招かれて白金の宅でフランス料理の御馳走になつた。下河辺夫妻、富夫妻の六名。帰つて十二時迄話をした。

五月二十五日(土)　小雨

小島、塩月の両君が来た。引越で忙しい。午前中に買物と日立への挨拶に出た。

午後三時トラックは大森に向つた。雨のため荷物は少しぬれたけれど引越しの終つたことは何より安心の因であつた。護衛巡査が総出動で手伝つてくれたのも嬉しい事の一つだつた。

富は風邪で寝てゐた。

五月二十六日(日)　くもり後晴

五月の月は悪いけれど六月は良いと占者は言ふ。積極的に動くべき時であらう。

朝は荷物と部屋片附けにくれた。田辺加多丸君が来て愉快に話した。除草や庭木いぢりをして珍らしく空腹になつた。

夕食を家族四人でたのしく食べた。頭を休めることに専念してゐる。

五月二十七日(月)　晴

久しぶりで鵠沼の三史氏の宅へミヨ子と共に行つた。三人の男の子を相手にその成長ぶりを見た。ついで午後下河辺建二氏宅を訪問した後六時頃大森に帰つて来た。頭も体も常態に帰つた如く思はれる。これから今一息休息して体を養はねばならぬ。

五月二十八日(火)　はれ

今日の一日は東京で能率的に動いた。新橋で雞肉を買ひ、交詢社の髪床で石鹸を貰ひ、午後ソーム会に出席した。それから大森浩太君の告別式に出て、更に青山学院の米山梅吉氏の追悼会へ行つた。米山氏は現代稀な人格者であつた。しみじみ惜しい人だと思ふ。

交詢社で石山賢吉君に面談。夕方大森に帰つた。

五月二十九日(水)　晴

朝、青木得三君が幣原男の使として戦争責任調査会の副会長になるよう申込まれたが辞退した。

正午、自由党幹部が吉田ソーリに招かれた。後に星島商相と林書記官長と三人鼎談した。

買物をして四時帰宅。鵠沼の一家が来てゐるので子供相手をして、寝る時迄話した。夕食後に山田潤二君を訪ねて長谷の為めに部屋を依頼した。

五月三十日(木)　晴

山田君と東医師来宅。

自動車に孫をのせて東京に出る。放送協会の評議員になつたので高野博士(会長)に挨拶して、決心をも語つた。中央公論社で嶋中社長と談る。旧閣僚の午餐が宮中の御招待。

二時過から田辺、永田両君を訪ね、交詢社で散髪して、幣原男と用談。五時半幣原男の招待で旧閣僚が集まつて八時迄歓談。

帰つて十時にねた。

五月三十一日(金)

朝、安東義良君来訪。

午後一時ヨリ自由党総務会。政策協定原案ヲ討議ス。

帰宅シテ手紙書キ数通。十時ニ寝ル。

六月一日(土)

八時半東京発京都に向つた。車中アメリカ兵の暴行に逢ふ。生れてこれ程無念と感じたことはなかつた。

夜自由党京都支部で総務会。

柊屋にて十一時にねた。

六月二日(日)　くもり

朝早く眼がさめた。昨夕の米兵の態度を回想して稍嘲笑する余裕ができた。

朝、来訪者二、三。沢田君の宅へ火事見舞に行つたが*見舞を入れたカバンは米兵に押へられて口惜しいと思つた。十一時から自由党支部幹事会。午後一時常任幹事会。三時臨時総会。稲垣君と夕食。沢田君がつるやで大盤振舞をしてくれた。

九時半宿に帰る。雨しとしととふる。

六月三日(月)　雨

*篠原英太郎君、*藤本峯夫氏来訪。それより新田と田中二郎氏を尋ね、十一時西本願寺に行き朝倉執行長と面談。藪ノ内のお茶。浜村にて昼食。

三時発下丹。福知山にて斎藤、須藤君、波多野君等と夕食。郡是の自動車にて宮村に帰る。雨しきりにふる。広田姉のショースイした顔が気になる。姉は頻りに供の身辺を手伝つてくれた。

六月四日(火)　くもり

朝、井上伍一君父子、裏の井上君等来訪。

富の結婚届を村役場へ出した。郡是の自動車にて綾部本社へ行く。今度郡是の顧問に就任す。昼*木村惇知事を迎へて午餐。工場見物。二時半より社員へ講演。小西屋にて木村知事中心の夕食。アンマをして十一時小西屋にて寝る。心静かなり。

六月五日(水)　くもり　京都

八時半綾部発、京都へ。弘君が京都駅迄来てくれた。正午京都工業協会幹部と昼食。一時半松原のC・I・Cに行き約一時間対談。田中二郎氏宅にて佐々木博士、*羽田博士と談る。喜美屋にて夕食。それより宇治菊屋に行き辻君及山上君等と相談る。

柊屋に帰ると真夜中すぎた。

六月六日(木)　京都より東京

午前中、田中(和)、池本、大野木、高山諸君宿に来訪。十一時三十分の急行にて帰京。大沢、永田雅一両君と同車。珍らしき快晴に珍らしく客少き二等車でのびのびと旅した。

夕九時品川着。出向〔迎〕の富、百合子、鈴木と帰宅して久しぶりにのんびりとして話した。

六月七日(金)　晴

早速東京に出て党の憲法研究会に出た。午後総理官邸にて幣原男に面会。戦争調査会副総裁を受諾した。星島君と話し、木村法相に三木検事上申書を渡した。ダイヤモンドに立より*野崎氏と談る。

夕方帰宅。アンマをとる。二階の大掃除が終つて部屋も心地よくなつた。

六月八日(土)　晴

小島君、*渥美氏来訪。築地の郡是に立よる。顧問就任の挨拶のため也。

鉄工ビル三階に事務所一室を借り入れた。菅原氏の好意による。午後田園調布の松井男の葬儀に列し、一時半から三時迄立つた。帰途篠原君を訪ねた。宅に帰ると小島君、島野君来訪。政界の話をした。

晴れたれど南風にて暑し。

六月九日(日)　はれ、南風

朝は片附物をした。家をとられるので止むを得ない退却準備である。午後林書記官長、永田雅一君、小島、安達君等次々に来る。進駐軍将校三名家を見に来た。笑顔で之を迎へた。Partial occupation であると明瞭に言つたので却つてホッとして安堵の思であつた。

六月十日(月)　くもり、驟雨

南風にて Dump heat なり。商工省＝ダイヤモンド＝鉄工ビル、交詢社昼食。面会は林のおつる、枝木君、星島商相。久方ぶりに逢ふ人と政局を談る。

大映の永田君に逢ひ、食糧を自動車にのせて家に帰る。今夕は安心して米の飯を食つた。当分はこれでよし。

今朝高橋均君来訪。「民声*」を談る。

六月十一日(火)　はれ

朝、富夫妻と東京に出て憲法改正委員会に出席した。午後総務会に出席、総裁推戴、総務補充等の必要を主張した。交詢社にて海外旬報をよむ。読書慾といふものは大臣就任以来皆無だつたがやつと取戻した。

夕五時半梶田屋にて中島守利君と話した。僕を幹事長に推して行くといふ。思はぬ処に支持者があるものだ。月が美しい夜道を九時帰宅。

六月十二日(水)　曇

昨日はよき日、今日は悪き日なり。朝トラックにて鉄工ビル事務所へ家具を送り出した。名川事務所にて宮脇君と面談。私が此際自由党幹事長となることは反対だと言つた。水曜会例会、理事会、朝日新聞の婦人朝日座談会に出席。軽く夕食を終つて帰宅。原侑君来訪。三史さんを迎へて夕食。暑いので勉強の気分にもなれず。

六月十三日(木)　晴　暑気

今日は暑い真夏の温度である。然し昨日に比べて気分は良い。鉄工ビルに行つたがまだ部屋の修理は終らない。

総理官邸にて各派幹部の午餐会があつて、徳田が下らぬ演説をした。読売新聞は共産党を駆逐する命令をG・H・Qからうけた。緊急総務会に出たが実につまらなかつた。

六月十四日(金)　くもり

今日は昨日よりは幾分涼しい。

交詢社で昼食をして党の幹部会に出たけれど、Boss 派の跳梁でふり廻されてゐる。

帰りの電車がコミ合つて汗だくであつた。今日から開襟シャツと short を着用した。

時事 News で海外電報をよむ程の気分になつた。

六月十五日(土)　晴

菅原君を訪問して運動費の相談をした。星島君を官邸に尋ねて自動車の件と油のことを依頼した。

政界放逐令について近々数名の代議士がやられると噂される。河野一郎が問題になつてゐる。

交詢社で綾部君と話したら興味ある Episode を聞いた。四時帰宅して庭の手入をした。

△今日、戦争調査会副総裁に任ぜらる。

六月十六日(日)　くもり、驟雨

引越。退官以来、書類、書面、アドレスの整理が出来てゐない。今日は思切つて整理にかゝつた。*中島弥団次君と国民健康保険の陳情団とが来て、夕方迄は整理が進捗《ママ》した。夕方相沢秀隆君来訪。夕食を共にした。

凡てが遅々として進まない。政府も自由党も、而して私個人もそうである。

六月十七日(月)

副総裁就任後初めて戦争調査会に顔出した。この人員と費用とでは所詮マジメな仕事は出来ないと考へて予算を請求する決心をした。午後綾部君と会談。菅原君から浄財が届いた。

夕方、北鎌倉の武藤未亡人の別荘へ若夫婦と共に行つてテンプラの御馳走になつて十時頃帰つた。

六月十八日(火)　くもり

東京に出て午餐。

午後幹部会に出たれど、政界追放令の噂に議員は左往右往してゐる。*三木、河野の追放確実とのことにて、政界の為めには必ずしも悪からず。

夕方、片山哲、平野力三、西尾末広の三君来訪夕食を共にす。三〔四〕人にて雑談。

六月十九日(水)　晴

同胞援護会へ挨拶に行き、膳君を訪ね、引つゞき水曜会の午餐に出席。午後は党に行く。一旦帰宅したが三木、河野の政界追放が確定して緊急総務会開かれ午後七時より幹部参集。

鳩山氏軽井沢より帰りて幹事長の後任に大野伴睦君を推したりとて大野君を択ぶことに決定。自由党はかくして次第に没落の途を辿りつゝあり。

六月二十日(木)　くもり　(議会開会)

今日は開院式なり。新議員多き議会の珍風景を興味をもつて見、且つ、何となく心細く感じたり。共産党員全部欠席す。

午後交詢社に行き早く帰宅す。蒸し暑き日なり。家にて来客あり。殊に昭南より宮坂君復員して帰り、久々にて話す。

六月二十一日(金)　晴

朝、登院。役員会。午後一時に開会の筈のところ進歩党がもめて演説をせよと主張し四時迄遅れた。片山哲君の演説の後に議場混乱して議長振鈴すれど納らず。散会。

厚生次官の主催になる送別会(第一相互の東洋軒)。自動車にて家迄送られ九時前帰宅。

六月二十二日(土)　晴

朝九時半登院前に鉄工ビルの事務所を検分に行つた。登院して北昤吉君の憲法講談を聴いた。

役員会。午後一時昨日より続きの平野君と*北勝太郎君と加藤勘十君の演説をきく。平野君の質疑は大によし。其他はヘボ。

*板谷順助君に招かれて市兵衛町にて夕食。十時過帰宅。

六月二十三日(日)　晴

昨日は暑気三三度。今日も晴れて暑し。八月一日から愈住宅を進駐軍が接収すると申越したが、覚悟してゐるから衝動も受けなかつた。

朝、京都の*(宍?)穴戸氏、大阪の北沢君が来訪。午後富の友人数名、吉沢夫人等来迎。

Reader's Digest の日本版をよむ。面白し。

憲法委員会の委員長になるらしいので、挨拶の文句を書いた。

六月二十五日(火)　晴

西の風にて昨日よりは涼しい。朝、小西英雄君が来た。雑誌の為めに四、五万円は出してもよいと言つてゐた。

十時半議会に出る。午後一時半から第二回の憲法審議。(別日記参照)。

五時、金田中にて三木、河野君の送別会。七時過迄顔を出して家に帰つた。宮坂君が来てゐて九時過迄話した。

六月二十六日(水)　晴

今日第二回憲法の質問日なり。

朝は郡是に立より登院。舞鶴の代表山下湊、山崎新一君等来訪。大蔵政務次官に紹介した。

自由党の北浦君の演説に感心した。社会党の鈴木君もよし。

夕食は北品川のスキヤキ屋にて近畿の自由党議員会合。

九時前帰宅。私の機嫌よろしからず。身辺のゴタゴタに神経をとがらす。

六月二十七日(木)　晴

朝、出京して高山君に面会に行つたが留守。引返して北鎌倉の円覚寺へ行く。菅原君の令息結婚式に参列のため。

四時登院。憲法質問の本会議に遅参。*七洋寮にて永田、高山君と会談。

新山口にて名川〔保男〕、*渡辺忠雄君等と談る。広島組の会合なり。
九時帰宅。

六月二十八日(金)　晴

登院して面会人二組に逢ふ。午後にかけて予算委員会。本会議は憲法に関する質問第四日目。興味の中心は野坂参三君。然し期待した程の演説ではなかつた。

梶田屋にて中島守利君と談る。自由党と進歩党とを合併することに一役買ふといふ。昨今、私に関する各種のデマが飛ぶから用心し給へ、鳩山君とも逢ひ給へとの注意だつた。成程独立通信がデカデカ書いてゐる。

六月二十九日(土)　晴

朝、築地の宿へ稲垣三夫君を訪ねて雑誌発行の件を相談したら、取不敢一万円出すことを承諾してくれた。

議会へ出て十一時から第一回憲法改正案委員会に出る。自分が委員長に当選した。議員として嬉しいことの一である。午後の本会議で四人の女代議士が演説した。午後四時築地錦水にて小汀君の将棋会。今日買入れた新しいカバンの裏に馬場恒吾君が憲法改正紀念と書いてくれた。

今日は良き日であつた。

六月三十日(日)　晴

朝は部屋の整理をした。米国士官が八月一日に家を引渡せといふからである。塩月学君来訪。君も金を用意しなければ……といふ。

米国士官が家を検分に来て帰りに Camel を二箱くれて行つた。

日ざしが暑い。

憲法委員会の準備をした。そして夕食をして、湯に入つて十時頃に眠くなつて床に入つたが、少しづゝ雑誌や Foreign News をよんだ。

日が暮れてから雨になつた。

七月一日(月)　梅雨

今朝は梅雨が再開した。うれしく無い天候である。午前十時憲法改正案委員会の理事会。自由党の質問者の順位について新人から論が出て、ゴテゴテした。

午後一時半、憲法委員会の第二回。答弁は主として金森君が当つた。暑い午後を五時半迄、椅子にかけて動かなかつたが、三人の質問が終つた。議会を出ると不思議に疲れが出たが夕食をすますと疲がとれた。夕食は河庄にて塩月君と共にす。

七月二日(火)　梅雨

苦労をして電車で登院。午前十時過から憲法委員会を開いて、本会議をよそに午後五時迄つゞけた。

米山梅吉氏の追悼会を Rotary の連中で銀座のビヤーホールで

開いた。五分間のスピーチを始めたが涙が出てつひに短く止めた。昨今の如く中傷讒誹（ママ）の声をきくと人生を再検討する気になる。吉川兵次郎氏と議長応接間で話した。封鎖小切手なら五、六万円でも貸してくれると言つた。

八時半帰宅。

七月三日(水)　梅雨

今日も午前十時から午後四時迄憲法改正案委員会。穂積七郎君*は中々しつかりしてゐる。彼惜むらくは戦争中は軍閥の肩をもつた。

交詢社で小西君と話す。自分の Packard を京都から取よせて貸してくれると言つた。

夕七時に帰宅。三史君が来てゐて愉快な夕食をした。彼は可愛い男である。

七月四日(木)　梅雨

午前十時からの憲法委員会を終つて午後は本会議に出る為委員会を休んだ。本会議で田万*(社会党)が取消文をよんで、問題は〃けり〃。石橋蔵相官邸にて財政問題の近状をきく。G・H・Qの大鉈に日本財界はふるへてゐる。この方針が決定すれば産業界は大混乱を免れまいと思ふ。

十時帰宅、夜驟雨沛然。

七月五日(金)　雨

例により午前十時から午後四時半まで憲法委員会。共産党の野坂君が矢張り傍聴人を引つける。

夕方東洋経済新報社にて石橋蔵相のスキヤキ会。

自由党は依然ボス的の空気にて支配されてゐるのが心を暗くする。時々消極的な気持になるが、「何くそ、これ位の苦労は……」と思ひ直して気を永くすることに決意する。八時帰宅。

七月六日(土)　晴れたり曇つたり

今朝も常例の出勤。十時から午後四時迄憲法委員会。蒸返しの質問で委員も傍聴も数少くなつた。いよいよ総括質問を来週の初めに打切ることにした。

田中文相の招宴で上野の明月園に行く。そして七時に切上げて帰つた。

今夜から突然の米人夫婦が宅に泊ることになつた。今日は雨も晴れた。こゝ数日来の雨は旱天の慈雨であつたが、今のところ今秋は豊作であるらしい。

七月七日(日)　晴れたり曇つたり

午前中は宿泊の米人に遠慮し乍ら暮した。九時頃からアンマ。高橋均君来訪。午後は案外に客が少いので庭に出たり、雑誌をよんだ。今月の中央公論に「芦田、片山、野坂」といふ評論が出た。私を買ひ被つた論評である。夕食。長谷の二人の男児が来た。十時半にねた。

今日は憲法委員会の質問原稿を書いた。

七月八日(月)　雨

十時から憲法委員会が開かれて夕方四時迄つゞいた。明日で一応総括質問は終る。小生の委員長は少々責任が重すぎる。

沢田君が留置されたといふので一応七洋寮へ行つた。夕方帰宅(郡是の自動車で)。

食後に明日の質問の原稿を訂正した。書いたけれど自信はない。

七月九日(火)　くもり　Dump heat

朝、金森(国務大臣)と会見して質問の打合せをした。十時から憲法委員会。正午交詢社にて菅原君、宮脇君等と談る。

午後一時半から憲法委員会。総括質問のくくりとして二十分程の質問をした。小島君が「流石に手に入つたものだ。好評だぜ」と言つた。大に気をよくして夕方帰宅。いよいよ数日中に宅に大工が来るといふ。致方もない。

七月十日(水)　晴　委員会休み

昨日の委員会の発言が朝日と毎日に大きく取扱はれて、よい気持になつた。一つのヒットであつたと思ふ。委員長として総理や国務大臣を見下し乍ら発言を許すのは良い感じである。三史君が来たので相伴うて出京。交詢社で昼食、一時。

戦争調査会の部長会議に出席。二時日仏協会理事会。四時院内にて憲法委員と幹部との打合会。六時半外相官邸の夕食(自由党の外交部会)。九時自動車で帰宅。十時半過ねる。むし暑い日なり。

七月十一日(木)　梅雨型　九三度《ママ》

午前中大蔵大臣に話して戦争調査会の経費百万円増額方を談判した。「百万円でよいのか」等と冗談を言つてゐた。午後一時半から憲法委員会。今日から逐条審議に入る。むし暑い。

夕、山下太郎氏に招かれ河上、鈴木九万君等と夕食す。帰りは金子氏と同車。九時帰宅。つくづくと政治の低劣を憤る。

七月十二日(金)　晴

例の如く十時より午後四時迄憲法委員会。逐条審議第五条迄。夕食は河合厚相の招待にて小石川後楽園の庭。支那料理。後楽園の庭は古びて雨上りの夕は殊の外によし。新聞は今日の会合は自由進歩合同の謀議と書いたが、合同には前途幾多の難関あり。殊に鳩山氏一派の未練は最大難関の一なり。

七月十三日(土)　三四度　Peak

今日も暑い。十時から四時迄の憲法委員会で第九条迄の逐条審議は終つた。本会議で労働調整法の第一読会。質問は至つて低調。

夕方、河原田君*の招待で池の端で夕食。鯛を土産に貰つて帰つた。

汗だくの体を一風呂して sitting room に休んだ時の心持は又とない。吉川氏より Loan の件順潮に進行。

七月十四日(日)　晴　三四度

朝、二、三の来訪者。特に永田雅一君が来た。午後北鎌倉の武藤夫人に招かれて富、ユリ子と共に行く。円覚寺の朝比奈管長から揮毫を貰つた。武藤邸で夕食を頂いて八時迄話した。丁度満月の夜で、暑気を忘れた。今日は一日憲法も議会も忘れて休養した。

今年は酷暑が早い。そして豊年型だといふ。有難いことだ。

七月十五日(月)　晴　三五度

暑さの peak らしい。初めて開襟のシャツで登院した。十時から四時迄の委員会でうんざりした。

大村内相の夕食で氷川の官邸へ行つた。帰宅して満身の汗を落して浴衣を着た時に極楽の気持になる。

G・H・Qは今尚ほ予算を許可して来ない。内閣もヘコたれてゐる。

七月十六日(火)　晴　三五度

連日の炎暑で誰も閉口してゐる。十時から憲法委員会。朝十時半頃 Northwestern University の Prof. Colgrove が委員会へ顔を出したので、一寸休けいにして短かい挨拶をして拍手を送つた。案外に手際よくやつた。午後二時半再開して五時近く迄に二十一条迄の質問を終つた。夜食に金田中へ。憲法顧問連を一堂に。

七月十七日(水)　晴

引つゞいて暑い。例により午前十時から午後五時近くまで憲法委員会。而も愚問百出でうんざりする。

夕食は、郡是の寮で波多野君、鈴木義男君等と共にして、自動車で八時半に帰宅。

スミ子はプンプンしてゐるし、子供は留守。蚊帳は暑し。人生のことうるさい事が多い。

今日は昨日よりは涼し。

七月十八日(木)　くもり

今日は曇りでむし暑い。

午前十時から四時迄憲法委員会。愚問を打切る為めに相当に押へつけた。委員長も楽ではない。夕方丸の内ホテルにて農林大臣の招待、和田といふ大臣は成程まだ書生ッポらしい処がある。

八時帰宅。少し手紙書きをした。

七月十九日(金)　はれたり曇つたり

進駐軍に家をとられるので造作に大金がかゝる。然しそんな大金は払へない。朝十時から午後四時迄憲法委員会。これだけで自分の用事など何事も出来ぬ。

夕方、大野、林両君の招待で丸の内トキワ屋で夕食。七時半帰宅。湯に入つて二階の洋間に入ると涼風が通つて快適だ。

七月二十日(土)　晴
少しは温度が下つて楽になつたが十時からの憲法委員会で、又しても重複した的ぼけの質問がつゞいて終にはイライラする。今日も相当に質問を抑へた。それは愉しい仕事ではない。午後四時散会。自由党の委員のみで修正の相談をした。
夕方七時前に帰宅。湯に入つて軽々した気持で一時を過した。

七月二十一日(日)　晴
家の接収が近づいたので職人の出入が多い。散歩旁秦*豊吉君と伊藤正徳君を訪問した。
午前中に塩月君と吉瀬宏、中村千綱氏が来訪。午後は憲法委員会の報告を執筆して夜に至つて〝第一章天皇〟を稿了した。
午後 Mr. Wyatt 氏が訪ねて、家は八月の接収にはならぬらしいと話した。夕方から少し涼しくなつた。
チョコレートを食つた。手紙書き。

七月二十二日(月)　くもり、晴
今日も引つゞいて午前十時から午後三時五十分迄憲法委員会。然し今日で逐条審議は終つた。振はない質問戦が終つて衷心朗かになつた。
夕方五時電車で帰つた。何となく心も軽い。進駐軍用の人夫が庭の手入や家の修理に出入して落付かない。
夜は夕立が来た。然し其前の宵はむし暑かつた。

七月二十三日(火)　はれ
午前自由党役員の憲法討議。引続き代議士会に修正案を付議した。小委員の件で北昤吉が咆える。
午後一時半憲法委員会。私が政府に対する要望四項を陳述した。本会議を終つて四時から議員食堂で憲法委員を招待して夕食。金森、木村、田中、植原の四大臣も来席。写真をとつた。
六時半帰宅。雑談で宵を過す。

七月二十四日(水)　くもり
久しぶりで気温が下つた。有難いことだ。
午前は憲法委員会の小委員会を開いた。午後は大蔵大臣の財政演説があるので委員会を休んだ。北村氏の質問はよかつたが苫米地君と鈴木茂三郎君とは失敗だつた。
夕食前に帰宅。

七月二十五日(木)　くもり
朝は汽車の混雑で十時半に漸く委員会をあけた。小委員会は先づ前文から討議に入る。中々進捗しない。午後はG・H・Qに行つて Com. Williams に面会した。議院法の件である。

夕方五時迄小委員会。

逓信大臣の招待で支那料理を食ふ。八時半前に帰宅。少し憲法報告書の材料を集めた。

七月二十六日(金)　はれ

今日も午前十時から憲法の小委員会で相不変前文を討議した。中々六ケ敷い。然し昨日発表した「主権は国民にあることを宣言する」といふ自由党の修正案は世間でもうけて社会党には気毒なことをした。夕方は早く帰宅した。

昨日今日、北の風が出て朝夕は凌ぎ易くなつた。委員長報告を少しづゝ書いてゐる。

七月二十七日(土)

今日も憲法の小委員会であつた。午前中に前文だけを終り、第一章と第二章を論じた。午後は本会議で騒ぎをやつたらしい。四時前に委員会を終り、六時に帰宅。

河原畯一郎君*が来て九時過迄話した。

七月二十八日(日)

朝、高橋均君と小倉老人が見えた。正午に家を出る際に伊藤正徳君が自転車でやつて来た。午後一時上野精養軒で鈴木文治氏の追悼会。十分程話をした。

帰ると足利畯氏夫妻と吉瀬君が来てゐた。夕方委員長報告(第三章)を書いた。案外楽に進む。

スイカを食べ peanuts をたべた。夏らしい宵であつた。

七月二十九日(月)　くもり

北風で涼しい。朝は出足が悪くて委員会は十時五十分頃に開かれた。午後一寸予算総会の初日をのぞいたが論戦は振はない。

午後委員会は社会党の提案を論議した。中々まとまらない。G・H・Qは主権在民の一条をテキストに入れよと言ふ。それも厄介だ。

党内もゴタゴタしてゐる。諸方面ともウルサイこと許りだ。然し私は当分憲法専門で行くつもりだ。

七月三十日(火)　驟雨

朝日新聞によると三木、河野、大久保等が平塚を自由党の副総裁に推すことに相談したとある。フヽンと思つた。九時半から緊急総務会があるといふ。その事だつた。総務会はその案を一蹴した。午前十時から午後四時迄憲法委員会。社会党の委員の態度は聊か気に入らぬ。

夕六時外相官邸で食事。岡崎君*の話を聞いた。鳩山一郎氏も来てゐたが今夕の態度は朗かだつた。雨もあがつたし、朗々たる気分で帰宅した(九時半過)。

七月三十一日(水)　くもり

颱風が関門から日本海にぬけて温度は再び上昇。汗がしきりに出る。
委員会は午前午後に亘つて開かれ、今日やつと一応の検討を終つてホッとした。夕方七洋寮で三宅、永田君と会食。沢田君の件を三宅に依頼した。九時過帰宅。洋服は汗にぬれた。

八月一日(木)　雨
花月、山本両君が面会を求めたので逢つたところ、自由党の改革について熱心な提言があつた。委員会は午前午後に亘り、仕事の八割を終つたが、今日は不愉快な日であつた。夕方急いで家に帰つたがさて仕事を始めようとすると蚊がくる。そしてむし暑い。どうも元気が出ない。新日本新聞の小原君来訪。
十時にねた。

八月二日(金)　雨
雨のため幾分か凌ぎよい。
午前中は委員会は休み午後一時半から憲法案の前後の保留条項(一条、八四条、七五条、其他について協議。外務省の希望を容れて条約尊重の一項を、九四条に入れることにした)。三時四十分頃終了。後は社会党の態度を俟つことにした。
北品川のスキヤキにて夕食。苫米地義三君の招待にて北村、寺田(進歩)、石井、飯国と六人。いづれも業界の一流の人々が集まつた。九時過帰宅。夜は又しても雨がふつた。

八月三日(土)　くもり
憲法修正について党議をきめるために登院した。C・L・Oの官吏と修正点の協議をした。党幹部へ修正の諒解を求め、午後の代議士会にて同様の措置を求めた。本会議を休んで大森へ帰つた。委員長報告を書く積りで二、三頁しか書けなかつた。夕方来客。夜は入新井小学校へ――頼まれた演説をする為めだつた。(九時から四十五分間)。
帰つて湯に入り十一時にねた。
今日花月君が来て幹部公選運動の件を話した。

八月四日(日)　曇
午前中来客の無いのに乗じて憲法委員会報告書第四章以下を書いた。これで質疑応答の分は一応結了。午後笹生君と三史君夫妻が来た。三史君夫妻は夕食を共にして帰つて行つた。この夫婦は最も親子の感がする。
今日も家には職人が多く来てゐる。

八月五日(月)　くもり
午前中家に籠つて委員長報告を書いた。これで一応締切ることにした。案外楽にかけた。早昼をすまして登院。其途中でDiamondに立より石山君と話した。
午後五時神田の支那料理で金森氏のゴ馳走になつた。八時に帰宅。京都府知事へデンワ。News 等をよみ十時半ねる。

八月六日(火)　くもり

朝は緊急総務会で吉田氏を総裁に推すことに決定。午後三時半から外相官邸で吉田氏と面会して双方から話をした。

午後の本会議で森林合[組]法案の第一読会。綿貫君が実のある演説をした。夕方蔵相官邸で新金融緊急措置法等の説明をきいた。大した法案だ。八時半帰宅。

憲法修正は八四条(皇室財産)以外は問題はない。

八月七日(水)　晴

憲法八四条の修正が気になるので入江君の報告を聞き、結局私とScapとの談合をすることにきめた。幣原男もそれに賛成だつた。委員長報告の結論をギカイ図書館で書き了つた。相当の出来だと思ふ。午後 Scap の Williams と憲法修正の話をした。

自動車で午後四時半帰宅。夜は憲法委員会の附帯決議案を書いた。

久しぶりにて土用が帰つて来た。駅で花月君が待つてゐた。

登院して憲法修正案の問題で法制局長官、幣原男等と協議した。午後二時 Scap の Williams が来訪。八四条の私の試案を持つて帰つた。

八月八日(木)　晴

八日午前十時半憲法小委員会。八四条がG・H・Qで引懸つてゐる以外は凡て結着したので、第三、四、五、六、七条、五一条、七七条等の修正を議了した。午後四時交詢社。午後五時栄屋にて京都稲垣君と夕食。八時半帰宅。

八月九日(金)　晴　Dump heat

朝、花月代議士と交詢社で面会。幹部公選の運動について成行き聞き、愈明日の代議士会で動議を出す旨の話を聞いた。私もこの一派と壇浦迄行く決心をした。

登院して間もなく *A One に食事に行き三井化学の今井氏と談る。

午後二時より院内にて議院法の委員会。折角書いた委員長報告の原稿を紛失して虫が納らぬ。止むなく夜は九時過迄執筆した。結局それがよかつたかも知れぬ。

八月十日(土)　晴

十時登院。憲法八四条の件につき再び金森、幣原男と協議した。午後一時、代議士会で花月君が党則改正の動議を出し予定通り進行した。本会議は三時終了。

明朗な気分で大森に帰つた。家は職人連で大騒ぎしてゐる。

夜は家族共集つて金融緊急措置令等の談をした。

八月十一日(日)　はれ

朝から十時頃迄はアンマをとつた。今日も大工やペンキ屋が来て騒がしい。荷物の片附をした。

午後福田代議士が来て、引かへに花月君が連判状を持参した。手紙書きをすると次々に書くものがある。約二十通書いた。今宵は満月らしい。やはり初秋の感がある。

八月十二日(月)　晴

秋らしき風。虫の音。矢張りお盆らしい風情になつた。

十時から緊急総務会で役員公選の手続を協議した。所謂幹部なるものも弱い。

憲法委員会は更に二、三日休むよう政府から話があつた。午後早引。交詢社で散髪。島田藤君を往訪した。

五時下谷宝ホテルにて夕食。葉梨君の招待である。

八月十三日(火)　晴

午前十時半憲法小委員会で附帯決議案を採択した。辞句は私の提案した通りに可決された。

代議士会で党則修正の委員を地域毎に一名宛出すことに決定。私も選ばれた。

本会議は金融キカン整理法、緊急措置法が一気に通過した。党の機関公選案の結果総務陣は動揺してゐる。

夕五時谷川ケイホ局長に招待せられて芝三田の桂で夕食をした。女将は有田氏のレコであつたとか。庭園は素晴らしい。

八月十四日(水)　晴

図書館で報告書の校正をした。そしてその原稿を失つて了つた。

憲法八四条は又しても修正といふ事になつた。幣原男は君に二杯の熱湯を呑ませることになつたと言はれた。一つは戦争調査会廃止の件である。

憲法修正案は今日決定した訳である。午後党則改正の委員会があつて私が座長になつた。そして四時頃に委員会案は極つた。星島二郎君と銀座で夕食をして八時に帰宅。憲法と党則のために書きものをした。

八月十五日(木)　晴

土用の帰つて来た酷暑。快晴。朝は憲法八四条についての政府とScapとの交渉如何を気にして登院した。

今日いよいよ最後の条文が出来上つたのである。一種の感慨に堪へない。

正午前に金森君からTextを示された。これは十三日午後MacArthurと総理との対談で決定した原則だといふ。

代議士会で公選論がもめた。然し各団体毎に賛否を決することになつた。近畿はyesであつた。午後は本会議——六時前に帰宅した。

八月十六日(金)　晴

朝、葉梨、大久保両君が憲法の皇室財産について小生に喰つてかゝつた。敵本主義である。十時から憲法の小委員会があつて八四条は共同提案として落着した。控室では八四条の件でガヤガヤ言つてゐた。自ら顧みて何のやましい事があるか。

四時工業クラブで自、進の実業家が十人で業界の人と面談。夕食をして七時半散会した。

八時過帰宅。明日の委員会の準備をした。颱風前でむし暑い。世人は多くイライラして議会人も口論して居る。

八月十七日(土)　晴

憲法委員会を開かうとして登院したら所謂ボス共と其一派が八四条でガヤガヤ言つてゐる。強行すれば出来ない事も無いけれども、一応幹部会に出席して説明する事にした。そして遂に委員会は流会となつた。

詳しい事は別の日記にある。

帰宅して後の心持は明朗だつた。

八月十八日(日)　くもり

早朝小島君が来た。二人で築地に高山君を尋ねた。十時に幹部会に出て、八四条問題でボス派が妥協に出た。そして小委員会の案を呑むと極つた。

午後一時党大会。これもスラスラと終つた。然し吉田氏の憲法委員会に対する約束は破られた。

夕方大野木君の招待で桂で夕食した。八時に帰宅。この日誌を書く。

八月十九日(月)　晴

朝登院して憲法小委員会の懇談会を開いたが委員が揃はないので午後に持越した。憲法は二十一日に委員会を開いて二十二日の午前十時から本会議に上程しようといふ事にした。然し十七日の事件はあの儘には捨て置けないとの空気が強くて、結局声明書を出すことになつた。これは樋貝にとつて痛撃である。

この話を大野君に通報した後、夕食に大森へ帰つた。秋は風がふいて涼しい。

八月二十日(火)

十七日事件は樋貝議長不信任迄進展して来た。個人的に恩をうけず不愉快をうけた自分としては少しも惜まない。憲法小委員会で金森君の出席を求め、六三条、六四条の修正を可決した。幹部会、代議士会でも承認した。よつて二十二日には本会議を開くことに決した。

夕方六時帰宅。報告書の整理をした。颱風は九州西端を北へぬけた。丹波も免れたわけだ。

八月二十一日(水)

今朝は特別に暑い。

八月二十二日(木)

別日記。

八月二十三日(金)

別日記。

衆議院は新しく議長として山崎君を選挙した。

八月二十四日(土)

別日記。

九時頃登院。十時五五分憲法の第一読会。委員長報告の演説は好評を博した。

憲法審議が終る頃夕立だつた。新橋迄バス。それから明るい気持で家へ帰つた。

八月二十五日(日)　驟雨

朝の新聞を待ち兼ねた。朝日も毎日も好意的に昨日の演説を書いた。就中、時事新報がほめてくれた。朝、伊藤正徳氏往訪…

MacMath, 来訪者…飯国代議士、小島君、*横山正幸君、*芝山子爵等。

夕立しきりに至る。アンマをとる。夜日誌を書いた。憲法報告は夜のラヂオ座談会でも北、犬養、水谷君がほめてくれた。

八月二十六日(月)　晴　秋の色

朝晩は涼しくなつた。家では主食の不足で脅威されてゐる。

朝、登院して委員課へ礼を出した。速記課で委員会の速記を訂正した。貴族院へ今日憲法が提案されたので一寸傍聴に行つた。

ダイヤモンド社でパンフレットの代金を払ふ。金三、〇〇〇円也。交詢社で午餐。*上田厚吉氏と談ず。永田雅一君を訪問したが留守。

今日京都から自動車が到着した。

八月二十七日(火)　はれ

残暑の暑い日。歩いて登院した。

大久保留次郎君が心境をのべて党をまとめて一処に行きたいと言つた話をした。彼は悪人ではないが私は尚釈然たらざるものがあつた。私には今闘志が燃えてゐて、妥協とか苟合《こうごう》とかの気分は無い。

本会議が終つて雪村に行つた。芝山君の招待で星島、栗山、塩月と一処に夕食をした。

九時半帰宅。今日議会へ米国の議員団が来て議場と議長室へ顔を出した。

八月二十八日(水)
(別日記)。
永田君往訪。登院。午餐。ダイヤモンド社—鉄工ビル。小林一三氏と会談—交詢社。経済クラブにて植原、斉藤の両国務相、川崎克、野村嘉六君と会食。八時半帰宅。

八月二十九日(木)　晴れたり曇つたり
むし暑い日である。郡是へ行つて自動車を借りてパンフレットを大森へ運んだ。
登院して一寸貴族院へ行つて佐々木博士の憲法質問を傍聴した。午後代議士会。本会議は復興金融銀行案の質問。四時過に大森へ帰り、工事の監督と話した。
河原君来訪。夕食後には手紙書きや旅の用意をした。

八月三十日(金)　くもり
朝八時半の Express で京都に向ふ。*大谷代議士と同車す。夕六時半着。自由党支部にて常議員会。十時迄協議す。岩本事件の解決につき相談。帰宿(柊屋)。岩本君来る。十二時迄話した。

八月三十一日(土)　くもり
朝、*田付君、西村力君其他三、四の客来。午前十一時より自由党支部にて新聞記者と話す。
午後一時より支部役員会。夕食、四条の京星〔?〕。
帰宿、小西英雄君来訪。芝山氏も来談。其後へ岩本氏来談。新聞発表を見て脱党するといふ。気毒になつて僕が引責して辞職すると約束し、彼、泣いて去る。
実際、岩本君は支部からひどく扱はれてゐる。それが見てゐて気毒になつた。こんなゴタゴタに捲き込まれることは僕にとつてつまらない。それで離京前から支部長辞職の心持があつたので今夜は直ぐに止める気になつたのである。

九月一日(日)　くもり
朝九時朝食、木村知事を往訪。公選知事の話をした。
宮村から弘君が米をもつて来てくれた。ミナミで昼食。高山君に辞職の話をしたら大問題視せられて緊急常議員会が開かれ、丁度須藤君も来てゐた。席上、多数の人から止められて支部長に留ることになつた。湖月にて夕食。自由党員を招じて小西君の招宴。

九月二日(月)　くもり
宿へ絹川氏が甘いブドーを下げて尋ねて来た。ついで*石川芳次郎氏来談。十一時の Express で東京へ。駅には十人許り見送りの人が来た。大野木君と同車。九時品川着。自動車で帰宅した。
土産には米、イモ、菓子、果物等々。
げに京都はうれし。多くのファンに甘へ〔ママ〕かされる。

九月三日(火)　薄くもり

登院前、島田藤君を訪ねた。小生への支持を表示してお金をくれた。鉄工ビルに行つて菅原君に逢つた。登院して面会人等と話し、富井大使(アルゼンチンより帰朝の)と色々話をした。本会議へ出たが眠いので四時帰宅した。夜は手紙書き。

私は正しき道の為めに政界で闘ふ。

九月四日(水)　くもり

郡是事務所で波多野君に逢つた。それから宮内省へ行つて大金*侍従長に面談した。

登院して雑務。本会議に出て二時半にG・H・Q教育部Klein*から招かれて要談した。それは憲法発布に伴ふ教育について意見を聞かれたのである。一時間以上の談話を交換したがKleinは私と同見だと言つた。

夜九時のRadioは自由、進歩の合同運動が進捗中だと報じた。

九月五日(木)　薄曇

服部時計店で航空時計を買つた(六百四十円)。登院して雑用。役員会で矢野君の委員長報告の件と公選問題が出た。本会議に労働調整法が出て討論が喧噪の中に行はれた。

五時に終つて帰宅。Radio Newsをよみ、雑用。

明日Major MacMathが入り込むので宵の一時を洋間で送つた。明日から当分は這入れない。

九月六日(金)　晴

朝夕は涼しい。豊年といふので人々は気をよくしてゐるがインフレの進行は最大の不安となつてゐる。日々の食料の代金でも大したことだ。

登院。午後、両院文化会。偶然に貴族院の憲法委員会を傍聴したら佐々木博士と宮沢*博士との応酬で面白かつた。

加藤正人氏に招かれて金田中。帰りに岩本君の席で八時半迄話した。加納久朗君と同行で大森へ帰つた。

午後馬場恒吾君と談つた。彼は私に妥協と傍観を勧告した。そうもならぬ。

九月七日(土)　晴

交詢社で散髪。玉台の件で田中氏と面談。登院。面会者二、三。

午後本会議にて農地調整法*改正案の第一読会。

五時、議長の招宴、支那料理。七時帰宅。安達鶴太郎君来訪。

吉田総理はAP記者に対して、憲法が実施されたら内閣は辞職すると談つたとある(日本経済)。

九月八日(日)　晴

今日は久しぶりに選挙区へ手紙を書きパンフレットを包装した。

午後二時から鈴木仙八君に頼まれて滝ノ川へ話をしに行つた。

隣の MacMath 君が今日から僕の宅へ入り、明日は家族がヨコハマへ着くとて忙しそうだ。

中央公論等の雑誌をよんだ。

九月九日(月)

昨夜二回程下痢をしたので体がだるい。議会へ行つて雑用をしたが面白くないので富に迎への自動車を頼んで三時半に家に帰つてねた。

晩に又少しカユを食つたので腹の工合は癒らない。

九月十日(火) はれ

思つたように腹が癒らぬので一日横臥した。絶食療法だ。新聞、手紙をよむのも物うい。

九月十一日(水)

榊原君が見舞に来てボス連が各個撃破で策戦を廻らしてゐるとの話を伝へた。

十一時に美術クラブの慰労会に出た。三十数名の友人達で、松本博士、円覚寺管長の挨拶があつた。非常にうれしかつた。

帰つて来て又ねた。然し日誌を書く元気は出て来た。

九月十二日(木) くもり

今朝花月君が来て公選運動の前途について話した。これが僕の使命であり、又僕の適所であると大に意気込んでゐた。

午後吉沢夫人来訪。昼寝をし、又少しづゝ読書をした。仕事は疲れる。午後は空腹を訴へた。

夕方雑談して十時頃にねた。日誌を書いた(別日記参照)。

秋風が吹く。

九月十三日(金) 薄曇り

朝、朝日新聞からの申込で憲法の各条駐〔註〕釈を書いてくれとの話。*考へることを約束した。

午後一時半から教育振興委員会。* 夕方永田雅一君と奥主一郎君とで鼎談。七時半総理の招宴、朝香宮邸にて Mrs.* Atcheson, Col. Willby,* Brown* と外務省の先輩連との会食。十一時迄話して、帰宅。

体の工合は大体よろしい。

九月十四日(土) くもり、小雨

体を休めようとて外出をやめた。午前中に手紙書きをしたり、雑書をよむ。少し仕事すると疲れる。床に入ると恢復する。

午後ミヨ子来る。逗子の小倉夫人来られ下河辺*華子さんの縁談を持ち出す。

富と百合子が留守。坐敷に独りでゐると〝閒堂仍独息〟の心持が出てうれしい。

九月十五日(日)　くもり＝後晴
心地よき初秋の風。Genest も中止だ。午前中手紙を書いてゐると第一信託の斎藤君来訪。
午後は読書。Reader's Digest と Holland Rose の外交史*を拾ひよみした。二階に小さな書斎を造ることを思ついて急に快心〔ママ〕な笑顔が出た。生き生きした気持になつた。
体も今日から恢復した心持になつて、夜は憲法註釈の最初の頁を書いた(総論)。

九月十六日(月)
朝、菅原君を訪ねて御礼と共に華子さん縁談の話をした。
議会で平凡社の下中君に面談。午後一時から両院文化会で桑木、姉崎*両元老の文化とは何ぞやとの話を聴いた。
夕方帰宅。何となしの疲労に九時前から床に入つて翌朝迄ぐつすりと眠つた。不思議な嗜眠であつた。

九月十七日(火)　薄くもり
峯友氏、農地法の件にて来訪。十時頃永田氏往訪。登院。午後一時より憲法精神普及の件につき小委員会にて懇談。早速両院議長に話すことゝして散会。
東宝社長大沢氏、田辺君を往訪。京都市長問題を話す。適任者なし。
夕方帰宅。夕食後憲法解説を書く。二章だけは終了。

九月十八日(水)　雨
朝九時五十分発、鳩山氏令娘の告別式に行く。
十二時、交詢社にて平野増吉君と会談。意気大に投ず。岩本君始め府会議員、東上中の数人と面談。午後原夫次郎君と同道、憲法精神普及聯盟の件につき両議長に面談。夕食。一松逓相官邸にて自進合同の話も出た。
雨大にふる。夜八時帰宅。

九月十九日(木)　くもり、晴
城崎夫人の告別式。
朝大谷竹次郎氏の夫人に対し弔問。"Time" の subscription. 昼食は Tokyo Mansion にて三木会。
午後登院。イギリス議員六名来訪。Tea Party. 夕食、星島君、小西君と築地にて会食。その外に新弁護士の藤枝氏や満州帰りの石毛君も居た。九時過帰宅。

九月二十日(金)　くもり
郡是の波多野君と談る。郡是も中々うるさい事になつたとの話。菅原君と交詢社で談る。常議員会に出た。
昼食後登院。一時から憲法小委員会を開いて憲法式典について推進した経過を話した。
帰宅して手紙書き。

疲れて午後八時床に入る。今日は教育振興委員会欠席。

九月二十一日(土) 晴

朝は原稿書きをして十一時過に家を出た。登院して午後は本会議に一時間程出席した。倉石君が僕のことを心配して暫く話をしてくれた。僕はハッキリと決心を話した。

帰つてから又原稿を書いた。夜は十時に床に入つたが、案外によく眠つた。

九月二十二日(日) 晴

秋風が立つた。朝は原稿書き。

北海道から亨が訪ねて来て Cheese を土産にくれた。午後隣の MacMath さんを訪ね、初めて夫人、娘さん Mary と話した。

午後と夜にかけて原稿を書いて、第七章財政の章を終つた。

一同で紅茶をのんだ。

京都支部から二度デンワがあつて、高山君の離党について相談してゐると言ふことだつた。高山君のことは前以てアキラメてゐたから驚かない。

九月二十三日(月) 雨

村雨のふる秋の日。十時から文部省の教育振興委員会の小委員会。教育理念、*教育勅語の取扱を決定しようと言ふのである。登院して議会で昼食。福田関次郎君、北岡寿逸君等と談り合ふ。

三時前帰宅。憲法註釈の残りを六枚程に書き上げた。

京都支部は高山君の脱党でゴタゴタしてゐる。脱党位は何でもない。うるさい事がいやだ。

九月二十四日(火) 秋季皇霊祭 (静岡)

朝八時半の急行で静岡へ行つた。神田代議士の報告演説会への手伝ひである。午後一時から公会堂にて演説会を開いた。一階一杯といふ聴衆で、相当のところだ。

夕食を共にして六時発帰京。土産を貰つて帰つた。

大衆演説でも大に準備しなければならないことを感じた。

九月二十五日(水) くもり

一昨日頃の秋冷から又むし暑くなつた。十時から文部省で教育刷新委員会の小委員会。午後は交詢社でくらす。夏服(ママ)の仮縫をしたり、長崎君や牧野君とも話した。五時から大野幹事長の招宴で憲法委員が招かれた。九時迄に帰つた。

九月二十六日(木)

十時議長室で憲法式典会準備会が開かれた。十一時にG・H・Qの Klein が来て Propaganda の意見を述べた。午後本会議が開かれたが、早々に切上げて帰宅。憲法前文の註を四枚程書いた。

今日は一気呵成に書き下した。

九月二十七日(金)　雨
十時から文部省教育振興委員会に出る。青年学校問題を論じた。

正午工業クラブへ行く。国際文化振興会の友の母〔ママ〕へ、高松宮と午餐を共にしてくつろいだ。二時から皇族懇話会で憲法の話をした(一時間半)。

午後四時半芳蘭亭の廿七〔日〕会。一同の顔だけ見て新山口へ行く。

三土忠造氏と警保局長と共に夕食。

九月二十八日(土)　小雨
塩月君来訪。雨の中を一処に市中へ出て、交詢社で*吉田三衛〔右?〕門君に面談。登院して奥主一郎君と話した。奥君は私が支部長に留任する条件で幹事長を引うけるといふ話。その旨を京都支部へ電報した。午後本会議。それが終つて石橋蔵相と膳君から懇談を聞いた。
夕食は松葉にて飯国、竹田両君と話した。

九月二十九日(日)　小雨
朝、朝日の記者、慶応の*鈴木助教授等が用談で来訪。ついで永井幸太郎君が来て重油輸入の重要性をといた。*若宮貞夫氏の告別式に本願寺へ行く。小雨だ。銀座の小店で小島、田中源、矢野庄太郎君と談る。帰つて少し原稿を書いた。
夕方からマッサージ。夜も一時間余り原稿を書いた。肩がこるので首が廻り兼ねる。

九月三十日(月)　秋晴
昨夜のマッサージで大分によい調子だ。天気も秋晴れの心持がよい。

朝、郡是寮で波多野氏に面会。

登院。ダイヤモンドで憲法パンフレット出版の話をきめた。午後本会議に財産税の案が上程。新聞には自進合同の話が出る。

夕方帰宅。湯に入ると疲れて早く寝た。

十月一日(火)　晴
朝十時から憲法公布式典準備会。
正午の幹部会で新聞 Genest 反対の党の態度について協議した。これは私の発意になるものである。支那代表部の張、謝両氏と話した。夕方五時より〝桂〟にて夕食。神田君の招待になるものである。石橋、林、北君等と一緒。
帰つて二、三枚原稿を書いた。

十月二日(水)　晴
新日本新聞の小原君来訪。十一時交詢社へ行く。午餐を*佐佐弘雄君、江藤夏雄君と共にして、新政党の政策大綱作成方を依頼した。
午後外務懇談会に出席。四時帰宅。憲法第一章の註を書き終つた。夕食後再び原稿をよみ直して得る処があつた。
よる年は争へぬ。少し書きものをすると肩がこる。

十月三日（木） 雨

交詢社で人を待つ間に金森君の憲法論をよんで大に得る処があつた。平野増吉君と面談。正しい旗を掲げて大にやらうとの意見をきいた。登院。代議士会、本会議。久しぶりに控室で将棋見学。夕五時若尾鴻太郎君に招かれ、永野君や綾部君と談る。九時半帰宅。

十月四日（金） 雨

又しても雨。そしてまだむし暑い。朝花月君が来て政調会長になれと言つたがダメだと言つた。

教育振興議員聯盟の会長に昨日選挙せられた。議員二三五名の聯盟であるといふから受ける気になつた。

文部省の教育振興委員会に出席。午後登院。夕食。厚生大臣の招待。七時半帰宅。憲法の原稿を書いて十一時にねた。畳の表がへをして部屋はすがすがしくなつた。

十月五日（土）

登院。午後は本会議。今日は貴族院で憲法を本会議にかけてゐる。衆議院では補償打切や財産税をかけてゐる。夕方山崎議長が自由党幹部を招いて夕食。半月のぼんやり出た途を家に帰り、少し許り原稿を書いた。マッサージをして快くなつた。

十月六日（日） くもり

朝一、二来客。手紙と原稿を書いた。早昼を終へて登院したが、憲法は貴族院から廻つて来ない。夕方帰宅。夜は少し許り原稿を書いた。

十月七日（月） 雨　憲法通過

雨のため人力車で駅に出る。登院して、雑用。小西君来訪につき銀行局長に用談。

午後G・H・Qに行き、Col. Hays* と用談中に衆議院では憲法が貴族院から戻つて来て通過した。

四時半、憲法小委員の招宴。五時半、生島にて Doctor Wildes と Roest* と栗山君と夕食。

十月八日（火） くもり

十一時に登院した。今朝の朝日新聞は私と安倍能成君と二人名の憲法略説を二面に満載したので話題を提供してゐる。

午後は早く帰つてダイヤモンド社で出す冊子の原稿を書いた。夜の十一時迄に第二章の終迄を一応終つてそれで新しく書いた紙数は約十枚。この分なら二、三日で終る見込である。

十月九日(水)　くもり

午前中は家で原稿を書いた。水曜会の例会に七月以来初めて出た。憲法委員長の労を謝すと言つて一同で拍手を送られた。James Young が来てゐた。

登院して図書館で原稿を一時間半ほど書いた。

幣原内閣の旧閣僚がソーリ官邸へ招かれて夕食。久しぶりに三史君と共に新橋迄歩いた。夜も原稿を書いた。

十月十日(木)　晴

久方ぶりに晴れて冷気を催した。朝、原稿を書いて後、Tokyo Mansion で田辺と昼食を共にした。午後登院。三時から憲法式典準備委員会。

岐阜の平野、松尾氏に招かれて鑑亭で夕食をした。九時帰宅。原稿を書いた。

十月十一日(金)　くもり

花月君が来て、新党樹立の話をした。憲法の原稿を Diamond 社に持参した。午前中文部省の小委員会〔議員〕に出席。教育の目的について成案を得た。登院。本会議。教育振興聯盟の会長に就任したので常務理事と会談。五時 Tokyo Mansion にて永田、奥両君と京都支部の相談をした。

帰宅してから、関東の演説の原稿を書いた。どうもうまくない。

十月十二日(土)　雨　閉院式

雨ふる日なり。仲人のことにて原谷君来訪。登院。閉院式――赤坂離宮にて拝謁。総理官邸にて昼食。

午後自由党の幹部公選。考へても居ない政調会長に据えられる。相手の竹田君に気毒なことしたり。

改選と言へど旧態依然。只矢野君、*坂本君等の加はり来れるは心強し。

夕食に三史君夫妻加はる。心晴々し。

十月十三日(日)　快晴　車中

八時半、急行に大臣用の展望車をつけたので、それに便乗して吉田、植原、石橋三氏と同車、東海道を走る。車中エンゼツ原稿をよむ。そして居眠る。

夕、下河原の長良に泊る。中村楼にて三大臣を迎へての宴会。小生挨拶役を承る。九時半帰宿。岩本君、大野木君、新聞の小原君来訪。十二時に床に入る。長良は小さけれど静かな宿なり。

十月十四日(月)　晴　京都支部大会

朝、新聞人等来訪。奥主一郎君宅にて京都支部の幹部会を開く。午後、堀川高女にて支部大会と演説会を開く。

夕食は〝みの幸〟にて田中和一郎、小西英雄君、*滝井君、大野木君と共にす。

風邪気にて悪寒。アスペリンのんでねる。

十月十五日(火)　晴　大阪大会

田中二郎氏と藤本*(不二化成)君とが来訪。高山君とデンワで話した。大阪に行き大阪クラブで旧正午会の十名程の友人と会食。伊藤伊之助*、岸本彦衛、加藤正人、石井五郎*、高畑誠一*、永井幸太郎、飯島幡司*等の諸君。二時天王寺にて自由党の近畿大会に臨み、石橋、植原両君の後にて一席弁じ、夕食は日商産業の高畑、永井君等と北浜にて夕食。十時京都へ帰る。

十月十六日(水)　くもり、小雨

朝八時発綾部へ向ふ。郡是重役と昼食をして、午後一時から三時迄講演。自動車にて福知山へ帰り、牧野君を訪ねて二十日の福知山講演を打合せ夕五時帰宅。小雨ふれど村祭ののぼりは立て並び太鼓の音も聞ゆ。夕食に源之助君夫妻、二男児も来合せ、井上伍一君をも合せて談る。祭のボタ餅を三つ食ふ。味大によろし。

十月十七日(木)　快晴　宮村

久しぶりの快晴。風邪気はつゞく。

北山亮君、大槻高蔵君、斎藤定蔵君、藤田定一、助役荒井君等来訪。

午後学校にて青年の演芸会を見る。歌謡曲とか、舞踊とかに世の変態を見る。感慨深し。だが悪い傾向ではない。文化進展の一過程だと思ふ。下六の青年団のために半折に悪筆を揮ふ。庭に出て枯枝を眺めた。

十月十八日(金)　くもり

自動車にて東舞鶴へ。松栄館にて有志と会食。

午後二時、芦田会坐談。午後三時半より学校講堂にて講演した。五時二十分発栗田へ。海楽荘にて小田宿の狩野、奥野君、糸井徳助夫妻、深田太一君等と話す。十時床に入る。

風邪の気味にて心重し。

十月十九日(土)　晴　峰山―加悦

七時半栗田発、峰山へ。糸井徳助君同行。峰山にて井上徳治君に立候補をすゝめたが、中々きかぬ。山本達太郎、西木孝、後藤鉄之助諸君と会食。町役場を訪問。町長と方面委員に面談。

三時過ぎ自動車にて加悦町に行き、細井直義君宅に入る。鉄斎の額の下にて談る。夜、実相寺にて芦田会の座談会あり、盛況。十一時ねる。

十月二十日(日)　晴　福知山

七時、加悦発。栗田より魚をもらひ、十時福知山着。〝しづか〟に入る。有志続々来訪。篠木君宅へ弔問。アンマ一時間。夕食は有志の催にて盛況。

夜六時半公会堂の議会報告演説会。小島徹三君の来援にて助かる。一時間四十分のコーエンは大にうけた。大阪のエンゼツの引伸しなり。九時半散会。宿にて談り、十一時ねる。

十月二十一日(月)　晴　姫路

七時四十八分福知山をたつ。駅へ大勢の見送をうけた。小島君と共に和田山駅につき、駅長室にて二時間待合せ。幡但線にて姫路へつく。駅へルリ子が迎へに来てゐる。二人で人力にのつて伊伝居、馬場崎の寓居へ入る。

幸子は大きくなつて父親に似て来た。中村未亡人滞在中。ルリ子は十日以内にお産の予定。胖君が七時半頃帰つて来て夕食を共にした。十時過に一泊。

十月二十二日(火)　くもり

小雨の中を姫路から急行にのる。京都から腰かけて東海道も案外無事。一時間遅れて十時品川着。富が自動車で迎えてくれた。荷物に米や酒を下げて帰宅。くたびれて十二時頃にねた。

十月二十三日(水)　くもり

ダイヤモンド社へ行き出版の相談*。議会に行く。自由党本部へ行つたが小人数だつた。水曜会に出席して、郡是へ顔出しした。

早く帰つて留守中の手紙の整理などした。夜は手紙書き十数通。十一時ねる。

東京実業家の一群を自由党の政調の Adviser とすることに相談した。

十月二十四日(木)　雨

低気圧でしけ模様だつた。

十時から自由党本部の役員会。主として議会報告書の修正を議した。午後四時から工業クラブで Rotary の Family Gathering. 人数は多くなかつたが、Rotary らしい集であつた。富が運転して自動車でユリ子と一処に帰つた。

憲法の冊子のゲラを校閲して十一時半迄働いた。多少疲れを覚えた。やはり年だ。

十月二十五日(金)　雨もよひ

例の如く電車にぶら下つて文部省の委員会に行つた。交詢社で昼食してダイヤモンド社員と共にG・H・Qの教育部へ出頭。Brown に面会して憲法冊子の Censor を早くして貰ひたいと頼んだ。OKとあつて来る月曜日にやると言つた。有難いと思つた。

夕方帰ると下河辺夫妻が来てゐて、珍らしく長谷の親子とも八人で夕食をした。疲れたと見えて九時半からねた。イビキをかいて。

十月二十六日(土)　晴

Diamond 社から商工省へ行く。印刷用紙の割当問題のために。内務省地方局長を尋ねて、六大都市の問題や選挙法改正の話をした。党本部で星島氏と昼食。それから朝日新聞社へ行つて四時前に帰宅した。
　留守中の電話は多くは面会申入と講話の依頼である。

十月二十七日(日)　晴
　手紙書きをした。今日出した信書は二十通近くになる。久しぶりに書類の取片附けをした。来訪者…成田実明、文部省吏員、山田介雲君、本重志夫妻、長谷盛重。
　夕方按摩をした。夜も手紙を書き、原稿を書いた。

十月二十八日(月)　晴、秋風
　今朝は晩秋らしい北風が吹いて秋冷を覚えた。初めて薄外套を着た。鉄工ビルに行つて監査役の手当を貰つた。永田(大映)、堀(日活)君を訪ねて争議の見舞をいふ。
　東洋経済で小汀君と昼食をして山田君と三人で浦和に行く。埼玉経済クラブ創立の講演会に出講の為である。夕食の時西村*といふ知事と話した。痛快な人間である。九時前帰宅。

十月二十九日(火)　晴
　朝、首相官邸で幣原男と会談。自進合同の腹案をきいたら、注意して前進するとの話だつた。交詢社で昼食。Nippon Times への原稿を書いた。
　東京クラブの理事会。四時過から常盤屋で金森国務相と対談してくれとの読売の注文で七時迄話した。帰つてから Times の原稿をよみ返した。
　体の具合が大分よくなつたが、自動車は出来ても運転手がないので困る。

十月三十日(水)
　眼鏡の注文に行く。
　水曜会の午餐に行つて、新設する政調相談会の member を協議した。東洋経済の山田君が新しいところを選んでくれた。秋日のかんかん照る途を家に帰る。
　夜少し許り原稿を書いたが、疲れを覚えて早くねた。

十月三十一日(木)　くもり、雨
　名川事務所にて宮脇君と談る。総理官邸へ行き蔵相と用談。地方官会議にて内山、木村君等顔を揃へてゐるので話した。
　午後一時より三時迄品川の司法研修所にて憲法の講演をした。雨の中を帰る。相沢君から呼出しがかゝつて、大森のうなぎやにて夕食。帰ると九時だつた。
　この月の中頃から厭世感《〔ママ〕》に襲はれて毎日のように物うい。

十一月一日(金)　晴
　遂に十一月になつた。それだのに今日の暖気はどうしたことか。十時に文部省の第一特別委員会に出る。教育の機会均等を討議した。Diamond 社で印税一万円を受取る。全く働いて得た金だ。

十一時放送局で、来る三日の為の憲法座談会に出た。交詢社で来る四日のための放送原稿を書いた。三時から帝国水産で講演。

六時前帰宅。夕食。自動車の仲買人と話した。

十一月二日(土)　くもり

朝、大阪新報記者、大滝、山本両君、奥主一郎君つぎつぎ来訪。放送局に行つて四日に行はれる十五分間の憲法講演を Record した。あはたゞしいことである。一時自由党の総務会に出席。党役員の分担をきめた。二時半高島屋にて行はれる加藤*、原谷両家の結婚仲人として出席。午後五時半終了。Young couple と自動車で帰宅。手紙の整理などしたが疲れを感じた。

十一月三日(日)　晴

別日記参照――今日は実に印象の深い日だつた。

議会で陛下臨御の下に公布の式。昼食は議員食堂で祝杯。午後二時宮城前の広場で東京都の都民祝賀大会。陛下御親臨。そして集まる市民の熱狂！　素晴らしい日だつた。

夕方、総理官邸で憲法関係者の夕食。七時半帰宅。三史君夫妻、長谷の三人も来て自分の座談会のラヂオをきいた。

十一月四日(月)　雨

十時から議長室で憲法精神普及聯盟の委員会。正午、塩原会を我善坊にて開く。鳩山一郎氏松野氏に久方ぶりにて逢つた。一時、日比谷公会堂に行く。東京都主催の憲法紀念講演会。金森氏と私。私は主として国民の権、義と国会の話をしたが飛火して気焔をあげた。

雨の中を四時過に帰宅。

十一月五日(火)　くもり

憲法精神普及会の委員会にて私は衆議院議長を会長にする提案を為し原夫次郎君が熱心に支持したが、議長、副議長、山本実彦、福田君等が僕を推すと言ひ出して終に左様に決定した。交詢社で津久井竜雄君に面談。永田雅一君往訪。郡是に立より、四時帰宅。

食後鶴見総持寺にて憲法の講演。左翼が質問質問と叫んで騒いだが無事終了。十時過に帰宅。

十一月六日(水)　雨

朝、自動車屋が来てビュイックを売ることにきめた。其代りにルノーを買ふ。

高橋均君と小原君とが来た。勧銀の西田総裁を往訪して事務所の件を頼んだ。水曜会の午さん、経済研究会の相談をした。外務コン談に出席。終つて次官とC・L・Oの山形次長と話した。

雨の中を帰つて夕食。手紙書き等。

十一月七日(木)　雨

九時、林書記官長往訪。憲法精神普及会の件打合す。宮城に行き賜物御礼の記帳。十一時 Booth 氏の求めにより往訪。新憲法実践の話をした。自由党本部にて昼食。二時から四時迄中野区役所で憲法の講演。夕方帰宅。アンマ。自動車をうりたる金受取る。

今日は珍らしく体の調子よし。

十一月八日(金)　くもり

朝小山田で注射した。注射の効果は確かにある。文部省へ行つたが、用事の都合で委員会には出ず。交詢で散髪。編物会社で経済研究会の組織の相談した。

Tokio Mansion にて有沢、向坂、高橋君等と会食。第一回だけに詳細の話はせず。自由党本部で政調の部長の相談をした。

帰宅。手紙書き。

十一月九日(土)　雨　千葉県

朝九時自動車にのり森暁君の議会報告会へ出る。庁南、一ノ宮を昼間、雨の中にて出足わるき演説会に臨む。茂原町にて佐川四郎氏の夕食に舌鼓をうつ。野菜、鴨などを土産に夜半十二時過ぎ帰宅。

十一月六日以来の注射は覿面に効能あるらしく昨日以来健康と気力は復活した。

多喜二、東上。宅に泊る。

十一月十日(日)　晴

蒲田の坊さん、時事の安達君など来訪。注射二本。午後喜多流の本家来談。縁側にて News を読み、手紙を書く。日曜日でも客の来ない機会に二階の Dark room を片附けてやがて小書斎に直すため雑用をした。

昨日貰つた鴨のスキヤキをして四人で賞味した。夜も手紙書き。

十一月十一日(月)　くもり、雨

朝、内閣へ行つて*久山参事官と憲法普及会の実施計画の相談をした。文部省からも社会[教育]局長が来てゐた。

交詢社で*田中弘(工学博士)氏と談る。午後二時、大森区役所にて憲法の話(公民講座)。

夕方帰宅。手紙書き。十時半ねる。

十一月十二日(火)　くもり

十時に時事通信に行つて安達君と逢ふ。高橋均君を帯同して鉄エ(ママ)ビルへ行く。東京編物会社の小林君を訪ねて経済研究会の開催の件を打合はせ、永田雅一の事務所で紙の買入の依頼をした。午後、首相官邸で石橋君と憲法精神普及会のヨサンの打合せ。引つゞき林書記長、久山参事官と同会の人事打合せ。

ダイヤモンド社に立よる。憲法のパンフレットが盛んにうれる。二万増版してゐる。

四時帰宅。専ら手紙書きをした。

十一月十三日(水)　くもり

早朝高橋均君来訪。二人で出京。服部にて時計直しを頼む。交詢社にて洋服屋と面会。水曜会の午餐。本部に行つたが役員が集らないので流会。

大森に帰つて手紙書き。旅の準備。夕食を終つて東京駅に行く。一路西下。席は前以て取つて置いたゝめ、満員の中に座をしめてうつらうつらと眠り乍ら大阪へついた。今朝の対日理事会で私を含む一七名の追放をソ聯が申出た。

十一月十四日(木)　大阪　はれ

市〔長?〕庁の出迎をうけ、花外で朝食。十時から公会堂で講演。田中広太郎知事、森下助役等と昼食(つるや)。大阪クラブへ行つて永井君を中心に茶話。ソ聯の追放が話題。

奈良電で木津町へ。狛町の木村チヨ代議士宅で夕食。七時から木津小学校で木村代議士の報告演説会に出る。Occupation forces の士官も来てゐた。自動車で京都の〝長良〟に入る。

十一月十五日(金)　くもり　京都

今日一日は京都支部に捧げた日。

朝、小原君や大野木君来訪。支部の総務会(奥氏邸)に出席。自進提携の共同声明を可決。午後は銅駄校にて支部役員会を開く。空気は従前よりもシックリしてゐる。下京区の支部結成大会にて憲法講演。ギオンの清々館にて府市会議員との夕食会。

了つて川橋、大野木両君と歓談。大野木君参議院に出馬することにつき消極的の意見を述べて置いた。

十一月十六日(土)　くもり

朝八時の汽車が消えたので、待つ間を藪ノ内の宗匠宅にすごす。高田君の自動車で七条へ。正午に綾部へつく。郡是五十周年祭にて町内大に賑つた。うれしい気分である。

午餐の後福知山市長竹内君に迎えられ、午後二時、惇明校で開かれた教育会で講演。夕、西原亀三氏と談る。七時より七時〔ママ〕迄、婦人のみの講演会にて憲法の談議。十時宮村へ帰つて十一時半にねた。

十一月十七日(日)　くもり　宮津

十時、上六の役場にて上六、細見、西村の長老と会談。郡是の車に迎へられ綾部に向ふ。郡是にて昼食。波多野社長と参議院に出馬の件を話す。

午後一時半より三時迄波多野紀念館にて郡是五十周年の紀念講演会。室伏高信君が二席をやつた。五時発宮津へ。

宮津町主催の憲法講演を国民学校にて七時より九時迄。清輝楼に帰つて芦田会の催。夕飯。与謝郡自由党支部の役員と郡の府会に徳田君を推す相談をした。

十一月十八日(月)　小雨　岩滝

午前中に殿村君の案内で注射の為めに医者に行く。来訪者…加悦町永井君、宮津花谷君、由良村岩上君等々。丹波の猪肉をスキ焼にして芦田会員と昼食。汽船にて岩滝町へ。公会堂で与謝郡支部の結成大会。支部長は島田医師、幹事長糸井徳助。夕食は糸井氏宅。夜七時より八時迄国民学校にて憲法講演をした。

糸井氏宅で十二時迄話してねた。

十一月十九日(火)　くもり　峰山

八時半峰山着。朝日屋に入る。山本(達)君、西木君、野木君主として世話してくれる。厚生会館にて芦田会の再建会合。役員も出来た。網野の給田氏、和代夫人来訪。和代さんは主人の戦死の報をもたらした。午後一時半より女学校講堂にて憲法の話を三時十五分迄。聴衆満員。

竹野郡の芦田会員、及び井垣弘君来訪。夕食の際竹野郡の府会議員に河田源七君の立候補をすゝめた。七時から峰山青年との座談会。九時頃散会。十時にねる。

十一月二十日(水)　晴　鳥取

八時半の下り列車で出発。豊岡で鳥取行にのる。国鉄林潔君の好意で小荷物室に納まり、正午着。吉村、稲田君等に逢ふ。一時半から国民学校で一時間四十五分ケンポー講演。四時過ぎ出発、米子に向ふ。

今日は昼も夜も山陰日日の主催だから*高橋円三郎君の東導〔先?〕役である。米子について講演場に向ふ。満員だ。インテリの顔が絶対に多い。七時四十五分から九時半迄、憲法講演。皆生温泉の東光園に入り、松林の中の二階にてアンマをする。「此室には多数の武人が泊りましたよ」とアンマがいふ。十二時半ねる。

十一月二十一日(木)　晴　島根

米子の東光園は環境がよし。サービスも良し。朝附近の国立病院に行つてメタポリン注射を行ひ、病院長と話した。

飯国君に迎へられ自動車で松江市へ。南旅館にて島根新聞の幹部と昼食。*伊達源一郎君が社長だといふ奇遇だつた。穴道湖に秋の日がキラキラする。午後二時間の講演は一千名を越えた。玉造温泉で夕食。加藤正人、伊達、飯国君等。夜七時半から出雲市の国民学校でコーエン。九時出発。東光園に帰つたのは十二時。イギリス士官が来て酔声を出してゐた。

十一月二十二日(金)　くもり　大阪

四時起床。五時米子駅発。和田山でのりかへ、一時姫路へついた。遠藤へデンワしたが、出張中とある。助役の好意で進駐軍専用車にのつて神戸へ―神崎―大阪。

新日本の小原君が中心となつての夕食。大原、永井(幸)、岩井雄二郎、白石幸三郎、森下政一の諸君。終つて甲陽園の幡半に泊る。一寸静かな場所乍らよく見ると成金式のデコデコ建物なり。

十時半ねる。これにて旅行は実質的に終つた。声も出す要なしと思へば気が楽になつた。

十一月二十三日(土)　晴、くもり

伴氏の自動車にて神戸駅に行く。永井幸太郎君と話す。九時半の急行にのる。貴族院の竹下君、自由党の原*惣兵衛、西村*久之君と四人一団となり談り乍ら帰京。品川にて富と鈴木とが出迎へてくれる。

隣の MacMath 夫人との incident を話されて気になる。

十一時半ねる。矢張り少しは疲れ気味である。

十一月二十四日(日)　くもり

朝、G・H・Qの家屋掛りの士官から話したいと言はれてスミ子、ユリ子同伴で行つた。話は Mrs. MacMath の昂憤から始まつたことらしい。兎に角僕が直接話しに行くといふ案で帰宅して、午後、羽二重を下げて話しに行つた。女らしい愚痴を話されて、低頭して帰つた。上村辰也君来訪。

手紙の整理とアンマ、夜も礼状書きをした。

十一月二十五日(月)　くもり　議会召集

今日遠藤胖からの手紙でルリ子は二十三日午前四時次女分娩、安産との報。

朝、登院。雑務。殊に政調役員の任命を相談した。正午工業クラブで経済研究会第一回の集合。吉田総理と石橋蔵相の話。今日の集は面白く、有益であつた。

服部で進物の時計を買ひ、夕方帰宅。手紙書きを始めたら結局三十数通を書いた。余り疲れない。

十時半にねた。平静。今日は落着いた気分が出た。

十一月二十六日(火)　晴

高橋均君来訪。連立つて新橋へ行つて私は登院した。十一時開院式。明日の政府の施政方針に対する第一席の質問をせよとすゝめられたが固辞して、竹田君に頼んだ。正午、鉄道工業の監査役会。

一時から登院。国会法の審議に列して外相官邸の Tea party に行つた。五時に辞して帰宅。医師へ注射に行つた。

夜は手紙書き。

十一月二十七日(水)　雨

内外編物の小林さんを訪ねて経済研究会の次回の開催を依頼した。膳国務相も出るといふ。十時林書記官長往訪。登院して雑務を話したり、政調の用事をした。午後一時より第一回の本会議。竹田君はよい演説をした。

夕食は河端*(貴族院)氏の招待で矢野庄太郎君と三人、本山で夕食。雨の中を自動車で送られて大森へ帰つた。それから森君の贈つてくれた柿をたべた。手紙書き二、三。

十一月二十八日(木)　晴　温

晴れた小春日和。注射をして登院。内務省から地方追放の話をきく。総務会で政調の組織と役員の承認を得、ついで代議士会でも承認を得た。先づ一段落といふところ。本会議の西尾君の演説は八〇点——鈴木君は七〇点。夕食に横田博士と安達(鶴)と高橋と四人で富士の里へ行つた。

新憲法の解釈は三万五、〇〇〇部印刷した。今日は再版二万部の印税を受取つた。

十一月二十九日(金)　くもり、小雨

昨夜は大量の降雨。今朝は止んだがこれで電気は余程助かる。十時交詢社で吉川君と語る。吉田内閣はダメだから蹶起して下さいと鞭撻された。登院して雑用。

産電は来月二日から停電戦術に出ると声明したので自由党は進歩党と共同声明を出すことにした。自由党は依然として右翼張りだが、進歩党案が出たので救はれた。それを明日の新聞に出す。

夕方帰宅。下河辺夫妻と夕食。

十一月三十日(土)　くもり

傘を持つて出たれど、無用になつた。朝は注射をした。

登院して十時過から自由党の政調役員会を開いて十二時迄。辷出しはまづよろし。午後本会議。二時半から自進両党の幹部の間で衆議院選挙法の改正案を出す第一回相談会。夕方四時半帰宅。

手紙書き。

ラヂオの原稿を書き初めた。

十二月一日(日)　薄くもり

書籍の整理を初めた。

永井浩君来訪(初対面)。今回憲法精神普及会の事務局長を依頼することにした。波多野林一君が野田君を同伴して来訪。

午後自由党大森支部の結成式に行つて講演。静かな日曜であつた。夜中央公論をよみ、ラヂオの原稿を書いた。今それを終つてお汁粉をたべた。十時である。中央公論に一、二参考となるべき論文があつた。

十二月二日(月)　雨

湿気の多い寒さである。日舞の西川君と教育会の遠山君が訪ねて来た。交詢社で散髪。服部で時計直しを受取る。東宝の大沢君と能楽を帝劇で見せる話をする。

午後一時憲法普及会の事務局長等と相談、民間理事を決定した。三時から選挙法改正案について自、進両党で相談。

夜ラヂオの原稿を書いて十時にねた。

十二月三日(火)　くもり

昨夜も雨。道はわるい。日活の堀君、大映の永田君を訪ねた。

登院。役員会。午後一時本会議。田中伊三次、徳田球一両氏の質疑演説。

外務省へ行つて賠償書類を受取つた。工業クラブの濠州大司教のTea party. 自由党幹事の宴会が人形町の日山で行はれた。牛肉をうんと食つた。夕立。

十二月四日(水)　くもり

午前中は家居して、新しく書斎に引直した暗室へ書類等を整理した。これでやつと家らしい落着きができた。書斎がない家は僕等には家ではない。

午後横浜市主催の憲法講座。一時半から三時半まで。助役の田島君山崎君等と南京町の華勝で夕食。久方ぶりに本当の支那料理を食つた。

七時半帰宅。書斎の整理。

十二月五日(木)　くもり

注射して後登院。数々の面会人にて忙〔は〕さし。小西英雄君東上。

昼食は塩原会にて我善坊に行く。松野、*古島《こじま》、鳩山、安藤、馬場、*四方田、林譲治、岩淵、嶋中、石橋正二郎の諸兄。

本会議に皇室典範の第一読会。二時より自進両党の幹部にて選挙法をねる。四時半帰宅、書斎の整理をした。

十二月六日(金)　くもり

奥君と京都市長の相談をしたが、帝大の総長であつた羽田君に交渉することに決定。

正午Tokyo Mansionで有沢、*小森君等と会食。経済国策を聞き出そうとしたが学者にも実際政策はない。内閣で憲法普及会の組織の相談、三時過まで。

三時半から慶応の文化講座〝日本政治の将来〟、第一回。富もきゝに来てゐた。七時前に帰る。夜は明日の文化講座の準備と書斎整理。

十二月七日(土)　晴

今朝は初めての霜柱が立つた。*足立浩一が尋ねて来たので鉄道工業へ行つて就職を依頼した。

登院。午後質問演説に立つ*安部俊吾君から質問要旨を聞いた。

午後二時前一高の仏法大会(日仏会館)に顔を出した。その足で慶応の文化講座へ廻つた。終つて夕食に招かれて七時過に帰宅。

北浦君がボス勢力に憤慨してもう自由党はダメだと言ひ出した。

十二月八日(日)　くもり、雨

今日の日曜日は佐原町へ行く。*山村代議士のため、香取郡自由党支部結成大会で憲法講演をしたのである。山村君の宅にて昼食。

午後一時半から国民学校でコーエン。約二時間。

伊能忠敬の旧宅を訪ね、地図や測量器を見せて貰つた。エライ人だと思ふ。支部の大会の夕食を終り雨の中を自動車で帰る。三時間と十五分。土産の牛乳と飴とが喜ばれた。

十二月九日(月)　くもり、空風

高橋均君来訪。新設の憲法普及会の事務局長に対する不平談があつた。選挙法改正に対する自進案の最後的検討を行つた。

正午、工業クラブへ膳君を招いて経済研究会の第二回会合。統制強化方針に対する批判で終始した。三時川崎に行つて東京機器工場で憲法の講演。

夕食をして帰宅、七時。手紙書き等。

十二月十日(火)　風強く寒し

午前十時首相官邸にて憲法普及会の第一回総会。会長として簡単な挨拶をした。吉田総理も出席。正午に散会。ついで内閣記者団に発表した。午後本会議。*松原、田中(源)君の演説を聞いて退去。外務省と日活と大映に寄り途して五時前帰宅。

高橋均、榊原君と来訪。夕食を共にす。夜*服部伸〔岩〕吉君が福井といふ人を伴つて来た。七十七歳だといふが元気だ。

十二月十一日(水)　晴

午前九時半、中央大学憲法講演(第一回)に行き十一時過まで。

水曜会の午餐会。鉄工ビルにて菅原君に逢ふ。

登院。四時半工業クラブにて日本産業協議会の人々と会談。

G・H・Qの指令による物資公社に関する対策。八時半帰宅。

十二月十二日(木)　晴

来客三組。就職と周旋依頼とで。ソーリ官邸にて普及会職員と会議。午後一時より皇室経済法案第一読会。三人の下らぬ演説を聞いて腹が立つた。終つて石橋蔵相の追加予算の説明。吉田総理の賠償に関する希望、共に秘密会。

金田中にて興銀の招待会。自由党首脳部の五、六が参加。八時半帰宅。按摩。

十二月十三日(金)　くもり

十時から首相官邸にて憲法普及会の理事会。主として事業の説明。

登院。雑用。夕食、膳安定本部長官邸にて夕食。各派の領袖が集まつて、G・H・Qよりの指令の話があつた。

帰つて手紙書き。

十二月十四日(土)　くもり

十時過登院。奥主一郎君と京都市長等につき打合せ。教員俸給の件につき文相と会談。つゞいて蔵相とも話したが田中君は頻りに責任をとるとると言つてゐる。或は文相は辞職するかも知れない。

午後本会議。引つゞいて国会法の最終的検討を議長室にて行ふ。面会人多きも会はず。築地錦水にて夕食、小汀、石山、菅原君等。

将棋もさした。

十二月十五日(日)　晴　埼玉県

朝九時半大宮駅着。近藤鶴代代議士と自動車で北埼玉郡の山本勝市君の演説会に出る。

午前一ヶ所、午後二ヶ所をつとめる。行田の昼食は足袋問屋の小池邸。土産に足袋を貰つた。夕食は加須町。有志は親切だが執拗であつた。

汽車にて上野へ帰り十時半帰宅。

十二月十六日(月)　くもり、晴

今日から Renault 十二馬力の自動車に斎藤のハンドルで市内へ出る。久しぶりに自家用で歩くと甚しく心が落着く。登院して、火曜日の決議案に反対演説の必要なきことを説いたが大勢はダメだつた。そこで原稿の改訂をした。

外務次官と面談。富士の里で夕食。横田博士、廿日出、小島、榊原、高橋君。

八時帰宅。女中部屋へ泥棒が這入つた。演説原稿を清書した。十二時半に床に入つたが眠り難かつた。

十二月十七日(火)　はれ

六時起床。演説の草稿に手を入れた。十時頃ミヨ子と同車して出京。登院。午後の演説は社会党一派の解散要請決議案。提案の趣旨弁明は片山哲君。ついで小生の反対演説。野次が騒いで小生以下の数名はガヤガヤだつた。

富士の里にて夕食。憲法普及会で新聞記者を呼んだのである。「今日は完全にプラスにしましたね」と記者連から祝はれた。

十二月十八日(水)　晴

自動車が修繕に行つて使へない。注射をしてから登院した。

朝の新聞は昨日の議場人気を私一人でさらつて行つたと書いた。面白い追憶である。

議会を二時に出て、G・H・Qへ。教育部と政治部の Kades 大佐に憲法普及会の説明に行つたのである。永田雅一、奥主一郎両君と芝石庵にて夕食。永田君は例の如く元気がよい。そして頼になる男である。

十二月十九日(木)　はれ

今日は弱気の一日であつた。政界を引退しようかとも考へた。第一の原因は金の苦労がいやであるから。

自動車が途中でエンコした。登院して十七日の演説原稿を田中重弥君に渡して印刷して貰ふことにした。憲法普及会の理事会。

午後本会議を開いたが出席は少ない。夕食後内山君来談。一処に放送局へ行つた。九時から十五分間放送。〝新憲法と吾国の政治〟。今夜は平易な Moderato によくできたと思ふ。

十二月二十日(金)　くもり、寒風

今日は行き帰りとも甚しい電車のこみ方で閉口した。従つて気分は pessimistic である。

登院。独占禁止法の説明をきく。昼食は新橋のレストランにて政調の部長の会合。本会議に国会法が出、皇室経済法も出た。五時過に帰宅。から風の寒い夕である。

外側地震帯の活動で近畿、四国に大被害があつたとの報。

十二月二十一日(土)　くもり

朝、民聴社の山脇君*が来て、私の議会演説集を出版するといふ。昭和八年以来のものを集めて出すことにして、印刷の引受をダイヤモンド社に依頼した。

文部省に行つて、其後登院。午後本会議の終了をまつて早く家に帰つた。夜は不機嫌のまゝ、手紙書きなどして十一時半にねた。

十二月二十二日(日)　晴　埼玉

*平岡良蔵君の根城入間郡へ演説会に行く。新宿を十一時に出て、所沢で午後二時から、飯能で三時から。夕食後電車で大森へ夜九時帰着。平岡君から立派なレースを貰つた。

十二月二十三日(月)　はれ

九時半首相官邸。憲法普及会から府県の社会教育課長を呼んで打合をしたのである。

午後登院。三時教育宣伝部の Col. Nugent*〔幸三〕を往訪。憲法委員会の事業報告をした。四時、七洋寮へ沢田君を訪ねたら本人大喜びであつた。来合せた大井静夫君等と夕食。

七時半、鮭二尾をさげて帰宅。新刊の著書の序文を再検討した。

十二月二十四日(火)　くもり

朝、自動車の件で中村君が来た。登院。政調の印刷代を払ふ。午後本会議が終つてダイヤモンドに行き、新刊の原稿の残りを渡した。

朝、山脇君が来たので〝議政壇上に叫ぶ〟の原稿を渡した。二月には出来上るかもしれぬ。一寸面白い冊子だと思ふ。

夕食に下河辺夫妻が来てクリスマス前宵の集ひをした。手紙書きなど。

十二月二十五日(水)

朝、京都の針屋さんが陳情に来た。朝日ニュースが撮影に来た。登院。相不変の雑務。国会法が貴族院で握り潰されそうだ。原因は植原君にある。政府も御難つゞきだ。午後本会議。短時間で終る。

国会法の件で協議したが救へなかつた。夕方帰宅。長谷の次男来る。

手紙書き——選挙区へのハガキは七百枚程出した。今日で終る。

十二月二十六日(木)　晴

今日は一日、自動車で飛廻つた。能率は驚異である。

朝、日本ニュースが来て撮影した。〝政界の人々〟といふのだそうだ。

スミ子、若夫婦と共に自動車で中心地区へ向ふ。ダイヤモンド—閉院式—月々会(東京マンション)—日活—新聞配給局—憲法普及会。それから帰宅。手紙書き。書類の整理等。

十二月二十七日(金)　雨

第九十二帝国議会(帝国議会としては最終の)の召集日である。十時に首相官邸に開かれる教育刷新委員会の総会に出る。相不変下らぬ長談義が出るので中途退席。登院。平野増吉君と話す。

午後一時から憲法普及会の理事会。時事の安達君から話があるとの事で交詢社に行つたが、平野君から聞いた政変夢想劇の件をSound*されたのだ。四時半芳蘭亭にて二七会。馬場恒吾、正宗白鳥、下村千秋君が色紙を書いてくれた。八時帰宅。

十二月二十八日(土)　くもり　開院式

九十二帝国議会の開院式で目についたことは出席議員が定員の三分の一位しかなかつたことだ。

廿日出、江藤、小島の三君と東京マンションで昼食した。話は昨日以来の政変前奏曲。石橋正二郎氏から昨日謝礼が来たので、今日は挨拶に行つた。三時交詢社で大映、東宝、松竹の代表と会談。憲法普及映画作製の件を相談した。四時半帰宅。書類の整理をした。

十二月二十九日(日)　北風—くもり

久しぶりに注射を復活した。

十一時党本部へ総務会に行き一月の施政質問に大久保、青木両氏を立てることに内定した。十二時Tokyo Mansionにて吉沢夫妻と当方親子四人とで昼食。

石橋蔵相の病床にて政局の話をした。吉沢夫妻と大森に帰る。夕方から手紙の整理をした。階下の八畳間へ富夫妻が引移る準備として額面をかけた。ペルシアのMiniatureとトルコの字額とをあげた。二階の暗室を書斎に引直してやつと便利になつた。

十二月三十日(月)　晴

スミ子と富と三人で自動車で家を出たがガソリンが切れて中途でエンコして了つた。

電車で交詢社へ行つて散髪。綾部君と食事をして政局談をした。吉田総理が政調に金を出すと言つたが今日拒んで来た。西田勧銀総裁から家が見付かつたと言つて来た。一喜一憂だ。

家ではスミ子のヒスが出て家居することが不快である。夕方若夫婦が一階へ移る手伝ひをした。

十二月三十一日（火） 曇

朝七時半に家を出て鎌倉に向ふ。駅にて高橋、榊原、新明氏等に迎へられ、松本氏の自動車を借りて小坪の幣原男を訪ふ。政局を談じて、是非聯立の総理となられむことを希望すると述べた。約一時間半の会談の後に別れた。別れるとき幣原男は大に参考になつたと礼を言はれた。

十一時半に別荘を出て其儘鵠沼に向つた。下河辺建二氏を訪ねて昼食。午後一時半三史君宅に行き孫三人を相手に遊ぶ。自動車の玩具を貰つて三人は大喜びであつた。三時辞去。富と二人食料品を下げて大森に帰る。

ラヂオの〝忘年会〟をきゝやゝ新年らしい気持で年賀状を書いた。

人生の事誠に一喜一憂の感あれど落着いて自己を知り己の立場を守ることに努めば生きて悔なきを得ん。自己を修むるは最後の瞬間迄の努力なり。かくて生々発展の心気は不断に迸《(ほとばし)》るべし。

昭和二十二（一九四七）年

一月一日（水） くもり

霧の多い曇り日。だが左程寒くはない。九時頃に雑煮を祝つた。午前中には訪ふ人も少い。昔の厚生省の運転手が来た。午後二時石井光次郎君を往訪。政局の話をした。挙国内閣に賛成である。安達鶴太郎、宮坂義一君、Wyatt 氏が来訪。Wyatt 氏は僕に腕時計をくれた。

夕食を終つて新聞をよみ、日記を書く。久しぶりで Radio をきく。

一月二日（木） くもり

寝坊をして九時に雑煮。それから年賀の客が来たり、書斎を片づけたり。ユリ子が風邪で下の部屋で寝ついた。

夕方平野君から電話で昨日幣原男と会見した顛末を話された。吉田総理が投出す決心だといふ事だつた。こうなると案外に早く政変が来るかも知れぬ。

年賀状やその他を書いて十時半ねる。

一月三日(金)　晴、寒風

この冬で一番寒い朝だ。医者へ行つて注射をした。磯子の支那料理をたべ、内山岩太郎君に招かれてスミ子同伴。帰つて榊原君と共に夕食。帰途知事官舎へよつて将棋をさした。

「幣原さんなら入閣なさるでしよう」と言つたが、椅子によつては入閣してもよいが、外れても不平はない。

夕食後旅の仕度をして、年賀状を書いてねる。

一月四日(土)　晴　東海道―京都

朝五時半起床。東京駅に行き七時二十五分の三等準急にのる。乗客制限の初日とて案外に楽々と腰かけて八時四十五分京都に着。長良に行くと勧銀の西田君からデンワで、万菊にて波多野林一君と三人、十一時半迄話して宿にかへつた。

一月五日(日)　くもり〃小雨　丹波

朝の間に、坂内君、木村知事、滝井君等にデンワしたが凡て不在。党支部の大蔵君が来て事務打合せ。正午、波多野君と同道して山陰線にのり、三時綾部着。小西屋にて由良重一、森*本君、鈴*木君等と夕食をした。自動車で福知山へ廻り、若松屋にて関*、牧*野、吉*田(勝)、篠*木君等に面談。八時過宮村に帰る。

家計簿を見ると矢張り赤字がますので、又千円残して置く。今*川義雄、井上伍一君来訪。

一月六日(月)　雨

自動車にて宮村から福知山へ。

芦田会の座談会(郡是工場をかりて)午前十時より正午まで。正午、天橋にて市町村長会。スキ焼の午餐。危局の突破について所感を述べた。

二時より四時迄若松屋にて有志と共にシルコを食ふ座談会。四時半の下り列車にて豊岡へ。佐川に泊り、佐川辰夫君と談る。小島徹三君八鹿より馳せ来り十二時迄話す。小島君の話は終局に於て芦田内閣をどうして造るかといふ点にある。

一月七日(火)　小雨　久美浜

朝十時四分豊岡発、峰山に向ふ。久美浜にて井垣、沼倉君等に迎えられ古谷屋に入る。稲葉市郎右衛門氏弔問。岸辺福雄氏に憲法童話の作成を依頼した。午後一時半より三時十五分迄、公会堂にて憲法講話。

座談会。夕方古谷屋にて懇談会。熊野郡の府会候補者として広田君(郡農会技手)を推すことに決定。

一月八日(水)　朝は嵐　(丹後)

湊村へ今朝行く約束だつたが、自動車の都合で中止して網野へ十一時に着。前*川政直氏宅で有志と会食。午後一時より国民学校にて憲法講演会。三時に終つて汽車で綾部に向ふ。山本達太郎君が中郡より府会に立候補するよう打合せ終る。山本君と舞鶴迄同車した。

六時綾部着。小西屋にて郡是重役の送別会。将棋などさして十一時にねた。

昨日寒の入りで昨日から多少寒くなつた。

一月九日(木)　晴れたり曇つたり　(大阪)

大阪新報は*芦田内閣の可能性を報ず。

五時半起床。小西屋から片岡君と同道、京都着。鉄道のパス紛失。十時発大阪へ。商工会議所にて正午会と〝新日本〟主催の坐談会。食事をして二時迄。

大和紡の加藤君往訪。その後車にて夙川館に行く。伴氏より Tauro x といふ皇漢薬を貰ふ。加藤正人君来り、夕食を共にし、十時京都の長良に帰る。岩本君待うけ居り談る。

体の調子も宜し。

一月十日(金)　くもり　京都

朝の京都新聞に小川代議士談として芦田組閣説といふのが載つてゐる。それが京都の話題となつた。*鳥養博士、*富室利男、*岩本長男等来訪。十時賢待校にて京都支部役員会。出席七十余名の盛会。

新年宴会(今野野《〔ママ〕》)。二時より上京支部結成大会。三時半歌舞練場にて中京支部結成準備会。夕食沢田幸三氏邸。

一月十一日(土)　雨後晴れ

小雨の中を大阪に向ふ。朝、沢田幸三君来訪。Chance が来れば進んでうけてくれといふ。その車で七条に行く。大阪駅より新日本の小原君と同車して布施市の松永仏斎君宅に行く。午後一時、布施自由党支部結成式及演説会。

三時に演説を終り新京阪の*長岡に下車。滝井農場にて京都支部役員連と夕食。八時帰宿。出石武三、大野木、岩本、*大倉君等来談。十一時ねる。

一月十二日(日)　くもり　暖

朝の七時五十分の東京行は、京都に着いた時既に満員であつた。漸くにして窓から入れて貰つて、カバンに腰を下して東海道の旅をした。前の席の学生が腕時計をスラレたり、油井駅で闇屋が列車の窓硝子をこわして闖入したり、誠に乱世を想はせる状態であつた。

午後九時半品川着、家に帰つて久振りにホームの空気を味つた。十二時ねる。

一月十三日(月)　小雨

自動車で九時に家を出た。竹田儀一君宅に顔を出して内務省でガソリンを貰つてダイヤモンドに行つた。石山君が資金を調達してくれた。正午、*工業クラブで経済研究会。膳国務大臣が来て、*南郷、*石川一郎、田代寿雄君等が発言した。石橋蔵相、膳君と政局の話をしたが二人ともツンボ桟敷で困つてゐた。

帰途竹田儀一君宅で夕食をした。八時、小島君と安達君とが話しに来た。私は長閑な心境で時局の転化を眺めてゐる。

一月十四日(火)　くもり　宇都宮

朝八時大森より乗車。高橋均君同伴、宇都宮へ向ふ。栃木県青年団の結成式に憲法講演をするためである。県庁にて昼食。午後一時半から三時二十分迄講演。終つて小川知事の夕食に臨み四時半発にて東京へ帰る。

今日は自進両党の幹部の会合、及自由党役員会の開かれる日であるが欠席した。どうせ落着くところは知れてゐるから興味もない。

一月十五日(水)　晴、寒風

榊原氏来訪。つれ立つて自動車で出る。ダイヤモンド社へ新著の自序訂正をもつて行く。

勧銀の西田総裁往訪。新に借入れようとする麻布仙台坂の家を見に行く。大に気に入つた。正午 Tokio Mansion にて映画人と会見。三社のプロットを聞いた。

党に行つて雑談。家に帰つてアンマ。手紙書き等。平静な心持の日である。街は政変の話でもちきつてゐる。

一月十六日(木)　くもり

交詢社で散髪。貴族院の黒田*、吉田*両氏と面談。国会法*の件を話す。菅原君往訪。Billiards〔台〕を八千円で売つた金を受取る。郡是の退職金三万円も今日受取つた。

昼は我善坊で塩原会。鳩山、古島老等で十名が会食。小生が招いたことになつてゐる。それから自由党本部へ行つた。永田雅一君を尋ね、夕方清和寮で勧銀の重役と一緒に波多野氏が丹波から持参の猪肉をくつた。

一月十七日(金)　くもり、後雨

更に住宅の二階三室を接収するとの命令が来て、一家は動揺してゐる。G・H・Qへ嘆願することにした。朝 Commander Hussey を尋ねて依頼したら快諾してくれた。

憲法普及会の理事会が正午迄。午後は其続きで中央協議会が二時半迄。Hussey が来て数分間話した。

それから、聯立工作が社会党首脳部の追放でおじやんになつたので、総理と会見(四時)、自進の声明書は私が書いた。夜は十二月十七日の演説の印刷物を配布するのでアドレスを書いた。

一月十八日(土)　くもり

十時過家を出る。斎藤が病気なので徒歩で駅に行つた。

築地の家へ沢田幸三君を訪ねた。交詢社で食事して議会に行く。

政調の第一回役員会。こゝで緊急対策の起草と自由党基本政策の起草とに二つの委員会を作つた。午後三時代議士会。

五時〝平田〟にて自由、進歩両党幹部会(大久保、大野、北、原夫次郎、犬養、田中万逸、*成島君出席)。申合せをして八時半帰宅。

一月十九日(日)　晴

温い。雨ふりが電力に幸してゐる。朝、アンマをよんで腰をもましたら、余程よくなつたが、全治とは行かぬ。

丹後物産の増田君が早朝に来訪。佐藤基君、*川村章一君等来る。午後、永田雅一夫妻、沢田幸三君来訪。五人で夕食を共にして閑談した。その時に木元青年を沢田君が心配して育英資金を出すことを引うけてくれた。

これが今日の特筆すべき事件であつた。

一月二十日(月)　晴

朝、自動車で憲法普及会へ。正午、Tokio Mansion にて昼食。午後、議会内の政調役員会。緊急対策の研究を始めた。夕食は、仙台坂の平岡君の宿にて飯国、小島、平岡君と共にした。

帰宅すると部屋の件で MacMath が怒つて来たとの話、然しこれは当方として当然の措置であつた。

一月二十一日(火)　晴　大寒の入り、北風

朝、小西君の代理者が自動車の話をしに来て不愉快だつた。中沢泰助君来訪。

文部省の第六特別委員会に出席。菅原君を往訪してケテルスで昼食。午後自由党政調の政策研究会。緊急対策だけはモノにした。余り上出来ではない。

五時総理官邸の夕食。問題になつてゐる閣僚は凡て欠席してゐた。七時半帰宅。

一月二十二日(水)　晴、北風

午前中は市内の用事。帝国銀行へ行つて自由貯金三万一、〇〇〇円。

憲法普及会へ行く。〝議政壇上の叫《ママ》〟の再校を高橋君に頼んだ。水曜会の午餐。党の役員会へ出て明日両党の打合にする原案を附議した。一応通つた。

五時前帰宅。手紙書き。朝日の今井君来訪。

今朝民聴社の山脇君が〝議政壇上の叫〟の念校をもつて来た。

一月二十三日(木)　くもり

下町にて用向。接収家屋の手続にて勧銀に行く。総裁の好意にて手続をやつて貰ふことにした。正午菅原氏の寮で石山賢吉氏夫妻、スミ子、中上川鉄四郎君と昼食。午後、自進両党の政策打合会。四時半、七洋寮にて沢田君と夕食。

帰宅。〝議政壇上に叫ぶ〟の校正。十一時ねる。

一月二十四日(金)

朝、薄雪、後雨。中央公論社で*第二次大戦前史の版権譲渡方を交渉した。日本評論社往訪。外務省にて山形氏と話す。午後一時、自由党幹部会。午後二時半、院内にて自進両党の政策打合せ会、四時半迄。

帰宅。夕食。"Time"などよむ。英語を忘れたくないと思へど時間がないので読書も出来ぬ。

一月二十五日(土)　くもり

沢田君を伴ひ工業クラブへ行き*服部一郎君と面会、顧問の件を話した。正午、吉瀬君等七人の若い内閣役人と会食。

午後一時から議会内で各派の代表が会合、スト対策を談る。纏らず。引続、自進両党の政策協定を行ひ、これも纏らず。来週まで延ばした。夕、五時、つきぢ錦水で花月君の仲介で辻嘉六君と会談。辻君は私を自由党首班に推すと話して別れた。沢田君に招かれた。スミ子と一緒に帰宅。

一月二十六日(日)　晴れたり曇つたり

午前中はうららかな天気。落ついて新聞をよみ、手紙を見た。雑誌もよんだ。午後から来客。花月君と昨夜の続きを談る。高橋君(西部日本)、青木孝義君、長井源君、相ついで来訪。夕方、石井光次郎君往訪。昨夕の話を打あけた。夕食後手紙書き等雑用。

昨夜の話により、今後の運用をどうするかを勘考した。

一月二十七日(月)　くもり　稍寒し

福田代議士来訪。小会派との連絡を打合せた。それから市中に出て交詢社で大滝君と談合ひ、永井幸太郎君(自分の推薦で貿易局〔庁〕長官になることに内定した)と三人で昼食。日活と郡是へ顔出して朝日新聞に行き*中野五郎君と面談。

四時半芳蘭亭にて二七会。今日始めて石橋湛山君来会。主人公の外に馬場、小汀、*三宅、*谷川、*正宗、柳沢君来集。八時近くに引揚げて帰つた。宅では又しても家屋の追加接収で Worry してゐる。

一月二十八日(火)　くもり

山形公使とG・H・Qに行つて家屋掛 Logan 大佐に逢つた。追加接収はしないことになつてゐると言はれてホッとした。Radio Tokio で Brown を尋ねて新刊の Censor の件を話した。片桐君と一処に昼食。奥主一郎君と面談。午後は自、進、政策協定。夕食、桂にて三土氏、警保局長等。これは平野氏の招待である。

吉田氏の連立工作も今日から順潮に滑り出した模様。内閣へは僕は入る必要もなし。従つて心も軽く見て居られる。

一月二十九日(水)　くもり

安井都長官は話があるといふので今朝本庁で面談。

中央公論社で出版した第二次大戦前史をダイヤモンドで出すと

いふので版権をダイヤモンドへ譲る話が今日決定した。

水曜会の午餐後、自由党事務所へ行くと、連立内閣は大体できるといふ話。それから議院へ行つて自、進政策協定を進めた。その内に社会党がもめて、連立劇も出来そうも無いといふ事になつた。愈以て吉田氏の手際は恐れ入る。

一月三十日(木)

今日朝の十時から自由党の総務会だと言ふが、憲法普及会の立川の約束があるので其方へ出かけた。十時から約二時間の憲法講演(柴崎国民学校)。

二時半に自由党へ行く。入閣者を推せんすることになつて大野、石井、坂東、矢野、中島、上塚*、益谷の七氏をあげて吉田ソーリに申込むことになつた。四時から阿部真之助君の招待でつるのやで夕食。小汀君、馬場恒吾君と将棋をさした。

一月三十一日(金)　はれ

吉田内閣の改造なる。

宮脇長吉君が福田君*をつれて来て近く機を見て自由党に入るとの約束をした(交詢社にて)。

国民学術協会を開いてゐると、萱原、中野両氏が丸ビル八階迄追かけて来て「君の尻押しをしよう。吉田内閣をつぶそう」と言ふ。一寸待つてくれと言つて返した。午後、憲法普及会に行き院内の党大会に出た。ついで首相官邸の招待。両所とも僕が一役つとめた。変な空気であるが辻の指金かも知れぬ。

二月一日(土)　晴

吉田改造内閣は果然評判がよくない。これをどうすべきかゞ命題である。

朝は中野友礼君を訪ねて話した。主として昨今の情勢を話した。交詢社で小原孝二君と木村孫八郎*君と話した。やがて廿日出、田中源三郎が来て、五人で昼食をした(ケテルスで)。午後議事堂で国会法の取扱方の相談。原案で押すことに決定した。

平野増吉君と話した。第二次世界大戦前史再版について藤原君と打合せを行つた。五時帰宅。手紙書き等。

二月二日(日)　快晴

彼岸のような春光の温い日。朝、石井光次郎君にお祝に行つて、医者に廻つて注射した。

外務省の箕輪事務官が文化部設立の話をもつて来た。丹後の山崎留吉君が屑糸の買入について頼みに来た。それで昼食。午後、竹田儀一君、廿日出君の来訪をうけて夕方迄協議した。そこへ進歩党の保利君が来て三人〔と〕で話し乍ら夕食をした。私も今度は決心が出来た。明日から発動する。詳細は別日記にある。

二月三日(月)　くもり、風

鉄工ビルで萱原、中野両氏に逢つた。君が総理になるなら党費万端引受けるとの話が出た。
中島守利氏と会談。山脇民聴社長と用談。午後一時、議院内で政調の会合。四時から交詢社にて意見交換会。ケテルスにて十人会食。桂にて星島君と対談。九時帰宅。
今日は大に元気を見せた。

二月四日(火)　晴
彫刻家山崎俊光君来り、石の仏像を買ふ。交詢社に行つて次々と面談した。竹田儀一君、田中源三郎君、福田代議士、安藤正純君等。正午より我善坊にて自進両党の幹部協議——三党幹事長にて社会党との連立内閣を工作する件——。
二時より自由党役員会——ついで総務会。今日は種々の意見が出た。帰つて夕食。停電。

二月五日(水)　晴　別日記参照
立春以来ぐつと朝から温くなつた。
交詢社にて安達君、*村上君等と用談。水曜会にて午餐。午後二時より党の総務会、但し何事もなし。午後、議長室にて、坂東、中島、山崎氏等と話す。それから*内ケ崎前代議士弔問。
夕食。梶田屋にて中島君を中心に四人にて話す。吉田内閣は退陣の外なしといふ結論であつた。九時帰宅。今日もデンキ来らず。不愉快な夕である。

二月六日(木)　晴　別日記をみよ
斎藤隆夫君を訪ね、時局を談る。彼氏も遂に私の論に左祖した。中野氏を訪ふ。内心少々彼に《〔は?〕》ウルサクなつた。小島、安達の両君とケテルスにて昼食。党本部に行く。
平塚氏が逢ひたいといふので議会にて談る。彼も吉田内閣は一応総辞職すべしとの論である。中野、菅原両氏と夕食。帰ると小島、廿日出、竹田(儀)、石黒君来談。政局を談る。

二月七日(金)　くもり　別日記参照
安達君が朝来た。福田代議士も来た。当面の問題を話した。九時半から自由党本部へ。正午工業クラブの経済研究会、参会者十六名。
本部へ帰る。空気は緊張してゐたが、MacArthur から議会終了後なるべく早く選挙を行へとの手紙が吉田総理へ来たといふので両党の連立工作は打切りだといふ。喜悲《〔ママ〕》劇だ。
夕食、梶田屋にて中島、栗山、塩月と四人。八時半帰宅。

二月八日(土)　晴　別日記
今朝から又新しい元気が出た。
銀行で小遣を引出して、中野君に逢ひ、交詢社で進歩党の長井源君と話した。正午首相官邸で中島、矢野君と三人で総理と話した。山崎議長にその顚末を話して後、党本部でも事情を話した。星島君と Tokio Mansion で話す。帰つて夕食。

九時頃三史君が来たので久方ぶりに十二時迄話した。

二月九日（**日**）　晴、風つよし

今日も政治の一日であつた。

十二時頃斎藤隆夫氏を弥生町の官邸に尋ねて会談。護国寺にて鹿島精一氏の告別式。帰途、国民協同党の三木武夫君と話す。夕方、花月君来り夕食を共にす。間も無く進歩党の少壮組四人来訪して老人放逐論をきいた。中々元気がよい。今日の話の詳細は別日記にある。

ユリ子の風邪は熱が下つたが、まだ床にゐる。

二月十日（**月**）　晴

交詢社で散髪した。竹田儀一君や福田君と面談。板谷、福田君とKetel's で昼食。議院に行つて政調の会合に出た。一時間半程で会議を了つて雑談に移つたが、加藤睦之介君が自由党はなつてゐないとの弁を一席やつた。夕方永田雅一君と夕食。八時頃帰宅。

夜進歩党の川崎、坪川、保利君、東京新聞の稲垣君が来た。九時過からスミ子が腹痛で苦しんだ。

二月十一日（**火**）　薄ぐもり　紀元節

毎日新聞の狩野君と友人が来た。小島、高橋（均）両君が参加したが、話は連立、新党の一本槍。今朝の新聞はこの記事で一杯、而も私が立役者になつてゐる。

午後一時から総務会だといふ予定で本部へ行つたが、開会せずに別れた。其間、新聞記者に取まかれ、或は大久保、加藤睦之介君と話した。新聞記者は私が軟化したとふれ歩いてゐるそうだ。

風邪気味の上に昨晩スミ子の腹痛のため睡眠不足が祟つて疲れた。アンマをして夕食。

二月十二日（**水**）　はれ

午前十一時憲法普及会。昼食 Ketel's. 仲間は安達君、福島君。鉄工ビルで菅原、中野君と面談。二時大映、ついで日活の社長と面談。

三時交詢社にて二、三の人と面談。五時総理官邸にて閣僚と総務との会合。詳しいことは別日記。

帰つて湯に入ると心境は平静になつた。チョコレートをたべた。

二月十三日（**木**）　くもり

朝、復興金融金庫の二宮君を訪ね、序に興銀の総裁と副総裁にも挨拶した。交詢社で矢野、花月、小島君と面談。菅原君に紹介した。今日から始めて組織を立てる方針に出た。

風邪気味で早く帰つて、九時から床に入る。今日は連立工作の第四次会談が行はれてゐる。

二月十四日（**金**）　くもり　議会

朝、三木武夫君来訪。小会派の意嚮を伝へて来た。

警視庁へ自動車の用で行つた。登院。廿日出君と話した。午後、本会議で首相のエンゼツだけを終り間もなく散会。
加藤睦之介君とTokio Mansionにて談る。花月、塩月の両君も来り、加はる。四時帰宅。雪ふり始める。静かな宵である。手紙書き数通。

二月十五日(土)　雪
大雪だ。一尺以上降りつんだ。
停電、停水だ。午前十時、東大に行く。各省吏員を集めて憲法講習会を開くので会長の挨拶に来たのである。午後議会では吉田総理の施政演説に対して大久保君の質疑。バスにのり新橋へ。早く帰つて講演速記の訂正をやつた。平静な気持でゐた。

二月十六日(日)　晴
高橋三五君夫妻、大同薫君子息、午後、安東義良君、田中源三郎君等来訪。ラヂオの原稿を書き上げ、講演の速記訂正を完了。これだけが大仕事だつた。
夕食に平野増吉君(進歩党)と枝木君が来て七時迄話した。

二月十七日(月)　くもり
菅原氏事務所を訪ふ。交詢社にて福田君と談る。安達鶴君と昼食。一使命を託す。
午後登院。石黒氏、青木氏の演説をきく。安藤正純君、川崎克〔秀二?〕君が来訪したので、三人でTokio Mansionで夕食をして政局を談じた。安藤君に意見を求めた。安藤君は穏健論であつた。
夜、又も三木君からデンワ。

四月二十五日に総選挙と内定した。

二月十八日(火)　くもり、小雪
福田繁芳君と松田正一君来談。私は益ゝ混迷してゐる。自由党といふところが実に腑甲斐なく思はれる。
登院——午後二時からG・H・Qへ行つて憲法普及会の用向でHusseyと話した。四時半大森に帰つて来たが心は重かつた。夜、大阪の小原君からデンワがあつて、大阪財界で世話人〔会〕が出来たといふ。それだけが朗報であつた。

二月十九日(水)　晴
朝登院。法制調査会で選挙法の修正案を論議した。中選挙区制限連記でポスター廃止の案をきめて一気に代議士会の承認を得た。
午後自動車の件で警視庁へ行つた。そして万事が行違つたので、少々くらい気分で大森に帰る。アンマをとつて気持がよくなつた。
選挙区へ手紙書き。

二月二十日(木)　晴
自動車のことで大森ケイ察へ行く。今日新しく車体検査をうけ、ガソリンを憲法普及会で受取り、車は動くことになつた。
登院。午後三木君と話す。散会後小島、塩月両君と交詢社で話した。久振りで自動車で帰宅した。
*越田清七君の日本再建論をよんで面白かつた。

二月二十一日(金)
十時半、自由党総務会。進歩党より申入れの合同について意見を交換したが矢野、中島、原君と私の外は合同反対、よつて其旨総裁に申入れることゝして散会。本会議で、福田君大にやる。野坂君の話は講義振り。
夕方大森に帰つたが、今朝の論議以来気分はよくない。

二月二十二日(土)　くもり　寒し
中六の助役と堀君が村長公選の件で来訪。ついで山脇君と真鍋*君も来た。警視庁へガソリン使用許可の件で行く。郡是で原谷君と波多野社長の参議院出馬の相談をした。
交詢社で奥主一郎君と相談。中六の人を三時に駅迄送り返した。
夕食は錦水。矢野、塩月、大滝、廿日出、小島、金原〔光?〕、田中源三郎君と共に。九時帰宅。

二月二十三日(日)　くもり、後晴
朝からの来訪者は午後の四時迄たえず。黒川武雄君、三宅哲一〔郎?〕*郎君は立候補相談。山下憲次郎君は仲人を依頼。芦田一良君は挨拶。宮坂義一君は来談。
松田正一君は熱心な新党樹立の為めの運動。四時頃には流石に疲れを覚えた。宮坂君に帰つて貰つて手紙書きを初めた。そして就寝前に二十通近くを書き上げた。

二月二十四日(月)　晴　稍春らし
議会は休。進歩党は新党で大騒ぎ。政府は安本に和田を擬したので政党も閣僚も納らず。午前中政調役員会を開いて党の政策を協議す。午後鉄道工業で菅原君と話す。交詢社にて保利茂君と談る。矢野、小島、田中君等と話した。
夕食、秀花にて星島、大村、綾部と四人にて。星島君は例の如く自重をすゝめる。私はどうしても理想論をすて得ない。

二月二十五日(火)　晴
名川事務所にて宮脇長吉君と福田繁芳君と三人で話した。Diamond 社でエハガキの印刷をして、商工省に行く。十一時半より議会控室で統計法案の説明をきく。午後、本会議。四時より Tokio Mansion にて奥主一郎君と永田雅一君と三人にて選挙打合せ。夕方榊原君を伴ひ帰宅。
夜、主として手紙書き。

二月二十六日(水)　小雨
自動車で出かけた。郡是で原谷君と面談。永田君を訪問。鉄工

ビルで中野、菅原氏と談る。警保局長往訪。議会―昼食―銀行。二時頃に田辺加多丸君と面談。これも選挙の用向である。

早く大森に帰つて、選挙準備の為め十数通の手紙を書いた。夜「改造」の原稿を書く。前途やゝ明るい気分になつた。

二月二十七日(木)　くもり、雨

午前十時清和寮にて波多野君と面談。同君立候補に決定。勧銀の西田総裁と面談。登院。我善坊にて総務会。

午後登院。多くの人々と談る。選挙の話ばかりだが、金策のメドがついたせいか多少精気が出て来た。

夕五時芳蘭亭にて廿七日会。鈴木(文)、伊藤正徳、下村千秋、上司小剣、谷川徹三、柳沢健、嶋中雄作君等にて雑談。小雨ふりしきる宵なり。

二月二十八日(金)　くもり

交詢社で散髪。進歩党の松田、小林君来訪。午後、医療制度審査会、第一回会合。

外務省にて乾＊精末《きよすえ》氏と談る。同君静岡県より参議院に出る希望であるが、現地の状況は六ケ敷い。夕食、日比谷陶々亭にて新報知の会合。田中万逸、保利茂君と同席だつた。

三月一日(土)

朝、交詢社にて片桐君と面談。進歩党の新党運動は行詰り。

憲法普及会と議会。星島君の先達で本郷の児玉希望画伯の宅へ行つて昼食。

東劇にて六代目菊五郎と面会。今日、私の議員資格申請書ができた。夜はその為めに時間をつぶした。帰宅してからずつとそれだ。

今暁五時ユリ子出産。

三月二日(日)　雨

神野の山崎青年が来訪、就職の件。午前中に改造の原稿の手入れをした。正午出発、原町田に行く。自由党支部の結成大会であつた。引返して丸ノ内ときわに行く。三浦英夫君の結婚披露の宴、スピーチ。六時放送局へ。労働基準法について五党の五分間演説。

帰宅して手紙書きをした。春雨がしとしととふる。昨日から孫の出生の為めスミ子は忙はし。

三月三日(月)　くもり

交詢社で政界ジープに口述した。自由党の立場といふことを。それから議会に行つた。財政に関する質問の日である。

午後二時外務省の霞関会で〝憲法改正案のできる迄〟といふ話をした。安東義良君と選挙の打合せをした。

帰ると下河辺夫妻が来た。何となく嬉しかつた。

三月四日(火)　薄ぐもり
菅原氏往訪。山崎能寿を就職させた。中西君に礼に行つた。議会に行く。政調の会。国会法の打合せ。議案審査の会等で水車のよう。昼食に新富寿司に行く。スミ子と中野、菅原君の四人。三時、支那新聞人と会見。三時半、楢橋君と交詢社で談る。四時半、貴族院の代表と国会法の修正について談る。六時、桂にて星島君の招宴(自由党の総務連)。
今日から又少し寒い。

三月五日(水)　くもり
朝、雑用で歩いて十一時半登院。自由党政綱を役員会に付議した。国会法の修正点も二、三決定した。政府の出す法案を最少限度にすることを交渉した。
正午、門屋盛一といふ人と会つた。珍らしい男だ。本会議後に石井商工大臣の招宴で金田中へ。
八時帰宅。手紙書き。今日、改造社へ原稿を送つた。

三月六日(木)　くもり時々晴
交詢社で人に逢つてダイヤモンド、憲法普及会に立より登院。自由党の政策を総務会に図つた。ハガキ一万枚の宛名書きを依頼した。
午後一時、菅原君と共に食事しながら門屋盛一氏と談る。快男子である。再び登院。夕五時金田中に行き石井商相の招待。帰つてラヂオ原稿を書いた。

三月七日(金)　晴
スミ子、富と同車して家を出る。菅原君より昨夜犬養氏と会見の顛末をきく。登院。正午、花月、飯国君と相談した。
午後憲法普及会と朝日との相談会。四時帰宅。ラヂオ原稿を脱稿した。御七夜にて吉沢夫妻来訪。夕食を共にした。

三月八日(土)　薄くもり
一昨日の犬養との話合で菅原君の心境が動いたと見える。今朝花月君と三人で話した。
登院して自由党の基本政策を総務会にはかる。午後本会議に出て四時退散。帰る時に奇妙に下らぬ事にイライラした。
帰つて資格申請書を改訂したが、終に十時頃迄かゝつた。これを京都迄持参して十日に出そうといふのである。十一時にねた。

三月九日(日)　薄くもり　東海道
四時に起きて旅装をとゝのへ、自動車で京浜国道へ出て永田雅一君の自動車をまつ。五時大森から自動車で東海道を下る。箱根越へで車をいためて鈴川の修繕屋で二時間を徒費したが、七時に名古屋について大野屋に泊る。永田君少し不快。
十時半に床に入る。昨日から又寒気再来で少しさむい。
何となく選挙気分である。

三月十日(月)　晴

朝十時名古屋を自動車で出発して、桑名、四日市、亀山を経て鈴鹿越へ。峠の八合目から雪道であつた。午後二時半京都につく。府庁で衆議院の資格申請書を提出。

知事官舎で木村知事を中心に選挙の相談。宿に帰る前八坂神社でおみくじを引いたら大吉。夕食。出石、岩本義徳両氏来訪。八時から九時半迄京都支部の総務会。波多野氏出馬について不平も出た。宿へ大野木、沢田幸三両氏来訪、十一時半迄話した。

三月十一日(火)　京都

出石君来訪。十時から春日校で支部の役員会がある。記者会見。役員会では木村知事、神戸市長の公認、大野木、奥氏参議院の公認決定。

西垣で昼食。斎藤定蔵氏、山本達太郎君と私自身の選挙運動を相談した。夕食は山科の大野木氏邸。八時宿に帰る。小原孝二君、波多野林一君来訪。十一時からねた。

三月十二日(水)　大阪

朝から須藤、斎藤、関、篠木、牧野の諸君(選挙委員)宿屋に集合。私の選挙の打合せをした。これでいつでも発足できる。午後一時大阪商工会議所で杉道助、岩井雄二郎氏等六名集合。小生を後援するとの決議があつた。

夕方夙川館に行く。小原君の周旋で至れり尽せりである。*安宅君、進藤君、岩井君、小原君と夕食、痛快なり。十一時ねる。

三月十三日(木)　東海道々中

二時半起床。夙川館を三時に出て自動車で大阪駅へ行き、四時半発の上り普通列車にのる。坐るだけは坐つたが満員で苦しい。黙々として食事も少く夜七時半品川着。富君自動車を操つて迎へにくる。

帰つて賑々しく話して、久しぶりにゆるりとねた。

三月十四日(金)

留守中の新党運動の経過を知るため菅原君を訪ね、三木〔武夫〕君を引出して相談することにした。永井(幸)を訪ね、議会に行つて小島君と談り、交詢社で又菅原君と相談した。本郷真砂町国民学校で憲法講演。夕方、三木君と面談。

犬養、石黒君等と文禄にて会食し、相談した。自分を押立てる人の熱意に感激して一身は任すことに決意してゐる。

三月十五日(土)　福島　くもり

九時四十分上野発福島に向ふ。車中は例の如く敗残国の様相一〇〇%なり。三時福島着。南湖畔の旅亭に入る。夜、国民学校にて*円谷代議士の演説会。九時迄一時間話して帰る。

宿は田舎屋にて寒し。町長*中目氏は南湖神社の神官にて、*白河楽翁の話をきゝ大に興味をもつた。

三月十六日(日)　小雪　寒気

朝は寒し小雪ふる。南湖神社に参る。渋沢*子〔伯〕爵の頌徳碑をなつかしむ。十時より二時間、学校先生のため憲法の講演をした。午後一時出発、買出部隊に押されつつ、午後七時半大森駅着。手紙などよんで十一時にねた。

三月十七日(月)　くもり―雪

朝、菅原氏往訪。三木君と終に逢へなかつたとのことに、三木君をとらへることにして、別れた。勧銀の西田総裁の紹介で小沢専七郎君と面談…所謂満州型の男だと感じた。然し金を出すといふのだから差支はない。片桐君と用談。

登院。本会議。五時蜂竜。用紙割当事務局長以下と夕食。八時から麹町の森氏宅へ。九時半 Radio Broadcast(民衆講座の「参議院と衆議院」十二分)。

三木君と二人で十一時迄話して大森へ帰つた。雪がパラパラ降つて来た。

三月十八日(火)　くもり

自動車故障にて電車――登院。午後三時半、憲法普及会にてパンフレットの原稿を審議した。五時、普及会の常任理事会。六時、キネマ旬報の座談会。永田雅一、渋沢秀雄の両氏であつたから呑気に話をした。

八時に辞して帰宅。心重く、体の疲労を覚えた。政治家生活の愚劣さをつくづくと思ふ。

三月二十二日(土)

朝の新聞には何も出なかつたが、政治新聞が新党の記事を長々と書いて口火を切つた。新聞記者から質問で追廻された。本会議が夕方迄つゞいた。

六時から新日本の座談会。その席で進歩党がいよいよ Start したことを楢橋君から聞いて、私も新党へ乗出さねばならぬと決心した。

三月二十三日(日)　脱党

朝から自由党脱党の届を書いたり、新聞への声明を書いた。それと同時に党の事務員への心附等を用意して十一時半に登院。役員会で発表。代議士会で挨拶をして、午後四時帰宅。

書類の整理、アンマ。夜は時事新報へ、保守か急進かといふ原稿を書いた(十二時迄)。

ラヂオが脱党の News を長々と報じた。

三月二十四日(月)　小雨

今日から純無所属の三階部屋に移る。尾崎先生と小柳君と三人きりの部屋だ。案外にノンキに居られる。

朝、菅原君を訪ふ。議会では選挙法改正委員会が独り賑ってゐる。夕食後、都長官候補安井君の応援に品川と大森とで演説した。帰つたら急に疲れて早くねた。

三月二十五日(火)　くもり

菅原君を訪ふ。新党の形勢必ずしも宜しからずと言ふ。生糸統制会の*吉田清二君を訪ねたら大に支援する意気を示された。人間といふものは意外の処にファンがゐる。

議会に行つて廊下トンビをする。自由党の人に逢つても袂〔袖?〕にした風はないのが嬉しい。夕方帰宅。主として手紙書きをした。

三月二十六日(水)　くもり　風つよし

朝から気が気でない。矢野君や竹田君にデンワして今日のうちに決心するように話した。九時半、鉄工ビルで犬養君、保利、竹田君と話す。田中(源)君と打合す。

議会に行き矢野君と会ふと脱党だといふ。廿日出君も出るといふ。議会では引つゞいて選挙法委員会のケンカで混乱してゐる。二時、渋谷駅頭にて憲法普及会の街頭演説をやつた。*久布白《くぶしろ》女史に感激したためである。安静な気持で四時半帰宅。

三月二十七日(木)　花ぐもり

春らしい曇天。朝*久保田貫一君来る。ついで石山君の代人も来た。鉄工ビル、Nippon Times, Diamond. 議会で二、三の来訪をうけた。午後、新党の綱領と政策を書く。憲法普及会の会合に出る。

六時から金田中で犬養、楢橋、石黒君と面談。帰つてから書面の整理。

三月二十八日(金)　くもり

菅原氏を訪ねた。明日までに多少の資金が集る筈になつた。議会では新党参加のため自由党から兵庫、京都の六名が脱党することになつた。これで少々ホッとした。新党の政綱政策は昨日書いたのが大体に於て採用されることになつた。

手紙書きが忙しい。選挙区へ新党樹立の挨拶状を約九千六百通出した。反響はあると思ふ。

三月二十九日(土)　くもり

福田繁芳君、三宅哲一郎君来訪。十時G・H・Qに行く。Government Section の officer 三名が新党の性格其他の政情について尋ねた。此際知り得たことは、大蔵大臣石橋君が此部の persona non grata であることだつた。

午後議会に行く。昼食の後辻嘉六君と話した。今日、細田、小島、森崎、田中源三郎君、それに木村チヨ、富田ふさの六氏自由党を脱退した。それで新党は第一党となつた。

今朝書いた新党の立党宣言書が採用。

三月三十日(日)

日曜でも議会はある。議会に行つても本会議には出ず。三階の控室にて新党創立の運動をする。自由党を脱した細田、小島君等は中々よし。殊に細田君は頼母し。夕方梶田屋にて中島君と夕食。

夜、議会にて、新党の世話人会は難航。私はわざと十時過に退却して、後は若人に任せることにした。帰つて二、三の電話をうけ、十二時にねた。

三月三十一日(月) 晴

久しぶりの日本晴。九時から新党世話人会の集会と約束したれど十一時になつても集らず。進歩党側は依然として紛糾。十二時に幣原男と会見。結党式は一時から京橋の公会堂にて。予定通り終了。演説会。菅原氏と談る。六時、金田中にて新聞記者との会食。九時帰宅、カバンに百三十万円を入れて。

四月一日(火)

朝十時半、中島君と面談して三十万円渡した。中島君のよいところを見て人柄に感心した。

副議長室で新党の最高委員会。G・H・Q の Brown 氏往訪。東宝にて田辺、大沢君と談る。三時交詢社。最高委員会続行。

帰つて夕食。原稿を書く。

四月二日(水)

十時半 Colton を訪ねたら一時間半に亘っての話で終にはいやになつた。党本部で最高委員会、公認候補の相談。正午、末広にて芦田後援会の第一回。菅原、中野、長崎、鹿島*、郷古、篠原、田辺、等々三十名参会。

党本部、憲法普及会。新山口にて原谷、石橋*治郎八、吉田清二氏等々蚕糸関係者と会食。

帰つて朝一時半まで原稿書き。

四月三日(木) 晴

朝十時から新党本部に於て最高総務委員会。第一回公認候補一七七名を決定した。午後電車で逗子へ赴き、横須賀市長候補太田*三郎君のために応援演説。

引つゞき午後七時、片瀬の竜口寺にて内山岩太郎君(神奈川知事)の選挙演説に行き十時帰宅。

四月四日(金) 晴

憲法普及会—党本部—永田雅一君の事務所。いそがしいこと!

午後一時半横浜に行き、内山岩太郎君のために街頭演説二回。山崎市長候補の為め一回。

夕食に下河辺夫妻来る。京都の情勢は次第に転換しつゝありといふ。

四月五日(土) 晴

木村弥八郎君が来て「新日本」の紛争事件を話した。大阪からの要求だといふから九日に西下と決定した。今朝の新聞で追放者と資格シンサ留保者の名が出た。一つのショックだ。
　雑用を終つて十一時党本部に行く。面会人は立候補者で党費をくれといふ人許り。午後一時山下憲次郎君の結婚披露。(女子大)。党本部と石橋正二郎氏宅に立より帰宅。田崎ドクトル来り夕食。

四月六日(日)　福島—平
朝、十一時の常磐線で平に行く。議員候補者小沢専七郎君を応援のためである。同夜、平にて第一声。小沢君は弁もよし、態度もよい。多分当選すると思ふ。民主党のホープであらう。星一*君も共にあり。滝脇*子爵と同宿す。

四月七日(月)
午前中ラヂオの原稿など書く。十時半宿を出て炭坑町にて演説会を開く。午後二時、同じく炭坑町にて。
三時半の上りにて東京に向ふ。汽車延着して夜十一時上野につく。帰つて一時ねる。

四月八日(火)
朝早く起きて、民主党宣伝用と地崎君へのレコード吹込原稿を書く。九時半白牡丹にて吹込みを終る。菅原君往訪。同君大熱心にて、campaign fund の画策中。党本部にて地崎君と逢ふ。

Purge の問題で犬養、石黒の上を心配する。十一時自動車にて千葉県茂原に向ひ、郡支部結成式に列す。五時帰京。中部*君と会談。八時半より政党放送。帰つて旅装。

四月九日(水)　晴れたり曇つたり
連日の多忙な東京に別れて暫くの旅に出ることは悪くはない。七時二十五分発の汽車に乗る。林譲治君と同車で犬養、石黒共に追放と決定した由を耳にした。それは近来のショックであつた。そのことが終日頭に残つて憂鬱であつた。
夕八時四十五分京都着。長良に入る。東京から帰京せよとのデンワ。私は帰らない。夜は十一時過までデンワがかゝる。湘南は桜が咲いてゐたが京都はうす〔ら?〕寒い。

四月十日(木)　大阪
朝、岩本、奥、出石三君とデンワで話した。沢田君と同道、大阪に向ふ。十一時商工会議所にて岩井、杉、進藤、加藤正人、阿*部藤造諸氏と会談。午餐にかばやき。京都へ帰り三時半新聞記者会見。
民主党支部にて小川、富田、木村、井上*(治)諸君と代議士公認の件、三区府議公認の件を相談した。夜七時から富田候補のため演説二ケ所、宿へ鈴木*吉之助君来訪、十一時頃迄話した。斎藤定蔵君も来て泊る。

四月十一日(金) 晴

波多野、須藤両氏来訪、選挙の打合せ。西村力君来訪、今日自由党を出るといふ。相携へて民主党支部に行く。府議候補の(市内)公認を決定。正午発大阪商工会議所に行き財界人と会談。党寄附金の件話合成る。夕食後山城木津に行き木村チヨ女史のため上狛と木津にて演説し、十一時過ぎ帰洛。*高木吉之助氏と*川島甚兵衛氏来訪。高木君が参議院運動中のため挨拶。

四月十二日(土)

早朝六時、菅原、地崎両君よりデンワ。地崎君追放のため私を大幹事長にすることに決定したから帰京せよとの話。その件は昨日以来頭に往来してゐたから、十四日に帰ると答へた。

朝日はうらゝかなれど春尚ほ寒し。

大槻信治、西村力君等来訪。十時過より奥主一郎君を見舞ひ、府庁と党支部へ行く。午後も波多野、出石両事務所を見舞ふ。鈴木吉之助君、岩本、里見君等と夕食。夜は小川半次君の応援の為三ヶ所。

四月十三日(日)

東京へ帰ると決定すれば選挙区へは行けない。それには西村力君を代理に頼むことにした。島野盛文君が今夜東京から着くので西村君と明日から同行することにする。十時半京都発大阪へ。*浜野恭平君のため路頭演説三回。夕方京都へ帰り、富田ふさ、土屋みつ両候補のため夜二回エンゼツ。十時七条から大阪に向ふ。

四月十四日(月)

朝四時半大阪発の汽車にのり、東上。大映の曾我氏父子と同車。七時半帰宅。久しぶりに落ついた気持になつた。

楢橋、犬養、石黒、田中伊三次、地崎、皆パーヂにかゝつて、新党は淋しい。世間は進歩党に逆戻りしはしないかと言つてゐる。私は案外に心配しない。

四月十五日(火) 晴

菅原君を訪ねた。そして地崎君と話したが、党の前途は中々容易でない。散髪して党本部へ行く。

正午から二時迄我善坊会。帰りに又党に据り込んで午後四時半引あげた。帰宅してラヂオの原稿を書いた。十時半にやつと終つた。

総選挙後が厄介ですと人々はいふ。そうかも知れない。

四月十六日(水) 晴

吉田清二君を訪ねて金を受取つた。菅原君から二十万うけ入れ、党で公認の変更等を相談。正午内山君と昼食を共にし岩本信行君の話をした。

午後二時、朝日主催政党代表演説会(共立講堂)。終つて浦和市

に行き埼玉県支部大会に臨み演説。帰宅後は雑務。

四月十七日(木)　晴

朝菅原君に逢つた。それから小林*(喜)君を訪ねて党への後援を依頼した。党で来訪者と談る。選挙期日の切迫と共に金をとりに来る人が殖えた。

午後一回、夜二回は桜内義雄君への応援。家に帰る前に胃腸病院へ富を迎えに行つた。今日彼は Dr. Tazaki によつて Streptomycin を注射したのである。夜七時半帰宅*。

四月十八日(金)　くもり

大阪から金をとりに使をよこせといふので鈴木を送ることにした。

党本部では大体公認料も払ひ出して了つたし、公認も大体終了したので、面会人の多くは追加公認料とか応援演説の依頼である。夕方から応援演説。(一)川口市にて田島候補のため、(二)三河島と日暮里は林連君のため。帰宅したのは十一時近く。

帰ると郡是系から選挙が危いとのデンワと電報だつた。どうでもしろだ。

四月十九日(土)　晴

早朝、群馬の候補者谷末三*君を応援のため大宮駅まで行つたが演説会の用意ができぬとあつて引返して党本部へ行く。午餐の後、菅原君に伴はれて二、三の支持者のところへ顔出しした。金田中で山地*土佐太郎君と夕食。大井の好春館で戸田正直君への応援演説をして九時過に帰宅した。

四月二十日(日)　くもり後雨　茨城

常磐線にて茨城行。土浦にて下車。原彪君のタメ三ヶ所、夜菊池豊君のため二ヶ所で応援演説をした(菊池君のは真壁郡)。九時半、下館を去り自動車にて雨の中を走る。

午前三時大森についた。案外に疲れなかつた。帰ると岩本君から電話があつたとてスミ子は消耗してゐた。

四月二十一日(月)　雨

昨夜は睡眠不足。それに自分の選挙について早朝から京都の岩本君と二、三度デンワした。神経にかゝる。十時永田雅一君を訪ねて自分の選挙に右京、伏見をどうにかしてくれと頼んだ。早速手配するとの返事だつた。党本部で用事。午後一時から東洋経済の屋上で科学技術協会のため講演。世田ヶ谷にて応援演説。

夜七時半、日比谷公会堂にてラヂオ放送演説。

四月二十二日(火)　南信

六時の中央線で一気に上諏訪へ。街頭にて小口*勝太郎君のため応援。午後下諏訪、岡谷。夕方下伊那の市田に行き天竜館の工場にて片山*均君のため演説。伊那松島へ引返して田舎宿に泊る。わびしい旅籠であつたが、これも選挙気分をそゝつた。私のセンキョを偲ぶよすがでもあつた。

四月二十三日(水)　山梨、三多摩

伊那松島から辰野で国鉄にのりかへ正午甲府へ着。風の強い中で県庁と駅前とで演説した(天野、笠井君の為)。夕方、八王子下車。*八並達雄君のため郡是と学校とで。

更に吉祥寺で八並君のため応援。帰つたのは真夜中の牛満〔丑三つ〕頃。

四月二十四日(木)　栃木

朝大宮迄電車で出て、自動車で栃木県へ応援。小山にて小平君のため、宇都宮にて*矢野政男君のため、氏家にて*大塚喜平君のため、鹿沼にて*森山欽司君のため、夜は佐野にて*大沢嘉平治君のために応援演説。その間、森下国雄君が独りで周旋してゐた。夜一時過帰宅。

これでいよいよ選挙運動が終つた。ホッとした。国の選挙区が多少気になるが、何とか当選はできると思ふ。

四月二十五日(金)　休息日

今日は久しぶりに一日休息しようと決心した。ゆるゆる新聞をみて、ミヨ子の宅を訪ねることにした。

まづ神奈川知事内山氏夫妻と磯子の三桝で昼食して自動車をかりて鵠沼に下河辺建二氏を訪ふ。――華子さんの結婚の祝詞を呈するためだ。ミヨ子とその三人の男児と同道して、下岡のミヨ子宅で夕食迄遊んで九時に大森へ帰つた。うすら寒い曇つた日であつた。

四月二十六日(土)　晴

朝は一応菅原君と面談。

党に行つて投票の結果をまつ。午前中は民主党がよかつたが、午後になると社会党と自由党がよい。その中に、朝日、読売、毎日の三社から迎ひに来てそれぞれ露台から演説させられた。

五時頃党に帰ると、いよいよ社会党が第一党と判明して、党内はしよげてゐる。「一喜一憂するな」と激励したが、私は案外平気だつた。帰宅は夜九時。

四月二十七日(日)　晴

石橋蔵相から逢ひたいとの話で官邸で面談。引つゞき斉藤隆夫君に逢つた。

正午、朝日新聞のバルコニーから演説。朝日の座談会。午後三時北海道新聞座談会。その間に毎日新聞社の日比谷公会堂の演説。午後五時読売社の座談会。終つて帰宅。疲れた。

安達鶴太郎君来訪。政界の策士又もや動き始めたらしい。いやな空気である。

四月二十八日(月)　雨

朝から忙しい日。八時前に家を出て尾崎咢堂翁を逗子の風雲閣に訪ね、来月三日の憲法施行日に講演に出て貰ひたいと頼んだ。その時先生の感想を聞いた。午後東京に帰つて党本部へ行く。午後四時首相官邸で幣原、斎藤の両先輩と談る。両氏とも自由党との合同には反対。

芳蘭亭の二七会に出たが疲れ気味で早く家に帰つて十時過にねむる。

今日は報道関係の審査に Japan Times の分がかゝると聞いて、「何だ！」と思つた。

四月二十九日(火)　晴

地崎君が北海道から帰つたので来訪。党本部へ行く。スミ子と二人、ケテルスで昼食。銀座へ行つて、古道具屋で置時計や銀の果物皿を買つた。二時、党本部へ安達(鶴)君と榊原君が来たので対抗法を相談した。

帰つて和服に着かへて書類整理。

四月三十日(水)　晴

朝菅原氏往訪。郡是事務所。憲法普及会。正午に築地錦水にて民主党最高委員会。党本部に帰つて面会数人。夕方六時前帰宅。

夜は「タイムスと芦田均」と題する短文を書き直した。余り晴々しない。敵が私を狙つてゐるから。

五月一日(木)　晴　メーデー

鉄工ビル―郡是―憲法普及会。党本部へは次第に代議士が集まり始めた。同時に私のパーヂ問題が乱れとぶ。竹田君入党のことに打合せ。夕方五時に党本部を出て帰宅した。

今日も又パーヂの事件についての文書を作つて郡是で複写させた。然し万一パーヂにかゝつても差支ないといふ気持になつて来た。

五月二日(金)

今日は結婚日である。党本部で二、三面会をした。正午、工業クラブ――五島、久原家結婚の披露。午後三時高島屋――松江、下河辺(華子さん)結婚式。六時終了。下河辺三史夫妻と帰宅。久しぶりにて二人が宿泊するので楽しく十一時迄話した。安子が段々に大きくなる。そして可愛くなる。孫はいゝ。

旧三区の府会戦で芦田陣営潰滅に瀕す。考へねばならぬ。

五月三日(土)　雨　憲法施行日

雨が昨夜以来止まぬ。富を引具して十時前宮城前の広場に行つて式を司会した。今日は Ashida day である。

憲法普及会長は重大な意味があつた。昼食、榊原君の厳父と榊原夫人。午後二時から帝劇の祝賀会。六時会場を辞して帰宅。手紙。

五月四日(日) 晴

朝から来訪者もある。自動車がエンコしたので電車通勤。九時にRadio Tokio. 憲法座談会で五政党員の座談録音をとる。交詢社で富井周、榊原君と鼎談。パーヂ対抗書類の作製相談。正午より我善坊で民主党最高委員会。二時、本部にて役員会。

夕方帰宅。福田繁芳君来談。明日の総会に於ける幹事長の挨拶を書いて十一時にねた。

総裁問題が役員会で始めて提案された。

五月五日(月) 晴 議員総会

朝はタイムス社関係の追放問題について書類を一束、審査委員会に提出した。党本部から丸ビルの精養軒に行つて議員総会に出席。幹事長の挨拶をしたり議事の時の応答に立つたりした。椎熊君の開会の辞はよかつた。党に三時迄坐り込んで早く帰宅した。贈り物の酒や菓子もある。

夜、朝日の記者が三人来た。ついで小島、安達の両君が追放を心配して訪ねて来た。多少今夜は昂憤した。

五月六日(火) 晴

運転手が来ない。竹田儀一君来訪。総裁の問題を話しに来たのである。榊原君から書類を受取つて英国大使館のレッドマンを訪問した。同人は大に同情してくれた。

交詢社にて石山賢吉君と談る。党本部にて二時から総務会。木村農相と総裁問題を談つた。五時、築地錦水。犬養、楢橋、石黒、地崎君の慰労。苫米地、矢野両君も加はる。

五月七日(水) 雨

政治新聞の記者が来て subsidy の話をした。英大使館に Redman を訪ね、つゞいて Frank Hawley を Press club に訪ねた。永田雅一君と談り、ついで斎藤隆夫氏と日本クラブで話した。党に帰る。枝木君や其他多くの人と面談した。

夕方、市川市の小沢専七郎宅で夕食。細野大審院長、鵜沢総明博士と話した。雨の中を自動車に送られて大森に帰る。

五月八日(木) 晴、小雨

安達鶴太郎君と会見。外務省にて*山形君に面会。報道機関の追放につき事情を聴取したら、枠にはかゝらないし、絶対安全ですといふ。地崎君と面談。交詢社にて保利茂君と面談。綾部君も参加してケッテルにて昼食。富士紡に行き金をうけとる。

二時から党の役員会。夕方西尾君来訪。明日午後四党会談の招請あり。出井にて朝日の田畑、河野、岸三君と会食。十時前帰宅。

Emotional な一日であつた。

五月九日(金) 晴

昨夜自動車がエンコして富は夜中努力した。斎藤運転手が来ないので富が一日車を動かしてくれた。尤も午前中は神奈川県主催の憲法実施紀念式に出て正午帰京。松竹へ行き自動車譲りうけの談判。二時半、議事堂にて四党会談。終つて最高委員会に報告した。時事通信社に立より、帰宅して夕食をしたゝめた。

十時頃小島君と川崎君とが来た。何のためだか私にはわからなかつた。

五月十日(土)　晴

城戸君からデンワで松竹の自動車をうる事に承諾といふ返事が来た。よき News である。

夕方に榊原君が来てタイムスから委員会宛に追加の書類が出たと言つて興奮して来た。悪き News である。富井君が心配してレッドマンの処へ行つて呉れた。

午前中はソンな事でくれた。午後一時山地君長男の告別式。終つて民主党の役員会。議員総会。昨日の四党会談の報告をした。安達君と用談。六時西尾、菅原君と夕食を共にした。西尾君と話したのは有益であつた。

五月十一日(日)　小雨

家居して静かに日を送りたいと思つた。然し追放を心配して対策をねるために安達、榊原、福島慎太郎三君が来訪して色々有益な話をしたり文書を作つてくれた。友人は親切である。

夕方から陳情書を書いた。手紙も書いた。

この数日来は追放に対する防訴抗弁の仕事が多忙であつたが、今日福島君を得て一段落となつた。

五月十二日(月)　小雨　四党幹事長会談

林平馬君来訪、芦田総裁論を一席。原健三郎君*来訪、斎藤総裁芦田副総裁論を一席。十時菅原君と談り、十一時松竹本社に城戸君を訪ふてMG自動車の受渡しを終る。この自動車はよき bargain であつた。十一時半、トマベチ君と談る。

午後、党本部。三時から第一回四党幹事長会談。四時半から最高委員への報告。五時半、築地錦水にて幣原男の招宴。この席は若年追放組の慰労会なり。楢橋大に激論す。閣僚は少々もてあます。

五月十三日(火)　晴　追放問題解消

坪川君来訪、政局談。地崎君と面談。安達君と昼食。党に行くと小島君が General Willoughby から政府への書面で芦田の件解消だといふ。

零時半に最高委員会でセンキョ費*問題の報告をきく。二時から民主党役員会。四時に交詢社で殿田、小島君と面談。帰宅。

purge 解決して心境朗かな宵。朝日新聞記者二人来訪、政局談。総裁問題などを話した。

五月十四日(水)　晴

朝、栗田*君と林平馬君とが来た。両人とも断行派の人である。自動車の件で警視庁へ行つた。

小栗一雄、竹田儀一君と交詢社で逢つた。午後党本部。五時から第二回四党幹事長会談。首相官邸で幣原、一松氏と会見。石炭連合会の招宴にて西田、長尾、田代君等と会食。九時帰宅。

五月十五日(木)

総裁問題は連日、新聞の種になる。私は幣原氏と対抗の形になることがつらいけれども、その外は一向に苦にならぬ。正午、我善坊にて塩原会。

午後、松本滝蔵君よりG・H・Qと〔に〕パーヂの大勢を聞いてもう大丈夫と告〔げ〕られた。午後二時、役員会に於て幹事長会談の経過を報告した。

五月十六日(金)　第三回幹事長会談

朝九時、原君と*生悦住《いけずみ》君とが来て総裁問題を談る。午前交詢社に行く。面会人多し。

正午松本滝蔵、安達鶴太郎両君と昼食を共にして、松本君からマーカットの談話を聞いた。これで purge 問題は解消。小島君も Colton の談を取ついでくれた。午後二時、第三回幹事長会談。

五月十七日(土)　雨

今日の午後の役員会で総裁を明日の大会で決定せよと若い人達が主張した。その結果、最高幹部会で候補者をきめることに追つめられた。

夕七時ソーリ官邸で幣原、斉藤、一松、木村、田中(万)、矢野、林、長尾、と私とが集合して、幣原男と私とを隔離して談話が進められたが終に纏まらず、九時に閉会した。然し明日は党の大会である。

五月十八日(日)　雨、はれ

午前十時から首相官邸で党の最高幹部会。私は幣原男に私の衷情を叙べた。幣原男も之に答へられた。

林平馬君の案が最後に採用されて十二時半に満場一致の結論に達した。そして役員会も私の総裁を承認した。午後二時丸ビル九階で党大会が開かれ、私は民主党初代の総裁に選任された。犬養、菅原、地崎君等に挨拶をした。夕食ひさご、参議院招待。

帰宅すると宅の者は喜んでゐたが、私は別に嬉しいとも思はなかつた。

五月十九日(月)　晴

吉田総理を外相官邸に訪づれて就任の挨拶をした。郡是に波多野君を訪ひ、赤坂に小沢君を訪れ、安達、廿日出君と昼食して党に行つた。坂東君と安東君入党す。

午後三時から衆議院議長室にて片山君と会談。引つゞきソーリ官邸にて幣原、斎藤両氏に報告。西尾書記長と会談。交詢社にて梅林君から大枚の陣中見舞を受取つた。夕食後、朝日の記者来る。

五月二十日(火)

今日は国会の召集日である。然し議長選挙の運には至らない。最高幹部会を開いて議長問題をどうするかを相談したけれど、首班問題とからんで、社会党は首班を呉れるなら議長を譲ってもよいといふ。西尾君のかけ引きに問題を明日にもちこす。自由党は野党に下ると噂される。

夕方四党代表の会合、凡て不調に終る。十二時頃散会。

五月二十一日(水)

十時頃に登院して最高幹部会。先づ自由党に向つて連立参加を調停するため幣原吉田会談が二回。ついに成功せず。十時から議長選挙。民主党騒然。松岡議長、田中副議長当選。十一時四十分本会議散会。

一時半床につく。

五月二十二日(木)　夕立

十時半登院。役員会と代議士会は昨夜の紛糾の続編で議長選挙の問題についてガヤガヤいふ。若い金光*までがファッショ検事のような面をして手帳を眺め乍らグヅグヅ言つた。然し代議士会は案外にあつさりと片づいた。

委員の顔ぶれ等を相談して夕方に帰宅。下河辺の結婚八年目で二人が来た。金沢君も来合せて賑やかな夕食だつた。

五月二十三日(金)

朝、来客二、三。登院。今日はどうしても内閣首班の選挙を終らねばならぬ。午前中は閣議にて最高幹部会も開けず。午後に入り、四党連立の基本にて片山首班を推すことゝなつた。代議士会も平穏に終る。午後三時四党会談。午後六時半より本会議。八時に片山君四二〇票にて首班に当選。

帰宅。雑用。十一時ねる。

五月二十四日(土)　晴

今日は久しぶりに楽な日。そして片山君が総理に任命された日。マクアーサー司令部から声明書が出て片山支持を明白にした日。

朝、林平馬、地崎氏が来訪。私用をたして登院。竹田氏の寄附を事務長に渡した。財産税を納付した。今日から議会は自然休会となる。

午後、富と二人、銀座買物。田崎氏にホルモン注射をうける。

夜、新山口にて郡是片倉と会食。

五月二十五日(日)　小雨

昨日、片山君は総理の任命をうけた。今日午前に民主党へ挨拶に来ると言ふので出かけた。十一時過に面談。午餐は波多野君を誘つてスミ子と共に Tokio Mansion ですました。二時、梅林君と交詢社で談る。夕方帰宅。
久しぶりにのどかな一夕を送つた。

新聞は頻りに民主党の態度を不鮮明とせめる。僕に対しても風当りは強い。どうせ喬木に風が強いのだ。

五月二十六日（月） 小雨

十時、幣原、斎藤氏と鼎談。十一時民主党役員会。午後一時議員総会。
午後、萱原君、中野君と談る。交詢社で富井周君と面談。午後四時十五分より二十分間三党首会談。
夕方帰宅、三史君と共に夕食。三史君はいつでも秘書官になる用意ありといふ。

五月二十七日（火） 晴

朝、三木君が竹田君と同伴して、至急組閣を終りたいと焦燥の気味であつたから、そう急ぐなと忠告した。大宮*、鈴木弥五郎君*が来訪。登院して、役員会と代議士会で自由党に渡すべき妥協条件を討議した。反共精神といふ言葉が旧派の連中から叫ばれた。この処幣原派が盛返してゐるといふ。
夕方錦水で廿七日会。遅れて石橋湛山君も来た。八時半散会。阿部真之助、小汀利得君と将棋をさした。

五月二十八日（水） くもり

交詢社にて散髪。登院。役員会の前に幣原、斎藤氏と談る。自由党は遂に連立には加はらない。それでは三党連立はどうかといふ点になつて私は両老人と対立した。役員会と代議士会の意嚮をきくことに忍耐した。
廿六日会にて小林一三氏と面談。斎藤隆夫君を本郷の官邸に訪ふ。小島、竹田両氏G・H・Qにてマーカムと話した点を報告したので闘志益〻あがる。十時帰宅。〃今日から私も遠慮なく役員会で意見をのべた。

五月二十九日（木） 晴

早朝萱原、地崎両氏来る。芦田首班の運動について話があつた。かういふ人をヒーキの引倒しといふのであらう。
小島君来訪。十時に民主クラブの代表と会見。幣原、斎藤両氏と鼎談したが話は昨日以上に一歩も進まず。
今日は役員会で三党連立の可否を決定することゝし、午後二時から夕頃に至る。夕方からひさごやにて招客。大麻、前田、田辺、松村謙三、綾部、保利、等の諸君。七時半から役員会。八時半から代議士会。九時閉会。決戦は明日だ。

五月三十日（金）

今日は三党派と四党連立派の決戦の日にて終日議会に日を送つ

たが、勝つと信じて平静であつた。詳細は五月三十一日の新聞にゆづる。*

五月三十一日(土)

午前九時半からソーリ官邸にて組閣会議。夕食、ひらぎ〔ママ〕やにて民政〔主〕党記者会を招待した。

六時半頃にG・H・QからOK来り、七時半には完了。詳細は別日記。

註

昭和十九(一九四四)年

三頁

＊焦燥の……　以下昭一九年に挿入した見出しはすべて原本にないが、原本目次に従い挿入した。

＊廿六日会　小林一三を中心とする言論人のサロン。芦田、馬場恒吾、嶋中雄作、清沢洌、等を常連とし、昭一二年から昭一九年まで続いた。二六会とも表記。

＊小林一三　明六生。実業家。第二次近衛内閣商工相、幣原内閣国務相、戦災復興院総裁を歴任。追放解除後東宝社長。

＊三宅晴輝　明二九生。評論家。戦前自由主義的論陣を張る。戦後日本放送協会理事。

＊馬場恒吾　明八生。言論人。戦前、三宅等と共に弾圧を受けたが、戦後読売新聞社長等を歴任。

＊翼政会　翼賛政治会。昭一七年東条内閣が議会を政治に従属させるため結成させた政治結社。

＊バドリオ　イタリアの軍人。一九四三年六月ムッソリーニを継いで首相となり、九月連合国と休戦条約を結ぶ。英米側との宥和・敗北主義者の代名詞として使われる。

五頁

＊Morgenthau　ヘンリー・モーゲンソーJr。F・D・ルーズヴェルト政権の財務長官。過酷な戦後対独政策を立案。

＊ヒンデンブルグ　ドイツの将軍。ワイマール共和国第二代大統領(一九二四―三四)。ヒトラーの組閣を許す。

六頁

＊宇垣大将　宇垣一成。慶四生。陸軍軍人。陸相、外相を歴任。首相候補者に擬せられるも陸軍の反対で果せず。追放解除後、参院議員。

＊近衛公　近衛文麿。明二四生。貴院議長をへて三度組閣。戦後GHQの戦犯出頭命令を受け服毒自殺。

＊竹越三叉　竹越与三郎。慶元年生。歴史家。衆院・貴院議員、枢密顧問官を歴任。

＊三土　三土忠造。明四生。戦前、文相、蔵相、逓信相、鉄道相を歴任。幣原内閣で内相兼運輸相。

＊ストレーゼマン　ドイツの政治家。第一次大戦後首相、外相を歴任。ドイツの国際的地位の向上に尽力。

＊ブリューニング　ドイツ・ワイマール共和国末期、少数派内閣の首相となる。

＊パーペン　ドイツの首相。ヒトラー政権実現に一役買い、自らも副首相として加わる。

七頁

＊黒田礼二　明二三生。リベラルな評論家。

＊ルーデンドルフ　ドイツの軍人。第一次大戦後はナチスと結び、ヒトラー一揆に参画。

八頁

＊高木教授　高木八尺《やさか》。明二二生。東大教授(米国政治史)。知

米派知識人として活躍。

*「都留……　同書は米国講座第六篇（昭一九刊・有斐閣）で副題に「ニューディールを中心として」が付けられている。

九頁

*チャールス・ビアード　米国の著名な歴史家。『アメリカ憲法の経済的一解釈』等の著作がある。

*Charles E. Hughs　米ハーディング政権の国務長官（一九二一—二五）。ワシントン会議を主宰。

*リンカーン・ステフェンズ　米国のジャーナリスト。政治腐敗を糾弾。

*シュムペーター　近代経済学者。資本主義の発展過程を研究。

一〇頁

*Joseph C. Grew　一九三二年から開戦まで駐日大使。のち国務長官代理として対日占領政策に影響を及ぼす。知日派として高名。

一一頁

*関　関五郎。明二八生。鈴木商店紐育支店勤務をへて昭七年郡是産業常務。のち副社長、取締役。二一年辞任し貿易庁参与、総司令部紐育出張所勤務等。二五年郡是に復帰。

*ワレース　ヘンリー・A・ウォレス。ルーズヴェルト政権の農務長官、副大統領、商務長官を歴任。

*来栖　来栖三郎。明一九生。外交官。昭一六年特命全権大使として日米交渉に当る。

*Gunther　ジョン・ガンサー。米国の著名なジャーナリスト。

一二頁

*以下の英文が挿入されている。

……Mothering and fathering them, bidding them Godspeed, I humbly accepted their messages.

"Tell my wife you were with me," said one, and another bade me, "Tell my mother I know she is the real hero."

Too, there were scribbed open notes to be delivered, "if I don't come back."

"Dearest Mother and Dad, don't cry. Just pray, and God bless you !" and "Au revoir until we meet again with God."

……

Sensitive and sentimental, yet hardened and determined, he said calmly, "Life is not complex ; I have a God to serve, a soul to save, a family and a country to love, to live and die for. I don't mind dying," he continued, but I do want to make my life and, if necessary, my death count for something good ! Forceful, simple declaration, nevertheless it startled me with its familiarity and its newness.

Obedience……to the Commandments
Discipline, conquering himself, winning daily battles
Love, of truth over falsehood,
right over wrong.

"Your War with Japan" is "Life"(March 6th)に左の如き一句がある。

We are beating the "Japs by turning war into an engineering

problem. We now have to do the engineering.

昭和二十(一九四五)年

一五頁

＊吉田勝四郎　明二七生。戦前から昭二二年まで福知山市議。のち福知山商工会議所会頭。

＊塩見藤治郎　明二〇生。村長をへて福知山市議(昭一二―一六年)。

＊奥田佐治兵衛　明一八生。福知山市議(昭一二―二二年)。のち食糧公団福知山支所長。

＊石原(広一郎)　明二三生。実業家、国家主義運動家。南洋鉱業公司を設立し南洋諸島の開発に当たる。追放解除後石原海運産業を設立。

一七頁

＊小磯　小磯国昭。明一三生。陸軍大将。平沼、米内両内閣の拓相をへて昭一九年七月から二〇年四月まで内閣を組織。

一九頁

＊On Character　この小見出しは日記原本にないが、原本目次に従って便宜上挿入した。

＊原本には、この部分に以下の英文が書き込まれている。

On character……"On the whole, the Japanese officers are technically less sound than ours; but this insufficiency is remedied by a magnificent "nerve" and fighting ardor, which might prove a source of danger in a European war, but which suits perfectly the peculiar type of warfare in the Far East. The Japanese officer……is a magnificent leader of men. His weakness consists of his failing to remain master of a combat, as European officers do. He goes through with a battle rather than directs it. His courage and conception of honour are far more inspired by a warring passion than by a real and realistic understanding of the necessities of the craft of arms.

The Japanese is more of a warrior than a military man, and therein lies his weakness. The difference may be a subtle one, but it does exist; the essential quality of the warrior is bravery; that of the military man, discipline."

* Monty　Bernard L. Montgomery の愛称。この小見出しも日記原本中にないが、原本目次に従い便宜上挿入。以下の英文が記入されている。なおモントゴメリー将軍は、英国の軍人・元帥。第二次大戦で北アフリカ作戦を指揮、ロンメルのドイツ軍を破る。

General Montgomery. (Time, VIII-10, 1944)

Son of an Anglican bishop, North of Ireland, Born Nov. 17 1887, in South London, Entered Saint Paul's public school. Then to Sandhurst.

Ist World War. He rose to lieutenant colonel and won the D. S. C.

IInd World War. From a staff-college instructor to a commander of a division in the Expeditionary Force.

After the escape of the B. E. F. commander of the Defence force.

When General William H. E. Goff had been killed in an air crash on his way to take command of the VIIIth Army, he was appointed to succeed him.

He is full of contradictions. Eccentric, unorthodox, picturesque Monty is the military idol of his country.

He regard himself as a crusader and the war as crusade. His headquarters staff wears a special invasion shoulder flash, a crusaders shield with crossed swords, he has chosen as his battle cry;

"Let God arise and let His enemies be scattered!"

Black beret, grey sweater, corduroy slacks.

* 米内海相　米内光政。明一三生。海軍大将。昭一五年首相就任。親英米派のためしばしば陸軍と対立。戦後追放。のち改進党総裁に擬せらる。

* 杉山大将　杉山元。明一三生。陸軍元帥。第一次近衛内閣陸相。敗戦直後自決。

二〇頁

* 石渡蔵相　石渡荘太郎。明二四生。平沼、東条、小磯各内閣蔵相。後、宮内相として敗戦直後の混乱に対処。

* 吉田軍需大臣　吉田茂。明一八生。米内内閣厚相、小磯内閣軍需相。戦後神社本庁の設立を推進。

* 山田潤二　明一八生。毎日新聞社専務。のち毎日球団社長等

を歴任。

二一頁

*月々会　芦田の東大同窓生の会。

*篠原　篠原三千郎。明一九生。逓信省をへて服部時計店、東京急行、江ノ島電鉄、精工舎取締役等を歴任。日本工業俱楽部理事。一高以来の友人。

*金子　金子隆三。明一九生。大蔵省をへて朝鮮殖産銀行副頭取。昭二五年日本電気冶金社長。貴院議員金子元三郎の養子。

*関屋　関屋竜吉。明一九生。文部省社会教育局長、日本青年協会長等歴任。

*五島　五島慶太。明一五生。実業家。東条内閣の運通大臣。昭一九年東京急行会長に就任。

*渡辺(銕)　渡辺銕蔵。明一八生。東大教授をへて昭一一年衆院議員当選。昭二二年末東宝争議の渦中東宝社長に就任。後年再軍備運動を推進。

*交詢社　福沢諭吉を中心に慶応義塾一派が明一三年設立。政治的には自由党系と対立、立憲改進党へと発展。のち単なる実業家の社交クラブとして現在に至る。

*川崎(克)　明一三生。元山時事新報主筆、司法政務次官等。衆院議員(三重)。翼賛会を批判。翼賛選挙で芦田等と共に非推薦当選。戦後鳩山、芦田等と行動を共にせず進歩党に参加。次男に川崎秀二(後出)。

*平野力三　明三一生。衆院議員(山梨)。社会党右派。片山内閣の農林大臣に就任するも追放。

*西尾末広　明二四生。戦前社会大衆党幹部として活躍。戦後日本社会党結成に尽力。芦田内閣の副総理に就任。

*渡辺泰邦　明二四生。衆院議員(北海道)。東方会に所属。

二二頁

*吉川　吉川兵次郎。明一五生。吉川証券社長。丸ノ内ホテル、綾羽靴下(株)等の取締役。芦田家、下河辺建二家と家族付合いをしていた。戦後大磯に居住。

*敵機動……　この小見出しは原本にないが、原本目次にあるので、それに従い便宜上挿入する。

二四頁

*三国会談　ヤルタ会談のことか。

*鳩山一郎　明一六生。大正四年衆院議員に初当選。戦後日本自由党の結成に尽力するも追放。解除後日本民主党総裁、昭二九年首相就任。

*石橋　石橋正二郎。明二二生。ブリヂストンタイヤ社長。女婿の父は鳩山一郎。

二五頁

*タレイラン　フランス革命期の政治家。

二七頁

*治太郎　均の長男。九歳の時、均の勤務先ブラッセルで死亡。

二八頁

*富　均の次男。のち海上自衛隊に勤務。

*ルリ子　均の次女。本名ルリ。

*ミヨ子　均の長女。本名ミヨ。

*元春　下河辺元春。三史の長男。

*中村健三　芦田が慶応大で講師をしていたころの学生。

＊三史　下河辺三史。明四四生。均の長女ミヨの夫。芦田の秘書を務め、のち日製産業社長、会長、相談役。

＊I・P・R　太平洋問題調査会(Institute of Pacific Relations)。一九二五年に設立された、太平洋地域に利害を持つ諸国の民間有識者からなる国際的な調査団体。日本からも自由主義的知識人の多くが参加するも三八年以後不参加。一九四五年一月、米ホット・スプリングで開かれた同調査会第九回国際会議では、連合国側の戦後日本の基本構想が議論され明らかにされた。以下日記にそこでの次のような合意内容が芦田によって記入されている。天皇の戦争責任や非武装、民主化構想など戦後対日占領政策のひとつの機軸が提示されている。

I・P・R会合

Jan. 19, 1945.

Points agreed upon by the Delegates regarding Japan after the war.

(1) The Present [Emperor] or his successor must be made to bear the responsibility with the military cast of signing the Peace Treaty. [Emperor] must be humbled in such a way that his entire people will know it and then he must be exiled.

(2) The Military cast must be broken up and the top industrialists must be listed with the war criminals.

(3) Japan must be totally disarmed as rapidly as physical force permits.

(4) The Japanese must have freedom of speech and assembly and eventually free elections through which their Constitution of 1899 can be radically changed and through which a popular legislature can be chosen.

(5) Japan must be deprived not only of 台湾, 朝鮮, 満州, and Mandated Islands which were mentioned of the Conference in Cairo, November to December 1943, but perhaps also of the Ryukyu Islands, south of the homeland, and the Kuriles to the north, both of which can be used as strategic United Nations air and naval bases.

(6) Any Japanese government or royal property in those areas may be appropriated by the Allies without compensation.

(7) Any Japanese found in any of the areas must be returned to the homeland.

(8) The only military force that should be allowed in Japan after occupation should be a newly-organized gendarmerie equipped only with small arms, whose sole function would to maintain the internal order.

(9) Japan must be deprived of whatever remains of her Navy.

(10) Free World-wide interchange of news and information would help tremendously in achieving a democratic spirit and government in Japan.

(11) Japan's secret societies must be eliminated. Supplementary comments.

A. The Conference would like to see an Allied Reparations Commission stationed in Japan to supervise all exports and imports of goods to assure the United Nations that the manufactured goods called for reparations actually go to the Nations Japan has invaded.

B. Occupation : On sending the forces to occupy Japan, it was agreed that the representatives of all the allied countries should take part in the first occupation. It was also agreed that following the first part of the occupation, the occidental occupation forces should be withdrawn. The occidental occupation forces would leave that job to be done by the Chinese forces.

C. Duty of the occupation army : These duties should be to round up the leaders of Japanese aggression, the trial of war criminals, the clearing out of all Fascist and aggressive leadership, and the removal of oppressive legislation and institutions.

The occupation should extend to cover the key points necessary to carry out the full terms of victory, and impress the Japanese of their complete and total defeat, and necessary for minimum relief measures, the restoration of transports and food distribution.

D. Encouragement for Progressive Forces : The occupation armies should do nothing to hamper the rise of progressive forces, but should do every thing possible to encourage it. The armies must maintain law and order, they must do it in such a way as to support rather than discourage any genuine popular movement.

E. Jap. Import to be controlled : Control should be imposed on the Japanese Machine-tool industry, the chemical industry, shipbuilding, on the import of raw materials, and Japan's source of power including hydroelectric installations, coal and petroleum.

F. Japan should have no aircraft industry, that civil aviation should be kept to a minimum. Air Transports should be furnished by foreign air-lines, without no Japanese pilots allowed to fly commercial planes.

G. Japanese pilot Training to be banned ;

H. Necessity for spiritual disarmament ; through education to change Japan's militaristic tendencies.

二九頁

＊運通大臣　小磯内閣の前田米蔵運輸通信大臣。

三〇頁

＊"Blood,……"　「血と汗と涙」の意

＊小林大将　小林躋造《さいぞう》。明一〇生。海軍大将。翼賛政治会総裁をへて小磯内閣国務大臣。

＊平沼　平沼騏一郎。慶三生。大審院長等をへて昭一四年首相。以後内相、国務相を歴任。ポツダム宣言受諾を支持。

＊同交会　鳩山一郎が翼賛議員同盟に対抗して昭一六年安藤正純、川崎克、芦田ら三六名と共に結成した衆議院の会派。

＊護国同志会　昭二〇年三月一一日翼賛政治会を脱会し、橋本欣五郎、船田中、三宅正一ら衆院議員二五名をもって組織。

＊岸　岸信介。明二九生。東条内閣の商工相、国務相。戦後A

級戦犯容疑者として逮捕さる。のち自民党初代幹事長をへて昭三二年首相就任。

＊松岡洋右　明一三生。第二次近衛内閣外相として日独伊三国同盟締結を推進。

三一頁

＊米軍が……　沖縄戦は太平洋戦争末期、日米最後の決戦となる。六月二五日まで悲惨な戦闘が続き日本側陸上兵力一二万のほとんどが玉砕。

三二頁

＊鈴木　鈴木貫太郎。慶三生。海軍大将、侍従長等を歴任。昭二〇年四月首相に就任。ポツダム宣言を受諾し終戦に導く。

＊迫水　迫水久常。明三五生。大蔵官僚をへて鈴木内閣の書記官長。戦後衆院議員(鹿児島)。なお昭二一年五月以降書記官長は内閣官房長官と改称。

三三頁

＊以下……　以下の英文が記入されている。

In the third year of the War the old order went to voluntary bankruptcy. By mutual consent of all concerned, including the German people, the country's fortunes were intrusted to a military receivership.

Hindenburg and Ludendorff were now the virtual rulers of Germany. There was in this change nothing in the nature of a coup d'état. The Kaiser and his ministers, the Bundesrat and the Reichstag recognized the authority of General Headquarters, and carried out the demands it made.

Civil Government became the creature of military government. The old established authorities submitted because they perceived that the old order could be preserved only through a temporary military rule. For it was well understood that a successful outcome of the military receivership would mean the restoration of the Bismarkian state to its pristine authority.

The people submitted because their confidence in the old order had been shattered. They had been cajoled into aggressive warfare by assurances that now seem the reckless gabbling of madman. By many the old regime was held responsible for the war. The military receivership could at least preserve Germans from defeat at the hands of their enemies, and prevent the invasion of the country. It promised an honorable peace. It guaranteed the people against the loss of territory or of possessions. It even assured them that Germany would emerge from the war safe for all times from external dangers. Implicitly the trusted their military leaders.

This transfer of popular allegiance from the constituted authorities to a military receivership was the first definite sign of the collapse of the old order. (Coar pp. 89, 90).

Chapter IV, Ruin and reconstruction.

Germany has given up. It carried on until it collapsed, and now lies semi-comatose; and we still absorbed in our quarrel. Keep pestering it with solicitors and foreclosures instead of patching it up with doctors and food……Germany may be, no doubt is, working its way through revolution to a saner, sounder condition, but at present is as abnormal and helpless as a snake changing its skin. Meantime, we, using the complete control over Europe that the war has put into our hands, have so interfered with this process as to risk making out of Germany as great a danger to the existing order in Europe as we made out of Russia. (George Young, p. 120).

*"German War Machine"　芦田はドイツの軍国主義を批判的に扱ったこの書を翻訳し、検束されかかったようである。著者は不明。

三四頁

*武富　武富敏彦。明一七生。外交官。トルコ、オランダ各大使歴任。

三五頁

*「南面して……　南方に進出しながら北辺を守る意。Y提督とは米内光政のことか。

三六頁

*吉田茂　明一一生。奉天総領事等をへて東久邇、幣原各内閣の外相。昭二一年五月首相に就任し翌年五月片山内閣に引継がる。のべ五次にわたり組閣。

*岩淵　岩淵辰雄。明二五生。政治評論家。戦時中自由主義者として軍部の圧迫を受ける。戦後読売新聞主筆。

*殖田俊吉　明二三生。関東州財務局長、田中義一首相秘書官等をへて戦後第二次吉田内閣国務大臣・法務総裁。

*樺山伯　樺山愛輔伯爵。慶元年生。日英水電、国際通信社長等をへて貴院議員。戦後日米協会長。

*原田男　原田熊雄男爵。明二一生。元老西園寺公望の秘書。

*三木清　明三〇生。哲学者。近衛の昭和会にも参画。昭二〇年九月獄死。

*羽仁五郎　明三四生。歴史家。戦後参院議員(全国・第一クラブ)。

*小林某　小林勇。明三六生。岩波書店専務。

*岩波　岩波茂雄。明一四生。出版人。大二年岩波書店を創立。自由主義的知識人と親交深く、昭一四年芦田の『バルカン』を岩波新書として出版。

三七頁

*ダイヤモンド社　昭一五年一月以来芦田は、石山賢吉同社社長の好意で社屋内に事務室を借りていた。

*鎌倉常盤山　戦時中、同所にある菅原通済の別荘を借りそこに疎開していた。

四〇頁

*大島大使　大島浩。明一九生。陸軍中将。駐独大使として三国同盟締結に尽力。

*リッペントロップ　ナチス政権の外相として第二次大戦に至る外交を指導。

四二頁

*宮村　京都府天田郡中六人部村宮のこと。宮村もしくは宮部落と通称。昭三〇年福知山市に編入。

*西山　西山俊三。明一八生。堂島将軍と称された米相場師。次男(後出)は西山敬二郎、大一一生、のち衆院議員(兵庫)。

四四頁

*Potsdam……　原本中にこの小見出しないが、原本目次に従い便宜上挿入。以下の英文が記入されている。芦田が、日本の敗戦を予期し連合国側の戦後対日政策の行方を執拗に追っていたことがうかがえる。

Potsdam Conference Backgrounder

Historic conferences between major enemy countries

1. Atlantic Meeting. Churchill-Roosevelt　1941, Aug.——Atlantic Charter.

2. The United Nations declaration　Jan. 1, 1942. Churchill-Roosevelt conf. at Washington.

3. Moscow Conference, Stalin, Churchill　Aug. 1942.

4. Casablanca of conference　1943. Roosevelt-Churchill-De Gaulle. "Unconditional surrender" for Germany.

5. Washington Conference.　May, 19, 1943.

6. Quebec Conference, Roosevelt-Churchill.

7. Moscow Conference——Foreign Secretaries (Molotof, Hull, Eden)　Oct. 1943.

8. Cairo Conference　Nov. 1943. Shang-Kai-Shek, Roosevelt-Churchill.

9. Teheran Conference(I°)

10. Dumbarton Oaks Conference　Aug. 1944. Representatives of U. S. G.-Britain, Soviet, China.

11. Quebec Conference,　Sept. 1944. Churchill-Roosevelt.

12. Moscow Conference, Staline-Churchill　Oct. 1944.

13. Yalta Conference,　Feb. 1945. Staline, Roosevelt-Churchill.

14. Potsdam Conference,　July 1945. Truman, Staline, Atlee.

*義弟　芦田均夫人の弟、長谷孫重郎(明三二生)。当時興銀富山支店長。のち部長、考査役をへて飯野産業常務。

四六頁

*マリック大使　駐日ソ連大使。のち日ソ国交回復交渉のソ連側代表となる。

*下村情報局総裁　下村宏(雅号・海南)。明八生。朝日新聞社副社長をへて鈴木内閣の国務大臣兼情報局総裁。

四七頁

*坂本　坂本直道。明二五生。満鉄欧州事務局長等をへて戦時下から軽井沢に隠棲。鳩山家と親交を持つ。坂本龍馬の甥。

*安倍源基　明二七生。内務官僚をへて鈴木内閣の内務大臣。戦後A級戦犯。

*原田　原田譲二。明一八生。朝日新聞社専務、編集総長等歴任。

*阿南　阿南惟幾。明二〇生。陸軍大将。鈴木内閣陸相。ポツダム宣言受諾に際し終戦に反対。八月一五日未明自刃。

四八頁

*安藤　安藤正純。明九生。東京朝日新聞編集局長をへて衆院議員(東京)。戦後自由党結成を推進。第五次吉田内閣の国務大臣、鳩山内閣の文相。

*植原　植原悦二郎。明一〇生。衆院議員(長野)。第一次吉田

内閣の国務相、のち内相。

＊矢野　矢野庄太郎。明一九生。香川県警務課長等をへて昭五年以来衆院議員(香川)。片山内閣の蔵相、民主党顧問。芦田の自由党脱党に直ちにつぎ民主党創設の中心メンバーとなる。

＊平野　平野力三(前出)。なお、兄は平野増吉。明一一生。衆院議員(岐阜・自由)、改進党中央常任委員等。その長男、平野三郎は昭二四年衆院議員(自由)。

＊岸井　岸井寿郎。明二四生。東京日日新聞社営業局次長をへて南羽鉱業社長。昭二一年三月まで一期衆院議員(香川)。

四九頁

＊北岡　北岡寿逸。明二七生。東大教授、安本第四部長等を歴任。昭二二年末渡辺(銕)東宝社長の下で同社撮影所長。

＊田中都吉　明一〇生。外務次官、駐露大使、日本新聞協会長を歴任。大一三年より一年間ジャパン・タイムズ社長。

＊野口　野口喜一。明二八生。神奈川県議をへて昭二一年三月まで二期衆院議員(神奈川)。

＊田口八郎　明一六生。実業家。岩本商店、日印通商取締役等歴任。芦田富は一時期、日印通商に勤務。

＊田辺加多丸　明一七生。日本勧業銀行理事。芦田の親友の一人。

＊自由党　日本自由党。旧同交会・政友会鳩山派が中心となり戦後すぐ結党に動き二〇年一一月九日創設。二三年三月民自党に引き継がれる。

五〇頁

＊常盤屋　千代田区丸の内中通りの料亭。その二階と三階を自由党結成のための本部とした。

＊佐藤　佐藤基《はじめ》。明三一生。昭二一年新潟県知事、のち会計検査院長。

＊吉田　吉田茂外相のこと。

＊次田　次田大三郎。明一六生。内務次官、法制局長官を歴任。幣原内閣の国務大臣兼内閣書記官長。

＊幣原男　幣原喜重郎。明五生。戦前三度にわたり外相歴任。昭二〇年一〇月首相。以後進歩党総裁、第一次吉田内閣国務相等。

＊松野　松野鶴平。明一六生。大九年より衆院議員(熊本)。鉄道相等歴任。戦後自由党結成に参画。のち参院議員、議長等。

五一頁

＊読売新聞……　同紙「新顔片影」のコラム欄に、生粋の自由主義者、外交通としての人物紹介を行なっている。日記原本に切抜貼付。

＊加藤恭平　明一六生。赤和物産社長。

＊添田敬一郎　明四生。内務官僚をへて昭三年以来衆院議員(福井)。

＊I・N・S　International News Services の略。

＊亀山　亀山孝一。明三三生。内務官僚をへて昭二〇年八月厚生次官。

五二頁

＊田中和一郎　明二一生。京都府議、京都市会議長。

＊池本甚四郎　明二三生。京都府会議長をへて衆院議員。

＊高山義三　明二六生。弁護士。自由党京都支部幹事長。昭二

五年以来京都市長に四選。

*責任の……　この文章の次の頁に、次のような文章が書込まれている。

一張一弛文武之道也(礼記)

雲門之三句

函蓋乾坤　世界と歴史を一網打尽に包む
衆流裁断　己を無にして他になり切る
随波逐浪　　この二つは純観照的態度

In time of war, Patriotism is not enough!
Nurse Edith Cavell.

You can fool all of the people some of the time, some of the people all the time, but you cannot fool all of the people all the time.

*Bonhomie　仏語。人の好い年輩の人物を形容する言葉。

*竹下大将　竹下勇。明二生。海軍大将。ヴェルサイユ会議に参加。

*ペタン将軍　フランスの将軍・元帥。一九一六年ヴェルダンの戦いでドイツ軍を破り国民的英雄となる。

*松本国務大臣　松本烝治。明一〇生。東大教授(商法)、幣原内閣の国務大臣。憲法問題調査委員会委員長として制憲作業に取組む。

*ポツダム宣言の第十条　日本の民主化を規定した条項。「……すべての戦争犯罪人を厳格に処罰する。日本政府は、日本国民のうちに民主的傾向が復活され強化されるよう、それに対する一切の障害を除去せねばならない。言論・宗教・思想の自由、ならびに基本的人権の尊重……」。

*其処へ……　この頃近衛公は独自に制憲作業に乗出す。

*松村農相　松村謙三。明一六生。衆院議員(富山)。東久邇内閣の厚相兼文相をへて幣原内閣の農相。のち鳩山内閣の文相。

*六三条　大日本帝国憲法七三条のこと。改憲の手続きを規定。

*田舎新聞　興新時報(大一四年一一月一五日付)切抜貼付。出郷立志伝の連載物で第四回に「外務省の新人、芦田均氏、天田郡出身」を取上げている。第三回分、帝大総長、古在由直氏と並記されてある。

五三頁

*漆野寿一　明三八生。山下汽船営業部副長。下河辺三史の姉やさの夫。弟に漆野隆三郎。

*労務法制審議委員会　労組法を初めとする労働法制審議のため省内に設置された審議会。委員は各界から二四名。

*永田雅一　明三九生。実業家。大映社長、日経連常任理事等歴任。芦田の有力後援者。

*大谷社長　大谷竹次郎。明一〇生。昭一二年松竹社長。演劇映画経営の先駆者。大谷重工業の大谷竹次郎とは別人。

*ブラインズ　Russel Brines. AP東京支局長。のちMacArthur's Japan(1948)を出版。

五四頁

*大屋敦　明一八生。住友アルミ製錬会長等をへて昭二三年より日本ベークライト会長。一高時代以来の旧友。最晩年のゴルフ友達。

*長崎英造　明一四生。合同油脂社長、産業復興公団総裁等歴任。

*関屋貞三郎　明八生。静岡県知事、宮内次官、貴院議員をへて二一年三月枢密顧問官。皇室存続に尽力。

*医療団　日本医療団。昭一七年四月発足。国民体力の向上のため政府によって作られた営団。二二年一一月解散。

*深井英五　明四生。日銀総裁、貴院議員等歴任。

*高松宮　高松宮宣仁親王。明三八生。大正天皇第三皇子。

*河野　河野一郎。明三一生。衆院議員(神奈川)。戦後日本自由党創設に尽力しその幹事長。第一次鳩山内閣農相等歴任。

*宮脇　宮脇長吉。明一三生。三土忠造の弟。扶桑石油会長等。衆院議員(香川)。

五五頁

*十一月十二日……　毎日新聞、産業経済新報(一一日付)切抜貼付。実情視察のため都内数ヶ所の戦災地を視察した記事。

*十一月十七日……　京都新聞(一九日付)切抜貼付。失業対策の確立の必要を芦田氏強調。

*自由党の京都支部……　京都新聞切抜貼付。

*十月二十七日……　第八九臨時国会の開院式が二七日行なわれ、二九日、芦田厚相は西尾末広氏の質問に答える。その答弁に対して新聞がコラム「自由議席」欄で皮肉ったことを指す。新聞切抜貼付。

*労組法……　労働組合法案が、労務法制審議委員会から芦田厚相宛答申され、二日午前の閣議で検討を加え政府案を作成。新聞切抜貼付。労組法によって労働組合結成の自由などが初めて認められた。戦後改革の一つとして高く評価される。

*委員の……　失業対策委員会の委員のこと。会長に民間から田中都吉氏を任命。三日付官報でその官制を公布。新聞切抜貼付。

*長尾欽弥　明二五生。わかもと本舗創業者。社会事業家。芦田の財政上の支援者となる。

五六頁

*胖　遠藤胖《ゆたか》。均の次女ルリの夫。大蔵省勤務。同省印刷局長をへて専売公社理事。

*午後一時……　近衛文麿公は一二月一五日服毒自殺をはかる。

*徳川家正公　明一七生。トルコ大使等をへて昭一五年より貴院議員。

*小山完吾　明八生。時事新報社長、東京瓦斯顧問等歴任。衆院議員、貴院議員に当選。

五八頁

*松村達雄　明四四生。明大、世界経済調査会研究員をへて東大教養学部助教授(英米文学)。

*芳沢謙吉　明七生。外交官。犬養内閣外相、初代駐華公使等を歴任。

*朝香宮殿下　明二〇生。朝香鳩彦《やすひこ》。元陸軍大将。

昭和二十一(一九四六)年

六〇頁

*新聞雑報(一)……　頁数のところに星印*がついている四つの見出しについては、日記原本中、該当箇所に日記記載はなく、新聞切抜が貼付され、記載に代えられている。

六一頁

*岩本義徳　明二七生。京都市議をへて府議。京都商工会議所理事。

*菅井龍馬　明二三生。島津製作所常務。京都府商工会議所監事。芦田の遠縁に当る。

*大野木　大野木秀次郎。明二八生。貴院議員をへて昭二二年より参院議員(京都・自由)。第三、四、五次吉田内閣国務大臣。自民党京都府連会長。京都商工倶楽部会長等。

*波多野　波多野林一。郡是製糸社長。近江絹糸紡績取締役等。昭二二年四月参院議員(京都・緑風会)に当選。綾部市在住。芦田の有力後援者。

*猪岡　猪岡太一。明二五生。郡是製糸社員をへて昭二〇年まで府下生田村村長。公職追放後、豊里村健民館(病院)理事長。

*大槻高蔵　明一六生。銀行家。村議、府議をへて昭二三年農林中金評議員。上六人部村在住。芦田の初出馬以来の有力後援者。

*上六　上六人部村の略称。中六、下六は各〻中六人部、下六人部の略。

六二頁

*Directive　昭二一年一月四日GHQによって出された軍国主義者の公職追放、超国家主義団体解散の指令。

*斎藤定蔵　明二一生。芦田会幹事長を務める。戦前から昭二一年まで福知山市議。福知山市商工会議所会頭、京都府商工連会頭、北丹鉄道取締役歴任。のち国民民主党福知山支部長。

*福知山田中市長　田中庄太郎。明一八生。市議をへて昭一七年から二一年三月まで市長。のち府議。医師。

*塩見一男　府下河東村村長を務める。

*須藤　須藤治郎左衛門。明一九生。戦前から昭二二年まで京都府会議員。大地主。地元での芦田の熱心な支援者。

*三宅貫一　明二七生。福知山市の歯科医。

六三頁

*猿之助　市川猿之助(二代目)。歌舞伎俳優。

*楢橋　楢橋渡。明三五生。衆院議員(福岡)。幣原内閣の法制局長官及び内閣書記官長。のち運輸大臣。

*前田　前田多門。明一七生。内務官僚等をへて昭二〇年三月貴院議員に勅選。東久邇、幣原両内閣の文相。

*堀切　堀切善次郎。明一七生。内務官僚をへて貴院議員。幣原内閣の内相。

*田中　田中武雄。明二一生。衆院議員(兵庫・進歩)。幣原内閣運輸相。

*Scap　the Supreme Commander for the Allied Powers(連合国最高司令官)の略。

六五頁

*河合　河合良成。明一九生。実業家。第一次吉田内閣厚相。小松製作所社長。

*石黒　石黒武重。明三〇生。農林官僚をへて衆院議員。幣原内閣の国務相兼法制局長官。のち民主党幹事長。

*副島　副島千八。明一四生。農商務省の局長をへて幣原内閣農相。

六六頁

*改造内閣……　幣原内閣(二〇年一〇月九日―二一年五月二二日)は、改造前を含め次のような陣容からなっていた。外務・吉田。内務・堀切善次郎(二一年一月一三日の改造後三土)。大蔵・渋沢敬三。陸軍・下村定、海軍・米内光政(二〇年一二月一日以降両省は廃止され第一復員、第二復員両省に代わられ幣原が兼任)。司法・岩田。文部・前田多門(改造後安倍)。厚生・芦田。運輸・田中(改造後三土が兼任し、一月二六日に村上義一が就任)。農林・松村(改造後副島)。商工・小笠原。国務・松本、次田(昭二一年二月二六日楢橋、石黒が就任。二〇年一〇月三〇日から二一年三月九日まで小林)。書記官長・次田(兼任。改造後楢橋)。法制局長官・楢橋(改造後石黒をへて二一年三月一九日入江俊郎)。

*Sir George Sansom　英国の外交官、日本史学者。日本に長く滞在し、極東委員会英代表。戦後英国の対日占領政策に影響を及ぼす。

*F・E・C　Far Eastern Commission(極東委員会の略)。米英ソ中など一一ヶ国代表からなり、米ワシントンにおかれたＳＣＡＰの国際管理機構。極東諮問委員会はその前身。

六七頁

*吉沢清次郎　明二六生。外交官。駐印大使、外務次官を歴任。次女百合子は芦田富夫人。

六八頁

*堀内　堀内謙介。明一九生。外務次官、駐米大使等を歴任。昭一五年退官。外務省に芦田と同期入省。

*Fellers　ボナ・F・フェラーズ准将。マッカーサーの軍事補佐官。

*鮎沢　鮎沢巌。明二七生。スイス国際労働局東京支局長等をへて労務法制審議委員会委員として労組法に関与。中労委事務局長。

六九頁

*Note Verbale　口頭通牒。

*Hussey　アルフレッド・R・ハッシーJr中佐。総司令部民政局(ＧＳ)政治課長。弁護士出身。ケーディス、ラウエルと共に憲法草案作成に参画。

*錦水　中央区築地の料亭。

*名川君(弟)　名川保男。明二五生。旧友・名川侃市の弟。弁護士。昭電事件で芦田の弁護人となる。兄侃市は一九年八月一九日死去。

*矢吹　矢吹省三。明一六生。貴院議員。外務・大蔵政務次官歴任。

*谷川　谷川昇。明二九生。山梨県知事、警保局長をへて昭二二年より二期衆院議員(広島・自由)。

*野坂　野坂参三。明二五生。昭二一年共産党中央委員会議長に就任。二一年より衆院議員(東京)をへて参院議員(東京)。

*松岡　松岡駒吉。明二一生。労働運動家。社会大衆党中執。戦後総同盟を再建し会長となり、二一年以来衆院議員(東京)。社会党右派の指導者。

七〇頁

*徳田　徳田球一。明二七生。昭三年以来獄中一八年、昭二〇年共産党書記長。二一年より衆院議員(東京)。

*労働総同盟　日本労働組合総同盟右派・中間派の旧総同盟系の松岡駒吉や左派の旧全評系の高野実、山花秀雄らが中心となり昭二〇年一〇月準備会を結成。翌二一年一月一七日日本労働組合総同盟とし発足。会長は松岡、総主事は原虎一、副主事は渡辺年之助と高野実。社会党支持をうたい、共産党系の産別会議と対峙。総同盟はのち総評と同盟に分裂。

*椎野　椎野悦郎。明四四生。終戦後徳田と共に党再建に参画。日本共産党臨時中央指導部議長。のち追放を受く。

*長谷川　長谷川浩。明四〇生。城南労働組合協議会議長。徳田、伊藤憲一らと共に産別会議結成に指導的役割を果す。

七二頁

*G項　昭二一年一月GHQによる公職追放令はA項〝戦争犯罪人〟からG項〝その他の軍国主義者と国家主義者〟まで分類していた。そのG項を言う。

*牧野　牧野良三。明一八生。衆院議員(岐阜)。第三次鳩山内閣の法相。牧野英一の弟。

*進歩党　大日本政治会が母体となり昭二〇年一一月一六日結党。国体護持を標榜し守旧的。総裁は町田忠次、のち二一年四月幣原。二二年三月日本民主党へと吸収、解体。

*斎藤隆夫　明三生。衆院議員(兵庫)。戦後日本進歩党結成に尽力。第一次吉田内閣、片山内閣の国務相。

*原口初太郎　明九生。陸軍中将。衆院議員(福岡)。戦後貴院議員。

七三頁

*山川均　明一三生。社会主義者。日本社会党、日本共産党結成に参画。戦後野坂参三の帰国を機に社共提携を軸とした民主人民戦線結成を提唱するも不成功に終る。

七四頁

*沢田　沢田幸三。明二七生。七洋物産社長。織物商。

*斎藤惣一　明一九生。日本基督教青年会同盟総主事、初代引揚援護院長官。宗教家。東大時代以来の旧友。

七五頁

*Whitney　コートニー・ホイットニー准将。総司令部民政局局長。弁護士出身。参謀第二部(GⅡ)のウィロビー(後出)と共にマッカーサーの腹心。

七七頁

*岩田法相　岩田宙造。明八生。貴院議員。東久邇、幣原各内閣の法相。のち日弁連会長。

*安倍文相　安倍能成《よししげ》。明一六生。一高校長をへて幣原内閣文相。のち学習院長。平和問題談話会結成に際し発起人となり平

和運動にも尽力。芦田と一高・東大時代文芸活動を共にする。

七九頁

*第二章　憲法第九条〈戦争放棄〉の章。

八二頁

*三笠宮殿下　三笠宮崇仁親王。大四生。大正天皇第四皇子。

*清水澄　明元年生。枢密院議長として帝国憲法改正に反対。公職追放に際して自殺。

八三頁

*桜内幸雄　明一三生。衆院議員(島根)。商工相、農相、蔵相。戦後枢密顧問官。桜内義雄(後出)の父。

*三宅　三宅正太郎(後出)。

*聴濤某　聴濤克巳。明三七生。朝日新聞論説委員、産別会議初代議長をへて日本共産党に入党。新聞通信従業員組合長として民主人民戦線運動に参画。のち衆院議員(東京)。

*末弘　末弘厳《いず》太郎。明二一生。東大教授(労働法)。中央労働委員会・第二代会長。芦田と東大同期卒業。

八四頁

*Ackerman　E・A・アッカーマン。総司令部天然資源局の技術顧問。

*一七頁　本『日記』六八頁。

八五頁

*サームス　クロフォード・サムス。総司令部公衆衛生福祉局(Public Health and Welfare Section)局長。

八六頁

*松平子　松平慶民。明一五生。旧子爵。東宮職御用掛、式部長官をへて昭二一年宮内大臣、二二年宮内府長官。

*奈良大将　奈良武次。明元年生。陸軍大将。男爵。枢密顧問官。

*及川大将　及川古志郎。明一六生。海軍大将。

*西園寺公　西園寺八郎。明一四生。式部次官、宮内省御用掛等歴任。大一〇年皇太子海外巡遊に随行。

*小松侯　小松輝久。明二一生。海軍中将。貴院議員。

*沢田兄弟　兄・節蔵は明一七生。ブラジル大使等。弟・廉三は明二一生。外務次官、フランス大使等、戦後初代国連大使。

*二荒伯　二荒芳徳。明一九生。貴院議員。今上陛下皇太子時の海外巡遊に供奉。

*入沢博士　入沢達吉。慶応元年生。東大名誉教授。医学博士。侍医頭等歴任。

*石井大使　石井菊次郎。大隈内閣の外相、駐仏、駐米大使等歴任。

*長岡参事官　長岡春一。明二〇生。芦田の在仏時代の上司。ヴェルサイユ条約起草に当る。駐仏大使等をへて国際司法裁判事。

八七頁

*Robe Décolletée　肩をあらわにした夜会服。

*珍田伯　珍田捨巳。当時宮内省御用掛。駐米、駐英大使歴任。

*"Mais,……　「まったく本当に皆さん奥様をさらっていきたくなりますよ!」の意。

*白洲　白洲次郎。明三五生。樺山愛輔の女婿。日本水産取締役等歴任。吉田の駐英大使時代以来親交を持ち、戦後終連事務

局次長。吉田と総司令部との連絡役を勤める。

八八頁

*小畑　小畑薫良。明二一生。外務事務官・情報部渉外課勤務。

*井上　井上孝治郎。明三四生。外務調査官・外相秘書官兼務。

*ケヂス　Charles L. Kades 大佐。民政局次長。ホイットニーの腹心。ハッシー、ラウエル等と共に憲法草案起草に参加。

*佐藤参事官　佐藤達夫。明三七生。内閣法制局第一部長。昭二一年三月一九日法制局次長、翌二二年六月法制局長官。制憲過程に入江俊郎次長(当時)らと共に深く関与。

九〇頁

*山下太郎　明二二生。朝鮮化学工業社長等をへて日本復興建設取締役。二四年日産汽船会長をへてアラビア石油創業。終戦当時住宅建設に乗りだしていた。山下汽船会長の山下太郎(明二九生)とは別人。

*堂上華族　旧公卿の華族のこと。

九三頁

*その案が……　朝日新聞三月二六日付切抜貼付。明年度予算の数字を詳述。

*安井次官　安井誠一郎。明二四生。内務官僚をへて戦後厚生次官。のち東京都知事。

*富田ふさ　富田病院経営。昭二一年四月衆院議員(京都)。

九四頁

*岡田啓治郎　明二三生。宮津町長をへて昭一七年から一期衆院議員(京都・進歩)。

*深田　深田太市。明三〇生。木材業。自由党より立候補・落選。

*稲葉陽太郎　明四〇生。元久美浜町長稲葉一郎右衛門の長男。久美浜町青年団長。

*井垣弘　明四四生。久美浜町議。育友会長等。

*岸辺福雄　明六生。久美浜町議。

*給田芳之助　明二二生。生糸販売業。網野町議をへて昭一八年より網野町参与。

*河田源七　明二五生。酒販売業。網野町議をへて昭二〇年より二二年まで網野区長。

*山崎高嗣　明二五生。生糸販売業。昭一五年より一七年まで網野町東大路区長。

*田中吟治　明三三生。網野町の呉服商。

*井上徳治　村議、口大野村村長をへて中郡農業三団体の長。

九五頁

*糸井　糸井徳助。明一八生。織物業。岩滝町議をへて昭二二年町会議長。

*横田喜三郎　明二九生。東大教授(国際法)。

*郡是工場　郡是製糸(株)舞鶴工場。郡是は京都府綾部市に本社を持ち、波多野鶴吉と遠藤三郎兵衛により創業さる。芦田鹿之助の弟・種吉は志賀郷遠藤家養子となり三郎兵衛を継ぐ。のちに均次女ルリを養子となす。また鶴吉の子、林一(前出)は芦田の有力な後援者でもあった。

*小西　小西英雄。明四四生。昭二四年衆院議員(愛媛)。のち参院議員に転ず。京都市在住。

*宮崎佐平治　明四三生。酒造業。進歩党より立候補・落選。

＊田中庄太郎　前出。進歩党より立候補・落選。
＊大槻信治　明二一生。鉄道局長をへて京阪電鉄専務等歴任。進歩党より立候補・落選。
九六頁
＊奥村竹三　明二九生。園部青年学校長。自由党より立候補・落選。のち二二年衆院議員。
＊中村喜之助　明三〇生。計理士。自由党より立候補・落選。
＊小山　小山滝之助。中村喜之助と共に自由党より出馬するも各々三二位、三七位で落選。
九七頁
＊水谷　水谷長三郎。明三〇生。衆院議員(京都)。片山・芦田両内閣の商工相。社会党右派の指導者。
＊然し……　第二二回総選挙の京都地方区の当選者。(1)水谷長三郎(社)、(2)芦田均(自)、(3)富田ふさ(自)、(4)田中伊三次(無)、(5)大石ヨシエ(無)、(6)中野武雄(自)、(7)竹内克巳(社)、(8)小川半次(進)、(9)木村チヨ(無)、(10)辻井民之助(社)。
次に落選候補者上位一五名は次の通り。太田典礼(共)、奥村竹三(自)、田中庄太郎(進)、永田雅一(自)、安田徳太郎(共)、宮崎佐平治(進)、小西英雄(自)、下ノ村勗(協)、木村忠一(社)、金田弥栄蔵(進)、中川喜久(進)、大槻信治(進)、深田太一(自)、山添善治(協)、中田清市(無)。

一〇〇頁
＊板倉卓造　明一二生。ジャーナリスト。時事新報主筆、取締役歴任。
＊伊藤正徳　明二二生。軍事評論家。時事新報編集局長、社長等歴任。
＊佐佐木茂索　明二七生。文芸春秋社長。
＊鶴見祐輔　明一八生。衆院議員、参院議員をつとめ、第一次鳩山内閣厚相。著述家。一高弁論部の芦田の先輩。
＊室伏高信　明二四生。ジャーナリスト。時事新報、朝日新聞記者、『改造』主筆等。
＊対日理事会　Allied Council for Japan. 連合国対日占領管理機構。米ソ英中の四国代表よりなり、連合国最高司令官に勧告をなす。東京におかれる。
一〇一頁
＊長谷川　長谷川才次。明三六生。ジャーナリスト。時事通信社長。
一〇三頁
＊狩野　狩野近雄。明四〇生。東京日日新聞編集局長をへて、昭二六年毎日新聞論説委員。世論指導の面では芦田のよき助言者。
＊曾禰部長　曾禰益。明三六生。外交官。終連第一部長。のち吉田茂と対立。退官後参院議員(神奈川)。右社中執委員をへて民社党書記長。
＊Schindel　J・B・シンデル中佐。総司令部参謀第二部民間諜報局特別諜報課監視係。
一〇四頁
＊渋沢蔵相　渋沢敬三。明二九生。栄一の孫。日銀総裁をへて幣原内閣の蔵相。叔父に渋沢秀雄。
＊安達鶴太郎　明三九生。ジャーナリスト。同盟通信をへて時

事通信編集局長、連絡局長歴任。

＊小島徹三　明三二生。衆院議員(兵庫)。芦田派の中心人物。のち第一次池田内閣法相。芦田の遠縁に当る。弁護士。

一〇五頁

＊榊原　榊原麗一。明四三生。シカゴ大卒後同盟通信記者をへて昭二〇年より二三年まで厚生・外務・総理各大臣(芦田)秘書官。憲法普及会総務部長をへてのち朝日ヘリコプター常務、中外商事社長など。

＊中野寅吉　明一二生。東洋ペイント取締役をへて衆院議員(福島)。

＊樋貝　樋貝詮三。明二三生。厚生官僚をへて衆院議員(山梨)。のち衆院議長、第三次吉田内閣国務相歴任。

一〇六頁

＊北　北昤吉。明一八生。衆院議員(新潟)。戦後自由党創設に尽力。

＊三木　三木武吉。明一七生。鳩山擁立派として吉田茂と対立。追放解除後保守合同を推進。

＊星島　星島二郎。明二〇生。弁護士をへて衆院議員(岡山)。第一次吉田内閣商工相等歴任。

＊周東　周東英雄。明三一生。衆院議員(山口)。戦後自由党結成に尽力。のち吉田内閣下で農相、国務相等歴任。

＊紫安　紫安新九郎。日本自由党創立常任委員一三名の一人。二二年四月公職追放。

＊菅原　菅原通済。明二七生。江ノ島電鉄、日本自動車社長、鉄道工業会長等歴任。芦田の財政上の後援者。妹の夫は日野原節三(元昭和電工社長)。

一〇七頁

＊石山賢吉　明一五生。経済雑誌『ダイヤモンド』創刊。のち衆院議員(新潟・自由)。芦田の支援者。

一〇八頁

＊協同党　協同民主党のこと。昭二一年五月一三日結成された中間勢力の小政党(委員長山本実彦)。議員数三三名。結成時協同民主倶楽部と称するも五月二四日協同民主党と改称。

一〇九頁

＊大石倫治　明一〇生。衆院議員(宮城)。大日本鉱泉監査役等。

＊本多　本多市郎。明二八生。東京府議をへて衆院議員(長崎)。のち第四次吉田内閣国務相。

＊世耕　世耕弘一。明二六生。衆院議員(和歌山)。のち第二次岸内閣経企庁長官。

＊辻嘉六　明一〇生。日本化学産業社長。政界の黒幕。自由党創設の財政上の援助者となる。

一一〇頁

＊松野鶴平　明一六生。戦前以来の衆院議員(熊本)。米内内閣の鉄道大臣、政友会幹事長等。

一一一頁

＊那須　那須皓。明二一生。東大教授(農学博士)。

＊大村　大村清一。明二五生。内務官僚をへて衆院議員(岡山)。第一次吉田内閣内相。

＊和田　和田博雄。明三六生。衆院議員(岡山)。第一次吉田内閣農相、片山内閣国務相。のち左派社会党政審会長等。

＊平塚　平塚常次郎。明一四生。日魯漁業社長をへて衆院議員(北海道)。第一次吉田内閣運輸相。公職追放解除後、日本貿易促進議連理事長、日ソ協会会長。

＊大野伴睦　明二三生。衆院議員(岐阜)。自由党幹事長、衆院議長をへて第五次吉田内閣国務相。岸内閣退陣後総裁候補となる。

＊大久保　大久保留次郎。明二〇生。千葉県知事、東京市長をへて、昭二一年より一期衆院議員(茨城・自由)。昭二七年再当選。のち第二次鳩山・石橋・第一次岸各内閣の国務相。

＊電話が……　吉田内閣(第一次。二一年五月二二日—二二年五月二〇日)の陣容は次の通り。外務・吉田。内務・大村清一(二二年一月末より植原悦二郎)。大蔵・石橋。司法・木村篤太郎。文部・田中耕太郎(二二年一月末より高橋誠一郎)。厚生・河合良成。農林・和田博雄(二二年一月末吉田茂、二月一五日木村小左衛門)。商工・星島(二二年一月末より石井光次郎)。運輸・平塚(二二年一月末より増田甲子七)。逓信・一松(二一年七月一日より)。国務・幣原、斎藤、一松(二一年七月一日まで)、植原(二二年一月三一日まで)、金森(二一年六月一九日から)、田中万逸(二二年二月二六日から五月二二日まで)。安本長官・膳(二一年八月一二日就任。二二年一月三一日石橋が兼任し、同年三月二〇日高瀬荘太郎)。書記官長・林譲治(二一年五月二九日就任)。法制局長官・入江俊郎。

一一二頁

＊"Après moi, le déluge"……　仏語。「あとは野となれ山となれ」の意。

＊政務官　大一三年加藤高明護憲三派内閣により設置された政務次官と参与官の総称。任用規定は両院議員に限定されていた。参与官は昭二三年三月廃止。政務次官となる。

＊林書記官長　林譲治。明二二生。衆院議員(高知)。第一次吉田内閣書記官長。第二、第三次吉田内閣厚相等歴任。鳩山派幹部。

＊一松　一松定吉。明八生。進歩党幹事長、第一次吉田内閣逓信相、片山内閣厚相、芦田内閣建設相を歴任。

一一三頁

＊塩月　塩月学。明二五生。東京市議をへて衆院議員(大分・自由)。

＊金額の……　寄付金の金額は遺族の要望により伏せ、星印＊で表記した。＊は一から九までをあらわす。

＊門野重九郎　慶三生。大倉組副頭取をへて大正海上火災等の会長歴任。昭一二年東京商工会議所、日本商工会議所各会頭。晩年小田原市に在住。

＊塚田公太　明一八生。東洋綿花会長等を歴任後昭二一年七月貿易庁長官。翌年二月退官の後倉敷紡社長。のち日経連理事。

＊木村義雄　明一六生。日本石油をへて昭三年衆院議員。日東汽船会長、朝鮮石油社長、東亜燃料取締役、大東亜省参与等。

＊大沢善夫　明三五生。プリンストン大卒後、大沢商会勤務をへて昭一八年から二二年三月まで東宝社長。のち大沢商会社長、京福電鉄取締役。芦田の財政上の支援者。

＊三井高公　明二八生。三井家の当主。昭二〇年一二月三井本社社長辞任。妻の兄は松平康昌。

一一四頁

*服部玄三　明二一生。服部時計店社長。昭二一年五月同相談役。

*永井幸太郎　明二〇生。大一二年鈴木商店取締役。昭三年同社解散のため日商を設立、二〇年二月社長。二二年二月から一二月まで貿易庁長官。芦田と在露時代以来の知友。

*関桂三　明一七生。東洋紡副社長をへて繊維統制会会長。二五年東洋紡会長。経団連顧問等。

*竹中　竹中藤右衛門。明一一生。竹中工務店社長、会長。昭二一年七月貴院議員に勅選。

*田附政次郎　明二九生。田附社長。のち丸今綿布社長、日本綿糸商連合会会長等。

*高橋竜太郎　明八生。昭一二年大日本麦酒社長。二一年貴院議員に勅選。東京商工会議所、日本商工会議所各会頭。二二年五月参院議員。

*古垣　古垣鉄郎。明三三生。朝日新聞編集局次長、理事等をへて二一年五月貴院議員に勅選。日本放送協会専務理事をへて二四年会長。のち駐仏大使。

*高野会長　高野岩三郎。明四生。東大教授(社会統計学)、大原社会問題研究所長をへて、昭二一年日本放送協会会長。戦後「日本共和国憲法私案要綱」を発表。

一一五頁

*嶋中雄作　明一九生。中央公論社社長。二七会のメンバー。

*田辺　田辺加多丸(前出)。

*戦争調査会　太平洋戦争勃発の原因や敗戦の原因を調査検討するため昭二〇年一〇月設置された機関。二一年八月まで続く。

*青木得三　明一八生。大蔵省主税局長等をへて中央大学教授(経済学)。戦後、戦争調査会事務局長官。

一一六頁

*小笠原　小笠原三九郎。明一八生。衆院議員(愛知)。幣原内閣商工相。のち農相、通産相、蔵相歴任。

一一七頁

*薩摩　薩摩雄次。明三〇生。衆院議員(福井)。改進党中央常任委員等。

*葉梨　葉梨新五郎。明三四生。衆院議員(茨城)。日東農産社長。

一一八頁

*東京新聞……　六月二五日付。「勇気と叡智を以て〔新憲法審議に〕臨む」といった趣旨の芦田の談話を掲載。同頁に貼付された『朝日』六月三〇日付によると次の事実が示されている。衆議院での憲法改正案の一般質問は二五日から二八日の四日間で終り、これを七二名の特別委員会に付託、その初の委員会が二九日午前十一時開かれ、星一(進)を座長におし、委員長に芦田均を推薦、全会一致で可決し、その後委員長より理事十名が指名された。

一一九頁

*それは……　新聞切抜貼付あり。

*Colgrove　ケネス・コルグローヴ。憲法制定に関する総司令部特別顧問として二二年二月末から七月まで滞日。ノースウェスタン大学教授。大山郁夫と親交があった。

一二〇頁

*Government Section　総司令部民政局。GSと略称。

*Williams　ジャスティン・ウィリアムズ。総司令部民政局国会・政党課長。政治学博士。のちメリーランド大学教授。

一二一頁

*C・L・O　Central Liaison Office. 終戦連絡事務局のこと。

*終戦連絡局　終戦連絡事務局。占領軍と日本政府との間の連絡機関。昭二〇年八月二六日外務省の外局として設置。

*入江　入江俊郎。明三四生。内務官僚をへて幣原内閣の法制局長官。制憲過程に携わる。のち最高裁判事。

*花月　花月純誠。明三〇生。昭二一年四月から二四年まで衆院議員(滋賀)。札幌仏教会会長。

*山本勝市　明二九生。昭二一年四月より衆院議員(埼玉)。分党派自由党政審会顧問。

一二二頁

*鈴木仙八　明三二生。昭二一年四月より四期衆院議員(東京)。のち分党派自由党総務。

*北浦圭太郎　明二〇生。衆院議員(奈良)。昭一五年三月斎藤隆夫除名問題に際し、芦田、宮脇長吉、名川侃市らと共に反対票を投ず。

*第八十四条　皇室財産にかんする規定。政府原案によれば、皇室財産は国のものになるが、その一部の財産は世襲財産として天皇のものとして残す、ただし世襲財産から生ずる収益は国の収入として収納し、その代り、皇室費用は予算に計上して国から、さしあげる、とされていた。自・進両党はこれを修正し、せめて世襲財産の収入だけは皇室の御手許金として残そうとした。

一二三頁

*加藤一雄　明三三生。衆院議員(静岡)。自由党政調会通商部長。

*髙橋英吉　明三一生。衆院議員(愛媛)。自由党総務。

*有田二郎　明三七生。衆院議員(大阪)。自由党副幹事長。有田製薬社長。

*荒船清十郎　明四〇生。衆院議員(埼玉)。第一次佐藤内閣の運輸相。のち衆院副議長。

一二四頁

*原夫次郎　明八生。衆院議員(島根)。のち島根県初代公選知事。

*廿日出　廿日出厖。明三四生。昭二一年より一期衆院議員(静岡・民主)。芦田派。

*江藤　江藤夏雄。明三六生。昭二一年より衆院議員(佐賀)。芦田派。

*犬養　犬養健《たける》。明二九生。衆院議員(岡山)。第四、第五次吉田内閣の法相。犬養毅の長男。

*吉田安　明二三生。衆院議員(熊本)。改進党総務委員会副会長。

*鈴木　鈴木茂三郎。明二六生。社会運動家・政治家。衆院議員(東京)。日本社会党委員長を歴任。

*森戸　森戸辰男。明二一生。昭二一年より三期衆院議員(広島)。東大助教授のとき論文「クロポトキンの社会思想の研究」

が危険思想とされ入獄。片山・芦田両内閣の文相。のち広大学長。

＊林平馬　明一六生。衆院議員(福島)。片山内閣の国務相、民主党顧問。

＊笠井　笠井重治。明一九生。シカゴ大、ハーバード大学院政治学部卒。東京市会議員をへて衆院議員(山梨)。

一二五頁

＊金森　金森徳次郎。明一九生。法制局長官をへて第一次吉田内閣の国務相に就任、新憲法誕生に尽力。

一二七頁

＊新政会　昭二一年七月無所属倶楽部の一部、新光倶楽部及び日本民主党準備会の一部が合同し笹森順造、岡田勢一、早川崇等四〇名をもって結成。同年九月、国民党に発展解消。

＊木島　木島義夫。明二一生。千葉県会議員をへて昭二一年より一期衆院議員(自由)。

＊木村　木村小左衛門。明二一生。衆院議員(島根)。第一次吉田内閣の農相、片山内閣の内相、国務大臣等を歴任。

一二八頁

＊山崎猛　明一九生。衆院議員(茨城)。衆院議長、第三次吉田内閣の運輸相、国務相を歴任。芦田内閣総辞職後総司令部GSに推され首班候補となるも自ら議員を辞職し辞退。

＊山口　山口喜久一郎。明三〇生。衆院議員(和歌山)。第三次吉田内閣・第二次岸内閣の国務相、衆院議長を歴任。

＊新聞に……　朝日新聞八月二五日付。「現行憲法が一部の者の運用の誤りにより今日の事態に導いたことは痛恨にたえない、新憲法のもと日本を再建したい」といった趣旨の演説を、憲法委員会審議の結果報告として行なった。

一二九頁

＊芦田さんは……　同年三月一一日林内閣下第七〇議会の「外交方針に関する緊急質問」として行なわれる。軍備増強でなく外交こそが国防の要だとして、軍部を批判すると共に、対ソ・中親善政策の促進を要求する。「解題」参照。なお佐藤尚武外相(当時)は、ロシア時代の芦田の上司であった。

＊志賀　志賀義雄。明三四生。日本共産党中央常任委員をへて、戦後衆院議員。のち分派活動に入り党から除名。

＊井上知治　明一九生。衆院議員をへて参院議員(鹿児島)。第二次吉田内閣の国務相。

一三〇頁

＊安岡正篤　明三一生。国家主義運動家。金鶏学院を創立、国家革新を提唱。戦後も反共理論家として政・財・官界首脳に信奉者をもつ。

＊その末尾に……　荒んだ環境の中でも読書静思し、日記をつけることを勧めている小文。

＊栗山　栗山長次郎。明二九生。米ユタ大卒後毎日新聞をへて昭二一年以来四期衆院議員(東京)。衆院外務委員長。

＊Wildes　ハリー・ワイルズ。総司令部民政局政治課長。『東京旋風』の著者。

一三一頁

＊池田成彬　慶三生。三井合名常務理事、日銀総裁をへて、第一次近衛内閣の蔵相兼商工相。戦前財界の大御所的存在。

＊野村嘉六　明六生。戦前以来の衆院議員(富山)。

一三二頁

＊中上川鉄四郎　明二〇生。富士電気製造常務をへて、昭二三年日東ペガサス専務。

＊朝比奈管長　朝比奈宗源。明二四生。臨済宗円覚寺派管長。

＊堀社長　堀久作。明三三生。日活社長。のち日経連常任理事。

＊河上　河上弘一。明一九生。興銀、日本輸出入銀行総裁を歴任。芦田の親友。

＊石坂　石坂泰三。明一九生。東京芝浦電気社長。芦田と一高以来の友人。のち日経連、経団連会長等。

＊今村　今村信吉。明一七生。東京商業貿易創設社長。第一ホテル取締役、東宝監査役等。

＊日比谷　日比谷祐蔵。明二二生。日比谷商店社長。

＊林　林甚之丞。明一七生。日本鋼管社長。

＊中野友礼　明二〇生。妙高企業社長。芦田政権樹立に際し芦田を財政的に支援。

＊黒川武雄　明二六生。参院議員(東京)。第三次吉田内閣の厚相。虎屋会長。

＊高石真五郎　明一一生。ジャーナリスト。毎日新聞社社長等。

一三三頁

＊憲法公布の……　日記原本の目次では「憲法公布の日」となっているが、ここでは、「憲法公布の式典」と記入されている。

＊憲法解釈のパンフレット　芦田均著『新憲法解釈』(ダイヤモンド社刊、昭二一年一一月三日初版)を指す。九九頁の小冊子。

一三四頁

＊小野孝　明三六生。昭二一年以来三期衆院議員(山形)。改進党中央常任委員。芦田派の一人。

＊小峯柳多　明四一生。東洋鉄工所専務をへて戦後衆院議員(群馬)。

＊青木　青木孝義。明三〇生。経済学博士。衆院議員(愛知)。自由党政調顧問、第三次吉田内閣の国務大臣、文部政務次官等。

一三五頁

＊長谷の親子三人　長谷孫重郎(前出)と長男盛重、次男浩。

＊高橋均　当時鎌倉に在住。のち猶興社創設。

＊憲法精神普及会　正式名称は憲法普及会。同月十日総会で役員等を決定。会長に芦田、副会長に金森、橋本実斐、理事長に林譲治、事務局長に永井浩。

＊山本実彦　明一八生。東京毎日新聞社社長をへて『改造』を創刊。戦後協同民主党委員長。

＊福田　福田繁芳。明三八生。昭二一年より衆院議員(香川)。無所属から民主党に結集する。のち改進党中央委員など歴任。

一三七頁

＊論文　福田定良「保守主義的精神」のこと。

＊Ramsay MacDonald　R・マクドナルド。戦間期の英国労働党内閣の首相。

一三八頁

＊教育刷新委員会　昭二一年二月来日した米教育使節団に協力するため設立された教育問題審議機関。委員長安倍、副委員長南原で各界代表約五〇名の委員からなる。

＊松本重治　明三二生。東大助手をへて同盟通信記者、同常務

理事等。のち国際文化会館理事長。

*綾部健太郎　明二三生。昭二一年まで衆院議員。昭三三年再当選。のち池田内閣の運輸相、衆院議長。

*廿七日会　昭四年、馬場、嶋中、清沢が中心となって発足したリベラル派知識人の会合。正宗白鳥、長谷川如是閑、上司小剣、伊藤正徳、水野広徳、三宅晴輝、三木清、小汀利得、石橋湛山、柳沢健などが会友。

一三九頁

*田中万逸　明一五生。報知新聞記者をへて衆院議員(大阪)。第一次吉田内閣の国務相、進歩党幹事長、衆院副議長。

一四〇頁

*膳　膳桂之助。明二〇生。昭二一年六月貴院議員。第一次吉田内閣の国務大臣として安本総務長官、物価庁長官に就任。

昭和二十二(一九四七)年

一四三頁

*野村吉三郎　明一〇生。海軍大将。阿部内閣の外相をへて、駐米大使として太平洋戦争開戦までの日米交渉にあたる。追放解除後、参院議員(和歌山)。

*石井光次郎　明二二生。朝日新聞専務取締役をへて衆院議員(福岡)。吉田内閣の商工相、運輸相、岸内閣の国務相、第一次池田内閣の通産相、第一次佐藤内閣の法相等歴任。

一四四頁

*石橋　石橋湛山。明一七生。東洋経済新報主幹、社長をへて第一次吉田内閣蔵相。のち昭三一年組閣。

一四五頁

*そのこと……　同日付コラムで、芦田にボス的側面が不足していることが指摘されている。

一四六頁

*有沢　有沢広巳。明二九生。東大教授(経済学)。第一次吉田内閣の安本顧問として傾斜生産方式を提唱。

*東畑　東畑精一。明三二生。東大教授(農業経済学)。戦後米価審議会議長等歴任。

一四七頁

＊国民学術協会　昭一四年嶋中、清沢、三木を中心に発足したサロン的な民間アカデミー。
＊竹田儀一　明二七生。昭二四年まで衆院議員(大阪)。片山内閣の国務相、芦田内閣の厚相を歴任。芦田の腹心。

一四八頁

＊保利茂　明三四生。衆院議員(佐賀)。吉田内閣の労相、農相、第二次佐藤内閣の建設相等。
＊読売……　二月二日付社説で「改造工作の糊塗策を排す」として吉田内閣総辞職論を展開。
＊中島守利　明一〇生。戦前(政友会)以来の衆院議員(東京)。日本自由党代議士会長、民主自由党総務。

一四九頁

＊田中源三郎　明二八生。衆院議員(兵庫)。自由党創設に当る。片山内閣の運輸政務次官。
＊綿貫佐民　明二九生。昭二一年から二期衆院議員(富山)。日本自由党幹事。
＊飯国壮三郎　明三四生。昭二一年から一期衆院議員(島根)。大和紡績専務。
＊大滝亀代司　明三一生。昭二二年から一期衆院議員(山形)。全日本弁護士会理事。
＊Restaurant Ketel's　銀座にあるドイツ料理屋。ケテル、ケテルスとも表記。
＊桂　三田の料亭。

一五〇頁

＊長井源　明二七生。昭一一年以来衆院議員(三重)。弁護士。
＊そこで……　毎日新聞二月五日付切抜貼付。連立問題に対する自・進両党幹部の麻布我善坊での会談の結果を報ずる。挙国一致体制のため連立内閣の実現は必要だとの建前から自・進・社の三党幹事長会談が開かれることに意見一致。芦田は自由党内中堅若手―北、田中(源)、矢野―と共に、連立主張の進歩党新進会の動きに同調。
＊坂東　坂東幸太郎。明一四生。衆院議員(北海道・自由)。のち民主党代議士会長。
＊小笠原八十美　明二一生。衆院議員(青森・自由)。自由党総務。

一五一頁

＊村上勇　明三五生。衆院議員(大分)。自由党総務、副幹事長等歴任。
＊津久井　津久井竜雄。明三四生。高畠素之に師事した国家社会主義者で、やまと新聞主筆をへて戦後公職追放。解除後赤尾敏らと東方会を結成。

一五二頁

＊川崎秀二　明四四生。川崎克の次男。日本放送協会をへて昭二一年四月父の地盤を継ぎ衆院議員(三重)。進歩党常任幹事、民主党組織局長等をへて厚相。

一五四頁

＊協民党　協同民主党(前出)。結党十ヶ月後の二二年三月八日国民党(党首笹森順造)と合同し、国民協同党(党首三木武夫)となる。なお協民党の原尻束は、第三党としての国民協同党への結集に反対し、無所属倶楽部の中野四郎、北勝太郎、北政清、

伊藤実雄と共に二月二〇日、富農層を背後として日本農民党を結成。

一五五頁

*坂本　坂本実。明三七生。昭二一年より三期衆院議員(山口・自由)。

*水田　水田三喜男。明三八生。大同石油取締役をへて昭二一年より衆院議員(千葉・自由)。のち第四次吉田内閣の国務相をへて通産相、蔵相を歴任。

*森下政一　明二八生。参院議員(大阪・社会)。芦田内閣の大蔵政務次官。

一五六頁

*三木武夫　明四〇生。衆院議員(徳島・協同民主)。片山・芦田両連合政権内閣の成立に中軸的役割をなし、片山内閣の逓相、のち運輸相、自民党幹事長、通産相、外相などを歴任。昭四九年首相。

*森暁　明四〇生。衆院議員(千葉)。日本冶金工業社長。妹の夫安西正夫、妹の夫三木武夫、妻の妹の夫福田篤泰。

*椎熊　椎熊三郎。明二八生。衆院議員(北海道)。進歩党新進会の中心メンバー。のち改進党副幹事長。

*五坪　五坪茂雄。明二二生。昭二一年より二期衆院議員(石川・進歩)。のち芦田内閣の通信政務次官。

*橘　橘直治。明四一生。衆院議員(富山)。進歩党常任幹事。

一五七頁

*加藤睦之介　明一六生。戦前及び昭二一年より一期衆院議員(埼玉・自由)。大宮市長を歴任。

*夏堀　夏堀源三郎。明二〇生。衆院議員(青森)。自由党総務。

*細田忠治郎　明一四生。昭二一年より二期衆院議員(兵庫・自由)。のち民主党へ。

*上林山　上林山栄吉。明三七生。昭二一年四月以来衆院議員(鹿児島)。

*稲垣　稲垣達夫。東京新聞政治部記者。

*坪川　坪川信三。明四二生。昭二一年以来五期衆院議員(福井)。

一五八頁

*二月十日……　〃別封〃とは、日記原本に貼付されていないが、芦田が新聞切抜をまとめて封に入れ保管していたものを指す。以下同種の記述は同じ意。

一五九頁

*福島　福島慎太郎。明四〇生。外交官。幣原内閣総理秘書官、終連大阪事務局長、芦田内閣官房次長等をへてのちジャパン・タイムズ、共同通信社長歴任。

*森下国雄　明二九生。昭二一年まで衆院議員(栃木・民主)。二七年再当選。

*二宮理事長　二宮善基。明三七生。興銀をへて復興金融公庫理事。二二年七月興銀副総裁。

*妙高企業　製塩業・冷蔵倉庫業。社長中野友礼(前出)、取締役に菅原通済。

一六一頁

*高橋　高橋明。明四五生。外交官。総司令部日本政府連絡室長、外務省欧米局第一課長等歴任。

*枝木　枝木輝雄。

一六三頁

*国民党　昭二一年九月新政会議員三三名により結成。党首に笹森順造。

*岡田勢一　明二五生。衆院議員(徳島)。芦田内閣の運輸相、改進党顧問。岡田商船会長。

*松田正一　明一七生。衆院議員(三重)。昭五年以来民政党代議士。戦後進歩党。

一六四頁

*小原孝二　大二生。朝日新聞をへて新日本新聞社を創立、同社社長。

*杉道助　明一七生。八木商店会長をへて、大阪商工会議所会頭、日本商工会議所副会頭、経団連副会長。

*加藤正人　明一九生。大和紡績社長をへて参院議員(全国)。

*大原総一郎　明四二生。倉敷紡社長をへて倉敷レイヨン社長。

*稲畑太郎　明三一生。稲畑産業社長、住友化学工業監査役。日経連常任理事。

*岩井雄二郎　明三五生。岩井産業社長。芦田の関西での有力後援者。

一六五頁

*深津　深津玉一郎。明三五生。米コロンビア大で学ぶ。半田市長をへて昭二一年より二期衆院議員(愛知)。原本では玉津と記されている。

*原(藤右門)　明二八生。昭二一年より一期衆院議員(大阪・自由)。日本自由党総務。

一六六頁

*富吉　富吉栄二。明三二生。衆院議員(鹿児島)。芦田内閣の逓相、右派社会党中執委員。

一六七頁

*正午会　大阪財界人の懇話会。会員百余名。芦田の有力支援団体となる。

一六八頁

*清和寮　郡是製糸の東京社員寮。

*三月四日　原本通り。二月二七日と三月一日の項のあいだに記入されている。たまたまこの部分のノートが余白であったため、後日記入したものと思われる。

一六九頁

*片桐　片桐秀一。明二七生。日本毛織輸出組合常務理事。

*永井　永井浩。憲法普及会事務局長。

一七〇頁

*西田総裁　西田太郎。明二一生。日本勧業銀行総裁。のち全銀連・東京銀行協会理事。

*依田　依田耕一。明二一生。紐育森村組勤務等をへて内外編物を創立し同社社長。

*地崎　地崎宇三郎。明三〇生。昭二一年より一期衆院議員(北海道・進歩)。

*Central News Agency　中央通訊社(本社・南京)。

一七一頁

*朱代表　朱世明。対日理事会中華民国代表。中将。

*門屋盛一　明二九生。梅林組支配人等をへて参院議員(長崎・

国民民主)。

一七二頁

*一五九頁　本巻では一七〇頁。

一七三頁

*進藤常務　進藤竹次郎。明二五生。東洋紡績常務をへて副社長、のち社長。

*安宅弥吉君の末の息子　安宅重雄。明四四生。安宅産業をへて丸文染工重役。

*松本滝蔵　明三四生。明治大学教授(経営学)をへて昭二一年より衆院議員(広島・民主)。外務政務次官等。英語力が買われGHQとのパイプ役となる。

一七五頁

*三階　国会の三階にある無所属議員の控室。ここでは無所属議員と区別される無所属倶楽部の議員(当時二一名)を指す。一八三頁に三階組とあるのはこのこと。

*伸友会　進歩党内の新進会と中老会が組織した党内集団。議員六一名を数え、保守新党——民主党——結成のための進歩党内の中心運動団体。

一七六頁

*小沢専七郎　明三八生・昭二二年より衆院議員(福島・民主)。

一七七頁

*別表改正　昭二二年三月三一日に成立した中選挙区・単記制の改正案。今日の選挙区制のもと。

*純無所属　無所属倶楽部と区別したもの。芦田の自由党脱党時まで山崎猛、尾崎行雄、木村(小)、楢橋の四名。のち芦田に続いて自由党から九名が脱党し無所属議員に加わり、五月一八日の民主党結成につながる。

一七八頁

*斎藤事件　昭一五年二月第七五議会で立憲民政党代議士斎藤隆夫が、日中戦争処理及び東亜新秩序声明を糾弾し、これに対して議会が陸軍の圧力で斎藤を除名した事件。芦田は除名に反対投票をする。

一七九頁

*小石川の老人　鳩山一郎のこと。

*小柳　小柳冨太郎。明三七生。昭二二年より一期衆院議員(長崎・民主)。のち長崎県会議員に。

*田中伊三次　明三九生。京都府会議員をへて昭一六年以来衆院議員(京都)。このとき無所属倶楽部に所属。のち芦田らの民主党に同じ無所属倶楽部の福田繁芳らと共に結集。自治庁長官、法相等歴任。

*武田キヨ　明二九生。昭二一年より二期衆院議員(広島・自由)。のち民主党へ。

*中野武雄　明三四生。市会議員をへて昭二一年以来四期衆院議員(京都)。大蔵政務次官。近畿砂利取締役等。

*花村四郎　明二四生。衆院議員(東京)。分党派自由党議員総会会長。弁護士。

一八〇頁

*細田　細田忠治郎。明一四生。県会議員をへて昭二一年より二期衆院議員(兵庫・民主)。兵庫県織物工業組合連合会理事長等歴任。

＊石原円吉　明一〇生。三重県議会議長をへて衆院議員(三重)。民自党政務調査会顧問。
＊木村　木村チヨ。明二三生。婦人運動家。衆院議員(京都)。戦後初の衆院選挙で当選。
＊委員長負傷事件　衆院選挙法改正をめぐる国会の乱闘事件のこと。当時衆院選挙法委員会委員長は岩本信行(自由)。
＊小坂　小坂善太郎。明四五生。衆院議員(長野)。のち第五次吉田内閣の労相、第一次池田・三木各内閣の外相を歴任。
＊苫米地義三　明一三生。日本油脂会長をへて衆院議員(青森)。片山内閣の運輸相、芦田内閣の国務相。のち参院議員(全国)。

一八一頁

＊森崎　森崎了三。明三〇生。県会議員をへて昭二一年より一期衆院議員(兵庫・自由)。日本トラック協会副会長等。
＊三木　京都府選出婦人代議士木村チヨを大阪府選出の婦人代議士三木キヨ子と間違えて記したもの。
＊切抜　日記に貼付されている。

一八二頁

＊Certificate of Eligibility　公職適格承認証。
＊昭和八年の議会演説　昭八年一月二三日斎藤内閣下第六四議会での演説。政府の楽観的国際政治観を戒め、対満政策を中心とする二重外交を非難。この演説はジュネーヴで、日本の国論分裂として報道され、芦田は釈明を求められていた。

一八三頁

＊老年組　進歩党内の幣原、田中(万)、一松、町田、斎藤(隆)ら戦前からの議員たち。保守新党結成に消極的であった。

一八五頁

＊五日朝……　楢橋氏ら百五名の公職追放が公職審査委員会で決定したことが氏名と共に公表された。新聞切抜貼付。

一八六頁

＊島野　島野盛文。福知山市助役をへて昭一七年六月芦田の秘書となり以後一四年に及ぶ。『東京だより』の編集にも当る。

一八七頁

＊田辺七六　明一二生。衆院議員(山梨)。
＊山崎達之輔　明一三生。衆院議員(福岡)。岡田・林・東条各内閣の農相。戦前翼政会総務として議会の戦時協力体制をリード。
＊大麻　大麻唯男。明二二生。衆院議員(熊本)。第一―三次鳩山内閣の国務相。戦前、山崎達之輔らと共に翼賛会幹部として戦時議会をリード。
＊桜内義雄　明四五生。桜内幸雄の四男、衆院議員(島根)。第三次池田・第一次佐藤各内閣の通産相、のち自民党政調会長。
＊田島　田島房邦。明一五生。この選挙で当選。
＊林連　明一四生。東京市会副議長をへてこの選挙で衆院議員(東六区)。進歩党副幹事長。弁護士。
＊戸田正直　明四三生。落選する。弁護士。
＊原彪　明三七生。土浦市長をへて昭二二年四月以来衆院議員。民主党総務等。

一八八頁

＊菊池豊　明三〇生。茨城県会議員をへて二二年四月衆院議員。
＊八並　八並達雄。明三四生。衆院議員(東京・民主)。

＊候補者……　この時の京都府は一区が水谷(社)、竹内克巳(社)、小川半次(民)、辻井民之助(社)、川橋豊治郎(自)。二区が芦田(民)、太田典礼(社)、中野武雄(自)、大石ヨシエ(社)、奥村竹三(自)の順に当選。芦田の得票七五、四三〇は一、二区通じて最高得票であった。また民主党の土屋、富田、木村、大槻信治は落選。

一九〇頁

＊令息の行輝　尾崎行輝。明二一生。尾崎行雄の三男。参院議員。

一九一頁

＊山田政治部長　山田久就。明四〇生。終連中央事務局政治部長。のち駐ソ大使等をへて衆院議員(東京)、国務大臣歴任。

＊C・I・S　Civil Intelligence Section の略。総司令部民間諜報局。

＊この人は……　追放が自由党の党略と結びついていたことを示唆する。

＊富井周　明二三生。外交官。カナダ公使、アルゼンチン大使等。

一九二頁

＊然るに……　芦田均は一九三七年一〇月一四日から翌三八年二月一三日まで欧米使節団の一人として洋行した。したがって厳密には一〇月一一日の論文は洋行の留守中のものでない。一行は芦田のほか大蔵公望男爵、松方幸次郎、伍堂卓雄、伊藤正徳の五名。

＊Vere Redman　H・V・レッドマン駐日イギリス代表部(のち大使館)参事官(情報担当)。

一九三頁

＊四日の新聞……　時事新報切抜貼付。憲法普及会主催の「新憲法施行記念式典」の模様が「陛下迎え歓呼の嵐」の見出しの下に大書されている。

＊中村又一　明二三生。衆院議員(佐賀)。改進党顧問。

＊生方大吉　明一五生。衆院議員(群馬)。

＊新進会　進歩党内の若手議員集団。椎熊三郎、川崎秀二、五坪茂雄、橘直治ら。特に二・一ストの危機を契機に吉田内閣の総辞職と救国連立内閣(自・進・社)の実現を意図していたが、一時、保守新党運動派と救国連立政権運動派に分裂。だが進歩党内の中老会を誘い、自由党脱党組と国協党を加え、保守新党としての民主党結成の中核母体のひとつとなる。

＊長野長広　明二五生。衆院議員(高知)。文部政務次官、内務政務次官、衆院文部委員長を歴任。

一九四頁

＊細野　細野長良。明一六生。判事・法学博士。大審院判事をへて大審院長。

＊鵜沢博士　鵜沢總明。明五生。明治大学総長(法学博士)。衆院議員、貴院議員、極東軍事裁判弁護団等歴任。

一九五頁

＊Marcum　キャルロス・マーカム中佐。総司令部民政局行政・政治課員。公務員法改正、公務員制度の改革を担当。軍国主義者と共産主義者の各々の追放にも係る。

＊Colton　K・E・コールトン。総司令部参謀第二部対敵諜報

部(CIS)特別防諜課長。追放任務に直接関与。

*明白に……　CLOが白洲＝吉田のラインにあったことからこう判断したのだろう。

*殿田　殿田孝次。明三七生。米セントローレンス大で学び読売新聞記者、大蔵省、外務省、戦災復興院嘱託をへて二一年四月衆院議員(石川・自由)。

一九六頁

*Willoughby　チャールズ・A・ウィロビー。総司令部参謀第二部部長(諜報・治安担当)。陸軍少将。反共的思想の持ち主で、絶えず民政局や経済科学局と対立。

*マーカット　ウィリアム・F・Marquat 少将。総司令部経済科学局(ESS)局長。マッカーサーの腹心。財閥解体を実行。

*東ヶ崎　東ヶ崎潔。明二八生。ジャーナリスト。昭二一年から三一年までジャパン・タイムズ社長。

一九七頁

*工藤鉄男　明八生。大一三年以来衆院議員。戦後参院議員(青森)。厚生政務次官等。

*寺島隆太郎　明四五生。ジャーナリスト。翼賛会をへて衆院議員(千葉)。衆院厚生常任委員長。

*天野久　明二五生。昭二一年より衆院議員(山梨)、民主党総務をへて、昭二六年山梨県知事。

*原健三郎　明四〇生。講談社編集長をへて衆院議員(兵庫)。自由党兵庫県連合支部常任顧問。

*鈴木明良　明四二生。朝日海運社長をへて昭二一年より三期衆院議員(茨城)。自由党総務。

*それは……　貼付された当時の新聞切抜によれば、芦田派として、矢野政調会長、長尾常議委員長、林顧問のほか川崎、坪川、岡部等の若手議員、特に旧新進会組と自・協両党の脱党組が挙げられている。

一九九頁

*新政権の問題　日記原本の目次にあってこの部分にその見出しが明記されていなかったもの。

二〇一頁

*安本　経済安定本部の略称。経済行政の統合企画・統制官庁として昭二一年八月発足。昭二七年経済審議庁が設置されるまで続く。

二〇二頁

*森戸君に……　著書とは『戦争と文化』(昭一六年)のこと。

*中井光次　明二五生。島根県知事、大阪市長をへて昭二二年より一期参院議員(大阪)。のち大阪市長。

*今朝出した……　新閣僚の顔ぶれは次の通り。総理・片山(社)、外務・芦田(民)、内務・木村小左衛門(民)、大蔵・矢野庄太郎(民)、司法・鈴木義男(社)、文部・森戸辰男(社)、厚生・一松定吉(民)、農林・平野力三(社)、商工・水谷長三郎(社)、運輸・苫米地義三(民)、逓信・三木武夫(国)、国務〈行政調査部総裁〉・斎藤隆夫(民)、国務兼官房長官・西尾末広(社)、国務〈復員庁総裁〉・笹森順造(国)、国務〈経本〉・和田博雄(参・緑)、国務・米窪満亮(社、昭二二年九月一日労働省設置により労相)、国務〈無任所〉・林平馬(民)、法制局長官・佐藤達夫。

手帳日記

昭和二十(一九四五)年

二〇五頁

*京極子爵　京極高鋭《たかとし》。明三三生。昭二二年まで貴院議員。

*翼賛会　大政翼賛会の略称。戦時下の官製国民統合組織として第二次近衛内閣により昭一五年発足、二〇年六月解散。

*日本婦人会　大日本婦人会のこと。婦人団体統合のため昭一七年政府が作った婦人報国運動団体。

*A. R. A　Air Raid Alarm(空襲警報)の略。

二〇七頁

*Owen Lattimore　O・ラティモア。アメリカの中国学者。日本の民主化の必要を強く主張した。

*下河辺建二　明一一生。日産社長ほか日産系各会社役員を歴任。次男三史の妻は、芦田の長女ミヨ。

*土屋計左右　明二一生。第一ホテル社長等。芦田の旧友金子隆三の実弟。

*Mrs. Miyasaka　宮坂義一夫人。

*晴三　下河辺三史の三男。

*中沢泰助　明三二生。外交官。芦田がトルコ、ベルギーに赴任していた時の部下に当る。のち帝国酸素取締役。夫人は足利惇氏(旧子爵・京大教授)の妹。

*足利　足利鮻《たかし》。大五生。足利惇氏の末弟。山陽コカコーラボトリング社長。

二〇八頁

*内山岩太郎　明二三生。駐アルゼンチン公使等をへて昭二二年より五期神奈川県知事。

*2 B29……　芦田はこのときすでに原爆であるとの情報を手にしていた。

*鈴木九万　明二八生。エジプト公使をへて戦後終連事務局横浜事務局長として第八軍との連絡にあたった。のちオーストラリア大使、イタリア大使。

二一〇頁

*神木大輔　長谷孫重郎(芦田スミの弟)夫人タマ子の弟。

*原彪　明二七生。衆院議員(東京)。戦後日本社会党創設に尽力。

*永坂町　麻布永坂町の石橋正二郎邸。鳩山は音羽の自宅が戦火を受けたため石橋邸を仮寓としていた。

*正木旲　明二九生。弁護士。戦前個人雑誌『近きより』を創刊、痛烈な時局批判を行なう。昭一八年七月八日芦田の主催で正木旲を中心とする会ができる。参集者は馬場恒吾、嶋中雄作、名川侃市、安藤正純、佐々木茂索、清沢洌。この事実は芦田の「三年連用日記」(解題参照)昭和一八年七月八日の項や清沢の『暗黒日記』で確認できる。

二一一頁

*郷古潔　明一五生。実業家。三菱重工会長、東条内閣の顧問をへて、戦後兵器生産協力会会長として再軍備を促進。

*自由人懇話会　自由懇話会として発足。左右のリベラル派文化人が結集し敗戦後の新日本建設を構想。九月一日創立総会。発起人に芦田、安部磯雄、安倍能成、有沢広巳、石浜知行、岩井良太郎、海野普吉、片山哲、河崎なつ、鈴木東民、鈴木義男、清水幾太郎、高津正道、正木昊、宮沢俊義、原彪、馬場恒吾等二二名。この日事業内容定める。一〇月四日結成式。

*半沢　半沢耕貫。明三〇生。東京外国語学校教授。

*社大党　社会大衆党の略称。昭七年安部磯雄を中心に全国労農大衆党と社会民衆党の合同により結成された合法無産政党。

二一二頁

*笹生俊男　明四三生。日星商事常務。のち新日紡社長。妻は久原房之助の五女。下河辺三史の友人。

*一宮　一宮房治郎。明一七生。朝日新聞記者等をへて衆院議員(大分)。のち進歩党へ。

二一三頁

*西村　西村清介。明二六生。三井本社文書部次長をへて、昭二二年同監査役。

*奥主一郎　明二七生。京都瓦斯副社長、京都証券取引所理事、丸物取締役等歴任。その間貴院議員、二二年参院議員。芦田の後援者。

*菊池寛　明二一生。小説家。『文芸春秋』創刊。戦後自由党創設に協力。

二一四頁

*高島　高島真一郎(後出)か。

*小倉老人　小倉正恒。明八生。住友本社総理事をへて、第二次近衛内閣の国務相、第三次近衛内閣の蔵相。

*林愛作　明六生。南満州鉱業取締役等歴任。

*松本外務次官　松本俊一。明三〇生。外務次官。のち駐英大使、衆院議員(広島・自由)、ソ連との国交正常化交渉の全権委員。

*河野密　明三〇生。昭二一年まで衆院議員(東京・社会)。追放解除後昭二七年再当選。

*蠟山政道　明二八生。東京帝大教授(政治学)をへて昭二一年まで一期衆院議員(群馬・無所属倶楽部)。のち政治評論を展開し、民社党のブレーン。

二一五頁

*Mr. Booth　F・S・ブース。在日米国人。日本の水産業の発展に貢献。

*中村陽吉　遠藤肸(前出)の弟。のち学習院大学教授(心理学)。

*長谷タマ子　長谷孫重郎夫人。八月の福井戦災で死亡。

*喜一　同じ戦災で死亡した孫重郎の三男。

二一六頁

*水曜会　ロータリー・クラブのこと。戦時下から戦後初めまでこの名前で会合を開く。

*松本博士　松本烝治(前出)。

*田中耕太郎　明二三生。東大教授(商法)、第一次吉田内閣文相、参院議員(全国・緑風)をへて最高裁判所長官。

*広田二郎　芦田の姉みちよの嫁ぎ先広田家の養子。

*成田知巳　大元年生。三井化学文書課長。この直後、三井財閥への改革意見書を出して辞任。二二年四月より衆院議員(香川)。日本社会党書記長をへて昭四三年委員長。戦前から芦田のところに出入していた。

二一七頁

*東亜同文会　明二一年近衛篤麿を会長として設立した国家主義団体。東亜の大同団結を企図する。

*Tsuda　津田静枝。明一六生。海軍中将。東亜同文会常務理事、興亜院華中連絡部長を歴任。

*桑木　桑木厳翼。京大教授をへて東大教授(西洋哲学)。学士院会員。戦後自由党創設に参画。

*文化人協会　日本文化人連盟の創立準備会のこと。高野岩三郎、杉森孝次郎、森戸辰男、室伏高信、岩淵辰雄等が中心となる。

*太田政雄　太田正雄(明一八生。筆名・木下杢太郎)のことか。

二一八頁

*田中二郎　明一五生。第一信託銀行取締役。

*佐々木惣一博士　明一一生。京大教授(憲法)。戦後内大臣府御用掛として近衛文麿と共に憲法改正に着手。貴院議員。

*西村総左衛門　明二三生。京都織物常任監査役。

*大西太郎兵衛　明二五生。京都府会議長をへて京都商工会議所副会頭。

*坂本密之助　明一二生。舞鶴芦田会幹事長。舞鶴市理事等。

*江守芳太郎　明三九生。舞鶴燃料社長。二二年四月より府議。

*岸松郷　明一九生。医学博士。京大法医学講師をへて開業。

二一九頁

*幸子　本名サチ。芦田の次女遠藤ルリの長女。

*入閣交渉……　本巻に収録。同種の記述のところはすべて本巻に収録されている。

*西原亀三　明六生。実業家、政治運動家。寺内内閣のとき私設公使として段祺瑞とのあいだに各種借款を取り極めたが、激しい反対にあう。のち農村改良運動に従事。

二二〇頁

*上司　上司小剣。明七生。作家。二七会の会友。

*伊礼　伊礼肇。明二六生。衆院議員(沖縄)。弁護士。

*松本治一郎　明二〇生。部落解放運動指導者。昭七年以来衆院議員(福岡)、昭二二年四月参院議員(全国・社会)。

*石出　石出春海。明三二生。石出商店社長。

*鈴木文治　明一八生。労働運動家。労働総同盟会長、衆院議員(東京)等をへて戦後社会党から衆院選に立候補、二一年選挙運動中倒れる。

*小倉敬止　慶三生。昭和事業会社専務取締役をはじめ数社の役員。

*松本　松本(Junior)(後出)のことか。

*三輪寿壮　明二七生。弁護士。昭一二年社会大衆党より衆院議員、大政翼賛会連絡部長。戦後追放になり二七年より衆院議員(東京・社会)。

二二一頁

*八木幸吉　明二八生。鐘紡工場長、大日本蚕糸会評議員、衆院議員をへて昭二二年四月参院議員(兵庫・無)。

*池田秀雄　明一三生。衆院議員(佐賀)。戦前、秋田県知事、北海道庁長官を歴任。のち改進党顧問。

*広瀬　広瀬久忠。明二二生。小磯内閣の厚相、国務相、東京都長官をへて参院議員(山梨)。のち改憲運動を推進。

*原口　原口初太郎(前出)。

*岸本彦衛　明二〇生。日本繊維社長、富山魚網取締役。貴院議員歴任。芦田の支援者。

二二二頁

*武井群嗣　明二二生。内務官僚をへて参院地方行政委員会専門員。人口問題研究会理事。

*Sekiya　関屋貞三郎(前出)。

二二三頁

*Kramer　C・H・クレーマー。総司令部経済科学局長。

*稲田　稲田正次。明三五生。東京文理科大学助教授(憲法)。のち東京教育大学教授。当時民間憲法草案のひとつを起草。公民教育刷新委員。

*矢野政務官　矢野庄太郎(前出)。

*本重志　明二七生。鈴木商店紐育支店等勤務後、芦田がトルコ在勤中同大使館商務書記官に採用され、終戦前帰国。

二二四頁

*高田貞三郎　明一二生。大正鉱林業、隅田川機船各社長等歴任。

*安藤狂四郎　明二六生。内務官僚。茨城県知事、三重県知事、内務省警保局長等を歴任。

*日労　日本労農党のこと。

*Keimatsu　慶松一郎。明三六生。厚生省薬務局長。薬学博士。

二二五頁

*松本(junior)　松本俊一(前出)の次男・武夫。富の暁星中学時代の同級生。のち東芝に勤務。

*高田　高田貞三郎(前出)か。

*井上　井上円三。明二七生。ジャーナリスト。東京タイムズ社取締役・主幹。

二二六頁

*森岡二朗　明一九生。内務官僚。内務省警保局長、台湾総督府総務長官等歴任。

二二七頁

*伊吹　伊吹栄二郎。明二六生。中央倉庫専務、日本倉庫協会監事。

二二八頁

*たかちゃん　森喬(後出)のことか。

*藤原惣太郎　藤原宗太郎(明三九生)か。

*木檜三四郎　明元年生。昭一七年まで衆院議員(群馬・同交会)。二二年より一期参院議員(国民民主)。

*田村秀吉　明二八生。昭一一年より二一年三月まで衆院議員。戦後進歩党に所属。内務官僚出身。

二二九頁

*竹下文隆　明一八生。衆院議員(沖縄)。のち東北石油鉱業社長。

*堤康次郎　明二二生。衆院議員(滋賀)。衆院議長を歴任。

*中西　中西実。明四三生。昭二〇年一〇月より二二年九月まで厚生省労政局労政課長。中労委事務局長をへて労働省労政局長。のち労政次官。

*長岡隆一郎　明一七生。警視総監をへて昭二一年まで貴院議員(勅選)。昭二年国際労働会議に政府代表として出席。

*松村義一　明一六生。内務官僚をへて昭二一年六月まで貴院議員。戦争調査会委員。

*吉瀬宏　大九生。芦田の一高の後輩。海軍勤務をへて昭二一年三月から二二年まで内務省地方局に勤務。

*中川副社長　中川望。明八生。内務省衛生局長、大阪府知事をへて日赤副社長の傍ら貴院議員。社会福祉審議会長、日本社会事業協会長等歴任。

*Nakagawa & Yamana　中川良長男爵と山名義鶴男爵。共に貴院議員。

二三〇頁

*岡本伝之助　明二九生。横須賀市長をへて昭一七年から一期衆院議員(神奈川・日本自由)。さいか屋社長。

*三宅正一　明三三生。衆院議員(新潟)。社会党国会対策委員長等歴任。

*漢那　漢那《かんな》憲和《けんわ》。明一〇生。衆院議員(沖縄・進歩)。戦前海軍少将。

*冨樫　冨樫総一。大三生。昭二一年三月厚生省労政局調査課長をへて労政課長、大臣官房総務課長など。

*阪本　阪本勝。明三二生。衆院議員(兵庫・社会)。のち兵庫県知事。

*松尾　松尾三蔵。明二一生。昭二二年まで衆院議員(福岡・進歩)。

*本野盛一　明二八生。ドイツ参事官等を歴任。父一郎は芦田が外交官補としてロシアに赴任した時の駐露大使。長男盛幸は、富の暁星中学の級友で、のち駐仏大使など。

*羽田　羽田武嗣郎。明三六生。朝日新聞政治部記者をへて羽田書店を創設。衆院議員(長野・自由)。

二三一頁

*小野義一　明三六生。大蔵次官等をへて衆院議員(高知・進歩)。

*角猪之助　明二八生。衆院議員(和歌山・進歩)。

*河原田稼吉　明一九生。林内閣の内相、阿部内閣の文相をへて、戦後衆院議員(福島)。自由党総務。

*吉田茂　明一八生。内務官僚をへて昭一二年貴院議員。米内内閣厚相、小磯内閣軍需相。労働局参与。

*大野緑一郎　明二〇生。警視総監、貴院議員(勅選)。労務法制審議会貴院代表として労組法制定に関与。昭六年国際労働会議に政府代表として出席。

二三二頁

*原　原泰一。全日本方面委員連盟役員。中央社会事業協会主事等をへて昭二一年三月貴院議員、七月日赤副社長。社会事業家。

*方面委員　社会事業行政の実効化をはかるために小地域に配置された委員及びその制度。のち民生委員に代わられる。

*次官、局長　厚生事務次官亀山孝一(前出)、労政局長高橋庸《つね》

弥《や》のこと。高橋は明三四生。大阪府警局長、鳥取県知事をへて労政局長。

*河相　河相達夫。明二二生。外交官。外務省情報部長、オーストラリア公使等歴任。

二三三頁

*島田藤　明二八生。島藤建設社長。昭二一年四月の選挙に自由党より立候補(落選)。

*サガラ　相良惟一(明四三生)のことか。

*塩田　塩田賀《か》四《し》郎《ろう》。明三七生。三共製作所取締役をへて昭二一年大東建設社長。二四年衆院議員(兵庫・自由)。

昭和二十一(一九四六)年

二三五頁

*亀山　亀山孝一(前出)。

二三六頁

*君島清吉　明二二生。内務省社会局労働部労政課長等をへて茨城、香川、宮崎、福島、新潟各県知事。産業報国会理事。大一三年、昭五年国際労働会議政府委員。

二三七頁

*J. L. Kaukonen　不明。二四〇頁では Kakaunen とも表記。

*森喬　明二八生。外交官。ハンガリー公使、外務省嘱託をへて弁護士。

*賀川　賀川豊彦。明三一生。宗教家、社会運動家。貴院議員。社会党顧問。

*戸田正三博士　明一八生。京大名誉教授、金沢大学学長。医学博士。

二三八頁

*社会局長　粟原美能留。明三五生。高知県知事をへて社会局長。

*「労働争議調停法……　前者を基に労働関係調停法が二一年九月に、後者が二一年三月に制定されていた。

*佐藤荘一郎　明一八生。二高・独語講師、外務省嘱託等。芦田の情報部二課長当時の下僚。

*大河内教授　大河内一男。明三八生。東大教授(社会政策・労働問題)。のち東大総長。

*平野義太郎　明三〇生。東大助教授(マルクス主義法学)。野呂栄太郎らと『日本資本主義発達史講座』の編集にあたる。戦後日本平和委員会会長等。

*畑七右衛門　明一六生。農業。戦前一期衆院議員(兵庫・政友)。二一年立候補するも落選。別名和孝。

*仲内　仲内憲治。明三五生。米クラーク大卒。外務書記官、終連事務局事務官、エコノミック・プレス社長等。昭二二年四月より二期衆院議員(千葉・自由)。

二三九頁

*玉木　篠木玉治(後出)のことか。

*原侑　明三〇生。日大二中校長をへて昭二一年四月より二期衆院議員(広島)。

*酒匂　酒匂秀一。明二〇生。芦田と同期入省の外交官。ポーランド大使。

＊村上　村上義温。芦田と同期入省の外交官。ペルー公使等歴任。
＊松田道一　明九生。外務省条約局長、イタリア大使等歴任。
＊阿部真之助　明一七生。毎日新聞社取締役をへて顧問。辛辣な人物・社会評論は定評あり。戦時中軍の圧迫を受く。
＊富田愛次郎　明一八生。衆院議員(愛知・進歩)。
二四〇頁
＊午前は……　憲法問題調査委員会(通称松本委員会)がすでに作成していた松本私案といわゆる甲案乙案の三案を逐条的に議論。終戦後、政府として具体的に条文化された改正案を問題にしたはじめての閣議。このあと二月四日の閣議まで、松本私案及び甲案を中心に討議し終る。
＊重光葵　明二〇生。芦田と外務省同期。駐ソ、駐英大使等をへて東条・小磯・東久邇内閣の外相等。のち鳩山内閣外相。
二四一頁
＊真鍋勝　明一四生。衆院議員(徳島・自由)。
＊塩田博士　塩田広重。明六生。東大名誉教授(医学)。
二四二頁
＊久保　久保末麿。明二二生。三菱銀行検査部長をへて郡是産業取締役。
二四三頁
＊伊藤与三郎　明二〇生。三井物産常務、東洋レーヨン社長等。
＊寺田四郎　明一九生。弁護士。東京製鋼取締役、中大教授、富士生命専務、報知新聞副社長を歴任。
＊芦田一郎　福知山の人。
二四四頁
＊小林錡　明二一生。衆院議員(愛知)。民主党創立委員、衆院副議長等歴任。日大教授(政治学・刑法)を兼任。
＊篠原亀三郎　元報知新聞編集局長。
＊後藤一蔵　明二六生。貴院議員、秋田鉄道取締役など歴任。後藤新平の長男。
＊寺崎　寺崎太郎か。
＊三宅正太郎　明二〇生。判事。東京地方裁判所長、大審院部長、長崎控訴院長等歴任。戦後弁護士。芦田と東大同期。のち昭電事件の弁護人となる。
二四六頁
＊堀川　堀川恭平。明二七生。兵庫県議をへて二一年四月より衆院議員。
二四七頁
＊増田次郎　明元年生。実業家。日本発送電会社総裁。
＊一柳米来留　明一二生。近江兄弟社社長。
二四八頁
＊近藤　近藤操。明二八生。時事新報取締役、編集局長等歴任。
＊田井　田井郁夫。明二五生。日本毛糸紡取締役、東光化成社長等歴任。
二四九頁
＊日高魁　大四生。会社顧問。昭二四年衆院選挙に立候補するも落選。のち県議。
二五〇頁
＊吉岡重三郎　明一六生。日活社長、大映取締役をへて昭二二

年東京興業社長。

*荻野定一郎　明二七生。弁護士。のち第一東京弁護士会副会長。

*高島誠一　明一八生。日本経済連盟理事をへて広重工業取締役。

*大沢　大沢吉五郎。明一七生。著述業。昭二一年衆院選挙に自由党より立候補、落選。

二五一頁

*林市蔵　慶三生。帝国製鉄取締役。西宮市在住。

*牧野　牧野虎次。京都府憲法普及会長等を務める。

二五五頁

*Eichelberger　ロバート・L・アイケルバーガー中将。米第八軍司令官。

二五六頁

*タカ君　森喬(前出)か。

二五八頁

*朝日が……　同日付の「丸に鳩の字の自由党」と題する評論。本日誌に貼付されている。

*高瀬　高瀬伝。明三一生。鉄道省、外務省書記官、終連事務局参与等をへて昭二一年四月衆院議員(栃木・社会)。二三年社会革新党をへて改進党へ。芦田派の一人。

*近藤代議士　近藤鶴代。明三四生。衆院議員(岡山)。

二五九頁

*三木会　東大法学部卒業の同期会。

*菅礼之助　明一六生。全国鉱山会長、石炭庁長官、配炭公団総裁等歴任。

*青木重夫　明三七生。日本生命をへて昭一九年栃木県青木農場主として林業経営にあたる。二〇年貴院議員に当選。青木周蔵の直孫。

二六一頁

*田畑　田畑政治。明三一生。朝日新聞編集局次長をへて同社社友。日本水泳連盟会長、日本体育協会副会長。

*加藤辰弥　明一三生。山本内閣総理大臣秘書官、東洋拓殖顧問をへて、戦後ニッポンシネマコーポレーション会長、内閣行政委員。

二六二頁

*沢田　沢田幸三(前出)か。

二六三頁

*篠原英太郎　明一八生。愛知県知事、内務次官をへて京都市長。戦時中翼賛会京都支部長。

*藤本峯夫　明三四生。新日本レイヨン取締役をへて昭二四年島根化学常務。

*木村惇　明二四生。外交官をへて昭二〇年京都府知事。のち大力証券社長。

*羽田博士　羽田亨。明一五生。京大名誉教授(東洋史)。芦田の兄治一と親しかった。

*野崎　野崎龍七。明二〇生。ダイヤモンド社社長等。

*渥美　渥美育郎。明一四生。大阪商船、大阪建物取締役等。

二六四頁

*「民声」　高橋均(前出)が猶興社を創立して創刊した政治雑誌。

二六五頁

＊中島弥団次　明一九生。昭三年以来六期衆院議員(東京・進歩)。のち公職追放。

＊政界追放……　G項パージによる公職追放のこと。

二六六頁

＊北勝太郎　明二二生。道会議員をへて衆院議員(北海道・日本農民)。

＊板谷順助　明一〇生。昭二年以来衆院議員(北海道)。同交会所属。板谷商船取締役等。

＊宍戸　宍戸二郎。明一六生。京都織物取締役社長。

＊七洋寮　沢田幸三経営・七洋物産の東京社員寮。

二六七頁

＊渡辺忠雄　明三一生。弁護士。広島市長をへて二一年に衆院議員(広島・自由)。

二六八頁

＊穂積七郎　明三七生。昭二一年より四期衆院議員(愛知)。戦前『労働日本』主幹、言論報国会理事。国民党組織部長、国協党中央常任委員をへて社会党(左派)に入党。

＊田万　田万清臣。弁護士をへて衆院議員(大阪)を昭二一年まで。

二六九頁

＊河原田　河原田巌。明三一生。昭二一年から一期衆院議員(茨城・日本自由)。

二七一頁

＊秦豊吉　明二五生。帝国劇場社長。後楽園スタヂアム取締役。劇作家として戦後軽演劇界に貢献。

二七二頁

＊河原畯一郎　畯。明三二生。駐独大使館参事官をへて昭二〇年から二一年まで終連佐世保事務局長。

＊岡崎　岡崎勝男。明三〇生。終連事務局長官。のち外務省総務局長、外務次官。二四年以降衆院議員(神奈川)。国務大臣、外相等。

二七四頁

＊A One　東京銀座のレストラン。日記ではエーワンとも表記される。

二七七頁

＊横山正幸　明二五生。エジプト公使、スペイン公使等歴任。

＊芝山子爵　芝山信豊。大元年生。

＊上田厚吉　明二一生。上一証券社長。

二七八頁

＊大谷　大谷瑩潤《えいじゅん》。明二三生。昭二一年から一期衆院議員(愛知・日本自由)。真言宗大谷派宗務総長。のち参院議員。

＊田付　田付景一。明四〇生。終連総裁官房秘書課長。のちイタリア大使等歴任。

＊石川芳次郎　明一四生。京都電灯をへて京福電鉄社長。経団連理事。

二七九頁

＊大金侍従長　大金益次郎。明二七生。宮内省次官をへて昭二一年侍従長。宮廷改革に反対した宮廷内守旧派のひとり。のち日銀・日赤各監事。

Klein　J・クライン中尉。総司令部民間情報教育部情報課勤務。

＊宮沢博士　宮沢俊義。明三二生。東大教授(憲法)。この日貴族院での帝国憲法改正案特別委員会で宮沢は、内大臣府における憲法下調査が違憲であり、そのため新憲法制定が遅れたと主張、これに佐々木教授が陛下を直接非難するものだとして反論。

＊農地調整法改正案　第二次農地改革案のこと。戦後農地改革は、戦前の農地調整法に手を加えるという形で進められ、昭二〇年一二月第一次農地改革案が公布されたが、それに更に手を加えた農地調整法の再改正案と自作農創設特別措置法案の二本立で第二次農地改革案が、閣議をへて九月七日第九〇帝国議会に提出された。

二八〇頁

＊朝、朝日新聞からの……　のち『新憲法解釈』のもとになる。

＊教育振興委員会　教育刷新委員会のこと。二一年八月一〇日総司令部の示唆により文部省への勧告審議機関としてつくられた委員会。教育制度の改革に当る。天野貞祐、南原繁など総数四九名からなる。芦田も委員の一人。二四年六月教育刷新審議会と名をかえ、二六年一一月解散。

＊Mrs. Atcheson　総司令部外交局長ジョージ・アチェソン夫人。

＊Willby　Willoughby(前出)のことか。

＊Brown　O・D・ブラウン中尉。総司令部参謀第二部民間諜報局特別諜報課執行官。

＊下河辺華子　下河辺建二の四女。

二八一頁

＊外交史　ローズはイギリスの著名な歴史家。John Holland Rose, The Development of the European Nations, 1870–1921 (London, 1926)のことか。

＊姉崎　姉崎正治。明六生。東大教授(宗教学)。貴院議員。

二八二頁

＊福田関次郎　明一五生。京都市議。自由党京都府連顧問。昭八年から一七年まで衆院議員(京都)。同交会所属。

二八三頁

＊吉田三右衛門　明一九生。戦前の北丹鉄道社長等歴任。

＊鈴木　鈴木茂雄。明三二生。慶応義塾大学経済学部教授。

＊若宮貞夫　明八生。衆院議員(兵庫)。同交会所属。

＊佐佐弘雄　明三〇生。昭二二年より参院議員(全国・緑風)。九州帝大教授、東京朝日新聞副主幹、同社参与等歴任。長女に紀平悌子、次男に佐佐淳行。

二八四頁

＊Hays　F・E・ヘイズ中佐。総司令部民政局企画実行課長(Chief Plans and Operations Officer)としてケイディスの下で働く。

＊Roest　Pieter K. ロウスト中佐。総司令部民政局政治課長。制憲過程で人権の部分を担当。

二八五頁

＊滝井　滝井治三郎。明二三生。京都府会議員をへて昭二五年から一期参院議員(全国・自由)。

二八六頁

＊藤本　藤本文臣。大三生。不二印刷社長。

*伊藤伊之助　慶元年生。伊藤伊社長、名古屋米穀取引所取締役等。
*石井五郎　明二〇生。阪神電鉄、阪神百貨店取締役等歴任。
*高畑誠一　明二〇生。鈴木商店取締役をへて昭三年日商専務、のち会長。日本火災海上保険、中央毛織取締役兼任。
*飯島幡司　明二一生。大阪鉄工所、日本汽船等取締役歴任。

二八七頁

*ダイヤモンド社……　同社より『新憲法解釈』として刊行されることになる。

二八八頁

*西村　西村実造。明二七生。昭二一年一月から二四年三月まで埼玉県知事。

二八九頁

*加藤、原谷両家……　原谷一郎(明三一生。郡是製糸取締役)の長女陽子が、加藤匡夫《ただお》と結婚。加藤は大五生、外交官、終連中央事務局事務官。のちメキシコ大使、駐英大使を歴任。

二九〇頁

*久山参事官　久山秀雄。明三八生。内閣行政調査部部員。のち東京警察管区本部長。
*田中弘　明二九生。日本電気工業研究所長等歴任。工学博士。

二九二頁

*高橋円三郎　明二七生。昭一二年から衆院議員(島根・自由)に二回当選。山陽日日新聞社長。
*伊達源一郎　明七生。昭七年ジャパン・タイムズ社長等をへて昭二一年島根新聞社長。二二年参院議員(島根・緑風)。

二九三頁

*竹下　竹下豊次。明二〇生。昭二二年まで貴院議員(多額納税)。のち参院議員。
*原惣兵衛　明二四生。大一三年から六期衆院議員(兵庫・進歩)。
*西村久之　明二六生。長崎県会議長をへて昭二一年から衆院議員(長崎・自由)。
*河端　河端作兵衛。明二〇生。昭二二年まで貴院議員(勅選)。

二九五頁

*古島　古島一雄。慶元年生。ジャーナリスト。衆院議員、貴院議員を歴任。戦後は保守党確立に尽し、吉田茂の政治指南役と言われた。
*四方田　四方田義茂。明二〇生。読売新聞政治部長。
*小森　小森謙治(明三五生。郡是産業監査役)か。
*足立浩一　同氏の祖母が均の叔母。
*安部俊吾　明一七生。昭二一年より衆院議員(宮城・自由)。
*山村　山村新治郎。明四一生。昭二一年より衆院議員(千葉・自由)。

二九六頁

*松原　松原一彦。明一四生。昭二一年より二期衆院議員(大分・国民協同)。のち参院議員。
*服部岩吉　明一八生。昭七年より衆院議員(滋賀・自由)。のち滋賀県知事。

二九八頁

*山脇　山脇秀輔(明二九生。山脇学園理事長)か。

*平岡良蔵　明三〇生。日本レース工業組合理事長等。昭二一年四月より衆院議員(埼玉・自由)。
*Nugent　D・R・ニュージェント中佐。総司令部民間情報教育局教育課長。

二九九頁

*下村千秋　明二六生。小説家。二七会会員。

昭和二十二(一九四七)年

三〇一頁

*森本　森本丞衛。明二九生。福知山市議をへて京都府議。
*鈴木　鈴木庸輔。明二〇生。島津製作所社長。芦田の熱心な後援者。
*関　関利兵衛。明四〇生。関印刷所経営。昭二六年から福知山市議。のち福知山商工会議所副会頭。芦田会副幹事長。
*牧野　牧野源太郎。明三一生。福知山市議をへて昭二二年市議会議長。二六年から二九年まで福知山市長。北丹鉄道取締役。
*吉田(勝)　吉田勝四郎(前出)。
*篠木　篠木玉治。明二四生。福知山市収入役をへて昭二一年福知山商工会議所副会頭、のち会頭。
*今川義雄　明三八生。教員をへて福知山市議。
*前川政直　明二一生。大手の生糸販売業。町会議員など歴任。

三〇二頁

*片岡　片岡久兵衛。明三五生。郡是製糸取締役、京都銀行頭取等歴任。
*鳥養博士　明二〇生。鳥養利三郎。京都帝大総長(電子工学)。
*富室利男　ダイヤモンド社員。
*岩本長男　岩本義徳(前出)の長男・義一(大一〇生)か。
*出石武三　明一〇生。機械工具商。京都商工会議所議員。
*大倉　大倉治一。明三二生。大倉酒造社長。
*南郷　南郷三郎。明一一生。日本綿花、泰安紡績等社長、大阪商工会議所顧問等歴任。
*石川一郎　明一八生。日産化学工業社長をへて昭二一年日産協会会長。のち経団連会長。
*田代寿雄　明二三生。三越産業社長、帝国石油社長等歴任。日経連・経団連各理事。

三〇三頁

*黒田　黒田英雄。明一二生。昭二二年まで貴院議員(勅選)。のち参院議員。
*吉田　吉田久。明一七生。昭二一年より二二年まで貴院議員(勅選)。大審院判事等歴任。
*国会法　新憲法により国民主権主義の立場から議院法に代わって制定されたもの。昭二一年一二月二一日衆議院で可決された同法案は貴族院に送付され審議されていた。昭二二年三月一八日成立。のち二三年六月第二国会で改正案公布。

三〇四頁

*成島　成島勇。明二四生。昭一二年より三期衆院議員(千葉)。日本進歩党民情部長。
*川村章一　明三三生。ジャパン・タイムズ社経理部長等歴任。

三〇五頁

＊第二次大戦前史　芦田が昭一七年に出版した『第二次世界大戦前史』のこと。
＊服部一郎　明二二生。三菱商事社長。のち東京貿易会長。
＊中野五郎　明三九生。朝日新聞ニューヨーク特派員等をへて昭二三年退社。
＊谷川　谷川徹三。明二八生。法政大学文学部教授。のち同大総長。
＊正宗　正宗白鳥。明一二生。小説家。評論家。のち文化勲章受賞。
＊柳沢　柳沢健。明二二生。外交官。昭一六―二一年日タイ文化会館館長。二七会会員。

三〇六頁

＊上塚　上塚司。明二三生。衆院議員(熊本)、日本自由党総務。
＊福田　福田繁芳(前出)。
＊木村孫八郎　明三二生。エコノミスト編集長、経済研究所長をへて経済評論家。

三〇七頁

＊村上　村上義温(前出)。
＊内ヶ崎　内ヶ崎作三郎。明一〇生。戦前からの衆院議員(宮城)。

三一〇頁

＊越田清七　明四四生。軍需省軍需官をへて在外同胞援護会理事。のち衆院通商産業委員会専門員をへて竹中産業会長など。
＊真鍋　真鍋儀十。明二四生。昭五年より六期衆院議員(東京)。改進党中央常任委員。
＊三宅哲一郎　明二一生。外交官。外務省参事官。のちチリ公使を歴任。

三一一頁

＊乾精末　明一六生。ミシガン大卒。東京ＹＭＣＡ理事及び英語学校長。

三一三頁

＊安宅　安宅英一。明三四生。当時安宅産業会長。安宅重雄(前出)の兄。
＊円谷　円谷光衛。明二二生。昭二一年より三期衆院議員(福島・自由)。
＊中目　中目瑞男。昭二八年白河市長。
＊白河楽翁　陸奥白河藩主松平定信。寛政の改革を断行。

三一四頁

＊渋沢伯爵　渋沢栄一。天保一一生。明治・大正期の実業家。第一国立銀行を創立。

三一五頁

＊吉田清二　明二六生。日本蚕糸統制社長。のち中央蚕糸協会会長。
＊久布白女史　久布白落実《おちみ》。明一五生。婦人解放運動家。日本基督教婦人矯風会理事等歴任。昭二一年自由党婦人部顧問。
＊久保田貫一　明三六生。東洋染企常務。のち東洋紡績化繊業務部長等。

三一六頁

＊鹿島　鹿島守之助。明二九生。鹿島建設社長。
＊石橋治郎八　明二一生。石橋生糸、石橋沼津製糸各社長。の

ち日本製糸協会、経団連理事等。
＊太田三郎　明三八生。横須賀終連事務局長をへて昭二二年四月横須賀市長。

三一七頁

＊星一　明六生。星製薬社長。衆院議員(福島・民主)。のち参院議員(全国)。
＊滝脇子爵　滝脇宏光。明二一生。各大臣秘書官、貴院議員。のち東亜石油監査役等。
＊中部　中部謙吉。明二九生。大洋漁業副社長。のち社長、大日本水産会理事。
＊阿部藤造　明二六生。日本綿織物輸出組合理事、日本綿スフ織物社長等をへて大阪商工会議所副会頭。
＊井上(治)　井上徳治(前出)のこと。
＊鈴木吉之助　明二〇生。京都府議、衆院議員(京都・政友)をへて京都毎日新聞社長等。

三一八頁

＊高木吉之助　明三〇生。自由党幹事。のち衆院議員(京都)。
＊川島甚兵衛　明四四生。川島織物工業社長、京都商工会議所理事。
＊浜野恭平　明三三生。団体理事。民主党(大阪)より立候補するも落選。

三一九頁

＊小林(喜)　小林喜一。明三二生。小林商店社長。ライオン歯磨本舗。
＊夜七時半……　このあとに Streptomycin と一語書込みあり。

＊谷末三　明二六生。群馬二区より民主党から立候補、落選。会社役員。
＊山地土佐太郎　明一一生。山地汽船、南方開発各社長。昭二一年貴院議員(勅選)。
＊小口勝太郎　明二〇生。長野三区より立候補、落選。会社重役。
＊片山均　明二四生。長野三区で次点。農業。

三二〇頁

＊八並達雄　明三四生。判事をへて昭二二年より一期衆院議員(東京・民主)。
＊矢野政男　明三一生。昭二二年より一期衆院議員(栃木・民主)。
＊大塚喜平　明二五生。栃木一区より立候補、落選。新聞記者。
＊森山欽司　大六生。外務省をへて昭二一年物価調査会事務局長。二二年四月の選挙に落選するも二四年より衆院議員(栃木)。のち科技庁長官、運輸大臣を歴任。夫人は森山真弓(衆院議員、内閣官房長官)。
＊大沢嘉平治　明三八生。昭二二年より二期衆院議員(栃木・自由)。

三二二頁

＊山形　山形清。外交官。二一年一〇月から二二年五月まで終連中央事務局次長。のちパキスタン大使等。

三二三頁

＊殿田　殿田孝次。明三七生。読売新聞記者等をへて衆院議員(石川・自由)。

三二四頁

*栗田　栗田英男。大元年生。昭二二年より三期衆院議員(栃木・民主)。

*生悦住　生悦住貞太郎。明三一生。衆院議員(三重)。大阪特殊製鋼社長。

三二五頁

*金光　金光義邦。明四二生。昭二一年より三期衆院議員(大分・民主)。

三二六頁

*大宮　大宮伍三郎。明三〇生。昭二一年より二期衆院議員(広島・民主)。

*鈴木弥五郎　明三五生。昭二一年より二期衆院議員(秋田・民主)。

三二七頁

*詳細は……　本日記に貼付された切抜。「芦田派圧倒的勝利」の見出しの下に民主党議員総会の経過を報じている。

芦田均系譜

芦田均系譜

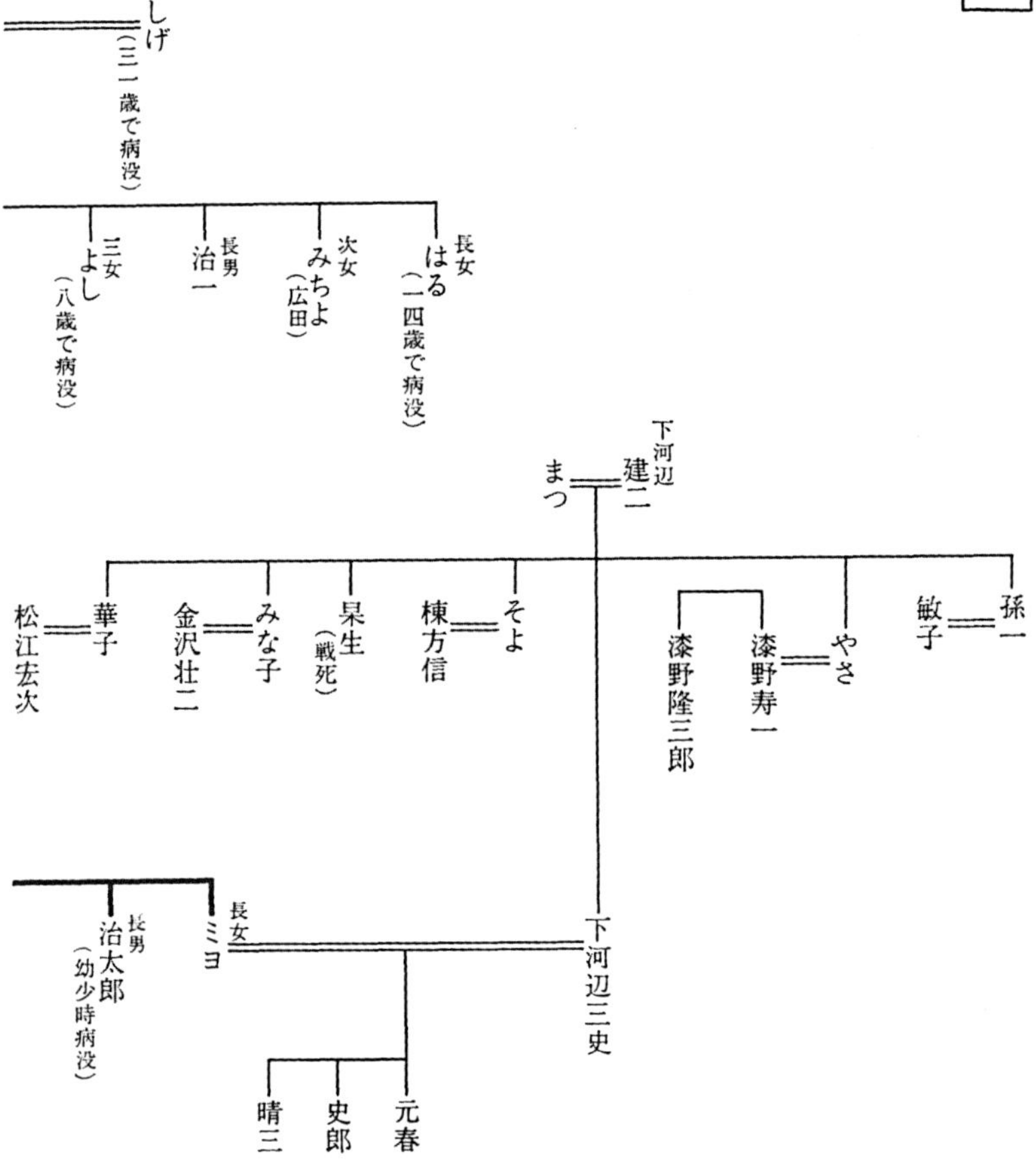

しげ
（三一歳で病没）
長女
はる
（一四歳で病没）
次女
みちよ
（広田）
長男
治一
三女
よし
（八歳で病没）
下河辺
建二
まつ
孫一
敏子
やさ
漆野寿一
漆野隆三郎
そよ
棟方信
杲生
（戦死）
みな子
金沢壮二
華子
松江宏次
下河辺三史
長女
ミヨ
長男
治太郎
（幼少時病没）
元春
史郎
晴三

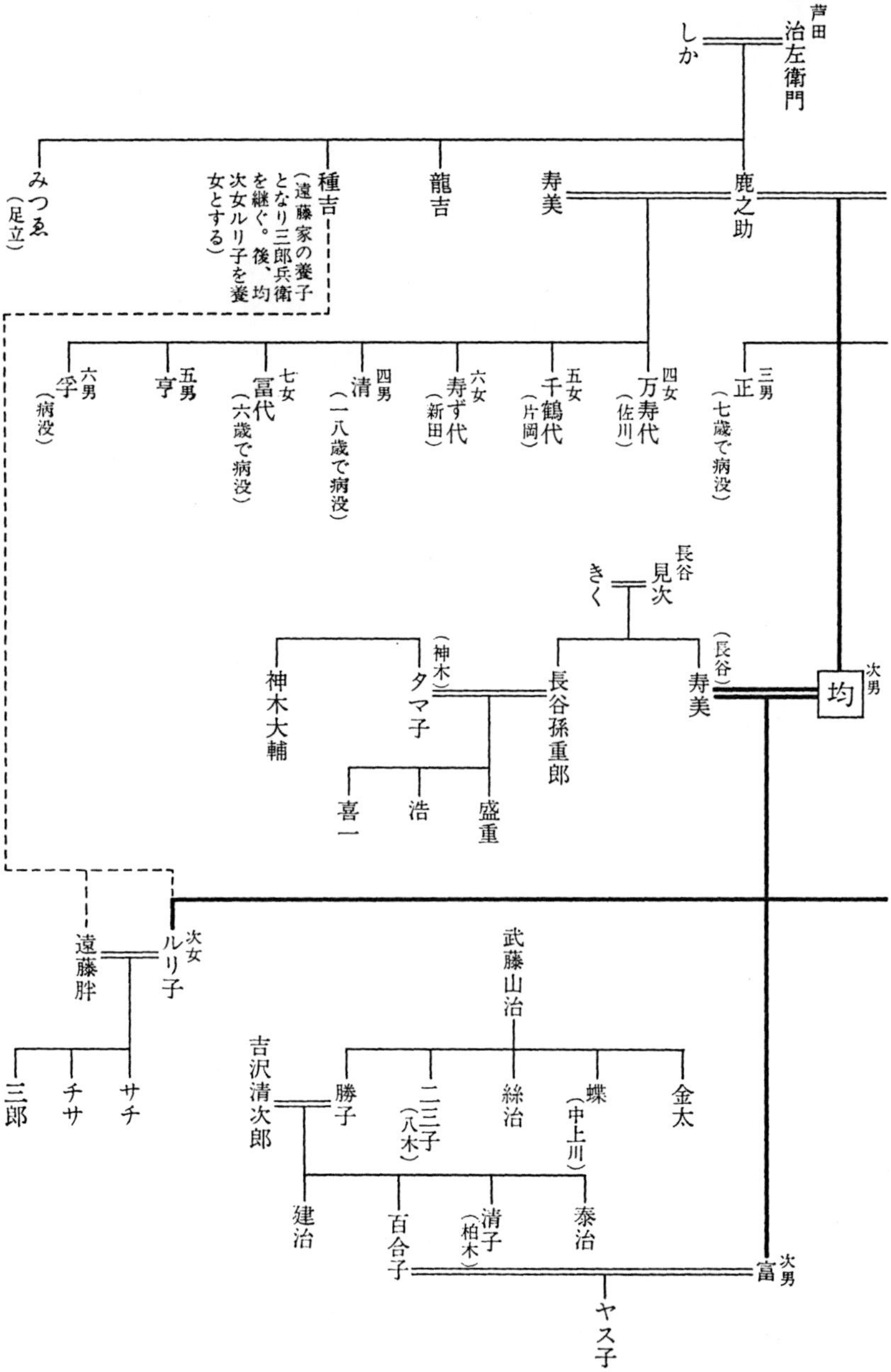

芦田
治左衛門
しか
鹿之助
寿美
龍吉
種吉
（遠藤家の養子となり三郎兵衛を継ぐ。後、均次女ルリ子を養女とする）
みつゑ
（足立）
三男
正
（七歳で病没）
四女
万寿代
（佐川）
五女
千鶴代
（片岡）
六女
寿ず代
（新田）
四男
清
（一八歳で病没）
七女
冨代
（六歳で病没）
五男
亨
六男
孚
（病没）
長谷
見次
きく
（長谷）
寿美
長谷孫重郎
（神木）
タマ子
神木大輔
盛重
浩
喜一
次男
均
次女
ルリ子
遠藤胖
サチ
チサ
三郎
武藤山治
金太
蝶
（中上川）
絲治
二三子
（八木）
勝子
吉沢清次郎
泰治
清子
（柏木）
百合子
建治
次男
富
ヤス子

■岩波オンデマンドブックス■

芦田均日記 第一巻
敗戦前夜から憲法制定まで
──新国家の建設へ　　進藤榮一 下河辺元春 編纂

1986年 1月20日 第 1 刷発行
1991年 9月 4日 第 5 刷発行
2025年 3月 7日 オンデマンド版発行

著　者 芦《あし》田《だ》 均《ひとし》

編纂者代表 進藤榮一

発行者 坂本政謙

発行所 株式会社 岩波書店
〒101-8002 東京都千代田区一ツ橋 2-5-5
電話案内 03-5210-4000
https://www.iwanami.co.jp/

印刷／製本・法令印刷

ISBN 978-4-00-731532-9　　Printed in Japan